Leo Reinisch

Wörterbuch der Bedauye-Sprache

Leo Reinisch

Wörterbuch der Bedauye-Sprache

ISBN/EAN: 9783744630665

Hergestellt in Europa, USA, Kanada, Australien, Japan

Cover: Foto ©ninafisch / pixelio.de

Weitere Bücher finden Sie auf **www.hansebooks.com**

WÖRTERBUCH

DER

BEḌAUYE-SPRACHE

VON

LEO REINISCH

MIT UNTERSTÜTZUNG DER KAIS. AKADEMIE DER WISSENSCHAFTEN
IN WIEN

WIEN, 1895

ALFRED HÖLDER
K. UND K. HOF- UND UNIVERSITÄTS-BUCHHÄNDLER
I., ROTHENTHURMSTRASSE 15.

HERRN

KARL RITTER VON WESSELY

IN

ALTER TREUER FREUNDSCHAFT.

VORWORT.

Das gegenwärtige wörterbuch gründet sich vornemlich auf die von mir in Nordost-Afrika gesammelten Bedauyetexte, welche in den sitzungsberichten der kais. akademie der wißenschaften in Wien (bd. CXXVIII) abgedruckt sind, sowie auf die wörtersammlung, die ich im jare 1880 zu Amideb und Betkom in Barka aufgezeichnet habe. Jene wörter, die ich den kleinen vocabularien früherer reisenden, sowie aus Almkvist und Watson entnommen habe, sind durch die beigefügten namen gekennzeichnet. Der Berliner staatsbibliothek verdanke ich auch die erlaubniß zu einer abschrift der arbeit von R. Lepsius über die Bischarisprache (bd. II, 133 ff. seiner hinterlaßenen manuscripte); die wenigen daraus entnommenen vocabeln sind mit L. bezeichnet.

Zum schluße spreche ich der kais. akademie der wißenschaften in Wien meinen besten dank aus für die unterstützung, wodurch sie die veröffentlichung dieses buches ermöglicht hat.

Wien, am 2. februar 1895.

Leo Reinisch.

BEḌAUYE-DEUTSCHES

WÖRTERBUCH.

-a 1) participialendung, §. 282 und 350. 2) nominalendung,
§. 299 und 355. 3) pluralausgang, §. 115. 4) imperativ
secund. sing. masc. gen., §. 255 und 335.

A- nominalpräfix, §. 304.

'A subst. fem. (aus 'an = So. 'án-o, Ga. 'an-án, Sa. 'Af. han,
Har. háyi, A. ሕይብ፡ Ti. G. ሐሊብ፡ خليب חָלָב, §. 16)
milch 28, 7. 8; 29, 5 u. a. l'ā-t 'a frische milch, nafír-t
'a süße milch, hami-t 'a saure milch.

-e, -ē 1) relativendung, §. 265 und 337. 2) nominalausgang,
§. 293. 3) vocativendung, §. 136.

Ê subst. f. (Nub. áye, íyi id.) hals, kele.

-i 1) genetivendung, §. 125. 2) nominalsuffix, §. 294 und 303.
3) imperat. secund. sing. fem., §. 255 und 335.

I, i', ī v. 2 kommen; s. yi'.

-o. -ō 1) nominalsuffix, §. 295. 2) pron. poss., s. -ū.

-ū 1) pron. poss. prim. sing., s. -yū. 2) -u verb. subst. sing.,
§. 139 ff.

A'a, a'aû part. neg. (Ga. waû, Nub. áwe) nein.

Ab subst. c. gen. plur. áb-a (cf. 𓃾 'ab junges tier, ϧⲓⲉⲃ
agnus) zicklein, junges der zige 30, 6.

Aba plur. id., subst. fem. (cf. Ga. ába, So. wébi, wábbi, Cha.
wirb-á, Bil. wáraba id.) fluß, bach, pg. 42, 5. 6. ába-ti
deråg flußufer.

Abu, nur in comp. abuláy, abaláy cercopithecus griseo-viridis

Desm. *abu-'aglén* der ibis, *ab-dergága* (s. *gedir*) die boa constrictor, *ab-náfa* die viper, *abu-šók* das stachelschwein, *abu-tábiš* fischadler.

Abáb, plur. *abáb,* subst. fem. (Ti. ✈𝚗። קָבַב, Bil. *qabab* despicere) verachtung, -wünschung, -fluchung.

Abáb-da »leute der verachtung, heloten« nom. prop. des volksstamms der Ababde, Bischaristammes an der egypt. südostgrenze.

abāb v. 2 verachten, -wünschen, -fluchen. nom. act. subst. m. *abábti* das verachten, nom. ag. *'abāb-āna* verächter.

abāb-s caus. verächtlich machen, nom. act. *abābésti,* nom. ag. *abāb-s-ána.*

abāb-s-is caus. 2 verächtlich machen laßen, nom. act. *abāb-s-ís-ti,* nom. ag. *abābsis-ána.*

abāb-am pass., nom. act. *abāb-ám-ti,* nom. ag. *abāb-am-ána* in verachtung lebend.

abāb-s-am recipr. sich gegenseitig verachten.

Ibáb plur. *ibáb* subst. fem. (Ar. هِنَاب von هَبَّ per longum tempus absens fuit) reise.

ibáb-kena subst. m. »reise-herr« reisender kaufmann 36, 26; s. *kéna* und *ankuána.*

ibāb-ken-am v. 2 ein geschäftsreisender werden, s. §. 353.

ibāb-ken-am-s zum geschäftsreisenden ausbilden laßen oder dazu ernennen.

ibāb v. 2 reisen 9, 9. 11. 13; 10, 3; 13, 3. 8 u. a., partic. *ibába* reisend 9, 15. nom. ag. *ibáb-āna* reisender, nom. act. *ibábti* das reisen, die reise.

ibāb-s caus. auf die reise schicken, *ibāb-s-is* caus. 2.

Abábda nom. pr. des Bischaritribus der Ababde; s. *abáb.*

Abada adv. (Ti. አበዳ፡ ابدا) nie, niemals.

Abdil v. 2 verkert machen, ungeschickt sein; s. *bedil.*

Abdálla nom. pr., genet. *Abdallá-y,* accus. *Abdallá-b.*

Abdergága subst. m. boa constrictor; s. *abu* u. *gedir.*

'Abik v. 1 (Ar. حَبَقَ חָבַק id.; vgl. Sa. s. v. *haqaf*) nemen, anfaßen, ergreifen, fangen, halten, festhalten, *malál abik* »die wüste festhalten« in der wüste wonen, perf. *a'-abík*, präs. *a'ambik*, plusqf. *i'ebík*, fut. I: *'ábkat yi'ani* u. *'abkadéni*, partic. *'ábka*, nom. ag. *'ábki*, *'abkána*, nom. act. *'abúk* plur. *'abík*; subst. fem. *'ábka* anfaßung, griff; zange, heft; vgl. 5, 1; 27, 12.

s-'abik caus. nemen laßen, inf. *es'ábkoy*; caus. 2: *s-is-'abik*.

et-'abāk pass., perf. *a-t-'abák*, präs. *a-t-'abík*, plqfp. *et-'ibík*, partic. *et'ábka* u. *abáka*, nom. ag. *et'abkána* gefangener; inf., nom. act. *et'ábkoy*.

em-'abāk VII 2 ergreifen helfen, pf. *a-m-'abák*, präs. *a-m-'abík*, plqf. *em'ebík* u. s. w.

Abaláy plur. *abaláy* subst. c. gen. (Nub. *abaláy*, *abaláñ*, Sudan-Ar. ابو نَنَّع) cercopithecus griseo-viridis Desm.

Abanáfa, *abnáfa* subst. m. (Sudan-Ar. ابو نفع) viper, vipernsorte.

'Ibra subst. f. (Ar. إبْرة) nähnadel, mit dem artik. *t-íbra* (für *tū-íbra*, s. §. 113); *ibrát gŭad* nadelör, *ibrát yāf* nadelspitze.

Abráhim u. *Ibráhim* nom. pr. m.

Ebrík plur. *-a* u. *ébrik*, *ábrik* subst. m. (Ar. Pers. إبْرِيق) krug oder topf aus tohn.

Abu-šók plur. *-šák* subst. c. g. (Ar. ابو شوك) stachelschwein, hystrix cristata L.

Abotniway subst. crozophora obliqua Schw., sichtlich ein compos. *abó-t niway*, letzteres villeicht genet., vgl. *níwa*.

Abiyé ich selbst; s. *bíya*.

Ad I v. 1 (vgl. Bil. Agm. *iš*, Qu. *yeš*, Cha. *yez̧*, *ez̧* id., G. ግዘ፡ ወግዘ፡ ግዘት፡ exsecratio; s. §. 30 u. 52) verfluchen, pf. *a-'ád* u. *'ad*, präs. *a-n-'id*, plqf. *i'ad*, partic. *áda*, nom. act. m. *ād* plur. *ad* fluch, subst. f. *áda* verfluchung.

sō-'ad caus., *si-sō-'ad* caus. 2.

atō-'ād u. *amō-'ād* pass., pf. *atō'ád*, *amō'ád*, plqf. *itú'id*,

imú'id, präs. *atō'id, amō'id*, partic. *atō'áda* verflucht, inf. u.
nom. act. *atō'ádoy* verfluchung womit jemand betroffen wird.

Ad II, *ad* plur. *ad* subst. m. (Ar. هَذَ, von هَذَ G. ሀደአ፡ quie-
tum esse, fieri) ruhe, erquickung.

     ad v. 2 ausruhen, schlummern, schläfrig werden, — sein,
partic. *áda* ruhig, schläfrig.

     as-s caus. beruhigen, einschläfern.

Ad III plur. *'áda* subst. m. (Bil. *qiṭ*, Cha. *χudá*, Ga. *hudú*, A.
ቀፕ፡ ◖ *'at*, Kopt. ოτ) vulva; anus 68, 14; 69, 2. *wō-'adi-t*
ambaròy schamlippe, *wō-'ád-i ū-girma* die klitoris.

'Ada I subst. f. (Ar. عَادَة) sitte, gewonheit.

Ada II subst. f. werk, tat, handlung; s. *di'*.

'Ada III u. *áde* subst. m. (Bar. *hádi*, Ti. ኣይ፡ (G. ኣነያ) haut,
adéb te-hoytí wà te-saráti hamób atáb hay-má'āna bringt
eine in- und auswendig behaarte haut!

'Ada IV subst. f. (vgl. So. *yiḍ* id.) körper, leib.

'Adi v. 1 (G. ሐፀየ፡ገፅወ፡ቀዕአ፡ secare) stechen mit der lanze,
mit der nadel u. s. w.; furchen, pflügen, ackern, pf. *á'adi*
u. *'ádi*, plqf. *i'ad*, präs. *a'andi* u. *'andi*, partic. *ádya*, nom.
ag. *adyána* u. *adána* bauer, ackersmann, nom. act., inf. *adúy*
das stechen, bauen, stich, subst. f. *ádi*, stich, bau, subst. f.
m-'adéy die ackerbestellung, der anbau.

     se-'ad caus., pf. *a-s-'ád*, plqf. *is'ed*, präs. *a-s-'adi*.

     s-is-'ad caus. 2, pf. *asis'ád*, präs. *asis'adi*.

     et-'adáy pass., pf. *at'adáy*, präs. *at'adi*, pqf. *it'edi*, partic.
et'ádya gestochen, angebaut.

     am-'adāy VII 2 pflügen helfen, mitpflügen, flexion wie
im passiv.

     em-'adadáy recip. sich gegenseitig, einander stechen.

'Id, 'id subst. m. (Ar. عِيد) fest, festtag.

Adá' u. *áda* subst. f. verrichtung, tat; s. *di'*.

Adāb v. 2 (Ar. تَعِبَ, s. §. 304) müde sein, subst. f. *adába* mühe.

adāb-s caus. ermüden, caus. 2: *adāb-s-is*.

adāb-am pass. ermüdet werden, partic. *adábama* matt, ermüdet, erschöpft, *adábamábua* bist du müde?

ʽ*Adaba* subst. f. (Ar. مازبة) witwe.

Adbel v. 2 schließen; s. *ṭabal*.

Adid v. 1 (Bil. *qadad*, Cha. *qaded*, Ti. ቀደ፡ Ty. A. ቀደደ፡ قَدَّ קָדַד id., s. §. 52) spalten, trennen, teilen, pf. *aˋadíd*, präs. *aˋandid*, plqf. *iˋedíd*, partic. *ádda*, *adád*, nom. ag. *adid* und *addána* (cf. قَذَّان pulex), nom. act., inf. *adúd* plur. *adíd* teilen, teil, subst. f. *ádda* verteilung.

s-adid caus., pf. *asadíd*, präs. *asadíd*.

et-adād pass., pf. *atadád*, präs. *atadíd*, partic. *etádda*, *adáda*, nom. act. *etáddoy*.

Adger v. 2 können, im stande sein; s. *gedir*.

ʽ*Adala* subst. f. (Ar. جذل) wurzel; handhabe, griff des schildes.

ʽ*Adalo* adj., s. *ádaro*.

Adil v. 1 (Ar. عَدَلَ aequiparavit) frieden schließen, pf. *aˋadíl*, pr. *aˋandil*, plqf. *iˋadíl*, partic. *ádla*, nom. ag. *ádli* (Ar. عادل) und *adlána*, adj. *adíl* (Ar. عَدِل. عَدِيل) gut, schön, gelungen 7, 18; nom. act. *adúl* plur. *adíl*.

s-adil caus., *es-is-adil* caus. 2.

et-adāl pass., pf. *etadál* der fride ist geschloßen; subst. m. *adlé*, *ádle* fridenschluß; s. §. 293.

Adila nom. pr. f., s. *adil*.

Adám nom. pr. m.

adamé und verkürzt *ádame*, *ádami*, *ádmi*, *adím* 44, 7 »zum stamme Adam's gehörig«, (§. 293, Ar. أَدَمِيّ) mensch, person.

Adúm plur. *adúm*, *adím* subst. m., vom ungebr. v. 1 *adim*, *adum* (Sud.-Ar. عز sich besprechen, unterhalten, عَزَمَة, Ti. ኣነጋገር፡ unterhaltung, festgelage) wort pl. rede, gespräch 43, 23; 51, 9. *amág adím* üble nachrede. *adúma* subst. f. festgelage 21, 28.

adum v. 2 sprechen, reden 14, 25. 36. nom. act., inf.
adúmti das reden, gerede, nom. ag. *adum-ána, adúm-kena*
redner.

     adum-s caus., *adum-s-is*, caus. 2, *adum-am* pass., *adum-
s-am* recipr. unter einander reden.

Adangaláy plur. *adangaláy* subst. c. (*adang-aláy*, s. §. 290) eidechse 28, 1. 4; 29, 16.

Adár subst. m. (Ar. غَسَل) honig.

     adár-ha subst. m. honigwein, hydromel 38, 28.

Adaro, ádalo adj. (*ád-alo*, Sa. 'Af. *as-á*, Som. *as-án* rot, §. 290:
s. a. Bil. s. v. *ajá*) rot, *ō-lalunkóy wū-háge adaróbu* der
hintere des pavian ist rot.

     adarō-s v. 2, caus. röten, rot färben, *adarō-s-is* caus. 2
rot färben laßen.

     adarō-m pass. rot werden, gerötet sein.

     adar-gírma subst. m. »rotkopf«, die eidechse.

Adás subst. m., pl. *adás* (Ar. عدس) linse, linsen.

Edáy adj. hoch (W.).

Aḍ I plur. *'áḍa* subst. m. (Ar. غَمّ) heu, pl. heuvorräte.

Aḍ II v. 2 (Ar. عَجَا) schreien, brüllen des kamel.

'Eḍa subst. m. rauch; s. *érda, ĕga*.

Uḍ v. 2 (Bil. *qŭaṭqŭaṭ*, Sa. *alal* für *aḍaḍ*) zittern. *uḍ-š, uš-š*
caus. zittern machen.

Aḍif plur. *áḍfa* subst. f. (G. ፉፈጸ፡ חֲסָף חָסָף neben עֲחֹף
شَحَف abschälen) rinde.

Aḍām v. 1 intrans. (Sa. 'Af. *eṇḍ* für *'eḍen*, Ti. ፉጥን፡ G. ፉጠነ፡)
klein, zart, jung sein, pf. *a'aḍám*, plqf. *e'iḍma*, präs. *a'ádami*,
adj. *aḍámi* (Ti. G. ፉጢን፡ קָטֵן) klein, zart, schmächtig.

     š-aḍām caus. verkleinern.

Aḍin u. *ajin* plur. *-a* subst. m. (A. عجين, Ti. ዐጂን፡) teig.

Afa subst. m. (vgl. So. *áwo* id.) die vergangene nacht; gestern,
afa-nĕ seit gestern 37, 27 ff.; 40, 10.

Afu v. 2 verzeihen: s. *afuw*.

Éfo subst. fem. (Ti. G. አፍአ፡ foras, extra) die hausflur, der allen besuchern zugängliche vordere teil des hauses.

'Afiḍ v. 1 (Ar. عَفَط id., vgl. a. §. 61) niesen, pf. *a'afiḍ*, plqf. *i'efíd*, präs. *a'anfid*, inf., nom. act. *'afúḍ* plur. *'afiḍ* niesen; nasenschmutz, rotz; partic. *'áfida, 'áfḍa*, nom. ag. *'áfḍi* (Ar. عَافِط, غَفِيط) und *'afḍana* nieser.

    š-'afiḍ caus., pf. *aš'afiḍ*, pr. *ašafiḍ*.

    š-iš-'afiḍ caus. 2.

Afham v. 2 verstehen; s. *feham*.

Afla subst. m. (Bil. *ewán, uwán*, Ty. አዋን፡ Ti. ዘበን፡) zeit, stunde, besonders der gegenwärtige augenblick, *aflá-y* jetzt (§. 132, *e*), *aflá-n* jetzt, von jetzt an (§. 134, *f.*).

Afru subst. f. (G. ፈበር፡ كَفَر caligo nubium) die wolke.

Aferh v. 2 sich freuen; s. *ferih*.

Afräy, afrá, áfre, áfri adj. (Ar. غَفْرِى vafer, malignus) schlecht, böse, häßlich, garstig.

    afräy v. 2 schlecht u. s. w. sein.

    afrē-s caus. verschlechtern, -unzieren.

    afräy-am, afrē-m pass. schlecht u. s. w. werden.

Aftálla adv. (Ar. أَفْتَحَ ٱللهَ) nein, keineswegs 16, 14.

Afúw subst. m. (Ar. عَفْر venia, عَفَا condonavit) verzeihung, vergebung.

    afuw v. 2 verzeihen, *afū-s* caus. verzeihung erwirken, *afū-s-is* caus. 2.

    afū-m pass., *afū-s-am* recipr.

    afiya subst. f. (Ar. عَافِيَة id., عَفَا IV sanitati restituit) gesundheit, heil.

    afi-s v. 2 caus. heilen, gesund machen.

    afi-m pass. geheilt werden, genesen, part. *afima* gesund, *afimábua* bist du gesund? = guten tag!

Aga I subst. m. (Ar. اغا) statthalter, gouverneur, chef eines amtes 16, 4.

Aga II und *ágya* subst. m. (Ti. አጊ፡ Nub. *agē, hagē*) das stroh von sorghum vulgare.

Êga I subst. m. (So. Ga. *eg*, Nub. *weg*, Bil. Sa. *waqay*, Ti. ወቄ፡ G. ወቄየ፡ وَقَى יקה custodire) hirt, *eya-t-éga, ya-t-éga* zigenhirt 29, 11; 30, 1. 8. *šaʿ-éga, šéga* (aus *š'ē* [für *šaʿâ-y*] *-éga*) u. *šékña* (aus *š'e-wka*, s. §. 45, a) rinderhirt 44, 2. 3. Diese letztere bezeichnung ist zugleich der Bedauyename für das volk der Baqara, *Dirfâb ē-šaʿ-egá-t-ʿōr éhama* heil der Dirfa, einer tochter der Baqara!

Êga II subst. m. (s. *érda*) rauch, dunst, *egáb gŭʿ* rauch trinken, d. i. tabak rauchen.

    egā-s v. 2 caus. rauch machen; caus. 2: *egā-s-is*.

    egā-t refl. rauchen, ein brennender gegenstand.

Êga III subst. m. (= *éga* II) aerva javanica, Sa. *wáyla* genannt, deren wolle im winde wie rauch fliegt.

ʿ*Agaba* subst. m. (Sa. *agabá*, Ti. Ty. አጋቦ፡) der büffel, büffelochs.

Agàadi subst. f. arnebia hispidissima (Schw.).

Egàadi subst. f. dipteracanthus patulus (Schw.).

Agder v. 2 können; s. *gedir*.

Agga subst. m. stroh; s. *ága* II.

Aglén, abu-ʿaglén ibis; s. *ábu*.

Agim, agím adj. dumm; s. *gām*.

Agne subst. f. leptadenia pyrotechnica (Schw.).

Agir, agar v. 1 (Sa. ʾAf. *adar*, A. አዶረ፡ G. ኅደረ፡ id., s. §. 43) um-, zurückkeren, heimkeren, pf. *aʿagír, aʿagár*, plqf. *iʿagir*, präs. *aʾangír* 55, 4. 5. nom. act., inf. *agír*, subst. f. *m-agér* rück-, heimker.

    s-agir, -agar caus. zurück-, heimfüren, caus. 2: *s-is-agir*.

Agír subst. f., pl. *ágira* (Ar. أَجْر merces, sponsalitium) erwachsenes, reifes, heiratsfähiges mädchen.

Agri lesung, lesen; s. *gery*.

Agrim, egrám subst. c. greis; s. *gerim*.

Ajál plur. *ajíl* subst. m. (Ar. أَجَل tempus praefinitum quo debita solvenda sunt, أَجَل terminum posuit) bürgschaft, *majál* bürge.

    ajil v. 2 bürgen, bürgschaft leisten. *ajil-s* caus. bürgschaft begeren.

Ejilin nom. pr. m.

Ajáma die ente (Seetz.): für *ajjama, aljama?* cf. غُلْجُوم anas.

Ajin subst. m. teig; s. *adin*.

Aha v. 1 nemen; s. *ahay*.

ʼ*Ihe* subst. c. g. zicklein, junge zige; s. *ʼéya*.

-*ūh* pronom. suffix; s. -*ūs*, -*yūs*.

Ahdar grün; s. *akdar*.

Êhama interject. preis! heil! gruß! eigentlich: *é-hama* accus. pl., von خَلِد euge! über den abfall von *d* s. §. 75.

Iham I subst. m. adler; s. *yehám*.

Iham II plur. *ihám* subst. m. panter, leopard.

Iham III v. 1 rad. inus. (aus *yeham* = ⲭⲉⲕⲉⲙ, 𓀀 keⲭⲉⲙ lavare, s. §. 29) waschen.

    s-iham caus. waschen (für *iham* gebraucht), pf. *a-s-ihám*, präs. *a-s-ihim*.

    s-is-iham caus. 2 waschen laßen, pf. *a-s-is-ihám*, präs. *asisihim*.

    ihām refl. sich waschen, pf. *a-ihám*, plqf. *itihám*, präs. *a-t-ihim*, nom. act. *ihám-a, ihám-oy*.

    s-ihām caus.-refl. sich waschen laßen, pf. *asihám*, präs. *astihim*.

Ahár subst. m. (Ar. الخر) rückseite, hinterteil, hinten 66, 25.

Ahay, ihay, ihe, ah v. 1 irreg. (Ar. أَخَذ, s. §. 32) nemen, pf. *a-há* (für *a-háy*) u. *á-yhe, te-háya* u. s. w. 12, 2: 21, 24; 22, 2; 28, 3 u. a. präs. *a-nin* (demnach hier von einer radix *an* oder *en*), *te-nina, e-nin* plur. *ni-yéy, ti-yéy-na*; plsqf. *yáhu* u. *yáy*, imp. *ahá* (u. *hay*)! fem. *aháy*! plur. *ahína*! neg. *ba háya*! fem. *bıháy*! plur. *baháyna*! *hay-má'a* bring (nimm u. komme!) 16, 15: 50, 32: 58, 7. nom. act. *mi-yáy*.

s-yewi caus. nennen laßen, pf. *á-s-yewi*, präs. *asyawi*.
t-yewi pass., pf. *a-t-yewáy*, präs. *atyewi*, plqf. *etyíw*, *etíw*, *etíû*, nom. act. *atyewóy*.

Ak rumex vesicarius (Schw.).

Aka I subst. 1) die frucht der dumpalme, der hyphaene thebaica L. (Bil. *akát*, Ti. Ty. አካት፡ id.), fem. g. *t-áka* accus. *akát*; 2) subst. m. die dumpalme d. w. *ăñgŭa* s. d.

Aka II subst. f. (Ti. G. እኪት፡ von አከየ፡ pravum esse) unheil, verderben, widerwärtiges 52, 8.

Akŭa I und *ákŭă*, *akö* subst. (s. §. 360, note 1; Ga. *akā*) umstand, zustand, gebraucht 1) im causalsatz, *ani táku ákŭă* (cf. كَوْنٌ) weil ich ein mann bin, s. §. 275. 2) im finalsatz, *ibābyanék gŭ'adib akö ō-ráŭ yi'íš* (9, 12) bei der abreise ließ er den freund zurück, damit er wächter sei (§. 277). 3) beim temporalis, *Bilál dabalúb ákŭă* (u. *aki* genetiv, für *akŭ-i*) *Bombáy ibábya* als B. noch klein war, reiste er nach Bombay. 4) bei der indirecten frage, *Bilál ō-kíšya efdigéb ákŭă díya-he* sage mir ob B. den sklaven freigelaßen hat (s. §. 360).

Akŭa, bei den Bischari *húgga* subst. fem. (Sa. *haqŭát*, *hàqát*, Ti. ሐቄት፡ A. ሐቋ፡ حُقَّة, s. §. 45, *a*) büchse aus holz oder bein zur aufbewarung des tabak's, tabatière.

-ēk bei der bildung des conditionalis, causalis und temporalis gebraucht, s. §. 266 ff.

Êke subst. c. g. (für *ayke*, *anke*, s. §. 33, G. እንቂ፡እንቂት፡ accipiter) falke, habicht, sperber.

-ūk pronom. suffix (§. 161 u. 168) dein, dich, dir.

Akdar, im norden *áhdar* adj. (Ar. أَخْضَر, s. §. 36) grün, *wūhínde ákdaru* der baum ist grün.
akdar-am v. 2 intr. grün werden.

Aklig v. 2 schaffen; s. *kelig*.

Akér subst. m. (Bil. Sa.-'Af. Ga. *akerá*, Ti. አኅሬ፡ آخِرَة) das jenseits, der aufenthaltsort für die verstorbenen, *te-dinyádi-*

ka wū-akĕr hanyis das jenseits ist schöner als die welt.
Formell ist *akĕr* = Sa. *akĕr* (aus *akair*) u. *ákari* = Ti.
G. አጎረ፡ posterior, nachherig; über ־ኂ zu *k* vgl. §. 36.

Akir v. 1 (für *hakir*, G. ከሀለ፡ Ty. ከአለ፡ Ti. ከለ፡ A. ፇለ፡
Cha. *cal*, Agm. *kal*, Bil. De. Qu. *gar*, So. *kar* posse, cf.
ﺍ‍‍‍ﻗ‍‍ﺮ *aqer*, ωϼ firmum esse) stark, kräftig sein; hart,
derb, grob sein, pf. *aˋakír*, präs. *aˋankir*, plqf. *iˋekír*, partic.
ákera, *ákra*, nom. ag. *ákri* (G. ከYለ.፡) mächtig, nom. act.,
inf. *akúr* plur. *akír* kraft, subst. m. *akerír* kraft, stärke.

s-akir caus. kräftigen, stärken, den mut aufrichten,
ermutigen, trösten, pf. *asakír*, präs. *asakir*, caus. 2: *s-is-
akir* stärken laßen.

et-akār pass., pf. *a-t-akár* ich wurde gekräftigt, refl.
a-akár ich wurde kräftig, präs. pass. u. refl. *a-t-akir*.

Ekūt v. 2 lächeln (A): warscheinlich für *kekút*, *ketkút* inf.
von *kekit*, *ketkit* = Ar. ﺗ‍ﻜ‍ﻜ‍ﺶ lächeln.

Akūténḍáwa nom. pr. eines tribus der Hadendáwa in Barka:
s. *kūt*.

Ikuw, ikw v. 2 (für *yekuw* u. dies für *nekuw*, G. ነቀወ፡ §. 33)
jammern, klagen, schreien, auch von lauten der tiere, z. b.
wū-hatáy ikwíni das pferd wihert, nom. ag. *ikw-ána* u. *ikú-
kena* schreier, schreihals.

ikū-s caus. zum schreien bringen.

Al v. 2 (Ar. ﺁﻝ properavit) sich beeilen, schnell sein, nom. ag.
ál-kena läufer, caus. *al-s* zur eile antreiben.

Ala I subst. f. hals, nacken.

Ala II subst. f. glasperle.

Ali I subst. f. (cf. ﻗﺮﺍ *qra*, ᎧᎬᎵᎢ) wade, schinbein.

Ali II v. 2 (Ar. ﻏﺎﻟﻰ) teuer, kostspilig sein, partic. *álya* teuer,
ūn wū-hatáy alyábu dieses pferd ist teuer.

ali-s caus. verteuern.

ali-m pass. intr. teuer werden.

Ali n. pr. m. ar., acc. *Alib.*

Êla I subst. m. (Ti. ዐናብ፡ im Samhar, ዐለመት፡ in Mensa u. hochland, Bar. *hálme,* Bil. *álmat,* Sa. *alám* id., s. §. 74) gras, bes. dürres gras, heu.

Êla subst. f. u. adj. weiße farbe, weiß; s. *éra.*

Oli subst. m. (Sa. *aló,* A. ቆለዖ፡) geröstetes getreide.

Ula subst. m. hode; s. *wúla.*

Uli v. 1 schlagen; s. *wuli.*

Elba subst. f. (Ti. አልበት፡ عَنْبَة) kleine schachtel, dose.

Aláfi, aláfe und *láfe, náfe* subst. f. (cf. G. ክርስ፡ክፈር፡ כלוב id., vgl. a. §. 76) korb, waßerdicht geflochtener korb zur aufname von flüßigkeiten, waßer, milch u. a.

Alif num. (Ar. أَلْف) tausend, *ō-Sōkib alif deháy esnin efína* in Suakin befinden sich tausend einwoner. *mall' álfa* zwei-tausend; s. §. 148.

> *lif,* verkürzung des obigen; s. §. 76.

'Alag v. 2 (Ar. عَلَق, G. ዐለቀ፡ עָנַק u. عَنَق IV suspendere rem) auf-, umhängen (bänder, geschmeide, kleider), präs. *alágani* u. s. w., nom. act. *alákti.*

> *alak-s* caus., *alag-am* pass.

'Alig v. 1 (Ar. علق غلَاقَة rixa) stoßen, schlagen, ringen, pf. *a-'alig,* plqf. *i-'elig,* präs. *a-'anlig, -'allig, -alnig,* part. *'álga,* nom. ag. *wū-'anlig, 'álgi, 'algána,* nom. act., inf. *'alúg* plur. *'alig,* subst. f. *'álga* stoß, schlag.

> *s-'alig* caus., pf. *as'alíg,* plqf. *es'alíg,* präs. *as'alig.*

> *m-'allág* recip. VIII 1 mit einander ringen, sich gegen-seitig stoßen u. s. w., pf. *a-m-'allág,* präs. *a-m-'allig,* pg. 6, 7; 20, 30; nom. act., inf. *am'álgoy.*

Ilogáni plur. *ilogánya* subst. f. (s. §. 302, cf. غَلَجَان commotio, cursus) sturmwind, orkan.

Ilahínde pentatropis spiralis (Schw.), offenbar = *íla-hínde.*

Alák plur. -a subst. m. (Ar. خَلَك nigredo) wolke, düsterer, trüber himmel; trübe, düster.

alak v. 2 trübe, düster, dunkel sein: s. §. 308.

alak-am pass. trübe werden.

Alkarbán zygophyllum decumbens (Schw.).

Alla I (Ar. الله) gott, *Allá-yū* mein gott. *Allá-y tha, -deha, -deháy* bei gott!

    Allá-y kam »gottes kamel« das insekt die gottes-anbeterin, mantis religiosa.

Alla II subst. f. u. *wálla* id. (Nub. *kŭállō, kăllo*) trommel.

Ellá-y kišy' 'ár »nachkommen des sklaven Ella« u. pr. eines dienenden tribus der Halenga.

Olli subst. m. der brei (Mu.); s. *óli.*

Alám und *lām* (vgl. §. 76) plur. *alám, lam* subst. m. (Ar. علم) wißenschaft, davon *alam, lam* v. 2 leren, unterweisen, aufseher sein, nom. ag. *alam-ána* lerer, meister, nom. act. *alámti.*

    alam-s caus. zum meister machen.

    alam-am refl. pass. lernen, nom. ag. *alam-am-ána* schüler, jünger, nom. act. *alamámti* das lernen, studium.

    alām-am-s refl.-caus. lernen laßen.

Aláme subst. m. das henna, lawsonia alba (Seetz.).

Âlem, subst. f. stachelschwein (Seetz.).

Alandoya zum ersten mal trächtige kuh (Mu.).

Alōr n. pr. eines tribus in Barka.

Alēte interj. o wenn doch, o! (Mu.), warscheinlich = *Allá-y thāy* bei gott! s. *Alla* I.

Elēt termin (Mu.) = Ti. ዐሌት፧

Eletnén u. *letnín, etnín* subst. f. (Ar. الاثنين) montag, *tā-mháya litnín-te* (70, 17) der dritte (wochentag) ist der montag.

Olou, o-olou der gemrotbaum (M.), das ist acacia sanguinea H.

'*Âm* I v. 1 refl. (cf. Ga. Kaf. *yab* id.) aufsteigen, sich darauf setzen, reiten, pf. *a-'ám* 60, 1—6; 64, 30. plqf. *it'am* (*id'am*), präs. *ēt'im* (*ēd'im*), imp. *áma!* partic. *ám-a,* nom. ag. *ám-ána* reiter, nom. act., inf. *ma-'ám, mi-'ám* das reiten.

sō-'ăm caus.-refl. aufsteigen, reiten laßen, pf. *asō'ăm*, präs. *asö'ĭm*, partic. *sö'ăma*, nom. ag. *sö'ămăna* reitmeister, -lerer.

'*ăm* intrans. IX, A 1 anwachsen, anschwellen, pf. *a-'ăm*, präs. *ĕ'ami*, partic. '*ăma* angewachsen, -geschwollen, subst. f. '*ăme* geschwulst.

Ăm II v. 2 (Sa. *qam*, 'Af. *qam*, *kam*, Ga. *qam*, So. *on*, A. ቀሞ፡ Ty. ቄ፡ [für *qaqama*], G. ቀምሕ፡ [für *qamqa*] 𓐠 ... 𓅿 '*am*, ⲟⲧⲉⲙ edere; an G. ቀምሕ፡ schließen sich an: Bil. *qŭĭ* [aus *qmy*, *qmḥ*], Cha. Qu. De. Agm. χŭ u. χŭ id.) eßen, verzeren: gierig u. vil eßen, freßen 21, 14; 59, 18.

   ăm-ʃ caus. füttern, zu eßen, freßen geben.

   ăm-am pass. aufgezert, gefreßen werden.

   ăm-ʃ-am recipr. einander tötlich anfeinden, einander auffreßen.

Ama subst. m. die tamariske.

Êma, ima subst. m. (Ti. ጀፀጉም፡ s. §. 52) spätherbst und winter, Oktober bis Februar.

'*Ôm, 'ūm* subst. (Ar. ‏عوم‏) das schwimmen, *ant tō-'ōm adgerăni* ich kann schwimmen, bin des schwimmens fähig.

   '*ōm, 'ūm* v. 2 schwimmen, *ŏmani* ich schwimme. nom. act. *ŭmti*, nom. ag. *ūmăna* schwimmer.

   ōm-ʃ, ūm-ʃ caus. schwimmen laßen, nom. act. *ōmésti*, nom. ag. *ōmʃăna*.

Amba, ănba subst. m. (Ga. *ălba-ti* id., *alb* cacare, cf. ϙⲁⲗⲙⲉ stercus) kot, excremente 21, 15. 25.

   ámba-kŏnšib dem mistkäfer, s. §. 77, *d*.

Omba dracaena ombet (Schw.).

Emb'a subst. f. ruhe, schlaf; s. *bū'*.

Emb'é und *émb'e* subst. m. tag; s. *nebi'*.

Embaḍ, émbaj und *mbáḍ, mbáj* plur. -*a* subst. m. (für *enbaḍ, nebaḍ*, Nub. *nebíd, nibíd*, Kopt. ⲛⲉⲃⲧ, 𓏏𓂝𓅱 *nebti* id.,

〰️ ⬭ *nebd,* ⲛⲟⲧⲂⲧ, ⲛⲉⳝⲧ, ⲛⲉⲧⳝ plectere, vgl. لِبَد pannus, stratum, لَبَّج ligavit: s. §. 23 u. 71) matte, strohmatte 28, 2.

Embád plur. -*a,* nebenform *embáde* u. *mádd|ed* plur. *mádda* subst. m. (für *ma-twayt,* Nub. *mátway,* G. ⲙⲧⲛⳙⳁⲓ s. §. 22 u. 77, *d*) schwert, säbel, pg. 56, 4. 5.

ō-*mbád-i gaû* schwertscheide, ō-*mbádi yáf* schneide des schwertes.

Embaj subst. m. matte, teppich; s. *émbad.*

Embalbálöy v. 2 zittern; s. *bál* III.

Ambilhóy plur. -*a* subst. f. (für *ma-bihlóy,* G. ⲙⲛⲩⲁⳁⲓ vox) trompete, *ani t-ambilhóy fáfan* ich blies die trompete.

Embalik, mbalik plur. *embálka* subst. f. (Ty. ⲚⳒⳞⳚⲓ Ti. ⲚⳒⳚⳙⲓ und ⲚⳒⳜⳙⳙⲓ Sa. *bunnahë*) amaranthus graecizans.

Embelál subst. m. (für *ma-belál,* بَنْبَل confusus fuit sermo), traum, fantasie.

embelál v. 2 träumen, fantasieren im schlaf, fieber, nom. ag. *embelál-ána* träumer, schwärmer, nom. act. *embelálti* das träumen, träumerei, schwärmerei, ū-*mbelálti amágu* das fantasieren ist schädlich.

embelál-s caus. fantasien erregen.

Ambalóy, ambaróy, embalóy pl. -*a,* auch *ámbar* plur. -*a* subst. f. (Sa. *kámfer,* Bil. Agm. *kánfar,* Qu. *kanpar,* Cha. *kifir,* Ti. Ty. A. G. ⳂⳘⳖⳒⳜⲓ) lippe, *wö-adi-t ambalóy* schamlippe, *t-ambalóy tú-nki* oberlippe »die lippe welche oben«, *t-ambalóy tú-wúhi* die unterlippe.

Embira subst. f. (für *énbira, nebira,* Ar. نَمْلَة נְמָלָה) ameise, besonders die alles freßende, die termite.

Ambúr subst. m. flügel; s. *anbúr.*

Amberki subst. f. cassia obovata (Schw.).

Emberés, mberés plur. *embrása* subst. m. der uscherbaum, calotropis procera.

Ambaróy lippe, s. *ambalóy.*

Amid v. 1 anfaßen; s. *amit.*

Amidáy und *Amidáy* nom. pr. loci in Barka, Amideb im Barea-land, *ū-mhin-ū Amidáyu* und *Amidébu* mein wonsitz ist Amideb. *Amidáy yi'án* ich kam von Amideb; s. a. 33, 20; 34, 8.

Emfu, omfu, to-omfou graisse (Lin.); s. §. 71 u. 77, c.

Amfi v. 2 nützen; s. *nefi*.

Amág schlecht; s. *mág*.

Emjafár, mjafár plur. *emjáfra* subst. f. (cf. مُزْقَر anhelitus vehe-mens) eine vipernsorte.

Emhábre ratsversammlung; s. *mehábre*.

Emhákūel subst. m. süd, der süden; s. *mehákūel*.

Amhāl v. 2 herausziehen; s. *mehal*.

Emháy num. drei; s. *meháy*.

Amila subst. f. (Ar. عَمِلَة) tätigkeit, arbeit.

　　ma'amílye subst. f. (Ar. مَعَامِلَى) id., *ē-gajēsės hóy ma-'amilyét ed'ina* (12, 17) mittelst irer augen (d. i. mit um-sicht) leisteten sie die arbeit.

Emáma subst. f. (Ar. عِمَامَة) turban.

Umma subst. f. (Ar. اُمَّة) 1) volk, leute, menschen 43, 23. 2) welt, erde, *kastús t-úmma wō-ankŭanáy akligímta* die ganze welt ist von gott erschaffen worden.

Amín subst. m. (Ar. اَمَان) glaube, *wū-amín dáybu* der glaube ist gut. *Allá-y* (und *Alláhi*) *amáni geb* unter dem schutze gottes, mit gott!

　　amān v. 2 glauben, vertrauen, part. *amána*, nom. ag. *amān-ána* und *wū-amān-ín* muslim, *bā-amānáy* ungläubiger, heide.

　　amān-s caus., *amān-s-is* caus. 2.

　　amān-am pass., *wū-eugsir (-egŭsír) ka-'amānámya* wer gelogen hat, findet keinen glauben.

　　amān-s-am recipr. einander vertrauen.

Amna 1 subst. m. (Sa. 'Af. Bil. Cha. Qu. *abín*, Go. Kaf. *ibbō* für *ibn-ō* id.) der gast. *amná-b hadáréman* ich nam einen gast auf.

Amna II subst. f. (Bar. Bil. Qu. *kaban*, Agm. *kaman* gebären) kindbetterin, wöchnerin; amme.

Amár nom. pr. m., *Amár 'ár* die Beni-Amer.

Amér plur. *-a* subst. m. (für *ma'ér*, Ar. مَغَار, s. §. 77, c) höle.

Amár plur. *-a* und *amír* subst. m. (Ti. አሙ·ር፡) schüßel aus palmenblättern waßerdicht geflochten.

Umár, Emár nom. pr. m. (Ar. عُمَر).

Umero adv. (So. *amin*, Sa. *amána*, Bil. *emána*, G. ሐሞን፡ زَمَن زَمَان; tempus, s. §. 11 und 12) einst, mit negirt. verb: nie, niemals; vgl. *áfla*.

Amás subst. m. (Ar. أَمْسِ dies hesternus, heri) der späte abend, die dunkelheit, finsterniß, nacht 30, 3. *amas-i-nga* (68, 10) in der tiefen nacht, um mitternacht; s. *énga* I.

> *amsé, amsi* ablat., heute d. i. von gestern abend bis jetzt vor dem abend, da der tag von sonnenuntergang an gerechnet wird, pg. 37, 22 ff.; 39, 6; 52, 26 ff.

Amis v. 1 (vgl. Bil. *anj*) hineinstecken z. b. den kopf in ein loch u. s. w., pf. *a-'amís* 29, 2; plqf. *i-'amís*, präs. *a-'ammís*, partic. *ámsa*, nom. act., inf. *amás* plur. *amis*.

> *s-amis* caus., *s-is-amis* caus. 2.

> *am-amás* VII 2 hineinstecken helfen, pf. *am-amás*, präs. *am-amís*, nom. act. *am-amás-oy*.

Emse subst. f. rürstock, quirl.

Amsuk subst. m. atem; s. *hamsuk*.

Amit, amid v. 1 (Ar. قَبْطَ قَبَطَ) anfaßen, ergreifen, pf. *a-'amít*, plqf. *i'emít*, präs. *a-'ammit*, partic. *ámta*, nom. ag. *ámti*, nom. act. *amút* plur. *amít*.

> *amát* refl. an sich nemen, nemen, pf. *a-'amát*, plqf. *itemíd*, präs. *a-t-amit*, subst. f. *m-'amát* pl. *m-amát* faust.

An I v. 1 defectiv. (Bil. Cha. Qu. *en*, Sa. 'Af. *na*, im gerundiv noch *in*, Bar. Ku. *na*, Kaf. Go. *ne*, Gur. አን፡ A. አለ፡ Ty. አለ·፡ Ti. ሀለ፡ G. ሀለወ፡ Kopt. ελ, ερ, ˊ*arw*, ˊ*ar*, Masch. Kabyl. *ili*) sein, esse, zur flexion s. §. 306 ff.

ān intens. sein, sich befinden, §. 307, anmerk., partic.
ána, nur als suffix nachweisbar, §. 288 und 289.

An II v. 1 defect., ursprünglich mit *an* I identisch, s. §. 307,
anmerk. (Sa. ʼAf. *na*, Nub. *an*, A. አለ፡ Ty. የለ፡) sagen,
flexion wie bei *an* I, s. a. pg. 5, 10. 13; 6, 6. 10. 12. 14 u. a.

Ân demonst. plur. diese, §. 177.

Ana I subst. m. (vgl. A. ቀን፡ tag) tageslicht, der morgen, *wō-
án-i* oder *wō-án-i deháy* am morgen, *wō-áni ibábya* am
morgen verreiste er.

Ana II subst. f. schaf; s. *áno*.

Ane pron. pers. (Bisch. Hal.), *aní*, *aní* (Beni Am.) ich, genet.
ani und *anih-i* 34, 21. obj. *anéb*, *anib; anébu* fem. *anébtu*
ich bin es, s. §. 157 ff.

Ano, seltener *ána* subst. f. (cf. אֶצֶן id.) schafmutter, schaf, *anó-t*
ʼōr lamm 24, 1. 7.

Anú, verkürzt *ánu*, nebenformen: *nūn*, *nu*, urspr. form war-
scheinl. *anún* postpos. (vgl. Sa. *hin* id.) one, außer, ausgenommen, §. 135, o.

În subst. f. sonne, tag; s. *yïn*.

Ôn I v. 2 (für *hōn*, *kōn*, So. *kăl*, Ku. *kára*, Cha. *cil*, Sa. *kăhŏl*,
A. ኵል፡ Ti. Ty. G. ኵሕል፡ كَحَل כָּחֹל antimonium) mit
spießglanz, antimonium färben. nom. ag. *ōn-ána*.

ōn-s caus., ōn-s-is caus. 2.

ōn-am refl. (und pass., wofür dann auch ōn-am-am,
s. §. 318) sich mit spießglanz färben, nom. act. ōnámti. wū-
ōnámti dáybu das sich färben mit kuhel ist schōn.

hen-in, en-in (vgl. §. 351) subst. f. antimonium, spießglanz; bei A. ónun (für ōn-in, dann -in und -un, färbung
des i zu u durch vorangehendes ō).

Ôn II dodonaea arabica (Schw.).

Ôn III pron. demonst. m. object; s. *ūn*.

-ûn accus. -ōn plur. -ān acc. -ēn pron. poss. unser, §. 168.

Ûn f. *tūn*, accus. ōn f. tōn, plur. ān f. tān, accus. ēn f. tēn pron.

dem. (Bil. De. Qu. *in, en*, Cha. *yen*, Kaf. *hin*, Ga. So. *kan* id.) dieser, diese, §. 177.

An'al v. 2 fluchen; s. *ne'al*.

Anáb plur. *-a* und *anáb* subst. m. (cf. حلب; G. ሕልብት፡ nasenschmutz, rotz, vgl. §. 12, c) eiter.

Anbúr, ambár plur. *ánbir, ánber, ámber* subst. m. (Ty. ፍሬሪ፡ Ti. ፍፍሬ፡ fliegen, መፍሬር፡ flügel, zu *a-nbúr* vgl. §. 304; zu ፍሬሪ፡ cf. نَبَرَ extulit, elevavit) flügel, adj. *anbir-kena* beflügt, *á-klay anbirkenába* die vögel sind beflügt.

Enda I subst. pl. m. (Sa. *endá*, Ty. እንዳ፡ plur. für እዳን፡ von እዶ፡ G. ዕዶ፡ mann; s. a. Bil. s. v. *ad* 1) männer, leute, volk 5, 17; 6, 15; 16, 17; 43, 28; 47, 21. 28 u. a.

éṇḍáwa subst. m. (= *end-ḍáwa*) »männerstamm« ansidelung, volksstamm, tribus 5, 10; 21, 27; 39, 19. 32; 40, 3; 47, 23 u. a. *bábyō eṇḍáwá-y tú-búr* mein vaterland 58, 16. 22.

Haḍ'éṇḍáwa nom. pr. volk der Hadendáwa »adelsmännertribus« auch *Haḍ'áuda* »adelsmänner« genannt, der vornemste stamm der Bedscha; vgl. §. 62, note 1.

Kišéṇḍáwa nom. pr. des tribus der knechte (*kišya*), die Tigré, die zu den Hadendáwa sich verhalten, wie im Bogos die unterworfenen Tigré zu den herrschenden Bogos oder Bilin.

enjór = end-i 'ór »menschenson« adeliger, plur. *enjár* 12, 8. 11; 33, 7.

endeháy subst. coll. m. (für *enda-háy*, letzteres = Ti. ሕያይ፡ G. ሕያው፡ für ሕያዋ፡, vgl. Sa. s. v. *laba-há*), häufig verkürzt zu *deháy*, mit dem artikel: *á-dháy* die leute, einwonerschaft, volk 19, 17; 56, 8; 61, 6; 63, 16; 64, 9. 12. 13. 16 u. a.; über den abfall des *en* von *endeháy* s. §. 16. In derselben weise zu erklären der abfall von *en-* in:

da leute, für: *énda*, wie: *dá-b-a edína* (7, 1) leute gibt es, sie erzälen; s. a. 63, 17; 66, 1. 4. Auch in *Abáb-da* s. d.

Enda II und *énde* subst. f. (Ty. እዴ፡ Bar. *addá*, Bil. *adé*, Go.

indā, Kaf. *índě*, Nub. *indi* id., villeicht stehen diese formen
für *wandē, wandāy-t*, relativ = G. ⍵ለ፭ት፡ genetrix, wegen
n für *l* vgl. A. ⍵ን፯፡ = G. ⍵ለ፭፡ und §. 12, c) mutter,
mit dem artikel: *tú-nde* 7, 7; 9, 25; 11, 2; 12, 5; 58, 8 u. a.,
mit dem poss. *endé-tū, -túk, -ús* u. s. w. meine, deine, seine
mutter, gewönlich aber verkürzt zu *dé-tū, -túk* u. s. w., s. §. 16
und pg. 12, 10; 52, 12; 59, 1. *báb-i tú-nde* vaters mutter,
dě-ti tú-nde mutters mutter, großmutter von väterl. oder
mütterl. seite, *dě-ti tú-kūa* schwester der mutter, tante.

Endi, *énde* subst. f. (für *edin* = Ty. ነጠን፡ Ti. ሕዪን፡ und
ሕዮን፡ G. ሓዪን፡ Cha. *açín*) eisen. acc. *endī-t*, mit dem
art. *tú-ndi*.

Ando subst. m. excremente von tieren, häufiger *ándo* s. d.

Îndeb subst. m. sonnenuntergang, west: s. *yíndeb*.

Endof v. 2 (villeicht für *em-dof*, *ma-dof*, vgl. §. 72, und auf
خَضَّ cacare zu beziehen, vgl. §. 198, b), verkürzt auch *dof*
scheißen (§. 198, b), nom. ag. *endof-ána* der after.

Endeháy subst. coll. m. leute; s. *énda* I.

Andala subst. m. (aus *ám-, má-dala*; s. §. 72; vgl. Ar. مِظَلَّة
umbraculum) schatten, *w-ándala* i. e. *wū-ándala* der schatten.

Endera subst. m. (für *émdera, medera* §. 72, Sa. *madír*, Ty.
መዪራ፡) cordia ovalis abessinica R., im Ti. እውሕ፡ A. ⍵ንዘ፡
Bil. *báwesā* genannt.

Endírho, endírhu, endírhe, índhiro, índhiro subst. c. g. (aus
am-, ma-dirho §. 72, Sa. 'Af. *dórhō*, So. *dóra*, Qu. *dirhŭa*,
Bil. De. *dirwá*, Cha. *jirwá* und *girwá*, Ti. Ty. ፪ርሆ፡ A.
፪ርፀ፡ G. ፪ርሆ፡) hun, henne oder han, *wū-endírho kūkini*
der han kräht, *t-andírhe as'aktini* die henne gackert. *wū-
andírhe ū-rába* der han. *malāl-i-t endírho* wüstenhun, fran-
colin, perlhun.

Endāûre, endāûri, endáwire, auch *nawádire, nawádri* und
dāûre, dāûri subst. m. und adj. (jenes aus *em-, ma-dāûre*,

§. 72) schönheit, schön 8, 5. 9; 13. 2; 33, 15; 36, 16; 37. 10. 17; 42, 30 u. a.; vgl. §. 16.

nawādri v. 2 schön sein, präs. *nawadriy-ani* u. s. w., nom. act. *nawādriti*.

nawādri-s caus. verschönern.

Endáy für *nedáy* (Ar. نـِدَى) und nach §. 16 verkürzt zu *day* adj. gut, schön, *mēk endáy nākábu* wie teuer ist ein schöner esel. *ün ū-mēk endáyu* dieser esel ist schön. häufiger die verkürzte form *day* 38, 21. 26. 27; 41, 28; 47, 24. 26. 28. 30. 32. 34; 48, 1 ff.

Aṇḍo und *ándo* subst. m. (für *amḍo, m-ado* §. 72, cf. G. እዖⁿ፡ sordes, stercus, እዖ፡ verrere) excremente von tieren, vom rind, pferd, kamel u. s. w., für kleinere tiere wie schafe u. s. w. wird *áṇḍo* mit dem femin. artikel verbunden.

Aṇḍe', áṇḍeh subst. m. (für *aṇḍeh, ma-[w]deh*, §. 72) gegerbte haut als kleid verwendet, auch benützt zum aufbreiten um darauf bei nacht zu schlafen.

Îṇḍeb subst. m. sonnenuntergang, west; s. *yíndeb*.

Aṇḍare subst. m. (für *am-, ma-ḍare* s. §. 72; Sa. *ḍiró, ḍiḷó* hüfte, G. ዸፈⁿ፥፡ μηρός, von ዸርⁿ፡) hüfte, schenkel.

Anfir v. 2 meiden, verabscheuen; s. *nefir*.

Eñga I subst. m. (zur herkunft vgl. §. 72) rücken, rückteil, hinter-teil, *ó-ñga ikta'* er brach den rücken 21, 4. *amas-i-ñga* »rücken des abends«, nach dem abend, in der nacht 68, 10. *t-eñgi-t míta* »der rückenknochen« rückgrat, zum fem. artikel s. §. 129.

Eñga II und *éñge, éñgi* subst. f. (Bil. *aṇġáy*) mitte, mitten, *t-engá-t tibaláy* der mittelfinger.

Añgúa, áñgúa subst. f. (Bil. *áñgúá*, Sa. *áñgá*, 'Af. *ṇñgá*) die dumpalme, hyphaene thebaica, und das palmenblatt zum flechten von körben, matten u. s. w. verwendet; s. a. *áka* I.

Eñgal, éñgar, ñgál, ñgár, gál, gár num. (zur etymologie

s. §. 149, a) eins, ein, *éṅgal hōb, -dōr, éṅgar ragád* einmal, *gāl-ús-ka, éṅgar-úh-ka* ein jeder, *asa-gŭer asa-gúr* sechs.

eṅgaláluy adj. ganz allein, einzig (63, 13); s. §. 119.

Eṅgili subst. f. (Sa. 'Af. *eṅgiró*) rinde. *kŭahit éṅgili* eierschale.

Aṅgŭil plur. *áṅgŭil, ăṅgŭel, ăṅgŭla* subst. m. (Agm. *enqŭari*, Ku. *okená* d. i. *ekŭenā*, Bil. *ɥnquwá*, Qu. *enχō*, Sa. *okŭá*, Nub. *ulúg* KD., *úkki* M., für *úlki, ugúl, ukŭíl*, Kulfannuba *úlsa* für *usál* — Ti. G. እዝን፡ A. እሽና፡ Gur. እንዝን፡ أُذُن אִדְן אֹזֶן  *'aden* id.: zu *g, k* = *s, d* vgl. §. 38 u. 43) das or, *aṅgŭil-ū* mein or. *ō-wéki ăṅgŭela gŭmáda* die oren des esels sind lang.

Eṅgúl plur. *éṅgil* subst. m. (für *me-gūl*, cf. قُوْر קוּר id., s. §. 72) zwirn, faden.

Aṅgelisi nom. pr. Engländer, englisch 63, 15.

Aṅgŭláy adj. (A. Ty. ደንቆሮ፡, s. §. 8 und *úṅgewa, úṅewa* id. taub. *Bilál aṅgŭláyu* B. ist taub, *aṅgŭláy kike* er ist nicht taub.

Aṅgano, áṅgane subst. c. g. raubameise; s. *hánkana*.

Aṅgaré subst. m. (für *am-, ma-garé* — مُقَرِّى lectus, قَرَا hospitio excepit, s. §. 72) das tragbare bettgestell, accus. *aṅgaréb*, in dieser form übergegangen ins Sudan-Ar. أَنْقَرِيب und أَنْجَرِيب.

Eṅgeráb subst. m. abend, west; s. *garíb*.

Aṅgáš plur. *áṅgaš* subst. f. (für *am-, ma-gāš*, s. §. 72) pflug.

U̱ṅguw v. 2 taub sein: s. *ainuw*.

Enjema adj. berümt; s. *nejím*.

Enjör plur. *enjár* subst. m. adeliger; s. *énda* I.

Inho wohin? (A.): s. §. 190, note 5.

Ankŭa subst. m. (vgl. *énga* I) höcker, buckel, *barús ankŭá-b-u* er ist bucklig. *ū-kám ankŭábu* das kamel hat einen höcker.

Enki, inki, ki, bei A. *énki, ínki* postpos., aus *enk-i* auf, über, oberhalb, oben, *ō-n'ál-i inki* (42, 16) auf dem bette, *ó-gaw-i 'nki* (42, 18) auf, über dem hause; s. a. §. 135, h. Auch adverbialiter: *inkí esá* (24, 9) er setzte sich darauf. *batús inki ṭabbálta* (14, 34; 15, 29) sie schloß darüber zu.

Ankŭal v. 2 (Ti. ዐቀለ፥ عَقَلَ Sa. 'aqal krumme beine haben, Bil. *hankŭal* das bein stellen jemandem, Ga. *hōkăl*, für *hankŭal* lam, hinkend sein) lam sein, hinken; partic. *ánkŭala*, nom. ag. *ankŭal-ána*, nom. act., inf. *ankŭálti*.

ankŭal-s caus. lämen, hinkend machen.

Ånkŭeľa, ụnkŭľa subst. f. (für *am-, ma-kŭeľa*, §. 72; Ti. ኹላ እት፥ plur. ኹላእት፥ Ty. G. ኹሊት፥ כֻּלְיָה כֻּלְיֵהּ talm. כֻּלְיָא

qarena-ta, ⲥⲗⲟⲟⲧⲉ ren) die niere, nebenform *ṭụnkŭľa* und *ṭụnkŭla*, mit dem artikel *tū-ṭụnkŭľa* (vgl. *lehák* und *telhák*).

Enkulŭb plur. *enkŭlŭb* und *enkŭlŭb* plur. *enkŭlba* subst. m. (aus *em-, me-klŭb* =— Sudan-Ar. مَقْلُوب, §. 72) ror worin der zucker versendet wird.

Enkalŭw plur. *enkálwa* subst. m. (für *em-, me-kalŭw* = مِقْلَى sartago, von قَلَى قَلْ G. ቀለየ፥ ቀለወ፥, hieher gehörig: Bil. *maqlá*, مِقْلَاة, Ku. *angalá* für *am-, ma-galá* thonplatte worauf das brod gebacken wird; s. §. 72) pfanne oder topf aus thon zum kochen.

Ankaláy plur. *-a* subst. m. (Ti. እንቀለይ፥ Bil. *angalá*) pflanzensorte, eine convolvulus, nach Schw. zygophyllum simplex.

Ankŭána, ánkŭána subst. m. (für *am-, ma-kŭána* == Sa. 'Af. *makawán* großer, häuptling, herrscher, G. መከንን፥ iudex, princeps, dominator, §. 72) herr, besitzer 63, 1. 5. *hatáy ankŭána* pferdbesitzer, -herr, reiter 60, 12. *wä-ankŭána* der herr, gott 39, 2; 41, 25 ff. *Bibil wö-ánkŭána silélya éfi* B. betet zu gott.

kŭna, kina nach §. 16 aus obigem verkürzt. *ó-gawi kŭna, -kina* hausherr, *wö-hatáy-i kína* pferdherr, reiter. *ō-rěwi kina* eigentümer des vihes, geldes u. s. w., *ani ō-knáyu* ich bin der herr. *tō-bút, tö-bre ū-kna-yún halágya* die erde und den himmel hat unser herr (gott) erschaffen.

-*kena* aus obigem verkürzt, nur in compos., wie: *ibáb-kena* reisender u. s. w., s. §. 353. Ueber unbetontes *e* zu *i* in -*kena* und *kína* s. §. 105.

Ankar plur. -*a* subst. f. (Sa. 'Af. Bil. *ánqar*, Ti. A. G. አንቀር፡) gaumen, schlund, kele, rachen.

Ankir v. 2 verschmähen, haßen; s. *nekir*.

Enkās v. 1 kurz sein; s. *nekās*.

Ankuw v. 2 schreien, brüllen; s. *nekuw*.

Anna nom. pr. f., Ar. خَنّة.

Insi subst. m. (Sa. *insī*, Ar. إِنْسِى) mensch 66, 16. 17.

Enséba subst. m. halsknorpel, der Adamsapfel.

Ansir v. 2 besigen; s. *nesir*.

Enšāf, enšōf v. 1 leicht sein; s. *nešāf*.

Entòn, éntōn-i, verkürzt *entó, éntu, íntu, entó-y* und *entá, énta, entá-y* demonstr. adv. hier, an diesem ort, *bén-tōn, bén-tōn-i* u. s. w. dort, aus *en-, bén-tōn*, s. §. 190), e. *íri barák intōni kíthaya* du warst gestern nicht hier. *entóy gáda kúriba efén* hier gibt es vile elefanten. *barús intoni éya* er kam hieher. *íntōni ébe* er geht weg von da.

Entŭngŭli subst. m. der kleine malstein; s. *metŭngŭli*.

Entár plur. *éntar* subst. m. (Ku. *ontára*, Ti. አንታር፡ plur. አናትር፡) 1) flaches, tellerförmiges gefäß aus palmenblättern geflochten zum auftragen der speisen. 2) das sib, cribrum.

Entéwa subst. m. der kleine malstein womit das mel geriben wird (A); s. §. 72.

Entéwala subst. m., d. w. *entéwa;* s. §. 72.

Uŭuw, ŭŭgŭw v. 2 (G. ደንቀወ፡, s. §. 8; s. a. *nuwew*) taub sein, partic., adj. *ŭŭuwa, ŭŭewa* und *ŭéwa* 5, 14 (zum accent s. §. 105) taub, nom. act. und subst. m. *ŭŭŭti* taubheit.

     ŭŭgŭ-am pass. taub werden.

     ŭŭŭ-s caus. taub machen.

'*Ar* v. 1 intrans. IX, A 1 (Sa. 'Af. '*ar*, '*ar* id., cf. ⌇ ⌇ ∧ '*ar*, ልአከ, ልአረ, غَلَ עָלָה ascendere) wachsen, gedeihen, sproßen,

groß werden; leben, sich nären, pf. *a-'ár*, plqf. *e'ára*, präs.
e-'ari, nom. act., subst. f. *'ára* wachsen, wachstum: frucht,
samen. subst. f. *me-'áre, me'ári*, mit dem artikel *tū-m'áre*
narung, speise; negerhirse, sorghum vulgare, auch in dieser
bedeutung ins Nubische übergegangen als *máre* durra, sorghum.

 sō-'ār und *s-'ār* caus. wachsen machen, nären, pf. *a-sō-
'ár* und *as'ár*, plqf. *esú'ir*, präs. *asō'āri*, nom. ag. *as'ārána*
ernärer, närvater.

 mē-'arāy VII 3 mitleben, zusammenleben, gleichen haus-
halt füren, pf. *amē'aráy*, plqf. *emē'era*, präs. *amē'ari*.

Arē v. 2 wollen, wünschen; s. *aray*.

'Aro und *'áre* subst. m. (So. *'ári*, cf. خَلِّى دَلْ ◁ 🦅   *qar*,
◁ 🦅   *qal* id.) kleines schiff, boot, nachen; kleines kauffarteischiff 61, 9; 62, 3. 9. 10. 12.

Êra, éla subst. f. (So. *éro*, Ga. *áro*, Bar. *ére*, Ku. *ára*, Nub. *aró*
id., cf. Sa. 'Af. *adó*, Ga. *'adi*, So. *ad* id., G. ✦𐤘𐌼: candi-
dum esse) 1. weiße farbe, *tō-lilītit éla* das weiße im auge.
2) adj. licht, rein, weiß, *éra gamis* ein weißes hemd.

 erā-s v. 2. caus. weißen, licht, rein machen, *gúda hayúk erāsyán ehēn tō-brētib* vile sterne leuchten am himmel.

 erā-m pass. weiß werden, ergrauen, *ū-girmú erámya*
mein haupt ist ergraut.

Êro, ére, iri im süden, bei A. *éru, ára, áre* im norden adv.
(für *wéro?* cf. Sa. 'Af. *bire* id., *bar* nacht, Ga. *bul* die nacht
zubringen, Nub. *wil, wir* gestern) gestern abend 46, 34; 47,
1 ff., auch der gestrige tag, *iri tū-yin hamistu* der gestrige
tag war donnerstag; vgl. a. 53, 25 ff.

 iri bitkáyt, iri bitkáy vorgestern.

'Ôr plur. *'ar, 'ar* subst. m. (s. Bil. *qūrā*) 1) knabe, son 7, 1. 12.
15; 9, 19. 22 u. a., *had'áy 'ōr* eines schech's son, *wō-'ōri
'ōr* des sones son, enkel. *wō-'ōri-t 'ōr* enkelin, sones tochter.

enjór d. i. *énd-i 'ōr* »menschenson« adeliger, *kísy' 'ōr* knecht-son, leibeigener, ein Tigré. *harámi 'ōr* oder *jiná 'ōr* huren-son, bankert. *Amár 'ar* sōne (nachkommen) Amers, tribus der Beni Amer. *ō-Sōk 'ar* sōne (männer) Suakin's. 2) junges von tieren, *anó-t 'ōr* lamm, *tō-kaû-t 'ōr* küchlein. 3) in über-tragener bedeutung, *ō-riyà-t 'ōr* der kleine melreibstein, *tō-liliti 'ōr* »augenkind« die pupille.

'*ōr* plur. '*ar* subst. f. mädchen, tochter, accus. und vor suffixen '*ōt* aus '*ōr-t*, wie: *tō-'óti 'ōr* tochter son, enkel, *tō-'ōtit 'ōr* enkelin, *tān tō-'ōr 'ótū* dieses mädchen ist meine tochter; s. a. 13, 1. 2. 6. 9. 20 u. a.

Ôr v. 2 (aus *aûr, awr*, Ga. *awal*, So. *hawal* قَبَرَ קָבַר) begraben 7, 5; nom. act. *órti*.

    ōr-s caus., *ōr-s-is* caus. 2.

    ōr-am pass. begraben werden.

Ar' postp. hinten, hinter; s. *har'*.

Êr'e subst. m. der weißschwänzige seeadler.

Aráb subst. c. g. Araber, auch *"Arabi 'ōr* und *Arabina*.

Eráb adj. (cf. أَرِبَ V gravis, violentus fuit) 1) mächtig, stark, rüstig, angesehen, *Hargígo ā-ndás sūr erābába* die männer von Arqiqo waren einst mächtig. *hatáy eráb* ein stattliches pferd. 2) subst. kräftiger mann, erwachsener jüngling, krie-ger, held.

    eráb-am v. 2 stark werden, zu macht kommen.

Arb'a subst. f. (Ar. اربعة) mittwoch.

Irbán subst. m. (für *rumán* Griechenkorn?) Wälsch-, Türken-korn, der mais.

Aradé subst. m. (Ti. አረዴብ፥ Sudan-Ar. عَرْديب. Nub. *aradéb, erdéb* id., s. §. 74) tamarindenbaum, *wō-aradéyt lámi* die frucht davon.

Ard subst. m. (Ar. أَرْض) land 8, 12.

Arid, ard v. 2 (Ar. قَلَسَ, Sa. *arad*) tanzen, hüpfen, springen,

sich vergnügen, spilen, nom. ag. *ardána* tänzer, subst. f.
árda tanz.

Erda, *érḍa* neben *éḍa* (bei den Halenga, nach Lepsius), sonst
éga subst. m. rauch. Wenn diese variante bei L. auf rich-
tigem gehör beruht, so wäre *erda* villeicht entstanden aus
édr-a = (G. ✦ᛃ·⚏: suffimentum (קטר قطر قتر), zum
abfall von *k* im Beḍauye s. §. 52, zum übergang von *rd* zu
ḍ s. §. 21 und Almkv. pg. 44, §. 15. Aus *éḍa* wurde dann
éja und daraus *éga*, s. §. 21 und 43; das lange *ē* ist durch
den accent bedingt, s. §. 105; s. a. Bil. s. v. *qírā*.

Arág plur. *arág* subst. m. (Ar. عِرْق) wurzel, gelenk, glid plur.
körper, *yā-aragá* meine glider, mein leib.

Ergūa subst. m. (Bil. *erákūā*, Qu. *eráwā* [für *eráhūā*], A. ⚏ᛟᚾ·ᛁ
id.; s. §. 45, a) großer waßerschlauch; schlauch, ledersack
worin die besten habseligkeiten verwart werden.

Ergáne, *ergáni*, *árgin* plur. -a subst. e. g. (cf. רָחֵל رخل) schaf
und schafbock.

Erej subst. m. nebel (A.), cf. قَنْس nubes.

Erh v. 2 (Ga. *arg*, So. *arag* sehen, Cha. *areq*, Bil. *are'*, Kaf.
ariy einsehen, verstehen, wißen, 〖 ◠ 〗 ᛁ 'areχ, 〖 ● 〗ᛁ reχ und
〓 𓀃 'areq, غلق id.) sehen, schauen, erblicken 6, 10; 24,
14; 26, 25 u. a. partic. *érha*, nom. ag. *erhána* schauer, gaffer,
nom. act. *erhíti*.

   erh-es, *-is* und *ehir-s* cauṣ. zeigen 9, 26; 14, 33; 15,
28 u. a.

   erh-am pass. gesehen werden.

Arúh, bei A. *árha* adv. (A. الى الخارج foras, خرج externus) hinaus, heraus, draußen 43, 19. 21.

Erhása subst. f. (Ar. رَخَاصَة) zartheit, schwäche.

Araki subst. m. (Ar. عرق) brantwein.

Arkūa cleome chrysantha (Schw.).

Orén subst. m. (Ar. Pers. نَازِنْج) orange.

Arêr subst. m. (Ti. G. **ዐረር፡**) blei, bleikugel, pl. *árera.*

Arór plur. *-a* der schoß 30, 11.

Arát plur. *arát* subst. f. (Sa. *arás*, Bil. *qarašá*, Ti. **ቀረፅ፡** قرض) acacia etbaica.

Aráw, aráû plur. *árawa* subst. c. g. (Nub. *awír* id., s. *aray*) freund, freundin. *Bilál arāwóyu* B. ist mein freund. *Anna arāûtótu* A. ist meine freundin; s. a. 11, 2.

Arâwa subst. m. (cf. قرْبَة) nähe, seite, *arâwá-y* an der seite, neben; s. §. 135, g.

Aráy, aré subst. m. (G. **ኅሬ፡** electio, von **ኀርየ፡ ኀረየ፡** s. a. *arāw* und *haruw*) wal, vorzug, zuneigung, liebe.

aray v. 2 den vorzug geben, vorziehen, wälen, auswälen, lieben, wollen, begeren 34, 15. 16; 35, 35; 37, 5 ff.; 43, 29. 31. nom. act. *aréti*, nom. ag. *arayána.*

arē-s caus., *arē-s-is* caus. 2.

arē-m pass., nom. act. *arémti*, nom. ag. *arēmána* und *wū-arēmini.*

arē-s-am recipr. einander lieben.

Iráy, iré subst. m. (Kafa *ariy*, Bil. *ar'* wißen, s. *erh*) das wißen, die erkenntniß, kunde.

iray v. 2 wißen, erfaren.

irē-s caus. unterweisen, benachrichtigen.

Aryay diospyrus mespiliformis (Schw.).

'As I v. 2 (Bar. *es*, Go. *iç*, Kaf. *iś*, *hiś*, *hij*, Ga. *hiḍ*, So. *heḍ*, Gur. **እሮ፡** Ty. G. **ዐጸወ፡** عَصَبَ עצם id., über abfall von *w* s. §. 198, c) binden, zu-, verschließen, zumachen, nom. act. *ásti.*

as-is caus., *as-am* pass., part. *ásam-a* geschloßen.

As II aufstehen, sich erheben, nom. act. *ásti* und subst. *ásti* höhe. Davon kann mittelst ansetzung vom v. 1 *ḍi'* machen, ein causativ gebildet werden: *ásti ḍi'* aufheben, in die höhe heben (s. Almkv. pg. 223, §. 306).

As̱ III rad. inus., bisher nur gefunden als particip *ás̱a* hinzu-
fügend, mer machend; s. §. 52 und 149, a, note 2.

Ês̱ subst. m. große flache schüßel, teller.

Is̱a, is̱e subst. m. feiner sand; s. *his̱s̱ay.*

-ūs̱ (B. A.), *-uh* (Had. Hal. Bi.) pron. poss. sein, ir.

As̱'ak v. 2 schreien; s. *s̱e'ak.*

As̱'al v. 2 aufgeregt sein; s. *s̱e'al.*

As̱ber v. 2 warten; s. *s̱ebir.*

As̱ida subst. m. (Ar. عصيدة) melgrütze mit butter angemacht,
polenta.

As̱idne (Ar. عَلى بَيِّدنا) aufrichtig, warhaft, *tū-kilmātūs̱na as̱idne*
ire rede ist aufrichtig, war. *tū-kilmātū as̱idne* meine rede
ist war.

As̱far adj. (Ar. أَصْفَر) gelb.

As̱agūr, as̱agūer, as̱ágūr num. sechs, *as̱ágūra* sechster, *as̱agúr
dóra* sechsmal, s. §. 148 ff.

As̱kena adj. (Ar. سكَن habitavit) wonhaft, seßhaft, *aní ō-Sóki
as̱kenábu* ich bin in Suakin ansäßig.

> *as̱ken-am* pass. seßhaft werden, sich ansideln, *Bilál
> ō-Sóki as̱kenámya éfi* Bilal ist in Suakin seßhaft.

> *as̱ken-am-s̱* pass.-caus. seßhaft machen.

As̱ker plur. *ás̱kera* subst. m. (Ar. عسكر) soldat.

As̱kir v. 2 sich berauschen; s. *s̱ekir.*

As̱al v. 2 aufgeregt sein; s. *s̱e'al.*

As̱úl plur. *as̱il* subst. m. (G. ፉስ: Ga. *gárijá* für *gájirā*)
wunde, geschwür.

As̱elín adv. (Ar. أَصْلا) nie, niemals, bei leibe nicht 25, 9.

As̱emháy, as̱umháy num. acht, *wū-as̱ímha* der achte, s. §. 148 ff.

Is̱ma'íl nom. pr. m.

Is̱in plur. *is̱ena* subst. f. (Nub. *es̱s̱i-n-ti* waßerrind, daher Sudan-
Ar. أَسِنط; s. §. 75) Nilpferd, flußpferd.

As̱ir I v. 1 (Ti. አሰረ: G. A. አሰረ أَسَر אָסַר) binden, schließen,
verschließen, pf. *a-'as̱ir*, plqf. *ī-'es̱ir*, präs. *a-'ans̱ir*, partic.

ásra, nom. ag. ásri ((¹. አስሪ፡), nom. act., inf. asúr, esúr
plur. esír, subst. f. ásra bindung, band ((¹. አስረት፡).
  s-ʿasír caus., pf. asʿasír, präs. asʿasír.
  et-ʿasār pass., pf. atʿasár, präs. atʿasir.

Asír II subst. m. (Ar. غَضِر) nachmittag.

Isra'il und *Sira'il* nom. pr. m.

Asaráma num. siben, *wū-asaráma* der sibente, §. 148 ff.

Esse subst. f. (für *erse, herse, kerse* = (¹. ከርሥ፡ id., vgl. §. 52)
1) bauch, 2) inneres, der innere teil, *ū-gaw-i-t ésse* der innere teil des hauses, der fremden verschloßen bleibt, frauengemach.

Asséte subst. m. die grasbarre im Nil (A.), villeicht eher: *assédde* d. i. السدّ.

Aste-Maryám nom. prop. eines Tigréstammes = *az-ta-Maryám*
für አገ፡ስተ፡ መርያም፡ stamm der frau Maria; der stamm
ist aus dem christl. Abessinien eingewandert; vgl. a. *Ataklés.*

Astir v. 2 verbergen; s. *setir.*

Asúw adj. unreif; s. *suw.*

Aša subst. m. der späte abend; s. *ʾiša.*

Âša I nom. pr. f. Ar. عيشة.

Âša II und *áše* pl. id., auch *ášo* plur. *ášáw-a* subst. c. g. (Ti.
(¹. ዓሣ፡) fisch 66, 1. 3.

Âšo subst. c. g., seltener *áša* (Ar. غاصي) widersacher, feind, *barás Bilâli ášóyu* er ist Bilal's feind. *aní ášó-yók-u* ich bin
dein feind. *barák ášó-yō-wa* du bist mein feind.

Êš plur. -a subst. m. (Ar. عَيْشِي) leben, lebensmittel, narung,
brod, *Amar-ʿár tā-kam-túsna gudáta, tū`a, wū-ēš-úsna dáybu*
[was] die Beni Amer [betrifft], so sind ire kamelstuten zalreich, die milch und ire narung ist gut.

Êsa subst. f. (vgl. ʾAf. *gáysā*, So. *gēs*, Sa. *gažá* horn) huf, nagel,
klaue.

Is v. 1 (aus *ij, edy*, Qu. *adag*, Ti. ሐድገ፡ (¹. ኃደገ፡) laßen, in
ruhe laßen, verlaßen, auslaßen, zurücklaßen, pf. *a-ʿíš*, plqf.

i'aš, präs. *an'iš* 6, 16; 9, 12; 14, 10; 15, 19. 30; 25, 2 u. a. part. *iša*, im object: *ešá-b* (zu *e* und *i* s. §. 105), nom. act. *aš* das laßen u. s. w., die ruhe, *nāt wō-'aš eribna* (12, 16) einem object die ruhe sie verweigerten, sie ließen niemand und nichts in ruhe. Vgl. a. Munz.: *ye-ešey* verlaßenes lager.

   šō-'iš caus., *š-išō-'iš* caus. 2.

   atō-'āš pass., pf. *a-tō-'áš*, präs. *a-tō-'iš*, plqf. *itú'iš*, partic. *atō-'áša* verlaßen, *barús haddóyu*, *atō'ašábu* er ist einsam und verlaßen.

   amō-'āš VII, 1 mitverlaßen, gemeinschaftlich verlaßen, flexion wie im passiv.

Iša und *áša* subst. m. (Ar. عشا) spätabend, anbruch der nacht, *wū-'iša dáwulu* die nacht ist nahe. *wō-'ašá-y dōr* oder *wō-'ašá-y-t middád* (14, 18) zeit der ischa. *ešá-b-u* es ist (jetzt) ischa; zu *e* und *i* s. §. 105.

Ôša, *úša*, *úšay* subst. f. (Aeg. 𓅱𓏤 *wšš*, später 𓅱𓏤 *wšš*, Kopt. ϣⲁϣ für ⲟⲧϣⲁϣ latrina, Sa. *haššú*, *hašú*, 'Af. *haysú*, So. *kadi* urin, *kaj* uriniren, قَامَ urinatus fuit, cf. خَشَ latrina) urin, harn; zum suffix *-ay*, *-a* s. §. 300.

   öš v. 2 pissen, harnen, nom. act. *ôšti*.

Aš'ar v. 2 kräftig, stark sein: s. *še'ar*.

Ašig v. 2 eilen; s. *ašwig*.

Ašhor v. 2 schnarchen; s. *šehar*.

Aški v. 2 klagen, anklagen: s. *šeki*.

Aškir v. 2 sich berauschen: s. *šekir*.

Ašnig v. 2 erwürgen, erdrosseln; s. *šenig*.

Ešér plur. *-a* subst. f. (cf. G. ⳓⳋⳈ፡ sepes; s. §. 26, 52 und 105) die grenze, grenzscheide.

Ašúr plur. *ašír* subst. m. (Ti. ዐሽር፡ id., ተዐሽረ፡ steuer zalen) eigentlich: »zehent«, steuer, abgabe, tribut.

Ešérfi und *ešérri* subst m. (Bil. *ešaríf*) der mais, zea mais.

Ašratta eine lange grasart (Mu.).

Ašiš v. 1 (G. **ܛܫܫܝ** 𐌲𐌰 غَشَّ عَشَّ غَشَّ; vgl. s. v. *hašiš*) entgegen
kommen, begegnen, sich begrüßen, ausfragen, beispringen,
pf. *a-'ašíš*, plqf. *i'ešíš*, präs. *a-'anšíš*, partic. *ášša*, *ašáš*,
nom. act. *ašúš* pl. *ašíš*, nom. ag. *ašíš* (G. **ܛܫܫ𐌶𐌲 ·**) und *aši-
šána* hilfreich, gastfreundlich, höflich, nom. act. *ášiša*, *ášša*.

     š-'ašiš caus. entgegenschicken, pf. *aš-ašíš*, präs. *aš-'ašíš*,
nom. act. *š'áššoy*.

     at-'ašáš pass. begegnet und ausgefragt werden, pf. *a-t-
'ašáš*, präs. *a-t-'ašíš*, part. *at'ašáša*, nom. act. *at'áššoy*.

     am-'ašáš refl. einander entgegen gehen, begegnen, flexion
wie im passiv.

Aššaḍíg num. neun, *wā-aššáḍiga* der neunte, s. §. 148 ff.

'*Ašta*, '*ášte* subst. f. (assim. aus *ašda*, *kašda* = G. **ܛܪ𐌲ܠܝ·ܛܪ·** ·
𐌶𐌲· id., s. a. *hášša*) ring, silberring; silber; geld. *ášta
kat'ána* silberschmid, deßen beschäftigung zumeist im an-
fertigen von silbernen ringen und spangen besteht. *erá-t
ášta* weißer ring, aus purem silber, *adaró-t ášta* roter ring,
aus silber mit kupfer legirt. Hinsichtlich der bedeutung vgl.
Saho *laqa'ó* ring, silber, geld.

Ašwig, *ašig* v. 2 eilen; s. *šewig*.

Ûšay, *úš-ay* (§. 300) harn, urin; s. *óša*.

'*At* v. 1 (Sa. 'Af. '*at*, '*at*, **اَط**) treten, stampfen, trampeln, pf.
a-'át, plqf. *i'at*, präs. *a-'anit* und '*anit*, part. '*áta*, nom. ag.
'*atána* ein trampel, nom. act. '*āt* plur. '*at* das treten, der
tritt, subst. f. '*atánay*, '*atanáy*, '*atána*, '*átane* fußmatte, -tep-
pich. subst. m. *ma'át* (Sa. *mā-'át*, *a-'át*, 'Af. *ma'atá* id.) spur,
fußfärte, tritt, *ú-m'at* der tritt.

     sō-'at caus. (*s-isō-'at* caus. 2), pf. *asó'at*, plqf. *isú'it*,
präs. *asó'it*, nom. act. *sō'atóy*.

     atō-'āt, *tō-'āt* pass., pf. *a-tō-'át*, plqf. *itú'it*, präs. *atō'it*,
part. *atō-'áta* getreten.

     Vom nennwort '*at* kann auch ein denom. verb gebildet

werden: *'át-ani* ich trete, pass. *'at-ám-ani*, part. *'at-ám-a* zertreten, zerstampft.

Ataklés nom. prop. eines Tigréstammes in den Habāb, von *ad-takl-és* aus አዝ ፡ ተክለ ፡ የሱስ ፡ Dieser stamm ist mit den *aste-Maryám* (s. d.) aus dem christlichen Abessinien eingewandert; s. Bilinwörterbuch s. v. *Taklés.*

'Ôt für *'ört* acc. tochter; s. *'ör.*

Aṭ-ála, aṭ-aláy, aṭ-alóy subst. c. g. (A. እጠ ፡ እጠጠ ፡ Ti. ሕሰ ፡ G. ሕጸጸ ፡ felen, mangeln) ein fretter, einer der sich in beständiger not befindet; s. §. 290.

'Atim v. 1 (A. እተመ ፡ G. ነተመ ፡ خَتَم‎ חֹתֵם) schließen, verschließen, sigeln, zubinden, pf. *a-'atím*, plqf. *i'etím*, präs. *a-'antim*, partic. *'átma*, nom. ag. *'átmi* (G. ነጋሥሚ ፡), nom. act., inf. *'atím* pl. *'atím*, subst. f. *'átma* schließung.

    s-'atim caus., pf. *as'atím*, präs. *as'atim.*

    et-'atám pass., pf. *a-t-'atám*, präs. *at'atim*, part. *et'átma, 'atáma* versigelt, nom. act. *et'átmoy.*

Atmár subst. m. die wüste, besonders der nubische teil zwischen Abu-Hammed und Korosko.

Etnín subst. f. montag; s. *eletnén.*

'Atanáy subst. f. fußmatte; s. *'at.*

Atrín pl. *átrin* subst. f. (Nub. *atrin*, Ar. نَطْرُون‎) natron.

Aû I pron. interr. wer? genet. *ay*, accus. *āb*, s. §. 183.

Aû II subst. f. (Ar. خَ‎ id., s. §. 51; Kopt. ⲉⲓⲱ, ● 𓎛 ⲭeb id.) honig 14, 25. 37; 15, 16; 21, 11. 13. *tō-aûti yam* honigwaßer, waßer mit honig vermischt, ein beliebtes getränke der muslim, denen *adár-ha* honigwein, weil gegoren, verboten ist.

Awe subst. m. (für *awen*, Ti. G. እብን ፡ בֶּ֫אֶ֫ן, s. §. 16) stein, *ó-bhar áwe* »meeresstein« klippe, *delh' áwe* »harter stein« granit, *ēr' áwe* »weißer stein« kalkstein, *garhús áwe* sandstein, *sótay áwe* grünstein, thonschiefer, *sikuaaneb* quarzit

(Mu.) = *siku aûn-ēb* acc., daher *awen* stein (§. 16), *berr-awe* feuerstein (Seetz.), *tō awé-y da* »steingefäß« große burma aus kalkstein verfertigt.

Die formen *o-auē* (Mu.), *wu-auiy* (Seetz.), *awey* (Burckh.), *w-aueh* (Kr.) laßen vermuten, daß ursprünglich *awen* zu *awey* übergegangen ist (vgl. §. 33) und dann ganz abfiel. Die form *awey* besitze ich in dem relativ *awey-ē* steinig, *ū-deríb ūn aweyébu* dieser pfad ist steinig.

Awi subst. f. (Sa. *hawā*, G. ሕዋይ።) morgen- und abendröte, dämmerungszeit.

Awo interj. (Ty. G. አወ፣ s. Bil. *yawá*) ja, ja wol.

Êwu, éû plur. *éwa* subst. m. (Sa. *gábtū*, Ti. ገብቱ። id., s. §. 52 und 75) der klippspringer, steinbock, antilope saltatrix oder oreotragus saltatrix Rüpp.

Iwe adj. durstig; s. *yawiy.*

Awil I, *aûl, áweli, ắûweli* num. ord. (Ar. أوّل) erster, *'ör wū-ắûweli* der erste, erstgeborne son, *tū-yin tū-ắûweli* der erste tag 70, 1. 16.

'Awil II subst. m. (Bil. *'awiltó*, Ti. ዐወልቶ።) die klitoris.

'Aûle subst. m. (cf. Ti. G. ዐረለ፣ dürr, trocken sein) mißjar, hungerjar, dürre, hungersnot.

'Aûláy subst. m. (A. G. ዐወለው፣ Cha. *añlā*) sturmwind, sturm; s. §. 291.

Aûne subst. m. stein; s. *áwe.*

Awút subst. m. (cf. G. ህፃት፣ abdere) dach, große offene halle nur mit einem dach versehen, versammlungsort bei festlichkeiten, d. w. Sa. *rédo;* pg. 7, 10.

Awweli num. ord. erster; s. *awil* I.

'Awāy v. 1 refl. (Ar. غان III adiuvit, غّون auxilium, *y = n* s. §. 33) sich als helfer einfinden, helfen, beistehen, pf. *a-'awíy,* präs. *a-t-'awi* oder *a-d-'awi,* plqf. *id-aû, ed-aû,* partic. *'awáya,* nom. ag. *awāy-ála* oder *'awāyána* (§. 290) helfer, hilfreich, subst. f. *'áñya* hilfe, unterstüzung.

at-'awáy pass. geholfen, unterstüzt werden, pf. *a-t-awáy*, präs. *a-t-'awí*, partic. *at'awáya*, nom. act. subst. f. *atáŭyoy* geleistete hilfe.

s-'aw caus. zu hilfe senden, pf. *a-s-'áŭ*, präs. *a-s-'awí*, nom. act. *esawóy*.

Aweyē adj. steinig: s. *áwe*.

Ay I plur. *áya* subst. m. (zur etymolog. s. §. 31) die hand, der arm, vorderarm, *wō-ay-i-t sára* handrist, *wū-áy ū-máyukūa* die rechte hand, *wū-áy ū-tárha* die linke hand, *ō-kŭríb ay* der elefantenrüßel. *y-áya* (für *yā-áya*) die hände.

ay, ay num. fünf, *wū-áya* der fünfte, s. §. 148 ff.

Ay II, *ay*, *ey* plur. *éya* subst. f. (cf. Ti. **ኣየ-ት፡** zige, zicklein) zige, *eyá-t-éga* zigenhirt 29, 11 ff.

Ayuk v. 1 (Ty. **ሕየኸ፡** G. **ሕኸ፡** خَنَكَ عَلَكَ اَلَكَ id., s. §. 33) beißen, kauen, pf. *a-'ayúk*, präs. *a-anyíuk*, plqf. *i-'ayúk*, partic. *áykūa*, nom. ag. *áykūi*, nom. act., inf. *ayúk* plur. *ayúk*, subst. f. *áykūa* gekaue, gebiß.

s-'ayuk caus., pf. *as'ayúk*, präs. *as'ayíuk*.

et-'ayāuk pass., pf. *a-t'ayáuk*, präs. *at'ayíuk*, partic. *et-, at-'ayákūa*, nom. act. *at'ayaukóy*.

Iyál plur. *iyál* subst. m. (Ar. عَيَّال) familie, sippe, verwantschaft.

Âyim, in Barka *yāym* für *yā[w]im* v. 1 intensiv (Ar. يَوْم per diem exstitit, يَوْم dies: s. §. 202) den tag, die zeit zubringen, pf. *a-'áyim, a-yáym*, plqf. *i-'ayím*, präs. *ē-'eyím, é-yyím* 8, 17; 25, 15. *kāk te-'áyima* wie hast du den tag zugebracht? = guten tag! abend! nom. act., subst. f. *aymám* das tagewerk.

s-'āyim caus. den tag über aufhalten, beschäftigen jemanden, pf. *a-s-'áyim*, präs. *a-s-'eyím*.

s-is-'āyim caus. 2 aufenthalt zu geben veranlaßen, der ortsschech, welcher einen fremden jemandem ins haus legt, pf. *asis'áyim* u. s. w.

Ayáy adj. (zur etym. s. §. 33) 1) dünn, zart, mager, schwach; demütig, untertänig, freundlich, dienstbereit, *barús ayáyu*

er ist ein schwächling, ein schlappschwanz. 2) subst. f. magerkeit u. s. w.

ayāy-s v. 2 caus. weich machen jemanden durch zureden u. dgl., zur nachgiebigkeit bewegen, versönen.

ayāy-m pass. schwach u. s. w. werden.

B.

-b 1) objectssuffix für vocalisch auslautende nennwörter männlichen geschlechtes, s. §. 122 f. 139 f., sowie des persönlichen
fürwortes der ersten person, s. §. 159. 2) postpos. (Ti. G. **ɲ**-
-֑ -בְ) bei, in, von, s. §. 134, a.

ba- pron. dem. der, die, s. §. 182, anmerk. 2.

bā- fem. *bĭ-* negativ part. (vgl. 𓂝𓅿 *bū* id.) nicht, negirt die
modi des verbums, s. §. 254.

Bĭ subst. m. glid, articulus: s. *biy.*

Bū subst. c. g. falke, sperber: s. *buʊ.*

Bẹ'ĭ, b'i subst. m. mel, *ú-b'i* das mel, accus. *b'ib* 59, 3. 9. 12.

Bū' plur. *bi'* subst. m. (Ar. بُؤْ, بُؤَا) 1) heimker, zurückkunft,
ruhe, schlaf; beischlaf. 2) adverbialiter *bū'* zurück, nochmals, ebenfalls, ebenso, auch.

bi' v. 2 (Ar. بَاءَ, بَاءَ, Ku. *bi*) heimkeren, ausruhen,
schlafen, beischlafen 14, 33. 36: 15, 10; 30, 6 u. a., auch
von tieren 29, 17. partic. *b'a* ausruhend u. s. w.

bi'-is caus. zur ruhe, zum ausruhen bringen, setzen,
lagern laßen 14, 24; 15, 14; 40, 19.

émbi', úmbi' subst. m. (für *me-bí'*, Ar. مَبَاءَة mansio,
cubile) ruhe, schlaf; beischlaf 28, 10. *wú-mbi'* die ruhe.

embi', mbi' v. 2 sich legen, ligen, ruhen: beischlafen,
coire 13, 11. 18: 14, 7.

emb'-is caus. = *bi'-is.*

Ba'elúk plur. *b'álek* subst. m. (Ar. طَمَالِيج nubes albae, tenues;
über den ausfall von ﺏ s. §. 76) nebelwolke.

Bá'ni, bá'no subst. m. (zur etymol. s. §. 286, note 3 und unten s. v. *belúl'ay*) asgeier, der weißköpfige geier, vultur fulvus. Bei A. *báne*, bei Mu. *bano*.

Be'an v. 1 intrans. IX, A 3 (Ar. بَعِلَ) furchtsam sein, fürchten, pf. *a-b'án*, plqf. *i.b'in*, präs. *á-b'áni*, part. *b'ána*, nom. ag. *bá'ni* und *b'ān-alóy, -aláy, -ála* (§. 290) feigling, nom. act. *méb'en*, subst. f. *be'ána*, mit dem artik. *tū-b'ána* die furcht, angst.

se-b'ān caus. in furcht setzen, pf. *a-se-b'án*, präs. *ase-b'áni*, part. *seb'ána*, nom. ag. *sebá'ni* furchterreger, fürchterlich, nom. act. *seb'ánoy*.

s-ise-b'ān caus. 2 in furcht setzen laßen, pf. *asiseb'án* u. s. w.

Be'ar v. 1 (Bil. *bir y*, Sa. *bir ḍah*, Ti. በር፡በላ፡ aufwachen) bewachen, pf. *á-b'ar*, plqf. *i-b'ar*, präs. *a-ban'ir*, partic. *be-'ára*, nom. ag. *bá'ri*.

se-b'ar caus., pf. *ásb'ar*, präs. *asba'ir*, plqf. *iseb'ár*.

ba'ār refl. erwachen, aufwachen, wach werden, pf. *a-ba'ár*, präs. *a-t-be'ír*, plqf. *i-t-be'ír*, part. *be'ára*, nom. act. *metbe'ár, medbe'ár*.

se-b'ār caus.-refl. aufwecken, pf. *aseb'ár*, präs. *aseb'ír*, plqf. *i-seb'ír*, partic. *seb'ára*, nom. act. *seb'ároy*.

s-ise-bār caus. 2 aufwecken laßen, pf. *asiseb'ár* u. s. w. *tö-b'ār* pass. geweckt werden, pf. *a-tö-b'ār*, präs. *atö-b'ir*, plqf. *itúb'ir*, partic. *tōb'ára*, nom. act. *tōb'ároy*.

be'ār intr. IX, A 3 wach sein, wachsam sein, pf. *ab'ár*, präs. *ab'ári*, plqf. *íb'ar*, partic. *be'ára*, nom. act., inf. *me-b'ár*.

Be'ráy plur. *be'ráy* subst. m. (Sa. 'Af. *be'érā*, Bil. Cha. Qu. Agm. *bira*, Ti. G. ብዕራይ፡ A. ብራ፡ بَقَر בָּקָר id., s. §. 291) stier, rind, *ū-b'ráy* der stier.

Be'as v. 1 (Ar. بعس، تَبَعَّسَ se torquendo movit) wenden, drehen, umkeren, pf. *áb'as*, plqf. *ib'as*, präs. *aban'is*, partic. *be'ása*, nom. ag. *bá'si*, nom. act. *be'ás* plur. *be'ás*.

se-b'aš caus., pf. *asbe'áš*, präs. *asba'iš*, part. *seb'áša*, nom. act. *seb'asóy*.

s-is-be'aš caus. 2, pf. *asisbe'áš* u. s. w.

beb'aš II 4 da- und dorthin wenden, pf. *ább'aš*, präs. *abab'iš*, part. *beb'áša*, nom. act. *beb'áš*.

se-bbe'aš caus., pf. *asebbe'áš*, präs. *asebba'iš*.

ba'áš, be'áš refl. sich wenden, pf. *ab'áš*, plqf. *itbe'áš*, präs. *atba'iš*, partic. *ba'áša*, nom. act. *meb'áš*.

se-be'áš caus. refl., pf. *aseb'áš*, plqf. *isteb'áš*, präs. *asteba'iš*.

beb'áš steigerung des refl., sich blitzschnell da- und dorthin wenden, pf. *abeb'áš*, plqf. *itbeb'áš*, präs. *atbab'iš*.

et-ba'áš pass. gewendet werden, pf. *atba'áš*, präs. *atba'iš*, part. *et-, at-be'áša*, nom. act. *et-, at-be'ásoy*.

et-, at-bab'áš steigerung des pass., schnell nach verschiedenen seiten gedreht werden, pf. *a-t-bab'áš*, präs. *atbab'iš*, part. *atbab'áša*, nom. *at-, et-bab'ásoy*.

ame-b'áš social. mitwenden, pf. *a-me-b'áš*, präs. *a-me-b'iš* und *a-m-ba'iš*, plqf. *embe'áš* oder *imb'aš*, part. *amb'áša*, nom. act. *amb'ásoy*.

am-beb'áš recipr., flexion wie beim socialis.

Ba'áśo, be'áśo und *be'áśi* subst. c. g. (Kopt. ⲃⲟⲓⳉⲓ vulpes) fuchs, schakal, accus. *be'áśob* fem. *be'áśot*.

Bab plur. *bab* subst. m. (Sa. 'Af. So. *bab*, Ti. ⲃⲁⲃ፡ باب) türe 14, 11. 32; 15, 10. 18. 28 u. a.

Bába subst. f. (Ga. *bóba*, A. ⲃⲁⲃⲧ፡) achselhöle, armhöle.

Bába subst. m. (Nub. *bab, fāb*) vater, *ū-bába ó-gawi kenábu* der vater ist herr des hauses. *bāb-ū, bāb-uk, bāb-us* (oder *ū-bába*), *bāb-ún* u. s. w. mein, dein, sein (ir), unser vater 9, 22. 23. 25; 13, 3: 44, 11 u. a. *ō-bábi-y deháiy éya* (62, 11) er kam zum vater (zu seinem vater): s. a. 62, 12. 14. *bāb-y-ók ó-sim áb eyádna* wie nennt man deines vaters namen (wie heißt dein vater)? *báb-y-ō ō-gaw-iš* (58, 6) aus meines vaters hause; s. a. 58, 16. 22. *báb-i tŭ-nde* die mutter des vaters (großmutter väterl. seite), *báb-i tŭ-kña* die schwester des vaters (tante): s. a. §. 169, anmerk. 1.

Babál, babár plur. *babál, babár* subst. m., eigentl. nom. act., inf. vom ungebr. v. 1 *bebil* (Sa. *falfal, fafal,* Nub. *firr* id., s. a. s. v. *bīr, fafar*) geflatter herumfliegender federn, aufgestörter fledermäuse u. s. w.

    babal, babar v. 1 flattern, wirr durcheinander flattern, aufgewirbelte federn, wallende haare im winde u. s. w. nom. ag. *babal-ána* flatterer, schmetterling, nom. act. *babál-ti, babár-ti,* subst. f. *bábala* geflatter.

    babal-s, babar-s, -is caus. 6, 4.

Babani subst. m. caesalpinia elata (Schw.).

Babár subst. m. geflatter: s. *babál.*

Babŭr plur. *babír* subst. m. (Ar. بَنُور vapore) dampfschiff.

Báda subst. m. dämmerungsstunde: s. *bád'a.*

Bádo subst. m. (Ar. بَذُو id., بَدَأ incepit) anfang, beginn, *bádo kassŭs degábu* aller anfang ist schwer. Accus. *badób.*

    badōy v. 2 (aus *bada[w]i,* vgl. بَدِئ initium) anfangen, beginnen, partic. *badóya,* nom. ag. *badōy-ána* anfänger, nom. act. *badóti* das beginnen.

    badō-s caus. beginnen laßen.

    badō-m pass. begonnen werden.

Bádo subst. m. (Sa. 'Af. *bod,* Bil. *bid,* Cha. De. Qu. *bis,* Kaf. Ku. *bis* öffnen, spalten, aufgraben, Nub. *badd, find* graben, pflügen, G. ልሕ፡ spalten) die furche, ackerfurche.

Beda subst. m. matte, teppich (Mu.): s. *émbad.*

Bád'a und *báda* subst. m. (Ar. بَضَع) dämmerungszeit am abend oder morgen, *ō-bad'á-y tŭ-kláy* der dämmerungsvogel, die fledermaus.

Bedāg v. 1 intr. (Ti. A. በፅግ፡ አለ፡ Sa. *bedŭg dah* id., cf. بَذَخَ مَذْخ altus, magnus fuit) emporragen, hoch sein ein baum

u. dgl., pf. *abdág*, pr. *ábdagi*, nom. ag. *bedág-ána*, *-ála*, *-alóy* hochragend; s. a. §. 290 und unten s. v. *bedág*.

Budgin plur. -a subst. m. (Ti. ስተክ፡ G. ስተክ፡ فُتَق بَتَّكَ fidit, rupit; s. §. 351) der maulwurf, talpa.

Bedah v. 1 (Ar. بَدَ palam fecit) bezeugen, zeugenschaft abgeben, pf. *ábdah*, plqf. *íbdah* 26, 27, präs. *abandih*, partic. *bídha*, nom. ag. *bádhi* (26, 13) zeuge, subst. f. *bédha* zeugniß, subst. f. *bédhati* plur. *bedhátya* (A.) id.

se-bdah caus. einen zeugen verlangen, pf. *asébdah* und *asbedáh*, plqf. *ísbedáh*, präs. *asbadih*, partic. *sebdáha*, nom. act. *sebdahóy* und *sebádhoy*.

s-ise-bdah caus. 2 einen zeugen verlangen laßen, pf. *asisébdah*, präs. *asisbadih*.

et-, *at-*, *ad-badáh* pass. bezeugt werden, pf. *atbadáh* und *abdáh*, präs. *atbadih*, partic. *at-*, *et-bádha*, nom. act. *atbádhoy*.

am-badáh und *me-bdáh* social. mitbezeugen, mit einem andern als zeuge auftreten, pf. *ambadáh*, *amebdáh*, präs. *ambadih*, *amebdih*, partic. *ambádha*, *mebdáha*, nom. act. *ambádhoy*, *mebdahóy*.

Bedil v. 1 (Bil. Sa. *badal*, Ti. ስደል፡ بَدَلَ) ändern, verändern, austauschen, pf. *ábdil*, plqf. *íbdil*, präs. *abandil*, partic. *bédla*, nom. ag. *bedlána* veränderlich, nom. act., inf. *bedál* plur. *bedíl* tauschen, tausch, subst. m. f. *bídla* tauschobject, subst. m. *ábdel* verkertheit.

bibdel II 2 eins nach dem andern, fortwärend ändern, pf. *abíbdel*, plqf. *ibíbdel*, präs. *ababdil*.

se-bdil caus., pf. *asbedíl*, plqf. *isbedíl*, präs. *asbadil*, nom. act. *sebdilóy*.

bádel intens. veränderlich, wankelmütig sein, pf. *abádel*, plqf. *ibdel*, präs. *ebdil*, partic. *bádla*, nom. ag. *bádli* wankelmütig, characterlos, nom. act. *bédla*, subst. f. *bádla* unbeständigkeit.

et-, *at-badāl* pass., verändert, vertauscht werden, pf.
atbadál, plqf. *itbedíl,* präs. *atbadil,* part. *badála, at-bádla,*
nom. act. *etbádloy* (für *t* in diesen formen auch *d*).

badāl refl., sich ändern, pf. *abdál,* präs. *atbadil,* partic. *badála.*

em-badāl social. bei einem tausch mitwirken, pf. *am-
badál,* plqf. *imbedíl,* präs. *ambadíl.*

abdel v. 2 (vom obigen *ábdel*) alles verkert machen,
ungeschickt sein, pr. *abédl-ani,* pf. *abédl-an,* partic. *abédla*
ungeschickt. tölpelhaft, *Bilál abedlábu* B. ist ein tölpel,
nom. ag. *bedl-ána* tölpel.

Badír subst. m. (Ar. بَذْر) der vollmond.

Báḍ'a, béḍ'a subst. m. (cf. Ga. *maḍi* id.) die wange, backen.

Beḍif v. 1 (Ar. بَسَط פָּשַׂט ⲡⲟⲧⲥ *ⲫⲉⲇⲉⲥ*, ποτϲ) ausbreiten,
-strecken, pf. *ábḍif,* plqf. *ibḍef,* präs. *abaṇḍif,* nom. act.,
inf. *beḍáf* plur. *beḍif* strecken, streckung.

še-bḍif caus., pf. *ašebḍíf,* präs. *ašbaḍíf.*

eṭ-, aṭ-baḍáf pass., pf. *aṭbaḍáf,* präs. *aṭbaḍíf,* partic.
aṭ-, eṭ-bádfa, nom. act. *aṭbádfoy.*

baḍāf refl., pf. *abḍáf,* präs. *aṭbaḍíf.*

beḍíf v. 2 in streckungen begriffen sein, spez. schwimmen, präs. *beḍif-ani, bédf-ani* u. s. w., nom. act. *beḍífti,*
nom. ag. *bedf-ána* schwimmer.

beḍif-š caus. schwimmen machen, — laßen; caus. 2:
beḍif-š-iš.

Beḍāg v. 1 intr. (Ti. G. ⲂⲐ·ⲏ· pervenire) in der vollkraft des
männlichen alters stehen, mannbar, stark, groß sein: flek-
tirt wie oben *beḍāg;* nom. ag. *beḍāg-ána,* -*ála* mannbarer
jüngling, mann in der vollkraft, d. w. G. ⲂⲐ·ⲏ· Ti. ⲂⲐ·ⲏ·
Sa. *baṭëh.* Hieher gehört Almkvist's *beḍegil* groß, bei Seetz.
oták béddegil rise.

Beḍah v. 1 (Ti. G. ⲂⲐ·ⲏ· advenire) ankommen, ans zil gelangen; kommen, pf. *ábḍah,* plqf. *ibḍah,* präs. *abaṇḍih,*

nom. act. *bedáh* plur. *bedáh* ankommen, ankunft; erreichtes
zil; nom. ag. *bádhi* und *badih* (G. ⶰⶻⶣⶈ፧ perveniens) ankömmling; volljärig d. w. *bedagána. Nántoy badih-wa* woher
bist du gekommen (woher du ein ankömmling)? *ō-Sóki ba-
dihu* ich komme soeben von Suakin.

 še-bdah caus. ans zil gelangen laßen, pf. *ašébdah*, präs.
ašbadih, nom. act. *šebdahóy.*

Bédha subst. f. (Ti. G. ⶰ፼ⶣⶢ፧) das schröpfen.

 bedih v. 2 (Ti. G. ⶰ፼ⶣ፧ בָּצַע נֶضَع id.) schröpfen, präs.
bédh-ani, pf. *bédh-an* u. s. w. caus. *bedhi-š*, pass. *-m.*

Baden v. 1 intens. (Kaf. *badan* unnütz, vergeblich sein; außer
gebrauch kommen, in vergeßenheit geraten, Nub. *batal* unbeachtet laßen, Ti. ⶰ፼ⶈ፧ G. ⶰⶌⶈ፧ בָּטֵל בَطَلَ vanum esse,
— evadere) vergeßen, unbeachtet laßen. pf. *abáden*, plqf.
ibden, präs. *ébdɩn*, part. *bádena*, nom. ag. *bádni* (Ar. بَاطِل
vanus) vergeßlich, nom. act. *bídne*, subst. f. *bednán.*

 še-báden caus., pf. *ašbáden*, plqf. *išbedin*, präs. *ašba-
din*, partic. *šebádena*, nom. act. *šebádnoy.*

 et-, *at-badán* pass., pf. *atbadán* (*adbadán*), plqf. *e-t-
bedin*, präs. *a-t-badin*, partic. *et-*, *at-bádna*, nom. act. *at-
bádnoy.*

 eme-, *ame-bdán* social. mitvergeßen, gleich andern etwas
nicht beachten, pf. *amebdán*, plqf. *emíbden*, präs. *amebdin*,
part. *eme-*, *ame-bdána*, nom. act. *amebídnoy.*

 em-bebdán recipr., pf. *ambebdín*, präs. *ambabdín*, plqf.
imbíbden, nom. act. *ambebdánoy.*

Bedaûye und *Bejaûye* 1) subst. m. (Ar. بَذْوِق, s. §. 25) nom.
pr. des Bedschavolkes, *ē-Bedaûyé-t būr* oder *ē-Bejaûyé tū-
būr* das land der Bedscha. 2) subst. f. die Bedauyesprache
(Ar. البدوية), *barûs Bejaûyét* (oder *tū-Bedáûye*) *hadidya
éfi* er spricht das Bedscha.

Bedáy, bejáy v. 1 irreg. intens. für *bádi, báji* (בָּקַע נֶقَ ⶰ፵ⶌ፧

A. **ፈ.ሸግ፡** id.) gänen, pf. *abḍáy*, plqf. *ibḍiy*, präs. *ebḍiy*, partic. *beḍáya*, nom. act., subst. f. *beḍáyoy*.

beḍāy, bejáy intrans. schlaff, langweilig, energielos sein, pf. *abḍáy*, präs. *ábḍayi*, nom. ag. *beḍāyína* schläfriges, langweiliges individuum.

Bāg plur. *bag* subst. m. ein patsch, eine orfeige.

bag v. 2 (Ti. **በቅ፡በለ፡** Bil. *baq y*) beorfeigen, einen puff, stoß geben.

bag-am pass. eine orfeige, einen puff bekommen.

Bagál plur. *bágla*, vgl. §. 107, subst. m. (Ti. G. **በቅል** Ty. **በቅሊ፡** A. **በቅሉ፡** بَغْل Sa. 'Af. *báqelā*, So. *bagál*, Ga. *bijiré*, Bil. *báqlā*, Cha. *biqlá*, Qu. *béla* für *baylā*, *báqlā*) maultier, -esel.

Begál, bejál subst. m. (Ti. **በገን፡በጀን፡** Sa. *baján*) der tripper, schleimfluß der harnröre, gonorrhoea.

Bágŭl plur. -*a* subst. m. (Ti. G. **በቅል፡** بَقْل) kraut, pflanze, gras. adj. *bágŭl-in* grasreich: name einer ortschaft und eines tribus der Bedscha.

Bejaûye nom. pr. der Bedscha; s. *Beḍaûye*.

Bejāy v. 1 gänen; s. *beḍāy*.

Bejál subst. m. tripper; s. *begál*.

Bâha subst. c. g. das zwergböckchen, beni Israel, antilope Saltiana Rüpp. oder cephalophus Hembrichii Ehrenb., mit dem artikel: *ú-bha* fem. *tú-bha*.

Behál plur. *behál* und *behél* plur. -*a* subst. m. (Ti. G. **ቡሉ፡**, s. §. 105) wort, plur. rede, sprache, mundart.

behal-in adj. der viler sprachen mächtig ist (§. 351).
behâli adj. sprechend, redner, plur. *behálya*.
behāli v. 2 sprechen, reden, präs. *behâly-ani*, pf. *behâlyan*, caus. *behāli-s*, caus. 2: *behōl-s-is*.

Behâr, behár und *behér* plur. -*a* subst. m. (Ti. **በሕር፡** بَحْر s. §. 105) fluß, spez. der Nil. *ú-bhār wū-hámi* das bittere waßer, das meer, *ú-bhār ū-nafír* das süßwaßer, *behár dú-*

luma der atlantische ocean, *behár Sugútra* der indische ocean, *ó-bhár áwe* meeresklippe, *ó-bhári keláy* seevogel.

baher-in adj. flußreich; s. §. 351.

Beháre subst. c. g. der hornrabe, bucoros abessinicus.

Bak, báků adv. so, auf diese art 16, 17. 19. 23; 38, 21; 59, 21.

báku = ba-ku das ist's (§. 182, anmerk. 2) d. w. A. ** እከ፥** *ekkō* = **አንከን፥** das ist's, so ist's, so.

Báka außer, one; s. *bākáy*.

Bōk plur. *bak* subst. m. (G. **በሐኩ፥** aries, hircus, s. §. 94) bock, zigenbock.

bōk-šenák »bocksbart« usnea spez. (Schw.).

Búkla subst. f. (Ar. بُوقَال *βoʋxáλιον boccale*) dickbauchige flasche, krug.

Bekír plur. *bíkra* subst. f. (Ar. بِكْرَ) 1) halbreifes mädchen, intacta virgo. 2) die türangel; mit dem artikel: *tú-bkir*.

Bekkár subst. mattenzelt, haus aus matten (Seetz.).

Bākáy verkürzt *báka* postpos. außer, one, ausgenommen, s. §. 135, p, seite 80 und ib. note 3. Zur etymologie ist zu berichtigen, daß *ba-káy* die verkürzte negative relativform ist von *káy* werden, sein (s. §. 265, anmerk. und §. 264). Dies erhellt aus: *hōyók gúeharáb bā-kāy-é dha ū-nígnigo badhíbu* (26, 12) für den umstand, wornach ich dir nichts gestolen habe, da ist die eidechse ein zeuge. *anéb bā-káy éya kihāy* (39, 8) außer mir ist niemand gekommen = es existirt nicht (einer) der gekommen was nicht ich bin. *taráb díya-yók káke, ragád adi-hók bā-káy* (21, 19) die hälfte sagte ich dir nicht, nur ein bein sagte ich dir = was nicht das ist, daß ich dir ein bein zusagte.

Bál I plur. *bal* und *bal* plur. *-a* subst. m. (Ar. بَلَّ madefecit) wolke, *tú-bre balátu* der himmel ist bewölkt (ist wolke). *tō-brētib bal kihāy* auf dem himmel ist keine wolke.

Bál II plur. *bal* subst. m. der schwan.

Bál III v. 1 intrans. IX, A 2 (Ku. *bir*, بَنْبَل confusus fuit, بَلَابِل

summus angor) zittern, zagen, in angst schweben, pf. *a-bál,*
präs. *ébali,* nom. act. *bāl* plur. *bal.*

   balbāl redupl. in großen ängsten schweben, pf. *abal-*
bál, präs. *abálbali,* nom. act. *em-, me-balbáloy.*

   embalbālöy v. 2 = *balbāl* 14, 31.

Bāl IV plur. *bal* subst. m. (Ar. بَلْغ id., بَلْغ aruit, sicca fuit
[terra]) trockenheit, dürre, plur. dürre ländereien, die wüste.

   bal-am v. 2 pass. trocken, dürr, wüste werden, sein,
ū-gamis balámya das hemd ist trocken geworden. *tū-búr*
balámta (58, 17) die erde ist ausgedorrt, ist wüste. nom.
act. *balámti,* partic. adj. *bálama* (58, 23) dürr. adj. relat.
bálami wüstenbewoner, Beduine, im object *balami-b, bale-*
mí-b, wie: *hanín balemi-b-a* wir sind wüstenbewoner. Villeicht ist dies die form, von welcher der alte name der
Bedscha abgeleitet ist, nemlich βλέμμυες.

   bal-am-s pass.-caus. trocknen, trocken machen, nom.
act. *balámsti* das trocknen.

   bal-am-s-is pass.-caus. 2 trocknen laßen.

Bal kleine matte vor dem zelteingang (A.), *o-ball* segel von
matten (Seetz.).

Bála I subst. f. kele, schlund (A.).

Bála II subst. f. lederschürze; s. *bál'a.*

Bálo subst. m. (cf. So. *mar* id.) das kupfer.

Bíle subst. m. regen; s. *bíre.*

Bóla subst. m. spil, unterhaltung, lustbarkeit.

   bōl v. 2 (vgl. 'Af. *bāl,* Cha. *wār,* Qu. *wajar* id.) spilen,
sich ergötzen.

Bál'a und *bála* subst. f. (Ti. በላጐት፡ Bil. *balát*) lederschürze
als einziges kleidungsstück der jungen mädchen und der
arbeiter.

Belbel wilde taube (Seetz.), vgl. Ga. *bulula* taube.

Belád und *bélled* subst. m. (Ti. በለይ፡ بَلَد vgl. §. 105) dorf,
stadt.

Balák plur. *balák* subst. m. (Ar. بَلْتَع) wildniß, wald, dickicht, gestrüppe.

Belúk plur. *belúk*, nebenform *melúk* plur. *melúk* subst. f. (Ar. بَلَم) die dattel, *tē-blúk-ti hindi* die dattelpalme.

Bilekanáy subst. f. (vgl. بَلَق in bunten farben schimmern, s. §. 357) der schmetterling.

Balól, bálól, belól, plur. -a subst. m. (Sa. *bolá* plur. *bolól* id., *bolōl* v. 2 intrans. brennen, 'Af. *ūr*, Ku. *boli*, Bar. *wár*, Qu. *bal*, Cha. Bil. *bir, birbir*, A. ⲚⲀⲚⲀ: Kopt. ⲃⲉⲣⲃⲉⲣ, ☼ ☼ 🜹 *berber*, Nub. *wåll, ull, urr* id.) brand, flamme, feuerschein, wärme, licht.

    balōl v. 2 brennen, flammen, *tú-n'e balólta* es loderte das feuer. partic. *balóla*, nom. act. *balólti*.

    balol-s caus. brennen machen, anzünden, *ne'ét balólsa* zünde an ein feuer!

    balōl-s-is caus. 2 anzünden laßen.

Baloli subst. m. lavandula coronopifolia (Schw.).

Bilól nom. pr. einer ortschaft am Atbara (Mu.).

Belúl'ay subst. c. g. (relativf. aus dem infinit. *belúl'* von *belil'* iterativ zu ⲚⲀⲆ:, vgl. a. s. v. *bá'ni*) geier, sperber.

Bálama adj. trocken; s. *bál* IV.

Balin fem. *balit* pron. demon. plur. jene, s. §. 178.

Balánda subst. f. (Ar. بَلْنَسِم) fließiges pech, teer.

Belis v. 1 (G. ⲚⲀⲬ:ⲋ.ⲀⲬ: فَرَضَ פָּרַק) zerbrechen etwas, spalten, zerreißen, pf. *á-blis*, plqf. *iblis*, präs. *a-banlis, -ballis, -balnis*, partic. *bilsa*, nom. ag. *bálsi, belsána*, nom. act. *belús* plur. *belis*, subst. f. *bílsa* spaltung, spalt.

    se-belis caus., pf. *asbelis*, plqf. *isbelis*, präs. *asbalis*, partic. *sebilsa*, nom. act. *sebilsoy*.

    et-balás pass., pf. *atbalás*, präs. *atbalis*, partic. *et-*, *atbálsa* und *belása*. *búkla belasátu* der krug ist zerbrochen.

Blis plur. -a subst. m. (Ar. إِبْلِيس) der teufel; s. §. 76.

Bellás subst. f. ricinus communis (Schw.).

Bíltu plur. *biltuwa* subst. m. (Ku. *bórtā*, Ti. Ty. ብልትት: und ብልቱ:) hirse, der duchn, milium.

Beláwi adj. rel. (Ti. በዓለወ: G. በዓለይ: für *bā'láwi*: s. a. Sa. *Balāú*) name der angehörigen des fürstengeschlechtes der Hadendáwa; das wort bezeichnet genau das was *Hað'-éŋđáwa*. Sie leiten sich von Arabien her, daher nennen sie auch häufig einen Araber *Beláwi*, sowie sie arabische sitte, sprache mit *Beláûye* bezeichnen im gegensatze zum einheimischen *Beđaûye*, demnach z. b. *barús Beláûye hadídini* er spricht arabisch, die herrensprache.

Bámiye subst. f. (Ar. بامية) hibiscus esculentus, ibisch.

Báne subst. m. geier (A.); s. *bá'ni*.

Ban-el-keláb nom. pr. eines mythischen volkes, dessen individuen hundeköpfe tragen 64, 2. 5.

Bēn fem. *bēt* pron. demonstr. jener: s. §. 178. *bēn-tòn-i, bēn-tó-y, bēn-tá-y, bēn-ō-mhin-i* dort, dorthin, -her.

Būn plur. *-a* subst. m. (Ti. ቡን: بون) kafé und kafébone.

Bundukíye, bindukíya subst. f. (Ar. بُنْدُقِيّة) die flinte.

Bándar plur. *-a* subst. m. (Nub. *bándar*, Vulg.-Ar. بَنْدَر) stadt, handelsplatz.

Banín plur. *banín* subst. m. (Sa. 'Af. *minín*) augenbrauen.

Bínto subst. m. (Ital. *venti*) der Napoleond'or, ein 20 francstück.

Béntōn dort; s. *bēn*.

Bánya nom. pr. die Banian, indische händler.

Bār plur. *bar* subst. m. (Sa. 'Af. *ūré*, So. *ūr*, Ga. *úla*) geruch.

    bar-am v. 2 pass. geruch zugetragen werden durch die luft, riechen, witterung bekommen, *barámya-hēb* geruch ging mir zu, ich roch etwas. nom. act. *barámti*, subst. m. *barám* plur. *barám* geruch der zugetragen wird, durch die luft kommt, übertragen: luft, witterung, wind.

Bari v. 1 irreg. (Ar. قرى) auf-, zusammenbringen, auftreiben; besitzen, haben, präs. *á-bari* (*ibare*), *te-bariy-a* u. s. w. 13, 15. 22; 54, 5 ff.; pf. *i-beri, ti-beríy-a* u. s. w. 13, 1; 57,

6. 13; 65, 2. Regelmäßig zu erwarten wäre: pf. *á-bari*, präs. *a-baŭri;* das pf. *i-beri* ist das regelrechte jetzige plusquamperfect, vgl. §. 231. Das negative präsens wird regelmäßig aus dem perfect gebildet (§. 246), hier aber ist es mit vorgesetztem *ka* nicht, aus dem präsens genommen: *kábari (kábare)* = *ka-á-bari* ich habe nicht 39, 1 u. a. Nebenform für präs. neg. *kábaru, ki-t-báruw-a* u. s. w. Die übrigen formen sind regelmäßig, partic. *báry-a,* nom. ag. *bary-ána* besitzer, nom. act. *barŭy* plur. *bári* (für *bariy*) besitzen, besitz, subst. f. *bári* gut, habe, habschaft, davon fut. I: *barít yi'ani* ich werde haben, komme zu besitz.

Ber v. 2 auswandern; s. *bérya.*

Bir und häufiger *bīr,* aus *birr* s. §. 96, c; nebenform *fĭr, fīr* subst. m. der flug, *tō-klây bīr daûribu* des vogels flug ist schön.

   bīr v. 2 (Cha. Agm. *bir,* Sa. *barar,* A. በረረ፡ Ti. በረ፡ id.) fliegen, partic. *bira,* nom. ag. *birána,* nom. act. *bírti.*

Bĭr plur. -*a* subst. f. die dumpalme und der dscherid davon, wovon flechtarbeiten gemacht werden, d. w. *ángŭa.*

Bíre, *bíri, bíle* subst. c. g. (Kulo *bóla* himmel, Ku. *bal* regnen, *a-ûlā* für *á-blā* regnen, Ti. በለ፡ بَرَّ rigavit) 1) masc. g. regen, acc. *beréb, bréb,* mit dem artikel *ú-bre* der regen 52, 24 ff. *gēm beri-s* regenwolke. 2) subst. f. himmel, accus. *berét,* mit dem artikel *tü-bre* der himmel 42, 22; 52, 28. 29.

   biré-y-t 'ōr, ö-bilé-y-t 'ōr »die regentochter« der Marienkäfer, kleines rotes käferchen.

   bire, bre v. 2 regnen, vor den suffixen *brē* und *brey, gŭda bíre brey-íni* es fällt vil regen, *bré-ya* es regnete.

   brē-s caus. regen machen (der regenschéch).

Bŭr plur. -*a* subst. f. (Bil. *birá,* De. Qu. *biyá,* Nordgalla *biyā,* Südga. *bira,* So. *biri,* Sa. 'Af. *balá* id., vgl. Harari *bad* id.) erde, erdreich, boden; gebiet, land, accus. *bŭt* für *bŭr-t,* mit dem artikel *tü-bŭr* 38, 3; 40, 1; 58, 14. 16. 22; 59, 1.

Bárbara subst. m. die rose (Seetz.).

Bérber nom. pr. ortschaft am Nil, *Bérber ū-dháy gūedábu* die einwonerschaft von B. ist zalreich.

Barûd plur. *-a* subst. m. (Ti. ∩ᐸ·ᙎ፣ بَرُود) pulver.

Bírga adj. hoch (A.).

Baragüi subst. f. sterculia tomentosa (Schw.).

Brúji subst. f. die trompete.

Baráh sie, pron. pers. pl. m.; s. *barás*.

Barûh pron. pers., er (Bisch. Hal.); s. *barús*.

Barák I plur. *barák* subst. m. (Ar. بَرَك III benedixit) segen.

   barak v. 2 seguen, nom. act. *barákti*.

   barak-s caus., nom. act. *barakísti*.

   barak-am pass., partic. *barákama*, nom. ag. *barakamána* in glücklichen verhältnißen lebend, nom. act. *barakámti*.

Barák II und *barákna* pron. pers. ir, s. §. 157 ff.

Báraka nom. pr. land Barka, große, grasreiche und wenig bebaute ebene am Gasch, Ti. ∩ᐸᚽ፣ Ty. A. ∩ᐸᚼ፣ (Ar. بَرَاغ).

Berek v. 2 fliegen (Mu.), cf. פרח.

Barúk pron. pers. m. du; s. §. 157 ff.

Bírka, bérka subst. f. (Ar. بِرْكَة) see, teich.

Barám subst. m. geruch, luft, wind; s. *bār*.

Berám plur. *berám* subst. m. (Ti. ∩ᐸ·ዋ፣ بَرَام) die zecke.

Bírma adj. (Ar. بَرِمَ pertaesus fuit) wild, ungezämt, *wū-hatáy birmábu* das pferd ist wild.

Búrma subst. f. (Ar. بُرْمَة) große tohnvase für waßer, bier u. s. w.

Bermíl plur. *-a* subst. m. (Nub. id., Ar. بَرْمِيل) ein faß.

Beráre subst. m. (cf. بَرَائِل id.) die mäne des löwen, pferdes, vom pavian.

Berir v. 1 (Ti. ∩ᒡ∩ᐸ፣∩ᐸᐸ፣ Bil. *barbar*) auf-, ausbreiten, ausstreuen, pf. *ábrir* (7, 10), plqf. *íbrir*, präs. *a-banrir, -barrir*, partic. *bérra, berár*, nom. ag. *barir*, nom. act., inf. *berúr* plur. *berír*.

   se-barir caus., pf. *asbarír*, präs. *asbarír*.

4*

et-barār pass., pf. *atbarár*, präs. *atbarír*.

Berér plur. *bérra* subst. m. (Ar. بَرّ) steppe, wüste; *berráwe* feuerstein (Seetz.) = *berr-áwe* wüstenstein.

Barás subst. m. (Ar. بَرَص) aussatz, *baráskena* aussätzig, *baraskena-m* aussätzig werden.

Barás, *barásna* sie (pl.), pron. pers.; s. §. 157 ff.

Barús er, pron. pers.; s. §. 157 ff.

Bérya subst. c. g., adj. (Ar. بَرِّي liber, absolutus) der sich seine freiheit durch fortziehen sichert, auswanderer.

　　ber v. 2 auswandern, nom. act. *bérti*.

　　ber-s caus. zur auswanderung veranlaßen.

Bas »*ebass* hinüberschütten aus einem gefäß ins andere, *o-bass* das hinüberschütten« (Mu.); vgl. s. v. *fif*.

Bésa, *bisa* subst. c. g. katze; s. *bíssa*.

Bis v. 1 (Sa. *bās*, Ar. بَاضَ tectus et occultus fuit) bergen den leichnam, begraben, bestatten, pf. *a-bís*, plqf. *i-bes*, präs. *a-mbis*, partic. *bísa*, nom. act., inf. *bās* plur. *bas* begraben, begräbniß, subst. f. *bisa* begräbniß.

　　mi-mís plur. *mi-más*, und *mimás* plur. -a, nebenf. *ni-més* und *ni-bés* plur. -a subst. m. (cf. مَبَاص refugium) das grab, s. §. 58. 68 und 105.

　　sō-bis caus., pf. *a-só-bis*, -*bes*, plqf. *ī-sú-bes*, präs. *a-sō-bis*, nom. act. *súbisóy*.

　　tō-bās pass., pf. *atōbás*, plqf. *ītúbes*, präs. *atōbis*.

　　mō-bās soc. begraben helfen, flexion wie im passiv.

Būs I plur. -a subst. m. (Sa. *bus*, Ar. بُوص) hinterbacken, podex; warscheinlich hieher gehörig *bus* schmutz, kot (A.).

Būs II subst. m. 1) ror, halm, schilf. 2) subst. f. nom. pr. f. *te-būs*, *raká-y-t 'ōr* tochter der Bus (des schilfdickichts) und des Raka (die freie weite), beiname des schakals in der fabel; s. 24, 13.

Báski subst. f. (Ar. مَسَكَ cohibuit se et abstinuit) das fasten, die fastenzeit, der ramadan.

baskī-s v. 2 caus. den ramadan zubringen.

baskī-t refl. fasten, sich enthalten des essens und trinkens wärend des tages, nom. act. *baskiti.*

Basál plur. -*a* subst. m. (Ar. بَصَل) zwibel.

Basånkŭa subst. m. harfe; s. *masånkŭa.*

Basåra subst. f. (G. ·ብስራ፡ بِشَارَة) freude, frohe botschaft.

Bíssa und *bésa* subst. c. g. (Ar. بِسّ) katze, *mingá-y-t bíssa* wildkatze; zum accent s. §. 105.

Båsa subst. m. (Ar. باشا) pascha 16, 3.

Besåuk v. 1 intr. IX, A 3 (der causativst. zeigt *šebāk* und gehört daher wol zu طبخ, vgl. s. v. *tekŭi*) reifen, gar werden, gekocht sein, pf. *a-bšáuk*, plqf. *i-bšauk*, präs. *a-bsákŭi*, partic., adj. *bešåkŭa* reif, gar, gekocht, nom. act. *mébsuk.*

ši-šbāuk caus. kochen, pf. *ašišbåuk*, präs. *ašišbåkŭi*, nom. ag. *šišbākŭåna* der koch.

Besåre, Bišåri nom. pr. des nördlichen Bedscha-tribus, mit dem artikel *ū-bšáre* ein individuum davon, plur. *ā-bšáre*, der herkunft nach im zusammenhang mit بَشَر homo, plur. أَبْشَار homines, gens; zur form vgl. §. 286.

Båt plur. *bat* subst. m. (Ar. إِبْط Ti. Ty. ሕበጥ፡ Bil. *hebiṭ* id.; über *bat* zu Ar. *'ibṭ* s. §. 76) die achselhöle, armhöle.

Bēt-Bidél, -Bijél, -Bigél nom. pr. eines Tigraystammes aus Hamasen, jetzt in Barka lebend und Bedauye redend.

Bit plur. -*a* subst. m. geier, mit dem artikel *ā-bit* pl. *ā-bta.*

Bite, bíti plur. *bítya* subst. f. (cf. A. ፈት፡ id.) antlitz, gesicht, stirn.

Batáh sie, pron. pers. 3 plur.; s. *batás.*

Batíh plur. -*a* subst. m. (Ar. بَطِّيخ) waßermelone.

Batúh sie, pron. pers. 3 sing.; s. *batús.*

Batåk, batåkna pron. pers. pl. ir; s. §. 157 ff.

Betik v. 1 (Ti. በተከ፡ G. በተከ፡ بَتَكَ) schneiden, auf-, ab-, zerschneiden, pf. *ábtek* (56, 20. 21), plqf. *ibtek*, präs. *abantik*, part. *bítka*, nom. ag. *bátki* (cf. بَاتِك acutus), nom.

act., inf. *betúk* pl. *betik* schneiden, trennen; schnitt, scheidung, zwischen 42, 4. 6; 51, 25; 68, 11. subst. f. *bítka* (G. **በትክት ፥** بِنْكَة) trennung.

    se-batik caus., pf. *asbatik*, plqf. *isbetik*, präs. *asbatik*, part. *sebátka*, nom. act. *sebátkoy.*

    et-batik pass., pf. *atbatik*, präs. *atbatik;* nom. act. *betké* und *bétke* mitte, zwischen; s. §. 293.

Batúk pron. pers. f. du; s. §. 157 ff.

Batákna pron. pers. pl. f. ir; s. §. 157 ff.

Bitkáyt in *lehéyt bitkáyt* übermorgen; s. *bākáy.*

Batás, batásna sie (fem. plur.); s. §. 157 ff.

Batús sie (fem. sing.); s. §. 157 ff.

Bátta subst. f. (Ar. بَطَة) die ente.

Buw plur. *búwa* subst. c. g. (Ar. بُوّ) sperber, falke.

Bawál plur. -a subst. f. (Ar. بَالَّة) glasflasche.

Bāy v. 1 intr. IX, A 2 ('Af. Ga. *bā*) gehen, pf. *a-báy*, -*bé* 8, 14; 9, 14. 28; 13, 9. 14; 16, 1 u. a., plqf. *i-bē* 9, 20; präs. *é-bi* 8, 13; 36, 27; 39, 17 u. a., partic. *báya*, nom. ag. *bayána* einer der gut zu fuß ist, nom. act., inf. *ma-báy.*

    sō-bāy caus. schicken, pf. *asōbáy*, präs. *asōbī.*

    si-sō-bāy caus. 2 schicken laßen.

Báya, báye subst. m. (Ga. *balá*) blatt, baumblatt.

Biy subst. m. glid, *a-biy-é* meine glider, ich selbst; s. §. 176, anmerk.

Bíye subst. m. (Nub. *béri* KD., *fili* FM. id., cf. ضِلَع costa, *f = s* wie §. 61) seite, seitenknochen, rippe.

Bōy subst. m. (für *byōy, bil-óy, bil-á[w]i* »das heiße«, s. §. 291 und 292, Sa. 'Af. *bílo*, Bil. Cha. De. Qu. Agm. *bir* blut; s. Bil. s. v. *bir*) das blut 56, 5.

    boykut das embryo (Mu.).

Būy plur. *buy* subst. m. glid (A.); s. *biy.*

Báyho subst. c. g. (Ti. **በያሖ ፥**) schakal, fuchs, canis vulpes Nilotica 19, 22. 23. 31; 20, 9 u. a.

Bayúk der schnee (Seetz.).

Boykut das embryo (Mu.); vgl. *bōy.*

Biyáy plur. *biyay* subst. f. (compos. *bíye* rippe + *yáy* riemen) riemen aus rindshaut geschnitten und beim angareb, bettgestell, verwendet.

D.

-d postpos. bei, an, in u. s. w.; s. *-t.*

-da für *dha, dehá* postpos. zu, bei u. s. w., s. §. 135, c.

Da I subst. m. pl. männer, für *énda;* s. *énda* I.

Da II subst. f. weibliches kalb (Mu.), scheint nach §. 16 und §. 7 für አንስት፡ zu stehen.

Da III subst. f. sache, ding, gepäck: gefäß, *awé-y da* steinkrug.

Dā-s v. 2 setzen, stellen; s. *di".*

De subst. m. (für *dew* = Ti. ተወፃት፡ Bil. *taû-nā*) das rauchbad der frauen; vgl. s. v. *daf* v. 2.

Di v. 1 defect. (Sa. 'Af. So. *dah*) sagen, nennen. Der plural im pf. und präs. wird vom stamme *yad, 'ad, 'ed* (Ga. Kaf. Go. *jed* sagen) genommen, pf. *á-di, te-díy-a, é-di* pl. *ni-yád, ti-yád-na, iyádna* (veraltert und selten *né-di, te-di-na, e-di-na*), präs. *á-ndi* (seltener die richtigere form *andi*), *te-ndíy-a, é-ndi* pl. wie im perfect. Vom selben perfectstamm auch das nom. m. *mi-yád* das sagen, die rede. partic. *díy-a* (für *díh-a*).

Do »*o-do* waßerbecken im fels« (Mu.), villeicht verhört für *hodu;* s. *hōd.*

Da' subst. m. das horn; s. *da'.*

Da' nebenf. *da'* v. 1 (Ga. *dā,* cf. A. ሀጋ፡ id.) weben, flechten, insbesondere flechten die haare, pf. *adá',* plqf. *ida',* präs. *adan'i,* partic. *dá'a,* nom. ag. *dá'i* und *da'ána* friseur.

   se-da' caus., pf. *asdá',* präs. *asda'i.*

   atō-, etō-dā' pass., pf. *atōdá',* präs. *atōda'i,* partic. *atōdá'a* geflochten.

Dá'a subst. f. (G. ሰዓት ፡ ساعَة שָׁעָה id., s. §. 7) zeit, die jetzige
zeit, jetzt 9, 6; 41, 20; 46, 28. 32; 51, 13.

De', di' plur. *dáde'* adj. (cf. ضَعَى tenuis fuit) klein, *ani dě'u*
fem. *dě'tu* ich bin klein. *ū-gañ ú-de'* plur. *ā-gáwa ā-dáde'*
das kleine haus. *nāhad dí'u (dě'u) ū-gañ* wie klein ist
das haus?

Di' v. 1 (G. ወደሰ ፡ ወደአ ፡ perficere, وَدَّ ponere) verfertigen,
fertig machen, tun, machen; legen, pf. *adí'* 12, 18; 56, 20;
27, 1. *amtáy ted'it* sie aß und machte fertig = aß ganz
weg 20, 10; 59, 18. plqf. *idi'*, präs. *adaní'* (20, 16), partic.
di'a, nom. act., inf. *dā'* plur. *da'* tun; subst. f. *adá'* und
ádu das tun, machen; verrichtung, tat, werk, nom. ag.
di'ána arbeiter.

se-*di'* und se-*da'* (für se-*wdi'* dreiradicalig) caus., pf.
ásdi' und *ásda'* 14, 12. 13, plqf. *ísdi'*, präs. *asadi'*.

te-*dā'* (für te-*wdā'*) pass., pf. *addá'*, *adá'*, plqf. *ídda'*,
präs. *addi'*, partic. *dá'a*. *ū-sandúk nána da'áb kike* warum
ist der koffer nicht gemacht worden?

da' v. 2 verfertigen, machen; arbeiten, *sehár dá'ya*
er machte einen zauber.

dā-s und *dadā-s* caus. legen 16, 18; 20, 11; 28, 8.

dā-s-is caus. 2 legen laßen.

dā-s-am pass. gelegt werden.

D'ō, de'ó, do'ó subst. m. (cf. Sa. *dudúqā* id.) wurm, *do'ób hōy*
esinit (5, 6) und ein wurm war es, der darin sich befand.

Dō' plur. *dó'a* subst. m. (aus *daw'*, طَبْع ضَوْع id., So. *ḍa'* schlamm,
lem) tohn, lem, klebrige maße.

dō' v. 2 aus lem formen, töpferei betreiben, bestreichen,
kleben, aufkleben; nom. act. *dō'ti*, nom. ag. *dō'ána* töpfer,
hafner.

De'ir v. 1 (für *deri'* = G. ወፀረ ፡ struere), pf. *ád'ir*, plqf. *íd'ir*,
präs. *adan'ír*, partic. *d'ira* 1) bauen, errichten ein haus,
ani gañ ád'ir ich habe ein haus gebaut; s. a. 12, 20.

2) sich häuslich niderlaßen, heiraten 7, 21. 23: 9, 6. 11
u. a., nom. ag. *dä'ri* (G. ⲱⳑ·ⳋⲈ: conditor) erbauer, bau-
meister, nom. act., inf. *de'ár* plur. *de'ir* bauen, das erbauen,
bau. subst. m. *d'ar* plur. *d'ára* hochzeit 25, 5.

se-d'ir caus. einen bau veranlaßen; verheiraten den
son oder die tochter, pf. *ased'ir, ásd'ir*, plqf. *ísd'ir*, präs.
ased'ir, part. *séd'ra. barús tō-'ótós ésd'ir* er verheiratete
seine tochter. nom. act. *sed'eróy*.

s-ise-d'ir caus. den vater oder vormund veranlaßen,
sein kind zu verheiraten, d. i. die brautwerbung machen,
pf. *asised'ir* u. s. w., part. *siséd'era* werbend, nom. ag. *sisedá'ri, sised'eräna* heiratsvermittler.

te-d'ār und *de'ār*, pass. 1) erbaut, gebaut werden,
ú-gaú Bilâli edde'ār und *ed'ār* das haus ist von B. gebaut
worden. 2) verheiratet werden die tochter, pf. *a-d-d'ár*, plqf.
í-de-d'ír, präs. *adde'ir* und *a-ded'ir. tō-'ór teded'ár* und
te-de'ár die tochter wurde verheiratet. *aded'ir-hóka* ich
(tochter) heirate dich, werde an dich verheiratet 25, 20.
partic. *de'ára, d'ára* verheiratet, *meháy gáwa de'arábu*
(8, 2) er war dreifach verheiratet, wörtlich: (an) drei häuser
war er verheiratet, hatte drei häuser (familien). *takát de-
'arábu* er ist an eine frau verheiratet (vgl. a. 64, 33).

se-de-d'ār caus.-pass. veranlaßen daß verheiratet werde
(der son oder die tochter), *taktakib yi-'ár wâ t-'ár eseded-
'árna* sie machten, daß ire söne und töchter an einander
verheiratet wurden (vgl. a. 12, 22).

m-de'ār social. VII 2 bei einem bau oder einer heirat
tätig mitwirken durch arbeit oder geschenke (flexion wie
beim passiv), *aní ó-gaú amde'ár Bilâli deháy* ich habe
dem B. das haus erbauen geholfen.

m-ded'ār recipr. VIII 1 sich gegenseitig, einander heiraten (one intervention von eltern u. dgl.), *aní·wâ batúk·wâ*

nemded'ár ich und du wir haben uns (auf eigene faust) verheiratet; s. a. 58, 2.

Dāb und *ḍab* s. d., subst. m. (Ar. سَانَ ivit celeriter, زَابَ
surripuit se fugā, Nub. *dāb* KD., *dāf* FM. fortlaufen, entfliehen) lauf, eile, flucht, *ū-dābúk nána amf'ábu* zu was
dienlich ist deine eile?

    dāb v. 1 eilen, laufen, entfliehen, *aní ō-gaû šumán-*
hōb, Bilál dábya ihe als ich ins haus trat, war B. schon
entwischt; s. a. 6, 2: 7, 2: 42, 29; 69, 9. nom. act. *dábti.*

    dāb-s caus. zur eile, flucht veranlaßen.

    dadāb und *debāb, dabāb* iterat. da- und dorthin, herum-
laufen 28, 6.

    dadāb s caus.-iterat. da- und dorthin senden.

Dába subst. m. (Bil. De. Qu. *jāb* vorderseite, gesicht; *jáb-il* vor,
bevor) gesicht, vorderseite, *ū-dába erábu, ū-gínha hádalu*
das gesicht ist weiß, das herz aber schwarz (vom heuchler
gesagt).

    dābá-y, dabá-y 1) an der vorderseite, voran, *aní da-*
báy sakán ich ging voran; s. a. 57, 14. 2) postpos. vor,
ante, *tamín-t yína dabáy* vor zehn tagen; s. a. §. 134, d,
pg. 78. 3) in adjectiv. sinne: vorwärts gehend, d. i. in guten
verhältnißen befindlich, *ū-gawák dabáyu* »ist dein haus voraus?« geht deine wirtschaft gut? s. a. 52, 7 ff.

Dába subst. m. 1) feiner weißer sand. 2) nuß (A).

Dábi plur. *dábya* subst. m. (Sa. 'Af. So. *dāb, dabb,* Ga. *zomáyu,*
zomá, Ku. *šābā,* Ty. ዐብይ፡ id., cf. G. ዐብጠ፡ ضَبَثَ ضَبَطَ
firmiter tenere, s. §. 31 und 32) griff, heft, schaft, *kén-dabi*
lanzenschaft.

Dĭb plur. -*a* subst. c. g. (Ar. زِيب) wolf.

Dĭb und *ḍĭb* v. 1 fallen; s. *dūb.*

Dŏb subst. c. g. (G. ሰብሰብ፡ matrimonium, ｜ወሰብ፡｜አዐሰብ፡
uxorem ducere) verlobt, braut, bräutigam, auch: so eben oder
jung vermälte frau, junger ehemann.

dōb v. 2 heiraten, part. *dóba* d. w. *dōb*, nom. act. *dóbti* verlobung, heirat.

dōb-s caus. verloben, verheiraten.

dōb-am pass. verlobt, -heiratet werden (tochter).

Dūb, ḍūb plur. *dib, ḍib* subst. m. (Bil. *dibb y*, Sa. 'Af. *dabb is*, Ti. ደብ፡ባለ ፣ G. ደበየ ፣ fallen) der fall, sturz, plur. abstr. fallen, das fallen.

dib, ḍib v. 2 fallen, stürzen; untergehen sonne, mond, sterne, *tū-yin díbta* die sonne ist schon untergegangen; s. a. 24, 5. 7. 8. nom. act. *díbti*.

dibdib, ḍibḍib redupl. widerholt oder ein individuum nach dem andern fallen.

dib-s, ḍib-š caus. werfen, niderwerfen, zerstören 20, 31. nom. act. *debísti, ḍebíšṭi*.

deb-am pass. nidergeworfen werden.

Debib plur. *-a* subst. m. (Ar. زبيب) rosine, getrocknete weinbeeren.

Dábba subst. f. (Ar. ضَبّة) hölzerner rigel an türen und fenstern.

Dibba, dúbba I subst. f. (Ti. ደብት ፣ id., s. Bil. s. v. *díbba*) hügel, erhöhter platz vor dem dorfe, wo man zum rate sich versammelt.

Dibba, dúbba II subst. f. (A. ደብደብ ፣ decke, hülle, s. Bil. s. v. *dab*) das leichentuch, totenkleid.

Dibeda, dabáda, sebáda subst. c. g. (Ar. زَبَاد Sa. 'Af. *dabád*) die moschuskatze.

Dábdab und *tábtab* plur. *-a* subst. m. (Ar. دَبّ ضَبّ בָּב) eidechse, molch.

Dibak subst. m. (Ar. زِيبَق) quecksilber.

Dábalo, dábala, dábaro, dábana adj. (Ar. ذابل tenuis, gracilis; s. Bil. s. v. *daban*) klein, zart, *aní dabalób aki Bómbay ibában* als ich noch jung war, reiste ich nach Bombay. *tū-ráy tū-dabanáy* o du kleine, liebliche gazelle! (anrede an ein mädchen); s. a. 5, 6.

Debil nebenf. *ḍebil* s. d., v. 1 (Ar. ذَبَلَ G. **ደበለ፡** in unum coëgit, collegit, דְּבֵלָה kuchen von gepreßten feigen; s. a. Bil. s. v. *dabbal*) ballen, zusammenwickeln, -raffen, sammeln, anhäufen, pf. *ádbil*, plqf. *ídbel*, präs. *adambil*, partic. *díbla*, nom. ag. *deblúna* sammler, nom. act. *debúl* plur. *debíl*, subst. f. *díbla* haufe, menge, ansammlung.

    se-dabil caus., pf. *asdabíl*, plqf. *isdibíl*, präs. *asdabil*, nom. act. *sedábloy*. Caus. 2: pf. *asisdabil* u. s. w.

    dedbil iterat. ein ding nach dem andern zusammenraffen, alles zusammenpacken, pf. *adédbil*, präs. *adedabil*.

    se-dedbil caus., pf. *asdédbil*, präs. *asdedbil*.

    dābel intens. ein sammler, wucherer sein, pf. *adábel*, plqf. *ídbil*, präs. *adbil*, *edbil*, part. *dábla*, nom. ag. *dábli*, nom. act. *díble*, subst. f. *dábloy* wucher; große ansammlung.

    te-debāl pass., pf. *a-d-dabál* und *adbál*, plqf. *íddebíl*, präs. *addabil*, partic. *debála*.

    debāl refl. sich sammeln, sich zusammenrollen (die schlange), pf. *adbál*, plqf. *íddebil*, präs. *addabil*, partic. *debála* gerollt, kuglich, rund, nom. act. *mídbel* (G. **መደበለ፡** conventus).

Debār v. 1 intrans. (cf. دِبَار adversa fortuna, ذَبَرَ tergum vertit) verkommen, -armen, pf. *adbár*, präs. *ádbâri*, *ádbari* 12, 1. partic. *debára* verkommen, herabgekommen, nom. act. *médber*.

    debār pass. refl. sich verludern, pf. *adbár*, präs. *addabir*.

    m-debār social. mit andern in die verarmung geraten, pf. *am-debár*, *-dabár*, präs. *amdabir*.

Dada »o-dada large tree in the mountains« (Bu.), *däda* olnea europaea (Schw.).

Dadā-s v. 2 setzen, stellen; s. *di'*.

Dif v. 1 (So. *ḍaf*, جَاز id., s. §. 25 u. 61) übersetzen den fluß, pf. *adif*, plqf. *idif*, präs. *andif*, partic. *difa*, nom. act. *dāf*, plur. *daf*.

    sō-dif caus. hinüberfüren, pf. *asódif*, plqf. *isúdif*, präs.

asōdif, part. *sódfa*, nom. ag. *sōdfána* färmann, nom. act. *sódfoy*.

s-*isō-dif* caus. 2, *asisódif* u. s. w.

tō-dāf pass., pf. *atōdáf*, plqf. *itádif*, präs. *atōdif*, partic. *tō-*, *ató-dfa*, nom. act. *tódfoy*, subst. f. *dáfi* die furt.

en-dāf social., dann auch pass. = *tō-dāf*, ebenso flectirt, pf. *andáf* u. s. w., subst. f. *me-n-dáfi* die furt.

Défa und *défa*, zu *é* s. §. 105, subst. m. (für *def'a*, Ar. جَنَا clausit portam, s. §. 25) tor, türe 55, 15.

Dif plur. *difa* subst. m. (Ar. ضَيْف) eigentlich: gast, das was das einheimische *ámna*, aber in verächtlicher bedeutung gebraucht: landstreicher, der eigenen erwerb scheut und nur vom betteln lebt.

Dífo, *dife* subst. (Ti. ዶርት ፡ ዶርት ፡) gekochte durra-körner als speise, die belila.

Dof v. 2 cacare; s. *endof*.

Dōf plur. *dáfa* subst. m. (aus *daúf*, *daws*, G. መበሰ ፡ assare, torrere, ጥበሰ ፡ assum, tostum) fleischstück über lebendem feuer gebraten, Sa. *dubó*.

Dūf plur. *daf* subst. m. der schweiß.

dūf v. 2 schwitzen, caus. *dūf-s*.

daf v. 2 (Bil. *dif*, G. ጢስ ፡ rauch, ጤሰ ፡ rauchen, s. §. 61) das rauchbad nemen, schwitzen im rauchbad, *te-takát ó-de dáfta téfi* die frau befindet sich im schwitzbad. nom. act. *dáfti* das schwitzen im bade.

Dif' v. 2 (Ar. دفع) bezalen.

Defir v. 1 (Sa. *dafal*, Ar. ضَفَرَ G. ደፈረ ፡) flechten die haare, pf. *ádfir*, plqf. *idfir*, präs. *adanfir*, partic. *difra*, nom. ag. *dáfri*, *defrána*, nom. act. *defár* plur. *defir*, subst. f. *dafire* haarfrisur (Ar. ضَفِيرة).

se-*defir* caus., pf. *asdefir*, präs. *asdafir*.

ed-*defār* pass., pf. *addafár* (reflex. *adfár*), präs. *addafir*, partic. *adfára*, *defára*.

Déftar subst. m. (Pers.-Ar. دَفْتَر) buch, heft.

Deg v. 2 (Bil. *taq, ṭaq,* De. *ẓeg,* Agm. *sekŭ, snk,* Cha. *ẓiqaw,* G. 𐌺ሕበ፡) schwer sein, part. adj. *déga* schwer, subst. m. *madég* schwere.

> *dek-s* caus. beschweren, schwer machen, nom. act. *déksiti.*

> *deg-am* pass. schwer werden.

Degi v. 1 wider-, zurückkeren; s. *tegiy.*

Degŭ, dug v. 1 (Bil. *takaû,* Ga. *dŭc,* für *dahu,* Sa. *duw,* für *dehu,* cf. דיק id.) nachsehen, überschauen, prüfen, pf. *adúg,* plqf. *idug,* präs. *andiug,* partic. *dúgŭa,* nom. act. *dûg* plur. *dug.*

> *sō-dug* caus., pf. *asódug,* plqf. *isúdug,* präs. *asōdiug,* partic. *sódgŭa,* nom. act. *sódgŭoy.*

> *dāgŭ* intens. wächter, aufseher, spion, ausspäher sein, pf. *adágŭ,* plqf. *idgŭ,* präs. *ediug,* partic. *dágŭa,* nom. ag. *dágŭi,* nom. act. *dígŭa.*

> *tō-dāug* pass. beobachtet werden, pf. *atōdaug,* plqf. *etúdug,* präs. *atōdiug.*

> *mō-dāug* social. beobachten helfen.

> *mō-dedāug* recipr. einander beobachten.

Dūg v. 2 (Nub. *ják, juk* D., *dág, dug* K., *dág, daw* FM. id., vgl. s. v. *gŭ'a*) saugen, au der mutterbrust.

> *dūg-s* caus. säugen, *dūg-s-is* caus. 2, *dūg-am* pass. gesaugt werden die brust, *dūg-s-am* gesäugt werden.

Digōg v. 2 senden, schicken, partic. *digóga* auftraggeber, subst. f. *digóga* auftrag.

> *digōg-s* caus. senden laßen.

> *digōg-am* pass., partic. *digógama* bote.

Dágel plur. *dágla* subst. m. (Sa. 'Af. *dakál* id., دَقَل trabs transversaria navis, Ga. *dagalé* latte, leiste) mastbaum 64, 18.

Dagéna subst. f. (cf. Ku. *etingenā* id.) feuerherd, die drei steine worüber der kochtopf gestellt wird.

Dúgŭra, dúgra subst. m. (Bil. *saqŭṭá*, Sa. *ṣágdā*, Ty. **ጸግዪ** Ti. **ጽግዪ** id.) der schöpfeimer am brunnen.

Dúgŭre, dúgre subst. m. (Sa. *dŭgre*, Ti. **ድጕርዪ**) pflugschar.

Dugrár cordia subopposita (Schw.).

Degŭy v. 1 (cf. תָּקַן, סָכַם id., und §. 45, b und 69) zälen, meßen, rechnen, berechnen, pf. *ádgŭy*, plqf. *edáug*, präs. *adángŭy*, partic. *dúgya*, subst. f. *dăgŭiy, dŭgŭi* rechnung, zal.

  se-daug caus., pf. *ásdaug*, plqf. *ísdug*, präs. *asdagŭi*, partic. *sedágŭa*, nom. act. *sedagŭóy*.

  ed-dagŭáy pass., pf. *addagŭáy*, plqf. *íddug*, präs. *addagŭi* u. s. w.

Dah rad. inus. (Ar. ضاغ clamavit, vgl. Bil. s. v. *çaû y*) schreien, lärmen.

  mŏ-dāh social. v. 1 mitschreien, streiten, sich zanken, pf. *amōdáh* (6, 14), plqf. *emúdih*, präs. *amōdih*, partic. *amódha*, nom. act. *amódhoy*.

  se - mō - dāh caus.-social. streit erregen, pf. *asmōdáh*, plqf. *esmúdih*, präs. *asmōdih*, partic. *semódha*, nom. act. *se-módhoy*.

  mŏ - dedāh recipr. fortwärend händel unter einander haben (flexion wie im social.).

  se-mō-dedāh caus.-recipr. fortwärend zwietracht schüren (flexion wie im caus.-social.).

Dāh v. 1 intrans. (Sa. 'Af. *dagŭ*, Cha. *ṣiqŭ*, Bil. De. Qu. *sug*, *segŭ* id.) klein, zart, mager, schwach sein, pf. *adáh*, plqf. *ídah, idha*, präs. *édhi*, partic. *dáha*. adj. *a-dáh, dáhi*, nom. ag. *dehána* der kleinste unter seinesgleichen.

  sŏ-dāh caus. kürzen u. s. w., pf. *asōdáh*, plqf. *isúdih*, präs. *asōdih*.

Dáha subst. m. (für *dahan*, §. 16, Ar. ذَقَن זָקָן, Ti. G. **ጽሕም**) kinn, kinnbart.

Dáhŭa, dáyha subst. m. (Ar. طخف id., s. §. 45, b) saure milch.

Dehá, dha subst. m. (zur etym. s. pg. 77 note 2) nähe, dann:

nahe bei, bei, zu, neben, *deh-ó, -ōk* etc. zu mir, dir hin
u. s. w., bei substantiven nachgesetzt, *ó-tak-i dehá* oder
dehá-y zum, beim manne, in des mannes nähe, s. §. 134, c.

Dihe subst. f. (s. *dehaláy*) kole, glutkole.

Dehaláy plur. *dehaláy* subst. f. (So. *dáhŭl*, Sa. *dilhenó*, 'Af. *di-khenó* id., s. *dihe* und §. 290) kole, glutkole.

Dehan und *ḍehan*, s. §. 23, v. 1 (Ti. G. ደኀነ፡ salvum evadere) leben, frisch und gesund sein, pf. *ádhan (áḍhan)*,
plqf. *idhan (iḍhan)*, präs. *adanhin (aḍanhin)*. Daneben
häufiger im gebrauche sind die formen:

dehän (ḍehān) intrans. IX, A 3 mit obiger bedeutung,
pf. *adhán*, plqf. *idhín*, präs. *adháni, ádhani*, partic. *dehána*
(G. ደኀነ፡), nom. ag., adj. *deháni* und *dáheni* (G. ዳኅን፡),
dehâni éta bist du wolbehalten angekommen? (gruß an
einen heimgekerten). *aní dáhnibu* ich bin heil, unversert.
nom. act. *medhán (meḍhán,* G. መደኀኒት፡) heil sein, heil,
wol, gesundheit, frisches leben.

se-dhän, se-ḍhān caus. retten, befreien; widerherstellen,
gesund machen; ausbeßern schadhaft gewordene gegenstände, pf. *asedhán (aseḍhán)*, plqf. *isedhín*, präs. *asedháni*
(aseḍháni). Bilál esedhán-héb B. hat mich errettet. *ō-gamisō*
asedhán ich habe mein hemd geflickt. nom. ag. *sedáheni*
(G. አደኀኒ፡) und *sedhan-ána* retter, nom. act. *sedhánoy*.

s-ise-dhān, s-ise-ḍhān caus. 2 erretten laßen (flexion
wie im caus. 1). *ō-gamisō asixedhán* ich ließ mein hemd
ausbeßern.

Dehána subst. f. der erste tag des monats, mit dem artikel
tú-dhāna, auch *ō-terg-it dehána* (Leps.); vgl. s. v. *dāh*.

Dehâni subst. f. (cf. G. ደኀለ፡ደሐለ፡ Ty. ደሐለ፡ زَخَلَ fugit, se
abdidit, vgl. oben *dehâni* salvus und §. 294; schon Dillmann hat ደኀነ፡ mit ደሐለ፡ zusammengestellt) wüstentier,
wild 19, 17. 20.

Duhán subst. m. (Ar. دُخَان rauch) tabak, *aní duhán wál'an* ich zündete meine pfeife an.

Dehar v. 1 (G. **ደኀረ፡** Ti. **ደኀረ፡**) segnen, pf. *ádhar*, plqf. *idhar*, präs. *adanhir*, partic. *dehára*, nom. ag. *dáheri* (Ti. **ደኀሪ፡ደ፡**), nom. act. *médhar* (Ti. **መደኀር፡**), subst. f. *dehára* (Ti. **ደኀ ረት፡**) segen.

 se-dhar caus., pf. *asdehár*, plqf. *isdehár*, präs. *asdahir*, partic. *sedhára*, nom. act. *sedharóy*.

 ed-dhār pass., pf. *addahár*, präs. *addahir*.

Dehár, duhár subst. m. (Ar. طُهْر; s. §. 45, a) mittag, *ú-dhuru* es ist mittag, *údhur dáwalu* der mittag ist nahe.

Deháy subst. coll. m. leute; s. *énda* I.

Dik und *jik* plur. -*a*, subst. m. (Ar. ديك) der han.

Dukuk v. 1 fertig machen; s. *tukuk*.

Dakár plur. *dakár* und *dakár* plur. -*a*, subst. m. (Ar. ذَكَر זָכָר) männchen von tieren; der wilde büffel.

Dákya subst. f. (Ti. **ደከዐት፡**) zeltstange, -stütze.

Déla subst. m. loch, brunnen; s. *déra*.

Dóla subst. f. (Ar. دَوْلَة) regierung, amt.

Delib auch *delib* v. 1 (Vulg. Ar. جلب) tauschen, kaufen oder verkaufen, pf. *ádlib*, plqf. *idlib*, präs. *adanlib, adallib* und *adalnib*, partic. *délba* nom. act. *deláb* plur. *delíb*, nom. ag. *delbána* käufer, verkäufer, subst. f. *dilba* kauf, tausch.

 se-dalib caus., pf. *asdalíb*, pr. *asdalib*, part. *sedálba*, nom. act. *sedálboy*.

 s-ise-dalib caus. 2, pf. *asisdalíb* u. s. w.

 ed-daláb pass., pf. *addaláb* und *a-dláb*, plqf. *iddelib*, präs. *addalib*, partic. *addálba, delába*, nom. act. *eddálboy*.

 dālib intens. III 2 händler von profession sein, pf. *adálib*, plqf. *idlab*, präs. *édlib (édlib)*, partic. *dálba*, nom. ag. *dálbi*, subst. m. *delbé, délbe* gekaufter gegenstand, s. §. 293.

se-dālib caus.-intens. zum händler ausbilden, pf. *asdá-lib*, plqf. *esdileb*, präs. *asdālib*, partic. *sedálba*, nom. ag. *sedálbi*, nom. act. *sedálboy*.

s-ise-dālib caus. 2 intens. zum kaufmann ausbilden laßen, pf. *asisdálib* u. s. w.

m-dalāb social. bei einem kauf oder verkauf mitwirken, pf. *amdaláb* u. s. w. wie beim passiv.

Delíf, derif adj. (cf. زرق G. 𐡀ⲗⲫ꞉ caeruleus fuit) dunkelblau, braun, dunkel.

Délha, dílha (Ar. جَلَِ III vehementem se praebuit) hart, stark, kräftig, *délh' áwe* granit, harter stein.

Delála subst. f. zaun um das gehöfte, hag.

Delél adj. (Bil. *dalál y*, Sa. *zalál ḍah*, Ti. Ⲏ𐡀ⲗ꞉ⲛⲗ꞉ bummeln, herumspazieren) langsam.

Dílle subst. m. (Bil. *dira*, Ti. ⲣⲗⲛ꞉) frucht der adansonia digitata, accus. *delléb; s. §. 74.

Dúluma subst. f. (Ar. ظَلَِ, Ti. ⲣⲗⲙⲟⳋ꞉) finsterniß, *dulumábu* es ist finsterniß, finster. *behér dúluma* der atlantische ocean.

Dalái subst. m. = Ar. سَلَِ eine baumsorte.

Dálawa subst. f. rote farbenerde (Seetz.), vgl. Bil. *tálā* rote farbe.

Dalíw adj. nahe; s. *dawúl*.

Démo subst. f. (Ti. A. ⲣⲟⳋ꞉) die adansonia digitata, sowie der bast davon, woraus stricke verfertigt werden.

Dim, dum v. 2 schweigen; s. *tim*.

Díma adv. (Ar. دَائِمًا) stets, immer.

Döm plur. *-a* subst. f. (Ar. دَوْم) dumpalme, hyphaene thebaica.

Dum'ára subst. m. (aus *dungāra*, vgl. Nub. *dúngi* für *dungir* KD. = *šángir*, *šáñir* FM. id., vgl. §. 72, note 1) gold 64, 3; 65, 2.

Dámba I subst. m. (aus *dánba, dárba* = Ti. Ty. ⲛ𐡁ⲛ꞉ Sa. 'Af. *sarbá*, Ga. *zarbá*, Bil. *harb*, Kaf. *cúbo* für *cóbo*, *canbō* id.) schenkel, schinbein, wade 68, 11.

Dámba II subst. f. (Bil. *sánfi*, *sáfā*, De. *sáfā*, Qu. *sánbā*, Agm. *çámmi*, A. ᎠᎰᎱᎢ G. ᎰᎱᎢ ᠵᠡᠷ Sa. 'Af. *gábā*, ᠵᠭᠣ *keφ*, con id.) fuß-, schuhsole, fußfläche.

Demim v. 1 (Bil. *çamam*, Ti. ᎠᎳᎰᎢ G. ᎠᎰᎰᎢ A. ᎠᎰᎰᎠᎰᎢ ᠵᠭᠣ צָמַם) umschließen, zusammenpreßen, -quetschen, mit beiden händen ausdrücken, pf. *ádmim*, plqf. *idmem*, präs. *adammím*, partic. *démma*, *demám*, nom. ag. *damim*, nom. act., inf. *demám* plur. *demím*, subst. f. *démma* druck.

    se-demim caus., pf. *asdemím*, präs. *asdamím*.

    ed-demám pass., pf. *addemím*, präs. *addamím*, partic. *demáma* zusammengepreßt.

Demán subst. m. (Ar. ﺯﻣﺎﻥ) zeit, *ō-demányōh* zu seiner zeit, früher, ehedem.

Demin v. 1 (Ar. ﺿﻤﻦ) bürgschaft leisten, bürgen, haften, gut-stehen, pf. *ádmin*, plqf. *idmen*, präs. *adammín*, partic. *démna*, nom. ag. *demnána* und *dámni* = Ar. ﺿﻤﻴﻦ, nom. act., inf. *demún* plur. *demín* subst. f. *démna* bürgschaft.

    se-damin caus. bürgschaft verlangen, pf. *asdamín*, plqf. *esdemín*, präs. *asdamín*, partic. *sedámna*, nom. act. *sedámnoy*.

    ed-deman pass., pf. *addemín*, *admán*, plqf. *iddemín*, präs. *addamín*, partic. *demána*, nom. act. *eddámnoy*.

Dámer v. 1 intens. (Ar. ﺯﻣﻨﻰ G. ᎡᎰᎱᎢ obscurus fuit, ﺯﻧﺲ ᎡᎲᎢ sorduit) schmutzig sein, pf. *adámer*, plqf. *idmer*, präs. *edmír*, partic. *dámra* nom. act. *démre*.

    se-dámer caus., pf. *asdímer*, plqf. *esdímer*, präs. *asdamír*, partic. *sedámra*, nom. act. *sedámroy*.

Damra indigofera semitrijuga (Schw.).

Dána subst. f. (Ti. ᎡᎷᎢ) trinkschale aus dem flaschenkürbis verfertigt.

Din subst. f. (cf. צֶנָּה id., s. §. 96, c) dorn, stachel.

Din I v. 1 (Ar. ﻃﻦ, Sa. *tantan*) meinen, dafürhalten, glauben, pf. *adín*, plqf. *ídin*, *iden*, präs. *andín*, partic. *dína*, nom. act. *dān* plur. *dan*.

sō-din caus., pf. *asódin*, plqf. *isáden*, präs. *asōdin*, partic. *sódina*, nom. act. *sódnoy*.

   tō-dān pass., pf. *atōdán*, präs. *atōdín*.

Din II v. 1 (Ar. وَزَن) wägen, abwägen, flexion wie bei *din* I.

Dúndur adj. (aus *dum*, *dim* und *dur*, vgl. Bil. *dirá*, Cha. Qu. Agm. *dedá*, Gr. *dudá*, Sa. *dúdā*, Ti. A. ጿ·ጰ፥ stumm) taubstumm, *barús dúnduru* er ist taubstumm.

   dundúri id., *dundáribu = dúnduru*.

Dang v. 2 (Ar. دَغ, vgl. Bil. *tag*) sich nähern, kommen, herbeikommen, nom. act. *dángdi* und *dánkti*.

Dúngui subst. m. knecht (Seetz.).

Díngal plur. *-a* subst. c. g. (Ti. G. ጿ·ንገለ፥ virgo) junger mann oder mädchen der reife nahe.

Dúngŭla nom. propr. der stadt Dungula in Nubien.

   dungūláy adj. pferd aus Dungula.

Dángar und *díngar* plur. *-a* subst. f. (cf. ضَخْرَا id.) die ebene, weites flachland.

Danán plur. *danán* subst. m. riemen.

Dínne subst. f. (Ar. جَنَّة) garten; paradies.

Dinóy subst. f. (vgl. A. ሰንጡን ፡ አለ ፡, Bil. *dūn y, dūndún y*) das herumschlendern, -bummeln, -spazieren, spaziergang.

   dinōy v. 2 bummeln, nom. ag. *dinōyána*.

   dinō-s caus. herumfüren.

Dinya I subst. f. (Ar. دُنْيَا) die welt.

Dinya II nom. pr. f., Ar. زَنَّة.

Dēr v. 2 (aus *dayir*, *dahir* = G. ጿሐረ፥ dimittere uxorem) fortschicken, entlaßen die frau, nom. act. *dérti* (7, 19).

   dēr-s caus., *dēr-am* pass., partic. *déráma* geschiden, entlaßen, verstoßen (vom gatten).

Déra I und *déla* subst. m. (Ar. جِرَاب id., s. §. 21 und 74) loch, grube, brunnen, accus. *deráb*; zu *é* in *déra* s. §. 105.

Déra II subst. f. tante; s. *dúra*.

Dir v. 1 (Bar. *dir*, So. *dil*, *derir* دِرْ; s. §. 108, b) schlagen, töten, pf. *adír*, plqf. *edír*, präs. *andír*, part. *díra*, nom. ag. *derána*, subst. f. *déra*, accus. *derát* totschlag, mord, subst. m. *madĕr* id., *ū-madér harámu* der mord ist eine sünde; oder *émdera*, vgl. *emderí-y-na wō-haḍ' ū-ráû edír ō-ták* (63, 7) bei der tötung des löwen (bei dem den löwen töten) tötete ein anderer (löwe) den mann.

dedir, *derir* iterat. der reihe nach niderschlagen, pf. *adedír*, präs. *adadír*.

sō-dir caus., pf. *asódir*, plqf. *esúder*, präs. *asódir*, partic. *sódira*, nom. ag. *sódirána*, nom. act. *sódiróy*.

atō-dār pass., pf. *atōdír*, plqf. *etúdir*, präs. *atōdir*, partic. *atódira*, nom. act. *atōdiróy*.

mō-dār pass. und social. getötet werden und töten helfen (flexion wie bei *atōdār*), vgl. *wū-háḍa ō-yŏ-y geb emōdír* der löwe wurde vom stier getötet. *Bilál wō-haḍáb emōdár* Bilal half den löwen töten.

em-dedár, *em-derār* recipr. einander töten (flexion wie bei *atōdār*), *yā-Haḍ'éṇḍáwa emdedārín* die H. töteten sich gegenseitig. nom. act. *emdedíra* rauferei. *emderárá-y-na wō-háḍa faḍíg tamán dáb edúr* (63, 11) bei dem kampf mit dem löwen wurden an vierzig mann getötet.

dār intens. maßenweise töten. pf. *adár*, plqf. *ídera*, präs. *édiri*, partic. *dára*, nom. ag. *dári*, *dārána*, nom. act., subst. m. *dār* und *dírye*, wie: *dárĕs erhiyanĕk* (6, 9) als er ir metzeln sah. *deryĕb rehán* ich habe die metzelei gesehen.

sō-dār caus.-intens., pf. *asōdár*, plqf. *isúdera*, präs. *asŏdāri*, partic. *sódāra*, nom. act. *sódároy*.

Dōr plur. *-a* subst. m. (Ar. دَوْر) 1) zeit, *ō-súbh-i dōr* zeit des morgens, *ó-dhur-i dōr* zeit des mittags, *wō-ásir-i dōr* zeit des nachmittags, *ó-ngreb-i dōr* zeit des abends, *wō-asá-y dōr* zeit der beginnenden nacht, *nā-dōr* zu welcher zeit?

béd-dōr zu jener zeit. 2) mal, vices, *gāl dōr* einmal, *mallé
dōra* zweimal, s. §. 153. 3) gebrauch bei temporalis, *ó-š'a
aharid-é dōr* als ich die kuh schlachtete; s. §. 270.

Dūr subst. m. (Ar. زُوْر id., زَاْ visitavit) besuch.

    dūr v. 2 besuchen, eine erenvisite machen, partic. *dúra*,
nom. ag. *dūrána* der beständig aufwartungen bei allen ein-
flußreichen leuten macht, nom. act., inf. *dúrti*, subst. f.
dūrandy.

    dūr-s caus., *dūr-s-is* caus. 2.

    dūr-am pass., partic. *dúrama*, nom. ag. *dúramána* von
jederman besucht, in ansehen stehend, nom. act. *dūrámti*.

    dūr-s-am recipr. einander besuchen.

    dūr-s-is-am caus.-recipr. veranlaßen daß einer den andern
besucht.

Dŭra subst. c. g. (G. ዳዱ፡ דּוֹד fem. דּוֹדָה) oheim, tante; s. §. 169,
anmerk. 1.

Derá' plur. *dír'a* subst. m. (Ar. زَرْع) samen; s. a. *sera'*.

Derë' plur. *dír'a* subst. m. (Ar. زِرْع) panzer, -hemd.

Deréb, deráb, deríb plur. *dérba* subst. m. (Ar. دَرْب) der weg.

Dírbati subst. f. (aus *di[r]badti*, Ar. زُبْدَة) butter.

Deráf plur. *deráf* subst. c. g. (Ar. زَرَاف) die girafe.

Dírfa nom. prop. fem.

Dírfin plur. -a subst. c. g. (Ti. ፰ርፈን፡) lamm, zicklein.

Derfináy nom. prop. eines tribus der Bedscha in Barka.

Darág plur. *darág* subst. m. (Ku. *dárgā* id.) rand, seite, wange
(seitenteil des gesichtes), *t-ába-ti deróg* »flußes-seite« ufer.

Darák plur. *darák* subst. m. (G. ዳዳኅ፡ Sa. *dadá'* id., s. §. 13)
die kalte jareszeit, die regenzeit, der winter.

Darík plur. *dírka* subst. m. (G. ዐርቅ፡) lumpen, fetzen, zerrißenes kleid.

Dérkŭa, dírkŭa subst. c. g. (Nub. *dákke* FM., *dérre* KD. für
dárke schildkröte, aus دَرَقَة schild; derselbe zusammenhang
in ترسة schildkröte und تُرْس schild) die schildkröte.

Derúk plur. *dírkŭa* subst. m. (cf. طرق locus ubi restagnat aqua) waßertrog aus lem neben der cisterne, zum tränken des vihes.

Derím plur. *dírma* subst. f. (Ar. صرم, صُرْمَة agmen) die herde.

dirm v. 2. vihhüter sein, *dírm-an, derím-ta, derím-ya* ich weidete u. s. w., partic. *dírima*, nom. ag. *dermána*, nom. act. *derímti*.

derim-s caus. zum vihhüter bestellen.

Derār v. 1 refl. (G. ⵓⵔⵣⴰ) das abendeßen zu sich nemen, zu abend speisen, pf. *aderár*, plqf. *idderír*, präs. *addarir*, nom. act. *derároy*, subst. m. *derár* plur. *derár* (Ti. A. G. ⵓⵔⵛ Sa. 'Af. Bil. *derár*, Qu. *deráy*, Cha. *dráy*) das vesperbrod, abendeßen.

se-derār caus. das vesperbrod vorsetzen, pf. *asderár*, plqf. *isderír*, präs. *asdarir*, nom. act. *sedrároy*.

Dirēr v. 2 in den augen gelüste zeigen (Mu.), vgl. زرّ fulsit oculus.

Dis plur. *dádis* adj. klein, *ăn ŭ-gaŭ dísu* dieses haus ist klein, *ān ā-gáwa dádisa* diese häuser sind klein.

díse subst. f. kleinheit, *disé-y-d, disé-d* bei kleinheit, sachte, langsam, *disét támya* er aß gemächlich (nicht gierig schnell).

Dáwa subst. f. (Ar. دَوَايَة) die tabakpfeife.

Díwa subst. m. die hafule, mimosa nilotica.

Dăwa subst. m. dorf, ortschaft; s. *ḍăwa*.

Duw v. 2 (Bar. *deb*, Ku. *suw*) schlafen 40, 2; 51, 5; 68, 10. 17. partic. *dúwa*, nom. ag. *duwána*, nom. act. *dúti*.

dū-s caus. einschläfern 51, 1 ff.

Daûd nom. pr. m. David.

Diûdiû und *dúyduy* plur. -a subst. m. schinbein.

Dauha subst. m. 1) linaria macilenta (Schw.), 2) *dáuha* saure milch; s. *dáhŭa*.

Dawûl, dawîl und *daliw* adj. (Ar. جَار vicinus, جِوَار vicinitas, Ku. *daûlâ, dôla* nähe, nahe, s. §. 25: s a. *duwêr*) nahe, *û-dhûr dáwulu* der mittag ist nahe.

Duwân subst. m. (Ar. دِيوَان) regierung, amt.

Duwân plur. *duwân* subst. m. (Ar. جوْنة capsa) gefäß aus dem flaschenkürbis verfertigt, zur aufbewarung von flüßigkeiten 58, 12. *ū-duwân 'ôr* der deckel dazu.

Duwêr plur. *-a* subst. m. (Ar. جِوَار vicinitas, clientela) verwantschaft, geschlecht, stamm, tribus 12, 24.

Dáwre, daûre, daûri adj. schön: s. *endaûre*.

Day subst. m. (Ar. سَعَى) lauf, eile, *ū-rá-y day wulyáyu, kāk kantíma* der lauf der gazelle ist schnell, wie wirst du sie einholen?

    day v. 2 laufen, eilen, nom. ag. *dayána* läufer, eilbote, nom. act. *dáyti*.

Dāy adj. gut, schön; s. *enday*.

Dáya subst. f. (G. ደያሕ፡) ebene, weite fläche, land.

Deyo subst. m. der teich (Mu.).

Deyêr, deyir subst. m. (cf. زَكِ med. *y*, fastidivit, abhorruit) überdruß an etwas, abspannung, ermüdung.

    deyēr, deyir v. 2 überdrießig einer sache sein, müde, abgespannt sein 46, 25 ff.

Ḍ.

Ḍa' I und *da'* plur. *ḍá'a, dá'a* subst. m. (cf. نَطَ cornu petivit, s. §. 16 und 76) das horn 5, 16; 20, 24.

Ḍa' II v. 1 1) flechten die haare: s. *da'*. 2) schlagen; s. *ṭa'*.

Ḍāb subst. m. lauf, eile: s. *dāb*.

Ḍib I v. 2 fallen, untergehen (sonne u. s. w.); s. *dūb*.

Ḍib II v. 2 (Bil. De. Qu. *dab*, Cha. *dib*) begraben, nom. act. *ḍíbti*, subst. f. *ḍiba* begräbniß, subst. f. *méḍba* (A. *méḍeba*) leichentuch.

ḍib-š caus. begraben laßen. pass. *ḍib-am*.

Ḍibáb plur. *ḍibáb* subst. f. (A. ᎌᏋᎌᎌ፣ᎌᎌᎌ፡ laufen, springen; vgl. a. s. v. *dáb*) der floh.

Ḍebil v. 1 ballen, sammeln; s. *debil*.

Ḍéfa subst. m. türe, tor; s. *défa*.

Ḍif v. 1 (Ar. صَبَغَ نَمَغ צָבַע G. ጸብኀ፣ id., §. 198, b) färben,
pf. *aḍif*, plqf. *iḍif*, präs. *aṇḍif*, partie. *ḍifa*, nom. ag. *ḍáfi*,
ḍifána färber, nom. act. *ḍáf* plur. *ḍaf* das färben, subst. f.
ḍífa (Ar. صَبْغَة) farbe.

šō-ḍif caus., pf. *ašōḍif*, plqf. *išúḍif*, präs. *ašōḍif*, partie. *šóḍfa*, nom. act. *šóḍfoy*.

ṭō-ḍáf, *aṭō-ḍáf* pass., pf. *aṭōḍif*, plqf. *iṭúḍif*, präs. *aṭōḍif*, partie. *aṭóḍfa* gefärbt, nom. act. *aṭóḍfoy*.

amō-ḍáf social. beim färben mithelfen (flex. wie im pass.).

Ḍah v. 1 (G. ሡብኀ፣ Bil. *saqŭ*, Agm. *saḍŭ* für *saqr*, *sawq* id.,
Nub. *šáhŭ-a* das fett, dagegen mit abfall von *h*: A. ሰ፡
Cha. *saw*, Ku. *šō* fett, kräftig sein: s. a. §. 24) fett, dick
sein, pf. *aḍáh*, plqf. *iḍah*, präs. *aṇḍíh*, partie. *ḍáha*, *ḍáha
tak* ein dicker mann, aber *ū-tak ḍeḥábu* der mann ist
dick, fett, nom. act. *ḍáh* plur. *ḍah* das fettsein: speise,
auch *ū-ḍha* id., mit dem artikel, die speise, das fett, *ō-ḍhā-
yón enómhīn netaŭk* (59, 7) wir kochen hier unser eßen.
subst. m. *maḍáh* fettigkeit, beleibtheit.

šō-ḍah caus. fett machen, mit fett versehen eine speise,
pf. *ašōḍah*, plqf. *išúḍih*, präs. *ašōḍih*, part. *šóḍha*, nom. act.
šóḍhoy.

aṭō-ḍáh pass. gemästet werden, pf. *aṭōḍáh*, plqf. *iṭúḍih*,
präs. *aṭōḍih*, partie. *aṭóḍha*, nom. act. *aṭóḍhoy*.

Ḍehan v. 1 leben, gesund sein; s. *dehan*.

Ḍékŭa subst. m. (Ga. *ḍaqŭe*, Qu. *ḍaẑŭa* thon, vgl. מטו טֵאֱ)
thonplatte zum brodbacken.

Ḍemi v. 1 (Ar. جَوِي s. §. 25 und 69) stinken, übel riechen,
pf. *aḍmi*, plqf. *iḍme*, präs. *aḍammi*, partie. *ḍímya*, nom. act.

demūy plur. *dĕmi* (für *demíy*), subst. f. *dĕmyay* (s. §. 300) gestank.

še-dam caus. (s. §. 204 und 206) gestank machen, pf. *ásdam*, plqf. *isdem*, präs. *asdami*, partic. *šédma*, nom. act. *šédmoy*.

Dim v. 1 (Ar. خ id., §. 25) ausfüllen einen raum, das neue haus mit geräten, einrichtungsstücken versehen, möbliren, pf. *adím*, plqf. *idem*, präs. *audim*, partic. *díma*, nom. act. *dām* plur. *dam* das ausfüllen: geräte, subst. f. *díma* ausstattung.

    sódim caus., pf. *asódim*, plqf. *isúdem*, präs. *asódim*, partic. *sódima*, *sódma*, nom. act. *sódmoy*.

    tō-dam, *atō-dām* pass., pf. *atōdám*, plqf. *itúdim*, präs. *atōdim*, partic. *atódma*, nom. act. *tō-*, *ató-dmoy*.

Dāme subst. m. (G. Ty. ሰሚን vgl. §. 16 und 24) der norden.

Dámbo, *dāmbo* subst. f. (Ti. A. ጠበ.ታ፡ Bil. *tabitā*, Ga. *çabitá*, Sa. *tába*, Nub. *tübe*) brod.

Din v. 1 (G. ወጥን፡) anfangen, beginnen, pf. *adín*, plqf. *iden*, präs. *audin*, partic. *dína*, nom. ag. *dáni* (G. ወጣኒ፡) und *dináua*, nom. act. *dāu* plur. *dan*, subst. f. *dína* (G. ጥንት፡) anfang.

    sō-din (G. አወጥን፡) caus., pf. *asódin*, plqf. *isúden*, präs. *asódin*, partic. *sódna*, nom. act. *sódnoy*.

    tō-dān (G. ተወጥን፡) pass., pf. *atōdán*, plqf. *itúden*, präs. *atōdin*, partic. *tō-*, *ató-dna*, nom. act. *atódnoy*.

Dína subst. m. (So. *síni*. Ga. *kani*, *kani-sa* id., cf. G. ጸንጺን፡ خ susurrare) bine oder wespe, *ō-diná-y gaû* binen-, wespennest.

Daû, *dō* plur. *dáwa* subst. m. gebüsch, wald, dickicht.

Dāwa und *dāwa* subst. m. (Sa. 'Af. *dābā*, Bil. *jibá*, *çibá*, Ti. ጸብአ፡ id., (G. ጸብአ፡ ጸኃ militia) stamm, tribus, ansidelung, dorf, gemeinde 12, 23.

    éudáwa = *énda-dáwa*, s. *énda* I.

F.

Fu subst. f. die große zeltstange in der mitte des zeltes (A.); Nub. *fuy* id.

Fi' und *fi'* subst. m. (aus *fě'*, *fāy'*, Ar. ضايع id., s. §. 61) 1) inneres, mitte 15, 32; 16, 8. 2) magen, bauch, *ō-fi'it lehandy* magenleiden, bauchgrimmen, *ō-fi'it ya* kolik.

Fā' plur. *fi'* subst. m. (Ar. ضُوع id., ضَاع odorem diffudit, cf. ڤاع, s. §. 61) geruch.

fi' v. 2 riechen, geruch verbreiten, nom. act. *fi'ti*, partic. *fi'a* riechend.

fi'-s caus. zu riechen geben, *fi'-am* pass.

Fā'id und *fāyd* v. 1 intens. (cf. ڤاى affecit laesitve in corde) lachen, auslachen, verspotten, pf. *afā'id*, plqf. *if'ed*, präs. *ěf'ǐd*, partic. *fā'ida*, nom. ag. *fā'di*, nom. act. *fi'ǎd* plur. *fi'ǎd* lachen, gelächter, spötterei.

se-fā'id caus. zum lachen bringen; dem spotte preisgeben, pf. *asfā'id*, plqf. *isfe'id*, präs. *asfa'id*, partic. *sefā'ida*, nom. act. *sefā'idoy*.

ed-fe'ǎd pass. verlacht, verspottet werden, pf. *adfe'ǎd*, plqf. *edfe'id*, präs. *adfa'id*, partic. *edfe'ǎda*, *fe'ǎda*, nom. act. *edfi'doy*.

emě-f'ǎd social. mitverspotten, flex. wie im pass.

emě-fef'ǎd recipr. einander auslachen.

Fáda adj. (Ti. ፈጺበ፡ s. §. 74) mutig, tapfer.

Fáde subst. f. die narbe (Seetz.).

Fedig v. 1 (vgl. *fetig*, *fetik*) auflösen, losbinden, öffnen, befreien, pf. *áfdig* (7, 23; 21, 25), plqf. *ífdeg*, präs. *afandig*, partic. *fídga*, nom. act. *fedíg* plur. *fedíg* das lösen, subst. f. *fídga* lösung.

se-fadig caus., pf. *asfadíg* (7, 3), plqf. *isfedig*, präs. *asfadig*, partic. *sefádga*, nom. act. *sefádgoy*.

et-, *at-fadǎg* pass., pf. *at-fadǎg* und *a-fĭlǎg*, plqf. *itfedig*, präs. *atfadig*, partic. *at-*, *et-fádga* und *fedága*, nom. act. *atfádgoy*.

 am-fadāg social. mitbefreien, befreien helfen, flexion wie im passiv.

 em-fefdāg recipr. einander befreien.

 fādig intens. verschmähen, nicht haben wollen; verstoßen die frau, pf. *afádig*, plqf. *ifdag*, präs. *éfdig*, partic. *fídga*, nom. ag. *fídgi*, nom. act. *fídge*.

 se-fādig caus.-intens., pf. *asfádig*, plqf. *esfádeg*, präs. *asfádig*, partic. *sefádga*, nom. ag. *sefádgi*, nom. act. *sefádgoy*.

 emē-fdāg social.-intens. gleiche aversion mit jemanden gegen eine person oder sache haben, pf. *améfdāg*, plqf. *iméfdig*, präs. *améfdig*, partic. *mēfdága*, nom. act. *mēfdágoy*.

 emē-fefdāg recipr. einander verabscheuen.

 fedig v. 2 lösen u. s. w., präs. *fídgani*, pf. *fídgan*, plqf. *fídgi*, partic. *fídga*, nom. ag. *fedgána* befreier, nom. act. *fedíkti* 7, 20.

 fedig-s caus., *fídg-am* pass., *fedik-s-am* recipr.

Fedig subst. m. schuhsole (Mu.).

Fid v. 2 (Sa. *fíḍ ḍah*, Ty. ፍድ፡ፐለ፡) sich schneuzen, subst. m. *afíḍ* nasenschmuz, rotz.

 fiḍ-iš caus. schneuzen jemanden (ein kind).

 fiḍ-am pass. und refl. geschneuzt werden; sich schneuzen wie *fiḍ*.

Fiḍi v. 2 trennen; s. *fedig*.

Fáḍa subst. f. ankerplatz; s. *fárda*.

Fadig num. vier, *fádiga* vierter; s. §. 148 ff.

Fedig v. 1 nebenform *fediy*, vgl. §. 30 (G. ፈትቀ፡ صَدَعَ סרק id., s. §. 61) spalten, trennen; durcheinander schütteln, umrüren (teig, mel), pf. *áfḍig*, plqf. *ifḍig*, präs. *afaṇdig*, partic. *fídga*, nom. act. *fádgi*, *fedgána*, nom. act. *fedíg* plur. *fedíg*, subst. f. *fídga* (G. ፍትቀት፡) spaltung, spalt.

še-fadig caus., pf. *ašfadig*, plqf. *išfediy*, präs. *ašfadiy*,
partic. *šefádga*, nom. act. *šefádgoy*.

et-, *at-fadāg* pass., pf. *atfadáy* oder *afdág*, plqf. *itfedig*,
präs. *atfadig*, partic. *atfádga*, *fedáiga*, nom. act. *atfádgoy*.

em-fadāg social., flexion wie im passiv.

Fediy v. 1 das was *fediy*, pf. *áfdi*, plqf. *ifdi*, präs. *afaṇdi*,
partic. *fídya*, nom. act. *fedáy* plur. *fúdi* (für *fediy*).

še-fad caus., pf. *ášfad*, plqf. *išfid*, präs. *asfadi*, partic.
šefádya, nom. act. *šefádyoy*.

et-, *at-fadāy* pass., pf. *atfadáy* und *afdé* (für *afdáy*),
plqf. *itfidi*, präs. *atfadi*, partic. *atfádya*, *fadáya*, nom. act.
atfádyoy.

Fif und *fuf* v. 1 (cf. Ti. ᏂᏗ· id.) aus-, vergießen, ausschütten,
pf. *afif* (59, 12), plqf. *ifif*, präs. *anfif* (59, 10), partic. *fifa*,
nom. act. *fāf* plur. *faf*.

šō-fif caus., pf. *asófif* (29, 5), plqf. *isáfuf*, präs. *asôfif*,
partic. *soffa*, nom. act. *sóffoy*.

etō-fāf pass., pf. *atôfáf* und *a-fif*, plqf. *itáfuf*, präs.
atôfif, partic. *atôffa*, *fifa*, nom. act. *atôffoy*.

Fūf v. 2 (Bil. *fūf* y, Sa. 'Af. *fūf* dah, Ti. Ty. ᏪᎠ::ᏂᎠ:) blasen
68, 11. 18; 69, 6; auch blasen ein instrument, *ani t-ambilhóy fúfan* ich blies die trompete. nom. act. *fúfti*, nom.
ag. *fúfána*.

fúf-s caus., *fuf-s-is* caus. 2, *fuf-am* pass.

Fafár plur. *fafár* subst. m. (s. a. *babál* und *fār*) sprung, saltus.

fafar v. 2 springen, hüpfen, caus. *fafar-s*.

Fagíh plur. *-a* subst. m. (Ar. فَقِيه) heiliger, gottesgelerter, *Bilál
fagíhu* B. ist ein heiliger mann.

Fagir plur. *-a* subst. m. (Bil. *fagar*, Ti. ᏪᏨ: männlich han-
deln, auf raub ausziehen) junger mann im kräftigsten alter.

Fagiri plur. *fagírya* subst. m. (Ar. فَقِير) d. w. *fagíh*.

Fegir v. 1 (Ar. غَفَر كָפַר id., §. 77, b) bedecken, bedachen,
ein dach aufrichten, pf. *áfgir* (7, 10), plqf. *ifgir*, präs. *afan-*

gír, partic. *fégra*, nom. ag. *fágri* nom. act. *fegúr* plur. *fegír*, subst. f. *fégra*, *fígra* bedachung.

se-fagir caus., pf. *asfagír*, plqf. *isfegír*, präs. *asfagir*, partic. *sefágra*, nom. act. *sefágroy*.

et-, *at-fagár* pass., pf. *atfagár* und *a-fgár*, plqf. *itfegír*, präs. *atfagír*, partic. *etfágra* oder *fegára* gedeckt, bedeckt, nom. act. *etfágroy*.

Fajír plur. -a subst. m. (Ar. فَجْر) der morgen, die morgendämmerung 40, 4; zum accent s. §. 107.

Fahám plur. *fahám* neben *fám* plur. *fam* subst. m. (Ar. فَحْم, vgl. A. ፈሕም፡ = G. ፈሕም፡ s. §. 51) die kole.

Feham rad. inus. (Ar. فَهِم) verständig, klug sein, subst. m. *fáhim* (Ar. فَهَامَة) klugheit, einsicht, *Bilál fáhim ébari* B. besitzt klugheit. subst. m. *áfham* (Ar. فَهْم, فَهَم) id., *Bilál áfham kibari* B. hat keinen verstand.

afham v. 2 klug, verständig sein, partic. *éfhama*, *áfhama* klug. *Bilál afhamábu* B. ist klug.

afham-s caus. begreiflich machen, aufklären.

afham-am pass. verständig, verständlich werden.

Fekik v. 1 (Sa. 'Af. *fak*, Bil. *fakak*, Ga. Kaf. *bakak*, Ti. ፈከ፡ ፈከረ መከሐ በቈ ፈቈ) öffnen die infibulirte jungfrau, entjungfern, pf. *áfkik*, plqf. *ifkek*, präs. *afankik*, partic. *fíkka*, nom. ag. *fakik*, *fekkúna* 'frau, welche diese operation besorgt, nom. act. *fekúk* plur. *fekik*, subst. f. *fíkka* eröffnung.

se-fakik caus., pf. *asfakik*, plqf. *isfekík*, präs. *asfakik*, partic. *sefákka*, nom. act. *sefákkoy*.

et-, *at-fakák* pass., pf. *atfakák* und *a-fkák*, plqf. *itfekik*, präs. *atfakik*, partic. *fekáka* und *atfákka* entfibulirt, *tö-'ör fekakátu*, *fakáktu*, *atfakkátu* das mädchen ist entfibulirt. nom. act. *atfákkoy*.

Fekkár, *fakkár* plur. *fákkar* subst. m. (infinit. zu فَكَّر II cogitavit) gedanke, erwägung, überlegung.

fakkar v. 2 denken, erwägen, partic. *fákkara,* nom. ag. *fakkarána* bedächtig, überlegend, nom. act. *fakkárti.*

fakkar-s caus., *fakkar-am* pass.

Fále subst. f. (cf. A. በሌን፡ ብሌን፡ id est በለ፡ ዐይን፡ = G. ብንት፡ ዐይን፡ id., vgl. §. 16) der augapfel.

Fíl plur. *-a* subst. c. g. (Ar. فيل) elefant; s. *kŭríb.*

Fūl plur. *-a* subst. m. (Ar. فول) bone.

Fela' v. 1 (Ar. فلع fidit, فلعة pudendum mulieris) entjungfern vom manne in unerlaubter weise, zum unterschid von *fekik,* was von der großmutter vor der hochzeit vollzogen wird; pf. *áfla',* plqf. *ifla',* präs. *afanlí',* partic. *fíl'a,* nom. ag. *fál'i,* nom. act. *felú'* plur. *felí',* subst. f. *fél'a, fíl'a* entjungferung.

et-, at-falá' pass., pf. *atfalá', a-flá',* plqf. *itfelí',* präs. *atfalí',* part. *atfál'a, felá'a,* nom. act. *atfál'oy.*

Filék nom. pr. f. loci, niderlaßung der Hadendâwa bei Kassala.

Felangedi subst. f. stapelia macrocarpa (Schw.).

Feltila subst. f. »*teffóltila* perlenmuschel« (Seetz.), etwa: *te-fél-ti la'?* vgl. *la'* perle.

Fām plur. *fam* subst. m. kole: s. *fahám.*

Fímfil, fínfil plur. *-a* subst. m. (Ar. فلفل) pfeffer, *fimfel-i-t hábba* pfefferkorn.

Féna, fína subst. (Ty. ሁናት፡ Ti. G. ኵናት፡ قناة חֲנִית Kaf. *gŭinō, gino* lanze, s. §. 61) 1) subst. f. lanze 21, 31; 22, 2; 26, 31. *tō-fenā-ti yāf* die lanzenspitze. 2) subst. m. krieg, streit 60, 8; s. a. *kéndabi.*

Fín plur. *-a* subst. m. (Sa. *sīn,* Ti. ጺን፡ G. ጺና፡ id., ጼነወ፡ odorem spirare, s. §. 61; vgl. auch Bil. *fūn y,* Ti. ፉን፡ በለ፡ Ga. *fúmfa-ḍa* riechen, schnüffeln, schnaufen) geruch.

fin v. 2 schnüffeln, nach geruch in der luft fangen (das wildtier), riechen, schnuppern; sich ausschnaufen, ausruhen, rast machen wenn man erschöpft ist. partic. *fína,* nom. act. *finti.*

fin-s caus., *fin-s-is* caus. 2.

fen-am pass., in witterung kommen, gerochen werden.

Fíndo und *fíṇḍo* subst. m. (A. 𐩲𐩧𐩩𐩨: Cha. *fandiyá*, Nub.
fúde) mist, kot, dreck.

     findó-d 'áni plur. *findó-d'ánya* subst. m. (cf. غَنِى curae
habuit rem) der mistkäfer, scarabaeus sacer.

Fínfil subst. m. der pfeffer; s. *fímfil*.

Fínjan plur. *fínjan* subst. m. (Ar. فِنْجَان) kafetasse.

Fénhi subst. f. frau in den regeln, *fenáha* subst. f. die monatliche reinigung (Mu.).

Fenik v. 1 (Aeg. 𓄖 *feny* und 𓄖 *ḥenq*, خَنَك
kauen, s. §. 61) beißen, pf. *áfnik*, plqf. *ifnik*, präs. *afannik*,
partic. *fínka*, nom. ag., adj. *fánki* und *áfnek* bißig, nom.
act. *fenák* plur. *feník*, subst. f. *méfnek* biß.

     se-fanik caus., pf. *asfaník*, plqf. *isfeník*, präs. *asfanik*,
nom. act. *sefánkoy*.

     et-, at-fanák pass., pf. *atfanák* und *afnák*, plqf. *itfe-
ník*, präs. *atfaník*, partic. *atfánka*, *fenáka* gebißen, nom.
act. *atfánkoy*.

     afnek v. 2 beißen, partic. *áfneka*, nom. act. *afnékti*,
caus. *afnek-s*, pass. *afnek-am*.

Fenin v. 1 (G. 𐩲𐩩𐩣: extendere, cf. فَنّ) ausstrecken, strecken,
dehnen, pf. *áfnin*, plqf. *ifnen*, präs. *afannín*, partic. *fénna*,
nom. ag. *fanin*, nom. act. *fenín* plur. *fenín*, subst. f. *fénna*
streckung.

     se-fanin caus., pf. *asfanín*, plqf. *isfenín*, präs. *asfanín*,
partic. *sefánna*, nom. act. *sefánnoy*.

     et-, at-fanán pass. und refl., pf. *atfanán* pass., *a-fnán*
refl., plqf. *itfenín*, präs. *atfanín*, partic. *etfánna*, *fenána*,
nom. act. *atfánnoy* pass., *mífnen* refl.

Fanús plur. *fanís* subst. m. (Ar. فَانُوس) laterne.

Fár I plur. *far* subst. m. (Ti. G. 𐩰𐩧: id., s. *fíri*) blüte, blume,
knospe, *hínd-i fár* baumblüte.

Fār II plur. *far* subst. m. (s. oben *fafār*) sprung, saltus.

far v. 2 springen, hüpfen 21, 3; 22, 1.

Fir und *fīr* aus *firr*, s. §. 96, c; s. a. *bir* v. 2 (Bil. *fir*, Nub. *fir*, *firre*) fliegen, nom. act. *férti*, *firti;* caus. *fer-s.*

Fir plur. *-a* subst. m. (Ga. *fúla*) gesicht, antlitz.

Firi v. 1 (Bil. *frī*, Cha. *fir*, Ti. ፈፈ: A. ፈፈየ: G. ፈርየ: פָּרָה fructum ferre, florescere, ፈርሐ: פָּרַח pullulare) gebären, zeugen (12, 21); knospen, blüten treiben, pf. *áfri*, plqf. *efâr*, präs. *afanri*, *afarri*, partic. *firya*, *fára* (28, 1), nom. ag. *faryána*, *farána* fruchtbar, nom. act., inf. *ferúy* plur. *firi* (für *feríy*), subst. f. *méfrey* geburtsact (G. ሞፍርየ: ferax, fructifer).

    se-far caus. geburtshilfe leisten, pf. *ásfar (ássar)*, plqf. *isfir*, präs. *asfari* und *ásfari (ássari)*, partic. *sefára*, nom. ag. *sefarána* geburtshelferin, hebamme, nom. act. *sefaróy*.

    s-ise-far caus. 2 eine hebamme bringen, rufen, pf. *asisfar (asissar)*, plqf. *isisfer*, präs. *asisfari*.

    te-feráy pass., pf. *atferáy*, *a-fráy* und *a-frè* (7, 13. 15), plqf. *itfera*, präs. *atfari* und *átfari* (7, 17), nom. act. *metferáy*, subst. m. *feráy* plur. *feráy* kind, nachkommenschaft (8, 3) und *fār* plur. *far* blüte, blume (Ti. G. ፍሬ: flos, fructus, proles).

Fōr v. 1 intrans. (Bar. *fūr*, ٪) fliehen, pf. *afōr* (6, 8), plqf. *ifra*, präs. *áfōri*, *áferi*, *áfri*, partic. *fóra*, nom. ag. *fōrána*, nom. act., subst. f. *fíra* fliehen, flucht.

    se-fōr caus. zur flucht veranlaßen, verhelfen, in die flucht schlagen, pf. *asfōr*, plqf. *esfūr*, präs. *ásfōri*, partic. *sefóra*, nom. ag. *sefóri*, nom. act. *sefóroy.*

Fera' v. 1 (mit *firi* im zusammenhang) aus-, herausziehen, hervorbringen, steuer zalen, pf. *áfra'* (56, 4; 61, 14), plqf. *ifra'*, präs. *afanri'*, *afarri'*, partic. *fir'a*, nom. ag. *fär'i*, nom. act. *ferá'* und *ferú'* plur. *ferá'*, subst. f. *fir'a* tribut, steuer (was man herauszieht, Ti. ፍርቒ:).

se-fara' caus. herausziehen laßen; tribut einheben, pf. *asfará'*, plqf. *esferá'*, präs. *asfari'*, partic. *sefár'a*, nom. ag. *sefár'i*, *sefar'ána* zöllner, steueramtmann, nom. act. *sefár'oy*.

s-ise-fara' caus. 2 tribut einheben laßen, zum zöllner ernennen, pf. *asisfará'*, plqf. *isisferá'*, präs. *asisfari'*, partic. *sisefár'a*, nom. act. *sisefár'oy*.

farā' refl. aus-, herausgehen, aufgehen (sonne, mond, sterne), pf. *afrä'* (15, 17), plqf. *etferá'*, präs. *atfari'* (14, 30; 43, 19. 21), partic. *ferä'a*, nom. act., subst. f. *mefrё'* ausgehen, aus-, aufgang, *tō-yinti-t mefrё'* sonnenaufgang, ost.

se-farā' caus.-refl. aus-, heraus-, hinausfüren, pf. *asfarä'*, plqf. *isteferá'*, präs. *astefari'*, partic. *sefrä'a*, nom. act. *sefrä'oy*.

s-ise-farā' caus. 2. refl. ausfüren laßen, pf. *asisefará'*, *asisefrä'*, plqf. *isisferá'*, präs. *asisefari'*.

me-farā' social.-refl. mit andern ausgehen, pf. *amfará'*, plqf. *emferá'*, präs. *amfari'*, partic. *mefrä'a*, *emfrä'a*, nom. act. *mefrä'oy*, *amfrä'oy*.

Fárda subst. f. (Ar. فَرْض) zipfel, lappen, abgetrenntes stück vom kleid, fetzen 29, 12.

Fárda und *fúḍa* subst. f. (Ar. فُرْضَة) molo, ankerplatz.

Ferih rad. inus. (Ar. فَرِح Ti. ፈቃሕ፥ Bil. *farh*, 'Af. *farah*, Sa. *barah*) sich freuen, partic. *férha*, *fírha* (41, 29) sich freuend, fröhlich, subst. f. *férha*, *fírha* (Ti. ፍቃሕቲ፥) freude, lust 43, 5; 57, 12. subst. m. *afírh* (Ar. فَرْح) lust, freude.

afírh v. 2 sich freuen, partic. *afírha* fröhlich, adj. *amfírha* id. (Ar. مَغْراح).

amfírh v. 2 fröhlich, heiter, voll poßen sein, sich freuen 42, 2. partic. *amfírha*.

amfírh-is caus., freude bereiten 42, 3.

amfírh-am pass., erfreut werden.

amfírh-is-am recipr., einander freude bereiten.

Ferik v. 1 (Sa. *fara',* فَرَغ (G. ᏓᎭᎸᎿ᎒ᎸᎢᎸ᠄ بَاز فَتَر فَاز und حَفَر
חָפַר) graben einen brunnen, ein grab u. dgl., pf. *áfrik*
(7, 5; 68, 3), plqf. *ifrek,* präs. *afanrik, afarrik,* partic.
firka, nom. ag. *fárki, ferkána,* nom. act., inf. *ferúk* plur.
ferík, subst. *firka* erdarbeit, subst. f. *fárik* grabscheit, haue;
axt, beil.

se-*farik* caus., pf. *asfarík,* plqf. *isferík,* präs. *asfarik,*
partic. *sefárka,* nom. act. *sefárkoy.*

at-*farāk* pass., pf. *atfarák* und *a-frák,* plqf. *itferík,*
präs. *atfarik,* partic. *atfárka, feráka,* nom. act. *atfárkoy.*

Fríngi subst. f. (aus *frínji, frindi* = Sud.-Ar. فِرْنَديت Ti. ᎬᎧᎬ
ᎠᎷᎢ᠄ s. §. 43) der Guinea-, hautwurm, filaria medinensis.

Fáris plur. *fársa* subst. m. (Ti. ᏛᎡᎻ᠄ فَارِس) held, *fáris eka-
tyék ándáwa kassás dehây lilēn* wenn einer ein held geworden
ist, dann besingt denselben alle welt.

Ferās v. 1 intrans. (Ti. ᏑᎡᎻ᠄ Ty. A. G. ᏛᎡᎻ᠄ فَرَس فَرِسَ פָּרַשׁ Bil.
Qu. *faras,* Cha. *feris*) zusammenbrechen, zerfallen in ruinen,
pf. *afrás,* plqf. *ifrisa,* präs. *áfrāsi,* partic. *ferása,* nom. act.
mefrés.

se-*farās* caus. zerstören, pf. *asfarás,* plqf. *isferís,* präs.
asfarási, partic. *sefrása,* nom. ag. *sefársi, sefrás-ína,* nom.
act. *sefrásoy.*

Firis plur. -*a* nom. pr. Perser 55, 14; 56, 5.

Fársa subst. f. (Ar. فَرْشَة) matte, matratze, bett.

Fartak v. 2 (Ti. ᏛᎡᎢᎻ᠄ فَرْتَكَ) zerstreuen, trennen, nom. act.
fartákti zerstreuen, zerstreuung.

fartak-s caus., *fartak-am* pass. und refl. *emhábre fartakámya* die ratsversammlung ging auseinander.

Fās plur. *fas* subst. m. (Ar. فَأْس, vulg. فَاس) axt, beil, hacke.

Fasáda subst. f. (Ar. فصَادَة) aderlaß.

Fáti subst. f. (A. ᏈᎠᎢ᠄ Sa. 'Af. So. *fúta*) brühe, suppe; biermalz.

Fëta subst. f. kopffrisur der männer; s. *fetit.*

Fetig v. 1 abtrennen; s. *fetik.*

6*

Fetah v. 1 (Ar. فَتَح Ti. G. ፈትሐ፡ פְּתַח ◻◦ ✕ φth, Sa. 'Af.
Bil. *fatah*) öffnen, auftun, pf. *áftah* (16, 22), plqf. *iftah*,
präs. *afantih*, partic. *fitha*, nom. ag. *fátehi, fáthi* (cf. فَاتِحَة),
nom. act. *fetúh* plur. *fetáh*, subst. f. *fitha* öffnung, subst. m.
meftáh plur. *méftah* (Ar. مِفْتَاح) schlüssel 16, 21.

se-fatah caus., pf. *asfatáh*, plqf. *isfetáh*, präs. *asfatih*,
partic. *sefátha*, nom. f. *sefáthoy*.

at-fetáh pass. und refl. geöffnet, zerteilt werden und
sich trennen, pf. *atfetáh* pass., *aftáh* refl., plqf. *itfetáh*,
präs. *atfatih*, partic. *fetáh* offen, geteilt, nom. act. *atfáthoy*.

Fetik, fetig v. 1 (Bil. *fatag*, Ti. ፈተገ፡ فَتَق) ent-, wegziehen,
abtrennen; entwönen ein kind oder junges tier von der
mutterbrust, pf. *áftik*, plqf. *iftik*, präs. *afantik*, partic.
fétka, nom. ag. *fátki*, nom. act. *fetúk* plur. *fetik*, subst. f.
fétka entzug; entwönung.

se-fatik caus., pf. *asfatik*, plqf. *isfetik*, präs. *asfatik*,
partic. *sefátka*, nom. act. *sefátkoy*.

at-feták pass., pf. *atfeták*, plqf. *itfetik*, präs. *atfatik*,
partic. *atfétka, fetáka*, nom. act. *atfétkoy*.

Fatil plur. -a subst. f. (فَتِيل) faden, lunte, docht.

Fetir v. 1 (Ar. فَطَر) frühstücken, pf. *áftir*, plqf. *iftir*, präs.
afantir, partic. *fitra*, nom. act., subst. m. *fetúr* plur. *fetir*
frühstücken, frühstück (Ar. فَطُور res quaevis, qua ieiunium
solvitur, فَطِر ieiunii solutio); subst. f. *fitra* ende des fastens.

se-fatir caus., pf. *asfatír*, plqf. *isfetír*, präs. *asfatir*,
partic. *sefátra*, nom. act. *sefátroy*.

Fetit v. 1 (G. ፈተተ፡ فَتَّ פָתַת) zerteilen; die manneshaare
mit der hölzernen haarnadel, dem kelal, zerteilen d. i.
frisiren den mann, pf. *áftit*, plqf. *iftit*, präs. *afantit*,
partic. *fitta*, nom. ag. *fatit*, nom. act., inf. *fetút* plur. *fetit*,
subst. m. *féta* (für *fétta*, s. §. 96, c), mit dem artikel *ú-fta*
die haarfrisur der männer, der sogenannte Tituskopf (5, 17)
subst. f. *fitta* zerteilung, trennung; arbeit des frisirens.

se-fatit caus., pf. *asfafatít*, plqf. *isfetít*, präs. *asfatit*,
partic. *sefátta*, nom. act. *sefáttoy* und *sefatóy*.

 et-fatát pass., pf. *atfatát* und *a-ftát*, plqf. *itfetít*, präs.
atfatit, partic. *etfátta*, *fetäta*, nom. act., subst. f. *muftát*
das aufgeteilt werden; die auf dem scheitel emporgekämmten
haare der männer, die gissa.

Fawád subst. m. (Ar. فؤاد) die lunge.

Fáy I v. 1 intens., nebenform von *háy* s. d. (Go. *fáy*, Kaf. *bē*,
Ku. *bē*, Nub. *fì* FM., *bì* K., *bū* D., ◻⳨ φεω, *ne*) sein, esse,
pf. *ife*, präs. *éfi*, negat. *kā-fáy* 8, 5. 11; 9, 16; 13, 2; 19, 21;
25, 6 u. a. Bei der bildung des durativs verwendet, s. §. 247
und 328 und texte 5, 15. 17; 36, 26. 36; 40, 11 u. a.

Fáy II plur. *fay* subst. m. (Ti. ⳨.ረ.ኔ) ring, *ö-gnūf-i fáy* nasenring, *wō-áy-i fáy* hand-, armring, *ō-rágad-i fáy* fußring.

Fáyd v. 1 intens. lachen; s. *fá'id*.

Feyák v. 1 refl. sich auflasten, tragen, pf. *afyák*, plqf. *itfeyík*,
präs. *atfayik*, partic. *feyáka*, nom. ag. *fáyki*, *feyākána* träger,
nom. act. *mefyák*.

 sefayik caus.-refl., pf. *asfayík* (16, 7), plqf. *isfeyík*,
präs. *asfayik*, partic. *sefáyka*, nom. act. *sefáykoy*.

 et-fayák pass., pf. *atfayák*, plqf. *itfeyík*, präs. *atfayik*,
partic. *etfáyka*, *fiyáka*, nom. act. *etfáykoy*.

Fáys v. 2 endigen, schließen (A.).

G.

Ga erstarrtes substantiv, im zusammenhang mit *käy* werden,
nur mer im gebrauch im plural des fragewortes wer? *áy
ga* und mit dem verb. subst. *ay gába* fem. *ay gáta* welche?
(pl.), aus *áw-i ga* weßen wesenheiten? welche? s. §. 185.

Gá', auch *gē'* und *gi'* subst. m. (aus *gay'* für *gas'*, wie Kaf.
gay = A. ፕኅ፡ G. ፕ•ፖ፡ጠ፡ جَشَأ eructare, s. §. 32) ein
rülpser, *ā-gá'*, -*gē'*, -*gi' amágа* die rülpser sind unanständig.

gä', gë', gï' v. 2 rülpsen, partic. gä́a, nom. ag. ga'äna, nom. act. gä́ti. caus. gä'-s.

Gŭ' v. 1 (aus wegï' s. §. 45 a, G. ⵉⵏⵂⵉ A. ⵉⵚⵀⵉ جَأ) stoßen, puffen, einen stoß geben, pf. a-gŭ́', a-gŭe', und wegen hamzeh auch a-gŭä', plqf. i-gŭ', i-gŭe', präs. a-ngŭï', partic. gŭ'a, nom. ag. gŭä́'i, nom. act., inf. gŭä' plur. gŭa', subst. f. gŭ'a stoß.

　　sō-gŭ' caus., pf. asōgŭ', plqf. isûgu', präs. asōgŭï', partic. só-gŭ'a, nom. act. sō-gŭ'óy.

　　tō-gŭä' pass., pf. atōgŭä́', plqf. itûgŭï', präs. atōgŭï', partic. tógŭ'a, nom. act. tōgŭ'óy.

　　mō-gŭgŭä' recipr. einander knuffen.

Gŭ'a subst. m. (Bil. ja', De. Qu. jaχ, Agm. sekŭ, Cha. sequ, suq, Ga. ḍug, A. ⵉⵋⵉ für ⵉⵉⵙⵉ i. e. ⵙⵉⵉⵙⵉ trinken, s. §. 43 und oben s. v. dŭg) getränke, wŭ-adárha däy gŭ'äbu honig-wein ist ein gutes getränke.

　　gŭ' v. 2 trinken 38, 24. 30 u. a., partic. gŭ'a (25, 1) nom. ag. gŭ'äna trinker, nom. act. gŭ'äti (38, 25. 27. 28), subst. f. gŭ'anäy »worin das trinken« schlauch, waßer-schlauch.

　　gŭ'agŭ' iterat. oft trinken, saufen; nom. ag. gŭ'agŭ'äna.

　　gŭ'ä-s caus. getränk reichen, zu trinken geben 16, 6 38, 32. 33 u. a., partic. gŭ'äsa, nom. ag. gŭ'äsäna mund-schenk, nom. act. gŭ'ästi. caus. 2: gŭä'-s-is.

　　gŭ'agŭ'-us iterat.-caus. nach der reihe, einem nach dem andern zu trinken geben 14, 26. 37.

　　gŭ'ä-m pass. 38, 24. nom. act. gu'ämti.

　　gŭ'ä-s-am social. einander zu trinken geben.

Gŭ'ad v. 1 (Ar. غَعَد) wachen, bewachen, pf. agŭ́äd (68, 21. 22), plqf. igŭ'ed, präs. agŭ'anid (9, 9), partic. gŭ'äda, nom. ag. gŭä́'di (Ar. قَاعِد sedens, قَعِيد custos) wächter 9, 12. 15; 10, 6. nom. act. gŭ'äd plur. gŭ'äd, subst. f. gŭ'äda die wache, wachsamkeit.

sǫ-gŭ'ad (für *se-*, s. §. 46, e) caus., pf. *ásgŭ'ad*, plqf. *ísgŭ'ed*, präs. *asgŭa'id*, partic. *sǫgŭ'ada*, nom. act. *sǫgŭ'adóy*.

tǝ-gŭ'ád pass., pf. *adgŭ'íd*, plqf. *idgŭ'íd*, präs. *adgŭa'íd*, partic. *tǝgŭ'áda*, nom. act. *tǝgŭ'dóy*.

mǫ-gŭ'ád social. gemeinschaftlich mit jemandem wache halten, bewachen helfen; flexion wie im passiv, *ani-wá barúk-wá wō-hárro nemgŭ'ád* ich und du, wir bewachten zusammen das korn = *ani-wá barúk-wá hidáb wō-hárro nǫgŭ'ád*.

mǫ-gŭ'gŭ'ád recipr. einander bewachen, beobachten; flexion wie im socialis.

Gä'ra, gár'a und häufiger *gíra* subst. f. (Sa. Bil. *qá'rat*, Ty. ቃዕረት፡) hofraum, raum um das haus mit einer umzäunung versehen.

Ge'óy, g'ōy und *gōy* plur. *-a* subst. m. (aus *ge' + ōy* s. §. 292; vgl. Ti. Ty. ቍርዕ፡ id., bei ausfall von *r*) frosch, kröte.

Gab plur. *gab* subst. m. (Ar. كَفَأَ III aequalis fuit) gleichniß, änlichkeit, gleiche gestalt oder beschaffenheit.

gab v. 2 gleich, änlich sein, caus. *gab-s*, pass. *-am*.

Gába subst. (Ty. A. ጋባ፡ Bil. *gúbā*) 1) subst. f. rhamnus nebeka oder zizyphus spina Christi L. 2) subst. m. die frucht davon.

Gába subst. m. (Ga. *qŭf*, قَبَأَ قَأَب satt sein) zustand des sattseins; reichtum, *gŭda gába ésni* vil reichtum war vorhanden.

gab v. 2 satt, reich sein, partic. adj. *gíba* 34, 34. 35; 35, 1 u. a. n. act. *gíbti* 39, 1.

gab-s caus. sättigen; bereichern. *gab-s-is* caus. 2.

gab-am pass. satt, reich werden. *gab-s-am* recipr.

Gab, geb plur. *-a* subst. m. (Bil. De. Qu. *gabá*, Cha. *gebá, gbā, gŭā* seite; neben, bei, G. ጎብ፡ latus; a latere, juxta, prope, ጎብ፡ präp. juxta, apud, Ti. ጎ፡ seite, ጎየ፡ጎኻ፡ bei mir, dir, neben እኅ፡ = G. ጎብ፡ A. *-ኄ*፡ wie: ራእሱ፡ beim kopf u. s. w.,

s. a. §. 135, a) seite, *géb-i* zur seite, bei, *aní géb-i* an meiner
seite, bei mir, *baryók geb* oder — *gébi* bei dir, *Bilál-i geb*,
— *gёb-i* bei, neben, zu Bilal. Auch mit den possessiven:
geb-ó, geb-ók, geb-ós bei, zu, mit mir, dir u. s. w.

Gíba subst. f. (Ga. *qúbā*, Bil. *çebí'*, Ti. **ቍብዕት።** id.; s. a. *gibala, tibaláy* und §. 43) der finger, die zehe, letztere auch
rágad-i gíba fußfinger.

Gūb und *gubb, gibb* plur. -a subst. c. g., zu *ū* s. §. 96, c (Ar.
قُفّة, Nub. in Kordofan *kámo*) die maus 25, 3 ff.; 68, 1 ff.
gúbi déla mausloch, *gúbáy ámba* mäusedreck.

Gūbe und *gibe* subst. m. (Sa. 'Af. *gōb*, Bil. De. Qu. *gīb*, جَوْب)
der schild 26, 31. Mit dem artik. *ū-gūbe* und *ū-gbe*.

Gūbi v. 1 (Ar. خفَى II حَفَّه, cf. G. Ti. **አሕበዐ፡** חָבָה חָבֵא חָבַ֫ע
id.) bedecken, über-, zudecken, pf. *ágūbi* und *agūíb*, plqf.
egūáb, präs. *a-gūambi*, partic. *gūbya*, nom. ag. *gūábi*, nom.
act., inf. *gūbáy* plur. *gūbı* (für *gūbíy*), subst. f. *gūbi* bedeckung, decke, hülle.

 so-gūab caus., pf. *ásgūab*, plqf. *ísgūb*, präs. *ásgūabi*,
part. *sogūbya*, nom. act. *sogūbyoy*.

 ed-, ad-gūabáy pass., pf. *adgūabáy*, plqf. *édgūb*, präs.
adgūabi, partic. *edgūbya*, nom. act. *edgūbyoy*.

Gebib v. 1 (Ti. **ገበረ፡**) ein leichtsinniges leben füren, excesse ver-
üben, pf. *ágbib*, plqf. *ígbib*, präs. *ayambib*, partic. *gíbba*,
nom. ag. *gabib* und *gebbána*, nom. act., infinit. *gebûb* plur.
gebíb, subst. f. *gébba, gíbba*.

 se-gabib caus., pf. *asgabib*, plqf. *ísgebib*, präs. *asgabib*,
partic. *segabáb, segábba*, nom. ag. *segabib* und *segabbána*
verfürer zu schlechten streichen, nom. act. *segábboy*.

Gábil plur. -a adj. (Ar. قابل accipiens) empfänger, der etwas
in empfang nimmt, *barákna gābilábāna, hiyáb kíttёna* ir
seid nur empfänger, aber keine geber.

 gābil v. 2 empfangen, annemen, nom. act. *gābilti. gúda*

mahalagáb baryók geb gābilán ich habe vil geld von dir erhalten.

gabál adv. (Ar. قَبْلُ) einst, vor zeiten.

Gabila subst. f. (Ar. قَبِيلَة) stamm, tribus, volksstamm.

Gibala und *gibaláy* subst. f. (steht zunächst für *gib'at-áy, l = t* wie im Bil. *çimb'ír* = Ti. ፵ጶጥዐ፣ das *r = t*; s. a. §. 13 und vgl. s. v. *gíba* und *tibaláy*) der finger, die zehe, *hangibaláy = ham-gibaláy* der kleine finger, die kleine zehe, *tū-gibala tū-raú* oder *kuāyá-yt gibaláy* der goldfinger, — *t-ūstána* der mittelfinger, — *tū-šehadána* der zeigefinger, *rábu gibaláy* daumen.

Gibla subst. f. (Ar. قِبْلَة) der nord, direction nach Mekka.

Gíbne, im sūden *jíbne* subst. f. (Ar. جُبْنَة) käse.

Gūbár plur. m. (cf. قِبرى nasus et naso) das schnabeltier, ornithorrhynchus.

Gabōy v. 2 gießen, ein-, ausgießen (Leps.); s. *kib.*

Gádi subst. m. (Ar. قاضى) richter 13, 4. 9. 15 u. a.

Gédi subst. m., zu é s. §. 105 (Sa. *gádā, gázā*, Bil. *gaš*, De. Qu. *gaš*, Cha. *gaṣ*, G. Ti. ገጽ፣ id., s. a. *gúad, gúaj, gaj*) das gesicht, antlitz; auge.

Gedi subst. f. schwarze vipernsorte (Mu.).

Gid v. 1 (Ar. جَك, Sa. *hal*, 'Af. *hal*, Ga. *gad*, Nub. *kad*) niederwerfen, zu boden strecken; werfen überhaupt, pf. *agid*, plqf. *ígid*, präs. *angid*, partic. *gida*, nom. ag. *gádi, gedána* (s. *gad* v. 2), nom. act. *gād* plur. *gad*, subst. f. *gida* wurf.

sō-gid caus., pf. *asógid*, plqf. *īsúgid*, präs. *asōgid*, partic. *sógda*, nom. act. *sógdoy.*

s-isō-gid caus. 2, pf. *asisógid* u. s. w.

tō-gād pass., pf. *atōgád*, plqf. *itúgid*, präs. *atōgid*, partic. *tógda*, nom. act. *tógdoy.*

mō-, amō-gād social., pf. *amōgád* u. s. w.

mō-, amō-gigād recipr., pf. *amōgigád*, plqf. *emūgegíd*,

präs. *amōgagíd*, partic. *mō-, amōgígda*, nom. act. *mō-, amō-gigdoy.*

gad, ged v. 2 niderwerfen, werfen 57, 12; 64, 16. nom. ag. *gadána, gedána*, caus. *gas-s*, pass. *gad-am*, recipr. *gas-s-am.*

Gŭād, auch *kŭād* plur. *gŭád* subst. m. (So. *od* aus *hŭád*, Ga. *hŭnda* für *humda, hudm-a*, Bil. *gudúm*, Sa. *gadím*, Ti. A. G. **ግድም፡** id., vgl. s. v. *gedím*; s. a. §. 45, b) 1) rand, seite 51, 22. 23. 26; 52, 21. 22. 2) neben, bei, mit, auch mit dem genetiv *i* als: *gŭád-i* an der seite, *ani gŭad* (oder *gŭád-i*) *má'a* komm' mit mir! *Bilál-i gŭad (gŭádi) hirerán* ich marschirte an Bilal's seite (neben, mit).

Gŭad plur. *gŭáda* neben *gŭaj* und *gaj* plur. -*a* subst. m. (s. oben *gédi*) 1) auge, gesicht. *è-gŭad hámo* augenwimper. 2) quelle.

Gŭd und verkürzt *gŭd* subst. f. (Ga. *gud-á* groß, vil, voll, *gŭd* vil, voll, groß sein, *gŭd* steht für *gōd* aus *gald*, Ar. كَلَدَ accumulavit; s. §. 95) menge, größe.

gŭd v. 2 vil, zalreich, groß sein, — werden, *gŭba gŭdyān* zalreich waren die mäuse; vgl. auch 40, 5. partic., adj. *gŭda* vil, zalreich, groß 39, 28. nom. act. *gŭti* (für *gŭd-ti*).

gŭs-s caus. vermeren, nom. act. *gŭdésti.*

Gadáb v. 1 refl. (Sa. *qadab*, Ti. **ቀጸበ፡** غَضِبَ, קָצַף, עצב, נֶעֶצַב id., G. **ዐጸበ፡** durum, difficilem esse) sich aufregen, zornig werden, sich kränken, betrüben, pf. *agadáb, agdáb*, plqf. *idgedíb*, präs. *adgadíb*, partic. *gadábu*, nom. ag. *gadbána* (Ar. غَضْبَان), nom. act. *mégdab* (Ar. مَغْضَبَة ira).

Gedúdi adj. (Ti. **ግዱድ፡**) unfruchtbar, impotent, *ūn ū-ták gedúdibu* dieser mann ist impotent. *tū-takát gedúditu* die frau ist unfruchtbar.

Gedáf plur. *gedáf* subst. m. vorhang von matte (A. Mu.).

Géddo subst. c. g. (Ti. **ግድ፡** Bil. *gaddó*) schwalbe.

Gádda' plur. *gádda'a* subst. f. (cf. جَنْدَع) kleine schlange, in mauern sich aufhaltend.

Gaddám plur. *gáddim* und *gadúm* plur. *gadím* subst. m. (Ar. قَدُّوم und قَدُوم) axt, beil, hacke.

Gadáh subst. m. schüßel; s. *gedah*.

Gedah v. 1 (Sa. *had*, A. ቀደ፡ Ti. G. ቀደሐ፡ قَدَحَ id.) schöpfen, pf. *ágdah*, plqf. *ígdah*, präs. *agandih*, partic. *gédha*, nom. act., subst. m. *gedáh*, *gadáh* plur. *gadáh* das schöpfen; vase, schüßel, scheffel womit das getreide in die säcke gefüllt wird, auch ein holmaß zum meßen des getreides, zwei *gadáh* machen ein *mūd*.

    se-gadah caus., pf. *asgadáh* u. s. w.

    ed-gadáh pass., pf. *adgadáh* u. s. w.

Gedáh v. 1 refl. (Sud.-Ar. جزح) sich herab-, hinabbegeben, herab-, hinabsteigen, pf. *agdáh*, plqf. *ídgedáh*, präs. *adgadíh*, partic. *gádha*, subst. f. *mugdáh* abstig; subst. f. *gádha* das absteigen.

    se-gedáh und *se-gédha* caus. herab-, hinabfüren, herab-, hinabwerfen, pf. *asgedáh* u. s. w., *ū-gába esgédha* er warf die nabakfrüchte herab.

    gadha-s v. 2 caus. = *segedáh; gadha-s-is* caus. 2, *gadha-m* pass. refl., *gadha-s-am* recipr.

Gedil v. 1 (Bil. *gadal*, Ti. ገደለ፡ G. ገደለ፡ جَدَلَ גְּדַל flechten, גּוִל spinnen) spinnen, pf. *ágdil*, plqf. *ígdil*, präs. *agandil*, partic. *gédla*, nom. ag. *gádli*, nom. act. *gedál* plur. *gedíl*, subst. f. *gédla*, *gidla* geflecht.

    se-gadil caus., pf. *asgadil*, plqf. *isgedil*, präs. *asgadil*, caus. *segádla*, nom. act. *segádloy*.

    ad-gedál pass., pf. *adgedál* und *agdál*, plqf. *ídgedil*, präs. *adgadil*, partic. *adgádla* oder *gedúla*, nom. act. *adgádloy*.

Gedám plur. *gádma* subst. m. (Ar. جِذْن, جِذْل id., s. §. 70) wurzel 28, 8; 29, 1. 2.

Gedím plur. *gídma* subst. m. (Ti. G. **ግድም፡**) rand, seite, ufer; auch wie *gŭad* (s. d.) construirt: *ani gídm-i* an meiner seite, neben mir u. s. w.

Gedír I plur. *gidra* subst. m. (Ar. جَدَر) pustel, ausschlag, pocken.

Gedír II plur. *gidra* subst. m. (Ar. قِدَر) pfanne; eisenplatte worauf das brod gebacken wird.

Gedír III rad. inus. (Sa. 'Af. *qadar*, قَدَر) können, im stande sein; subst. m. *ágder* und häufiger *ádger* und *ádreg* kraft, vermögen.

 agder, adger v. 2 im stande sein, können, vermögen, *ani t-ōm ádgrani* ich kann schwimmen. partic. *ágdera, ádlgra* mächtig, im stande seiend, *ani dūtib adgráb káke* ich konnte nicht schlafen.

 abdregága, abdergága subst. m. (wol = ابو قَدَر) die risenschlange, boa constrictor; vgl. bei Mu.: *o-ankuane o-edergab* (alles im accusativ) gott der starke.

Geda subst. f. kleid von wolle (A.), *to-gde* wollkleid (M.) = قَطْن Ti. G. **ቀጥን፡** bombyx; über den abfall von *n* s. §. 16.

Gid'a subst. f. (Ar. جِذْ) sole, sandale; s. §. 24 und 37, b.

Gēf plur. *gaf* subst. m. (Ar. جيف) steiles flußufer.

Gif v. 1 (Sa. *gonfō-yt*, Ga. *gufa-d* id., جَنْب جُنْف declinavit a via) anstoßen an etwas, straucheln, pf. *agif*, plqf. *igef*, präs. *angif*, partic. *gifa*, nom. act. *gāf* plur. *gaf*, subst. f. *megéf* anstoß, nom. ag., adj. *megf-ána* (bei Mu. *megefena*) ärgerniß gebend, anstößig, subst. f. *gifa* anstoß.

 sō-gif caus., stoßen, pf. *asógif*, plqf. *isúgif*, präs. *asō-gif*, partic. *sógifa*, nom. act. *sógifoy*.

 mō-gegāf recipr. gegen einander stoßen, pf. *amōgegáf*, plqf. *imūgegíf*, präs. *amōgagíf*.

Gúffa und *gúfa* subst. f. (Ar. قَفَّة) aus stroh oder palmen-blättern geflochtener sack für getreide.

Gafari subst. m. agathophora alopecuroides (Schw.).

Gága adj. stammelnd (A.); cf. G. ዝጕ፡ Ti. ጌጋ፡ aberrare.

Gĭg plur. -*a* subst. m. (villeicht aus *gēj, gaydi* für *ga'di*, s. §. 28. 30. 43, vgl. Sa. *gádi* für *ga'di*, 'Af. *gíddā*, So. *jid* gang, weg, G. ግዕዘት፡ migratio) gang, weggang, abreise.

　　gīg v. 2 fort-, weggehen 9, 12; 28, 2; 46, 28; 55, 4; 58, 8; 59, 4. partic. *giga*, nom. ag. *gīgána* strolch, nom. act. *gikti* 46, 29. 31.

　　gīg-s caus. fortschicken, -jagen; weggeben eine sache, verschenken oder verkaufen, daher nom. ag. *gīgsána* freigebig, *Bilál gīgsanábu* B. ist freigebig.

　　gīg-s-is caus. 2 wegschicken, -jagen laßen.

Gŭg plur. -*a* subst. m. (A. ጕጕት፡ otus cineraceus, G. ጕጋ፡ nycticorax) uhu, eule.

Gagerhuš »verwitterter granit« (Mu.), bei Lepsius: *auêb garhŭš* sandstein, mŭrber stein. Bei *gager* könnte man an جَرّ denken (vgl. §. 37, b), zu *huš* s. *hāš*.

Gaj, gŭaj plur. -*a* subst. m. 1) gesicht, auge. 2) quelle; s. *gŭad* und *gédi*.

Gĭje interj. (vgl. Bil. *gij*) nein! niemals! bei leibe nicht!

Gehĕ subst. f. (Bil. *gehĕ-rā*, Cha. *giñi-rā*, Ti. Ty. G. ግሕኒ፡) der klippschliefer, hyrax abessinicus.

Gehár plur. *gehár* subst. m. (Ar. جِهَار) öffentliche verlautbarung auf dem marktplatz.

　　gehar v. 2 verkünden; jemanden öffentlich durch worte beleidigen, seine feler aufdecken, schelten, schmähen, nom. ag. *geharána*, nom. act. *gehárti*.

　　gehar-s caus., -*s-is* caus. 2, -*am* pass.

　　gehar-s-am recipr. einander öffentlich beschimpfen.

Gŭhar v. 1 (Ti. ጕርሕ፡ G. ጕለሕ፡ ጕሕለወ፡ Bil. *gŭáreḫ* betrügen, Sa. 'Af. *gŭárhe̤* tücke, betrug) betrügen, bestelen, stelen, pf. *ăghar* (i. e. a-gŭhar, §. 46, c) und *ă-gŭhár* 26, 2. 7. 19. 22. 24. plqf. *i-ughar, ī-gŭhár*, präs. *agŭanhir*, partic.

gŭhára 26, 12, nom. act., inf. *gŭhár* plur. *gŭhár* stelen, entwendung, subst. f. *gŭhára* dieberei.

gŭgŭhar iterat. da und dort stelen, pf. *agŭgŭhár*, plqf. *igŭgŭhár*, präs. *agŭgŭahír*.

gŭäher intens. ein dieb vom gewerbe sein, nur vom diebstal leben, pf. *agŭáher*, plqf. *iŋgher*, präs. *ēŋghir*, partic. *gŭähera*, nom. ag. *gŭäheri*, nom. act. *gŭheri*, subst. f. *gŭähera* diebsgewerbe.

sǫ-gŭhar caus. der grundform, einen diebstal veranlaßen, pf. *asgŭhár*, plqf. *isgŭhár*, präs. *asgŭahír*, partic. *sǫghara*, nom. act. *sǫgharóy*. Ebenso das caus. vom iterativ.

sǫ-gŭäher caus.-itens. zum dieb ausbilden, pf. *asgŭäher*, plqf. *esgŭäher*, präs. *asgŭähir*, partic. *sǫgŭähera*, nom. act. *sǫgŭäheri*, nom. act. *sǫgŭäheróy*.

at-ǫgŭhār, *at-ǫghār* pass., pf. *atǫgŭhár*, plqf. *itŭgher*, präs. *atǫgŭahir*, partic. *atǫghára* und *gŭhára*, nom. act. *atǫgharóy*, subst. f. *atǫghára* ein gestolenes gut.

ed-gŭahār pass.-intens., das diebsgewerbe betriben werden, pf. 3. sing. *edgŭahár*, plqf. *idgŭäher*, präs. *edgŭahir*, nom. act. *edgŭäheróy*.

ed-gŭāgŭhār pass.-iterat.-intens., das diebsgewerbe von einer verzweigten bande an verschidenen orten betriben werden; flexion wie bei *edgŭahār*.

em-gŭhār social. bei einem diebstal sich beteiligen, mitstelen, pf. *amgŭhár*, plqf. *imgŭhár*, präs. *amgŭahir*, partic. *m-ǫghára*, nom. act. *m-ǫgharóy*. *aní Bilâli geb wŭ-'ór amgŭhár* ich habe mit Bilal den knaben gestolen.

em-gŭgŭhār recipr. einander bestelen.

gŭhar v. 2 stelen, *gŭharán* ich habe gestolen, nom. ag. *gŭharána* dieb, nom. act. *gŭhárti* das stelen, der diebstal 25, 17.

gŭhar-s caus., *gŭhar-am* pass.

Gáhawa subst. f. café; s. *káhŭa*.

Gāl num. eins, ein; s. *éngal.*

Gil plur. *-a* subst. m. (Nub. *kel* grenze, *-kel* bis hin) 1) grenze, zil, *Baraká-y gil dáwulu* die grenze Barka's ist nahe. 2) postpos. bis, bis zu, *ō-Sók-i gíl-i hirerán* ich marschirte bis nach Suakin. Bei Almkvist pg. 264, §. 355: *áne barúk etínye-gíl asénnī* ich warte bis du kommen wirst.

Gōl nom. pr. das Gaschland bei Kassala.

Gálo subst. f. (Bil. *qŭelá, qŭlá,* Kaf. *qŭrŏ,* A. ቈለት፡) hoden; hodensack; s. *wĕla.*

Gál'a subst. f. (Ar. قلعة) festung, burg.

Gŭăl'a subst. f. (So. *gŭlha,* Bil. *gŭlháy* id., Ti. ጐለሐ፡ جلح נלח kal sein auf dem vorderhaupt) glatze am vorderkopf; dann adj. kal am vorderkopf (= Ti. ጕልሓይ፡) 5, 12; 6, 3.

Galáb plur. *galáb* subst. c. g. (Ar. قلاب lupus) die gestreifte hyäne, hyaena striata.

Gelid v. 1 (Ar. حلف iuravit) schwören, eidlich geloben, pf. *áglid,* plqf. *iglid,* präs. *agalid,* partic. *gílda,* nom. ag. *gáldi,* nom. act., inf. *gelúd* plur. *gelíd,* subst. f. *gílda* eid, schwur.

se-galid caus., pf. *asgalíd,* plqf. *isgelíd,* präs. *asgalid,* partic. *segálda,* nom. act. *segáldoy.*

ad-galād pass., pf. *adgalád* und *aglád,* plqf. *idgelíd,* präs. *adgalid,* partic. *adgálda* und *geláda* beschworen, nom. act. *adgáldoy,* subst. m. *galád* plur. *galád* der geleistete eid: fride in folge feierlicher vereinbarung.

me-galād social. sich eidlich mit jemandem verbünden; flexion wie im passiv; vgl. 12, 14.

me-geglād recipr. einander eidlich geloben.

Guled subst. m. das korn (Mu.).

Gùláh plur. *gúlha* subst. f. das weibchen von antilope agazen oder strepsiceros, die kuhantilope.

Gŭlhe subst. f. der vorderarm bis zum ellenbogen.

gŭlhán plur. *gŭlhan* und *gŭlhín* plur. *-a* subst. m. (s. *gùinhál*) vorderarm; ellenbogen; die elle.

gŭlhan v. 2 mit der elle meßen.

Galál plur. *galál* subst. m. (Ar. جَلَل maguitudo) ansammlung der vihherden, um sie auf entferntere weideplätze zu bringen, *ē-ša'á-y galál* rinderansammlung.

galal v. 2 (Ar. جَلَّ magnus fuit; migravit e domicilio suo, Ti. ፯ለለ፡ A. ፯ለ፯ለ፡ G. ፯ለ፯፡ Sa. 'Af. *gal* collegit) sammeln, vereinigen, das vih zusammentreiben um dasselbe auf andere weideplätze zu füren, nom. act. *galálti*.

galal-s caus., *-s-is* caus. 2, *-am* pass.

Gilla, im süden *jilla* subst. m. (Ar. جَلَل) 1) ursache. 2) postpos. wegen, weil, s. pg. 80, §. 135, n.

Gálla subst. f. (Ar. قَلّة) bauchige tohnflasche als trinkgefäß, in form unserer glasflaschen.

Guláli adj. (Ti. ፯ለ·ል፡ id., cf. جُنُون iusania) dumm, blöde 58, 1 ff.

Galám plur. *-a* subst. m. (Ar. قَلَم) schreibror, kalamus.

Gulám plur. *gulám* subst. m. schnurbart (A.).

Gellúsi adj. (Ar. جَلَز obvolvit) verstopft, taubstumm.

Gēm und *gīm* plur. *gēma*, *gima* subst. m. (Ar. غَيْم Ti. ፯መኅ፡ G. ፯መዝ፡) nebel, wolke, *gēm beri-s* regenwolke (§. 134, c).

Gim rad. inus. (Ti. ፯መ፡ mangelhaft sein, Sa. 'Af. *agam* v. 1, ⟨bird glyph⟩ ⟨glyph⟩ *χem*, ⟨glyph⟩ ⟨glyph⟩ *'aχem* nicht wißen), adj. *agím* unwißend, dumm.

sō-gim caus. betören, überlisten, betriegen, pf. *asógim*, plqf. *isúgim*, präs. *asōgim*, partic. *sógma*, nom. act. *sógmoy*; subst. f. *sógma* prellerei.

gām refl. unwißend, dumm, töricht sein, pf. *agám*, plqf. *idgam*, präs. *ėdgīm*, partic. *gáma*, nom. act. *magám*, subst. f. *gamám* unwißenheit, beschränktheit, dummheit; *gáma* subst. f. id.

tō-gām pass. nicht erkannt werden, unbekannt bleiben, pf. *atōgám*, plqf. *etúgim*, präs. *atōgim*, partic. *tōgma* und *atógma*, nom. act. *tógmoy*. *aní Bilâli atōgâm* ich wurde von B. nicht erkannt; neg. *tógmab káke* ich wurde erkannt.

Gĭm plur. -*a* subst. m. nebel; s. *gēm*.

Gūm solanum Schimperianum (Schw.).

Gám'a subst. m. (Ar. قَمْح) weizen.

Gĭm'a, *gŭm'a* und *jĭm'a*, *jŭm'a* subst. f. (Ar. جُمَعَة) der freitag.

Gámbe subst. m. sünde; s. *sámbe*.

Gúmba und seltener *ginba* subst. m. (Bil. Cha. Qu. Agm. *girb*, De. *gŭlbé*, Sa. 'Af. *gulúb*, So. *jilib*, Ga. *jílba*, A. ፕⴀበተ፥ id., Sud.-A. جنب auf den knien hockern; s. a. *gundúf*) knie; knie- und ellenbogen.

Gŭmād v. 1 intrans. (Ar. جَمَدَ perseveravit, جَمَاد robustus, crassus; vgl. Kafa s. v. *gínjo*) lang, hoch, tief sein, pf. *agmád*, plqf. *igmeda*, präs. *ágmādi*, partic. *gūmáda*, adj. *gŭmádi* und *gŭmád* hoch, tief, lang, nom. act. *mŭgmed*, subst. m. *gúmde* länge, höhe, tiefe.

    s-ŭgmād caus. verlängern etc., pf. *asŭgmád*, plqf. *isŭgmeda*, präs. *asŭgmádi*, partic. *sŭgmáda*, nom. act. *sŭgmádoy*.

Gamĭs plur. -*a* subst. m. (Ar. قَمِيص G. ቀሚጽ፥ Ti. A. ቀሚስ፥) hemd 34, 23.

Gamŭs subst. m. der wildbüffel; s. *jamŭs*.

Gumăš plur. *gŭmáš* subst. m. (Ar. قُمَاش) altes unbrauchbares gerümpel an einrichtungsstücken wie kleidern, lumpenzeug, trödel.

Gána subst. m. (Ar. غَنَا) reichtum, vermögen.

    gana-m pass. reich werden, — sein, partic. *gánama* reich, nom. act. *ganámti*.

    gana-m·s caus.-pass. bereichern, caus. 2 *gana-m·s-is* bereichern laßen.

    gana-m·s-am recipr. einander bereichern.

Gŭān nom. pr. f. loci, ort zwischen Kassala und Suakin, dritte raststation von Kassala aus.

Gán'a subst. f. ('Af. *genâ'*, So. *ga'an*, جَنَاح id., §. 39 und 55)
hand, hand-, fußfläche, -sole; der arm.

Gin'a subst. m. herz, brust; s. *ginha*.

Ginba subst. m. knie; s. *gúmba*.

Genúbe subst. m. pl. sünden; s. *sámbe*.

Genâda subst. f. leichenbegängniß; s. *jenása*.

Gundúf plur. *gindef* subst. m. (aus *genif-t* reflex. v. 2 sich
beugen, s. *genif* und *ginba, gúmba*) das knie, auch der
ellenbogen, wofür deutlicher auch gesagt wird *wō-áy-i gundúf* der handbogen.

Genif v. 1 (Ar. جَنَف deflexit, Sa. *kalaf* biegen, ☒ ⫞ 𓀁 *gab*
sich beugen, כָּפַף كَفّ deflexit; s. *gundúf*) biegen, krümmen;
das kamel hinabbiegen, zum knien und lagern bringen,
pf. *ágnif*, plqf. *ignif*, präs. *agannif*, partic. *génfa*, nom. ag.
gánfi, nom. act. *genúf* plur. *genif*, subst. f. *génfa* biegung.

    se-ganif caus., pf. *asganif*, plqf. *isgenif*, präs. *asganif*,
partic. *segánfa*, nom. act. *segánfoy*.

    genâf refl. sich beugen, niederknien, pf. *agnâf*, plqf. *ed-
genif*, präs. *adganif*, partic. *genáfa*, nom. act. *mígnaf*.

Genúf pl. *genif* subst. m. (zur etymol. s. §. 43) nase, schnabel;
ō-gnúf-i fáy nasenring.

Gángar plur. -*a* subst. m. (Nub. *gíngari*) die ähre.

Ginfed plur. -*a* subst. m. der igel; s. *kánfed*.

Ginha und *gin'a* subst. m. (Ar. جَانِبَة interior et anterior costa,
pectus respiciens, جَنَ inclinavit, جَنَّا pronum se inclinavit,
s. §. 55) herz, brust, bauch; *aní ō-ginhó bak ahasíb* so
dachte ich in meinem herzen; s. a. 56, 6.

    gín'i adj. beherzt, mutig; klug, verständig, *Bilál gin-
'ibu* B. ist beherzt.

Gũenhál plur. *gũínhal, gũínhil*, nebenf. *winhál, gũanhil, gũlhín*
plur. -*a* und *gúlhe* plur. id. subst. m. (sichtlich ein compos.
aus *gũenk, gũlh + ál, -in*, s. §. 290 und 351, welche zu-
sammensetzung auch die verwanten ausdrücke in §. 43

zeigen; zu *gúlh, gúnh* s. oben *gán'a*) vorderarm bis zum ellenbogen; elle; ellenbogen.

Genún plur. *genín* subst. m. kiefer, kinnbacken, -lade.

Gonsúl und *'onsúl* plur. *gónsil, 'ónsil* subst. m. consul.

Gintár plur. *gíntar* subst. m. (Ar. قِنْطَار‎ centenarii) zentner.

Genáy plur. *gemáy* subst. e. g. die gazelle, antilope dorcas oder Sömmeringii, auch *malál-i gnáy* wüstengazelle.

Gār num. eins, ein; s. *éngal.*

Gára, gár'a subst. f. hof, umzäunung; s. *gá'ra.*

Geri lesen; s. *gery.*

Gŭr v. 1 (aus *geruw,* s. §. 45, b; G. ቀለወ፡ A. ቄለ፡ Ti. ቀለ፡ قَلَى‎, قَلَ‎ כָּלָה torrere, frigere) kochen, braten, rösten, pf. *agŭr,* plqf. *igŭr,* präs. *angŭir,* partic. *gŭra,* nom. ag. *gŭári,* nom. act. *gŭr* plur. *gŭr,* subst. f. *gŭra* kochung.

    sū-gŭr caus., pf. *asógŭr,* plqf. *isúgŭr,* präs. *asógŭir,* partic. *sógŭra,* nom. act. *sógŭróy.*

    tō-gŭár pass., pf. *atōgŭár,* plqf. *itúgŭr,* präs. *atōgŭir,* partic. *tógŭra* und *gŭára,* nom. act. *tōgŭróy.*

    kilōy v. 2. kochen, braten, rösten, pf. *kilóy-an,* partic. *kilóy-a,* nom. act. *kilố-ti.*

    kilō-s caus., *-s-is* caus. 2, *-m* pass.

Gár'a I subst. f. (Ar. قَرْع‎, قَرْعَة‎) kürbis, cucurbita; kürbisschale als trinkgefäß.

Gár'a II subst. f. hof, umzäunung; s. *gá'ra.*

Gáraba adj. hinkend, lam; s. *garabáy.*

Garíb plur. *gárba* subst. m. (Ar. غَرْب‎ עָרַב) west, sonnenuntergang, plur. westlich gelegene länder und völker 66, 2. 5. 11.

    engeráb plur. *éngreba* subst. m. (für *em-, má-greb,* s. §. 72 und 107) abend, west 14, 16. 26. Das wort in Barka gebräuchlich.

    mágreb plur. *-a* subst. m. (Ar. مَغْرِب‎) id. 52, 32. *mágribu* es ist abend. *ó-ngreb-i marár* abendröte.

Gerábi plur. *gerábya* subst. f. (cf. غَرَبَ procul abiit) fußweg
durch die wüste.

Gerib v. 1 (Ar. غَلَبَ) sigen, besigen im kriege, im proceß gewinnen, pf. *ágrib* (26, 29), plqf. *igrib*, präs. *aganrib, agar-
rib*, partic. *gírba*, nom. ag. *gárbi* (Ar. غَالِب), *ū-gárbi éya*
der siger ist angekommen. *ani garbibu* ich bin siger. nom.
act., inf. *gerūb* plur. *gerib*, subst. m. *mégreb* (Ar. مَغْلَب) und
subst. f. *gírba* (Ar. غَلَبَة) der sig, *girb'énda* mächtige, ge-
walttätige leute.

    se-garib caus. zum sige verhelfen, pf. *asgaríb*, plqf. *is-
gerib*, präs. *asgarib*, partic. *segárba*, nom. act. *segárboy*.

    ad-garāb pass., pf. *adgarāb* und *agrāb* (26, 28), plqf.
idgiríb, präs. *adgarib*, partic. *adgárba* und *gerába*, nom.
act. *adgárboy*.

Gürbebanáy und *Gürbebána* nom. pr. loci, vierte raststation
von Suakin nach Kassala.

Garabáy, garabóy und *gáraba* adj., §. 291 (خَنِبَ claudicavit)
hinkend, lam 5, 12; 6, 1.

    gurabóy v. 2 hinken, *garabóy-ani* ich hinke, nom. act.
garabóti.

    garabō-s caus. lam machen, — schlagen, pass. *garabō-m*
und *garba-m* lam werden.

Giríd plur. *gírda* subst. c. g. (Ar. قِرْد) der pavian.

Gürádi plur. *gürádya* subst. m. (Ti. A. ፖሪ•ዮ፣ Qu. *gáradā*,
Ga. *gáradé* id., vgl. Ti. ፯ልጓ፣ Ty. ፯ልዮ፣ Bil. *galúdā*, Sa.
'Af. *galódā* krummes meßer) krummsäbel, schwert.

Gürda subst. f. (Nub. *wárde*) fieber, krankheit.

Güráf plur. *güráf*, subst. m. (Ar. غُرْف poculum parvum) glas
oder thönerner becher zum trinken, becher aus dem flaschenkürbis verfertigt, auch als schöpflöfel verwendet, deßgleichen
zum messen.

    küráfa subst. f. (Ar. غُرَفَة) id.

    mugráf, plur. -a und *múgraf* subst. m. (Ar. مِغْرَفَة) id.

Gerāk v. 1 intrans. (Sa. *haraq*, غرَق) untersinken, versinken, untergehen im waßer, pf. *agrák*, plqf. *egráka*, präs. *ágrāki*, partic. *geráka*, nom. ag. *gárki* (Ar. غارق submersus), nom. act. *mégrek*.

    se-gerāk caus. versenken, ertränken, ersäufen, pf. *as-gerák*, plqf. *segráka*, präs. *ásgrāki*, partic. *segráka*, nom. act. *segrákoy*.

Gírgŭma subst. m. (Ar. حَلْقُوم, Ti. **ጉርጉም፡** Bil. *gürgŭmá*, Agm. *gárgŭm*, 'Af. *gŭrdumĕ*, Sa. *dŭrgŭmá*) der halsknorpel, Adamsapfel; schlund, kele, rachen.

Gŭrgŭr plur. -a subst. f. (Ti. **ጉርጉር፡** Bar. *gŭrgŭr*, Ku. *gárgārā*, *gŭrgúrā*) die waßerpfeife, nargile.

Gárha subst. f. (Ti. **ገርሐት፡** G. **ገራህት፡** قَرَاح) der acker, *tū-gárha te'adáy* der acker ist gepflügt worden.

Gŭrah rad. inus. (cf. غَرَغ subegit, repressit, قَارِعَة adversitas, malum), subst. m. *gŭrha* not, drangsal, klemme.

    en-, un-gŭarāh pass. in not, elend geraten, pf. *ángŭa-ráh*, plqf. *ingŭárha*, präs. *ángŭarih* und *ángŭárhi*, partic. *en-, un-gŭárha*.

    s-un-guarāh, sungŭarha caus.-pass. in not, bedrängniß stürzen, pf. *asungŭaráh*, plqf. *isungúrha*, präs. *asungŭarih* und *asungŭárhi*.

Garhuš sandstein; s. *gagerhuš*.

Gerāk v. 1 intrans. (Ar. غرَق) ertrinken, pf. *agrák*, plqf. *igrika*, präs. *ágraki*, partic. *geráka*, nom. act. *mégrek*.

    se-gerāk caus. ersäufen, pf. *asgerák*, präs. *ásgraki* u. s. w.

Gerim rad. inus. (Ti. G. **ገረመ፡** verendum esse).

    egrŭm, egrim, agrŭm plur. *égrim, ágrim* subst. c. g. und adj. (Ti. G. **ገራም፡** verendus) erwürdig, grau-, weiß-haarig; greis, greisin.

    egrim-s v. 2 caus. grau machen (die sorge).

    egrīm-am pass. grau, alt werden, altern.

Girma, *gírma* subst. m. (Ti. G. ቅድም ፡ frons, caput, قادِم caput, s. §. 13) haupt, kopf, *ō-gírmá-y hámu* haupthaar, *ō-míd-i gírma* glans penis, *wō-'ád-i gírma* klitoris, *ū-gírm-ú erámya* mein haupt ist ergraut.

Gerára adj. (Bil. *garar*, Qu. *garē* sich abmühen) müde, matt, schwach *aní gerarábu* ich bin müde.

    gerār-s v. 2 caus. müde machen.

    gerār-am pass. ermüdet werden.

Gūárár adj. bunt, farbig.

Girš plur. *-a* subst. m. (Ar. غِرْش, قِرْش) piaster.

Gáruwa subst. m. (Ti. ገርዋ ፡ mas) das männchen vom agazen, der kuhantilope.

Gerwel v. 2 schnell gehen (Mu.), cf. كَزَمَ cucurrit.

Geriy v. 1 rad. inus. (Ar. قَرَأ) lesen.

    agriy v. 2 lesen, *agríyani* ich lese, *agriyán* ich las, partic. *ágriya*, nom. ag. *agriyána*, nom. act. *agriti*, subst. f. *agriyáy* das lesen, die lesung, das ablesen.

    agrī-s caus., *agrī-m* pass.

Gās plur. *gas* subst. m. das gewebe, *ān ū-gás emf'áb kike* dieses gewebe taugt nichts.

    gas v. 2 (Nub. *kas*) weben, partic. *gása*, nom. ag. *gasána*, nom. act. *gásti*.

    gas-is caus., *gas-am* pass., partic. *gásma* gewebt, *ū-gamisū gasmáb kike* mein hemd ist noch nicht gewebt.

Gásane subst. m. zeltpflock (A.), *gésene* (Mu.).

Gūsir v. 1 (Ar. غَشّ) lügen, pf. *á-gsir*, plqf. *ī-ūgsir*, präs. *agūansir*, partic. *gúsra*, nom. ag. *gúsre*, nom. act. *gūsúr* plur. *gūsir* das lügen, die lüge.

    s-ugsir caus. zum lügen verleiten, pf. *asgūsir*, plqf. *isgūsir*, präs. *asgūasir*, part. *sugsira*, nom. act. *sugsiróy*.

    ad-gūsār pass., pf. *adgūsár*, plqf. *idgūsār*, präs. *adgūasir*, partic. *adgúsra* und *gūsára*, nom. act. *adgúsroy*.

uň-gŭsār social. mitlügen, bei lügenhafter aussage jemandem zu schaden anderer beipflichten, pf. *ăngŭsăr*, plqf. *iňgŭsir*, präs. *ăngŭasir*, partic. *uňgŭsra*, nom. act. *uňgŭsroy.*

gŭāsir intens. ein gewonheitslügner sein, pf. *agŭăsir*, plqf. *iuksir*, präs. *ē-uksir*, partic. *gŭăsra*, nom. ag. *gŭăsri*, nom. act., subst. f. *gŭăsira* allbekannte und stets widerholte unwarheit.

se-gŭāsir caus.-intens. jemanden als lügner hinstellen, pf. *asgŭăsir*, plqf. *esgŭāsir*, präs. *asgŭăsir*, partic. *segŭăsra*, nom. act. *segŭăsroy.*

Gasis, kasis plur. *-a* (Ar. كسيس) subst. m. ungesäuertes, getrocknetes brod besonders als mundvorrat auf reisen.

Gestir subst. m. (Ar. قزدير) zinn.

Gaš nom. pr. m. der fluß Gasch oder Mareb 55, 1.

Gāš plur. *gaš* subst. m. wallung vom siedenden waßer oder auch vom brandenden meer, *ō-bahr-i gaš akrăba* die brandungen des meeres waren furchtbar.

gaš v. 2 (aus *gaj* = *galy*, vgl. Kafaspr. §. 12, Chamirspr. §. 53, G. ፈለየ ፡ غلى bullire) brodeln, kochen, sieden v. intr., partic. *gáša*, nom. act. *gášti.*

gaš-iš caus., zum sieden bringen, kochen (activ) 59, 10.

Gŭša' v. 1 (Sa. *qaša'*, Bil. *qaṭe'*, Cha. *qaṣaq*, Ar. قَشَعَ فَضَعَ, G. ፈጽዐ ፡ Ty. ፲ጽግ ፡ Ti. ፈጽአ ፡ A. ፈጠ ፡ קָצַץ קָצַע) nider-, zu boden strecken, unterjochen; die lanze werfen, pf. *a-ůgša'*, plqf. *iůgša'*, präs. *agŭanši*, partic. *gŭáš'a*, nom. ag. *gŭaš'i*, nom. act. *gŭša'* plur. *gŭšá'.*

š-ugša' caus., pf. *ašůgša'*, plqf. *išůgša'*, präs. *ašgŭasi'*, partic. *šugšá'a*, nom. act. *šugšá'óy.*

ed-gŭašā' pass., pf. *adgŭašă'* u. s. w.

en-gŭašā' social., pf. *angŭašă'* u. s. w.

en-gŭgŭašā' recipr., einander niderwerfen.

Gašim adj. (Ar. غشيم) dumm, *barák gasimwa ō-mēk-i-ka* du bist dümmer wie der esel.

Gatí plur. *gát'a* subst. f. die ringelnatter.

Gaw, gaû plur. *gáwa* subst. m. (Bil. De. *kaû*, Qu. *kō*, Cha. *kiû*, *kū*, Bar. *kū*) gehöft, haus, familie 12, 20; 42, 7. 11. 18. 20 u. a. *ó-gaw-i kína* hausherr.

Gāy v. 1 intrans. (Ar. جَدَ id., s. §. 31) neu sein, pf. *agáy*, plqf. *igya*, präs. *égyi*, adj. *gáyi*, *gāy*, nom. act., subst. f. *gíya*.

    se-gāy caus. erneuern, pf. *asgáy*, plqf. *esgi*, präs. *asgáyi*, nom. act. *segáyoy*.

Gōy I plur. *-a* subst. m. frosch, kröte; s. *ge'óy*.

Gōy II v. 1 intrans. (aus *gŭāy*, G. **ⲱⳉⲟ·** وَجِعَ רַיע; s. §. 30 und 45, a) matt, müde, schwach, elend, arm sein, — werden, pf. *agóy*, plqf. *igŭa*, präs. *egŭi*, partic. *góya*, subst. f. *góya* mattigkeit &c.

    se-gōy caus., pf. *asgóy*, plqf. *esgúy*, präs. *asgóyi*, partic. *segóya*, nom. act. *segóyoy*.

J.

Je, jye, kye subst. f. waßerschlange.

Je'a, j'a subst. m. getreide.

Jēb plur. *-a* subst. m. (Ar. جَيْب) taschen, ranzen.

Jíbne, im norden *gíbne* subst. f. (Ar. جِنَّة) käse.

Jídda nom. propr. m. die hafenstadt Dschedda 64, 33.

Jeddád plur. *jéddad* subst. c. g. (Vulg. Ar. جَدَّاد) hun, henne, han.

Jájo subst. f. (Ti. **ፕንዔይ·** Ty. G. **ጸንጽይ·** Agm. *şinşá*, Qu. *çinçá*, Bil. *žinšá*, De. *şeşá*, Cha. *zezá* id.) mücke, gelse, mosquitto.

Jújū interj. schnalzlaut mit der zunge als ausdruck der verneinung und mißbilligung.

    jújū di v. 1 (Sa. *zuzú ḍah*, Bil. *zuzú y*) nein sagen, verneinen, abweisen, verweigern, mißbilligen.

Jeh v. 2 arm sein, partic., adj. *jĕha* (A. **ይኅ·**) arm, nom. ag. *jehána* bettler.

Jóha nom. pr. m.

Jöhar plur. -*a* subst. m. (Ar. جَوْهَر) die perle.

Jik subst. m. der han; s. *dik*.

Jeláb plur. -*a* subst. m. ('Af. *giláb*, G. Ti. ገለበ፡) fischangel.

Jelába das volk der Dschelaba im Sudan.

Jílla subst. m. ursache, wegen, weil; s. *gilla*.

Jimo subst. c. g. (Ar. دِمَّة Ti. ድም፡ Ty. A. ድሞት፡ G. ድሞት፡ ሰሞት፡ Bar. *jímmō*, Bil. *dummú*, Sa. 'Af. *dúmmo*) katze, kater.

Júm'a, *jím'a* subst. f. der freitag; s. *gím'a*.

Jámbe subst. f. sünde; s. *sámbe*.

Jeméd pl. *jémda* subst. m. (Ar. جَمَد nix, glacies, Ti. ሕምድ፡ G. ሕመድ፡ nix, pruina) tau, taufall, leichter feiner regen.

Jamús, im norden *gamús* plur. *jamís*, *gamís* subst. c. g. (Ar. جَامُوس) der wilde büffel.

Jína subst. m. (Ar. زِنًا) ehebruch, hurerei.

Jenúbe subst. m. pl. sünden; s. *sámbe*.

Jínna subst. f. der pfau.

Jínni subst. m. (Ar. جِنّ) 1) dämon 66, 16. 2) adj. beseßen, verrückt (Ar. جِنّي), *Bilál jinnibu* B. ist verrückt.

    jinní-m v. 2 pass. verrückt werden.

Jenása, im norden *genáda* subst. f. (Ar. جِنَازة) leichenfeier, — begängniß; totenbare; leichnam.

Jinsir plur. -*a* subst. m. (Ar. جِنْزير) kette.

Jir plur. -*a* subst. (Ar. جَيْر) kalk.

Jeráb plur. *jeráb* subst. m. (Ar. جرب II expertus fuit) erfarenheit, kenntniß.

    jerab v. 2. erfaren, kundig sein, partic. *jerába*, nom. act. *jerábti*.

Jerif plur. *júrfa* subst. m. (Ar. جُرْف) gestade, ufer, strand.

Jérha subst. m. (Ar. قُرْحَة جُرْحَة) wunde.

    jerh v. 2 verwunden; caus. *jerh-is*, pass. *jerh-am*, partic. *jérhama* verwundet.

Jasire subst. f. (Ar. جَزيِرة) insel.

Jáwáb plur. *jáwáb* subst. m. (Ar. جَوَاب) brief.

Jye, je und *kye* subst. f. waßerschlange.

II.

Ha I subst. c. g. wesen, person, mensch, §. 175 anmerk.

Ha II subst. m. (für *hwa?* cf. Ty. ሰዋ፡ cerevisia) 1) jedes ge-
gorene getränke, bier, wein, brantwein. 2) spez. bier 38, 24 ff.

    adár-ha subst. m. (s. *adár*) honigwein 38, 28.

    maš-ha subst. m. (G. መጠጠ፡ sauer sein; s. Bil. s. v.
maṭáṭa) bier aus der durra.

-he pron. suffix der 1. pers. sing. mir, mich, gewönlicher *-hĕb*
und *-héba* fem. *-hébi* s. §. 175 anmerk.

Hi v. 1 irreg. (Sa. 'Af. *haw*, Cha. De. Qu. *yuw, yū*, Bil. *uw*,
Ti. Ty. ሀበ፡ G. ወሀበ፡ وَهَبَ יָהַב) geben, pf. *a-háy* und
á-he, plqf. *y-áû, y-áhŭ*, präs. *aniû* (i. e. *a-n-hiw*), partic.
híy-a, nom. act., subst. m. *me-hiû, mi-yaû* das geben, die
gabe, nom. ag. *me-hiw-ána, mi-yaw-ána* geber, freigebig,
subst. f. *híya* gabe, darbringung.

    se-hay caus., pf. *á-s-hay*, plqf. *i-s-yū*, präs. *a-s-yawi*,
partic. *se-háy-a*, nom. act. *se-hay-óy*.

    s-ise-hay caus. 2, flex. wie im caus. 1.

    atō-náû pass. (Bil. *náq̇*, Cha. *naq*, vor consonant. suffix.
nay, De. Qu. *lē* aus *lay, laq*, Agm. *yak* geben), pf. *a-tṓ-
náû*, plqf. *e-tú-niw*, präs. *a-tō-niw, -niû*, partic. *atṓ-nwa*, nom.
act. *atṓ-nw-oy*. Zur grundform vgl. s. v. *nuw*.

    me-hāy social. mit andern beisteuern, einen beitrag
geben, pf. *a-m-háy*, plqf. *i-m-hiw*, präs. *a-m-hawi*, partic.
me-háya, nom. act. *me-hay-óy*. *aní Biláli geb Amán-i deháy
réû amháy* ich habe mit Bilal dem Aman geld geschenkt.
Es wird diese form aber auch als passiv gebraucht, wie:
réû Bilál-i e-mháy von B. wurde geld gespendet.

hiy v. 2 geben, präs. *hiy-ani*, pf. *hiy-án*, plqf. *hiyi*, partic. *hiya*, nom. ag. *hiy-ána*, nom. act. *hiti*.

Hō I v. 2 brüllen, bellen; s. *hāw*.

Hō II pronom. element zur bildung der objectssuffixe am verb verwendet, *aní gū'asán-hōk*, *-hōs* u. s. w. ich gab dir, im u. s. w. zu trinken; s. §. 174 ff.

hó-y-s-ō von, in, bei mir, *hóys-ōk* von dir, *hōy* (für *hóysōs*) von im, ir, sich u. s. w. 5, 5; 6, 11; 8, 15; 9, 18; 26, 7. 12 u. a., §. 134, c.

Hā' v. 2 (Ar. هَا cum ب perduxit) bringen; caus. *hā'-s*.

Hāb v. 2 den fußboden im hause stampfen, ebnen (A).

Habi v. 1 (Ar. خَاب med. *y*, IV prohibuit) eine bitte oder forderung abschlagen, verweigern, zurückweisen; abweren, sein eigentum verteidigen, pf. *áhabi*, plqf. *ihabi* und *eháb*, präs. *ahabi*, partic. *hábya*, nom. ag. *habyána*, nom. act. *habáy* plur. *hábi* (für *habíy*), subst. m. *hábe* (accus. *habé-b*, aus *habáy*) abwer, verteidigung, subst. f. *hábi* id. (accus. *habí-t*).

se-hab caus. zur abwer auffordern etc., pf. *áshab*, plqf. *ishab*, präs. *ashabi*, partic. *sehábya*, nom. act. *sehabóy*.

et-, at-habáy pass., pf. *athabáy*, plqf. *ethéb*, präs. *athabayi*, partic. *ethábya*, nom. act. *ethábyoy*, subst. f. *ethábi* das verteidigte gut.

me-habáy social. kämpfen um ein zu behauptendes gut, pf. *anhabáy* u. s. w. wie im passiv.

Hib plur. *hiba* subst. m. salvadora persica, das holz wird gekaut zum zweck der reinigung der zäne.

Hōb I subst. m. (Ar. سَبَّة tempus, G. ሶበ: ሶበ: eo tempore, tunc, tum, Nub. *sóbe* zeit) 1) zeit, *nā-hōb-u* welche zeit ist jetzt? *ó-ngreb-i hóbu* es ist abendzeit. *na-hōb kik* bis wann? 2) mal, vices, *éngal hōb* einmal, *mallé hōb* zweimal, *emháy hōb* dreimal (nie *hóba*) etc., s. §. 153. 3) in temporalsätzen: als, da, nachdem, wärend, s. §. 270.

Hōb II fem. *hōt* subst. (G. እምሒወ፡ fem. እምሒወት፡) großvater, großmutter von mütterl. wie väterl. seite, stets mit
dem possess. verbunden: *ū-hōb-u* fem. *tū-hôt-u* mein großvater etc., *ō-hōb-ók* deinen großvater u. s. w.

Hábi plur. *hûbya* subst. f. (aus *hôbi = hanbi, halbi?* cf. خَرِفَى
autumnalis) die periodische regenzeit, der herbst.

Hábba subst. f. (Nub. *hábbi*, T. ሐብ፡ حَبّ granum) körnchen,
finfil-i-t hábba pfefferkorn.

Hebíb plur. *hibba* subst. f. (Sa. *himbó, hinbó*, So. *húmbo*, A. G.
ሐርፉ፡) der schaum.

Habír I plur. *hábra* subst. m. (Ar. جِبْر) tinte.

Habír II plur. *hábra* subst. m. (Ar. خِبْر) nachricht.

Habbás plur. *hábbas* subst. m. (Nub. *ábbas*) ring.

Hábse und *habís* plur. *hábsa* subst. m. (Sa. id., Ti. ሐብስ፡
خَبِس) kerker, gefängniß.

Hábaša nom. pr. f. (Ar. خَبَشَة) Abessinien.

Had I v. 2 (Ar. خَاط) vorbei-, vorübergehen.

  has-s caus. vorüberfüren, vorbeigehen laßen, caus. 2:
has-s-is vorüberfüren laßen.

  has-s-am caus.-pass. (refl.) vorbeigehen, wie *had* 21, 5.
nom. ag. *hassamána* ein vorübergehender.

Had II adj. erster, nur in *had yin* oder *had embi'* sonntag
—= يوم الاحد, auch substantivisch 70, 17; über den abfall
des anlautenden *a-* s. §. 76.

Hād I subst. m. pl. *-a* (vgl. هَدُود id.) die ebene, das flachland,
bei Mu.: *o-hadd* ebene.

Hād II plur. *-a* subst. m. (Ar. حَدّ, Ti. ሐዶ፡ id., s. §. 96, c)
grenze; als postpos. bis zu, bis hin, *ō-Sóki hād* bis nach
Suakin.

Híde subst. m. die wildente.

Hida subst. m. (Sa. *sídda*, 'Af. *tídda* id., §. 96, c) gemeinschaft,
gesellschaft, compagnie, *hûdi-b* in gesellschaft, zusammen,
gemeinschaftlich 8, 14; 12, 14. 16; 19, 1 u. a. auch *hidá-y*

id., *hīdáb sákyāna* sie gingen mit einander, *ó-tak-i hīdá-y* mit dem manne, *ō-hīdá-y-s-ō* mit mir, *-ōk* mit dir u. s. w., s. §. 135, b.

hīdedá-b = *hīdáb* gemeinschaftlich, meist auf pluralia bezogen, *mak wà hatáy hīdedáb támyān* esel und pferde weideten beisammen.

hida subst. f. gemeinschaft, *tū-hīdātún baryók deháy dāyt kítte* ist dir unsere gesellschaft nicht angenem?

Hōd plur. *-a* subst. m. (Ar. حَوْض) teich, see.

hódhōd waßergraben um ein gehöfte oder seriba herum, um in der periodischen regenzeit das waßer abzuleiten.

Hūd plur. *hīd* subst. m. (nom. act. vom verb 1 *hid* = هَدَّ donnern; vgl. هَدّ ruptio vehemens) donnerschlag, das donnern.

hūd di v. 1 donnern, *tú-bre hūd tédi* der himmel hat gedonnert.

hída subst. f., auch *hida* (Ar. هَدَّة) gekrach; donner.

Hadā' v. 1 refl. (redupl. radix für *hadh[ad]*, G. ቀሰሰ፡ קָשַׁשׁ יָשֵׁשׁ Bil. *qaded* und *gaš*, Sa. *has*, [illegible] *'as*, ⲁⲥ, ⲉⲉ id., vgl. So. *'od-ay* greis) alt werden; schêch, stammfürst werden, pf. *ahadá'*, plqf. *edhadí'*, präs. *adhadi'*, adj. und subst. *hád'a* alt, greis, greisin 56, 13. 15. 18; schêch, stammfürst 11, 1; 54, 18 ff.

ed-hadā' pass., zum schêch ernannt werden durch die regierung, pf. *adhadá'*, plqf. und präs. wie oben, partic. *edhád'a*, nom. act. *edhád'oy*.

se-hadā' caus.-refl. zum schêch erwälen, pf. *ashadá'*, plqf. *eshadí'*, präs. *ashadi'*, partic. *sehád'a*, nom. act. *sehád'oy*.

Had'énda nom. pr. des tribus der Hadendáwa »die herren-, schêchleute«; s. *énda*.

Haḍ'enḍáwa nom. pr. des tribus der Hadendáwa = *had'-end-ḍāwa*, s. §. 62, note 1.

Híd'a, héd'a subst. f. (Ti. G. ሕባእት፡) versteck, höle, räuberlager 5, 4.

Hadíd plur. -*a* subst. m. (Ar. خَدِيث) gespräch, rede, bericht.

hadíd v. 2 sprechen, reden, erzälen, *aní tō-Beḍáûye hadídan éfi* ich spreche das Beḍauye. *gūdáb bāhadída* sprich nicht zu vil! s. a. **44, 4**. partic. *hadída*, nom. ag. *hadídána* redner; schwätzer, schwatzhaft, nom. act. *hadíti (hadíd-ti).*

hadís-s (und *hadī-s*, §. 96, c) caus. zum sprechen auffordern.

hadis-s-am recipr. sich unterreden.

Háddo subst. m. (aus *hándo*, *n-*, *má-[w]had-o*, §. 72 und 149, a) einsamkeit, *haddó-y*, *haddó-y-s* in der einsamkeit, allein, einsam, einzig, ein, *haddōysûk* (oder *haddōyûk*) *má'a* komm' du allein! *aní haddōy-ô-yu*, *haddóy-s-u* ich bin ganz allein. *háddo kilmö-b ekéna* sie wurden (bildeten) eine gemeinde; s. a. **5, 1; 12, 21.**

Haddád plur. *háddad* subst. m. (Ar. خَدَّاد) schmid.

Hadūddebin adj. (*hadāl-debin*, s. *hadāl* I und Ti. ፪·ስ·ፕ፡ G. ፪·መ·ፕ፡ nubilus) 1) schwarz umwölkt (der himmel), finster, dunkel **40, 1**. 2) subst. f. finsterniß, dunkelheit.

Hadufile subst. f. pentatropis cynanchoides (Schw.).

Hadug v. 1 (Ar. خَزَّق خَزَّك G. ዐስቀ፡ ዐሠቀ፡ constringere, texere) flechten die haare einer frau, pf. *ahadúg*, plqf. *īhadúg*, präs. *ahandiug*, partic. *hádgūa*, nom. ag. *hádgūi*, *hadgūána*, nom. act. *hadúg* plur. *hadúg*, subst. f. *hádgūa* geflecht.

se-hadug caus., pf. *ashadúg*, plqf. *īshadúg*, präs. *ashadiug*, partic. *sehádgūa*, nom. act. *sehádgūoy.*

ad-hadūg pass., pf. *adhadáug*, plqf. *edhadúg*, partic. *adhádgūa* oder *hadágūa* geflochten, nom. act. *adhádgūoy.*

me-hadāug social. flechten helfen, pf. *amhadáug*, plqf. *emhadúg*, präs. *amhadiug*, partic. *mehádgūa*, nom. act. *mehádgūoy.*

Hódhōd subst. m. waßergraben; s. *hōd.*

Hadāl I v. 1 intrans. (Ar. غَطِل עטל) schwarz, dunkel, trübe, finster sein, pf. *ahadál*, plqf. *ehédla*, präs. *áhdali*, partic.

hadála, subst. m. *hadál* plur. *hadál* schwärze, schwarze,
auch blaue farbe; adj. schwarz, blau, *tō-'ōti-t hamós hadáltu*
das haar des mädchens ist schwarz.

se-hadál caus. schwärzen, dunkel machen, pf. *ashadál*
u. s. w., *nān ō-gŭajŏk teshadál* warum hast du dein gesicht
geschwärzt (auch im figürl. sinne: warum hast du ein fin-
steres gesicht gemacht)?

Hadāl II v. 1 refl. (Ar. خَذَل III versutia usus fuit in alqm.) sich
falsch, wortbrüchig, treulos erweisen, verrat üben, pf. *a-hadál,*
plqf. *edhadíl,* präs. *adhadil,* partic. *hadála,* nom. act. *miha-
díl,* subst. m. *hadál* wortbrüchigkeit, auch redupl. subst. m.
hadlál plur. *hádlil* wortbruch, treulosigkeit, verrat.

se-hadál caus.-refl. zur falschheit verleiten, pf. *ashadál,*
plqf. *eshadíl,* präs. *ashadil,* partic. *sehádla,* nom. act. *sehádloy.*

s-ise-hadāl caus. 2, pf. *asishadál* u. s. w.

Hadil v. 1 (Ar. عَجَل festinavit, s. §. 25 und 49) eilen, laufen,
pf. *ahadíl,* plqf. *ihadíl,* präs. *ahandil,* partic. *hádla,* nom.
ag. *hádli* (Ar. عَاجِل), nom. act. *hadíl* plur. *hadíl,* subst. f.
hádla (Ar. عَجَلَة) eile.

se-hadil caus. zur eile antreiben, pf. *ashadíl,* plqf. *is-
hadíl,* präs. *ashadil,* partic. *sehádla,* nom. act. *sehádloy.*

hadel v. 2. (von *hádla*) eilen, *hádlani* ich eile, nom.
ag. *hadlána* (Ar. عَجْلَان).

Hadim v. 1 (Ar. هَذَم) zerstören, pf. *ahadím,* plqf. *ihadím,* präs.
ahandim, partic. *hádma,* nom. ag. *hádmi,* nom. act. *hadím*
plur. *hadím,* subst. f. *hádma* zerstörung, subst. m. *hadám*
id. (Ar. هَذَم).

se-hadim caus., pf. *ashadím,* plqf. *ishadím,* präs. *as-
hadim,* partic. *sehádma,* nom. act. *sehádmoy.*

et-hadām pass., pf. *athadím* und *ahadám,* plqf. *et-
hadím,* präs. *athadim,* partic. *ethádma, hadíma,* nom. act.
ethádmoy.

hadem und *hadam* v. 2 (von *hádma, hadám*) zerstören,
hádmani und *hadámani* ich zerstöre, nom. ag. *hadmána*,
nom. act. *hadém-ti*, caus. *hadem-s*, pass. *hadm-am.*

Hedâm plur. *hedám* subst. m. (Ar. جزام) leibbinde, das leibtuch
oder die futa um die hüften geschürzt 26, 32.

Hadir rad. inus. (Ar. حَضَر präsens fuit).

hādir v. 2 (aus خاضِر präsens, von حاضَر conflixit, con-
currit unus cum altero) sich in streit, kampf einlaßen, *ô-fna
hādirya* (60, 8) er verwickelte sich in einen streit. Adj.
hádira bereit, fertig, willig, entschlossen.

Hedári, hedáre, hadáre subst. (Ti. G. ጎደረ፡) 1) an-, einwoner,
angesidelter, seßhafter mann, *aní ô-Sók-i hedáribu* ich bin
in Suakin anseßig. 2) zeitweilig wonhaft, der gast. 3) ein
tribus des Bedauyevolkes, in den reisebeschreibungen als
Hadareb (mit der objectsendung) vorkommend.

hedārī-s, hedārē-s, hadārē-s v. 2 caus. einem ankömmling, fremden aufenthalt anweisen, denselben in ein haus
zur versorgung einlegen (der schéch des ortes, welcher
gästen obdach bei irgend einer familie anweist).

hedārī-m, hedārē-m refl. einen gast bei sich aufnemen,
partic. *hedārima* der gastgeber, nom. ag. *hedārimána* gastfreundlich, nom. act. *hedārimti* gastfreundschaft.

Hadúw subst. m. (Ar. هَذَل, هُدُو٠) ruhe, *haduw* v. 2 (Ar. هَذَل)
ruhig sein, ruhen, präs. *hádwani*, pf. *hádwan*, partic. *hádwa*,
nom. act. *hadúti.*

hadū-s caus. beruhigen.

Hadaymi subst. f. cistanche lutea; striga orobanchoides (Schw.).

Háḍa s. *hárda.*

Háḍḍa, dann auch *háḍa* subst. g. e. (aus *harda* für *hadra?*
cf. Ti. Ty. ሀደረ፡ هَذَل brüllen der löwe; s. a. §. 77, b) der
löwe 20, 1 ff. *wu-harda* (Seetz.) id. Zur bedeutung vgl. Kaf.
dáherō löwe, und G. ማህረ፡ mugire.

Haḍig v. 1. (Ar. خَزَّ compressit, خَضَّ percussit) kneten den teig, pf. *ahaḍíg*, plqf. *iĥaḍíg*, präs. *ahaṇḍig*, partic. *háḍga*, nom. ag. *háḍgi*, nom. act. *haḍíy* plur. *haḍig*, subst. f. *háḍga* arbeit des knetens, knetung.

 še-haḍig caus., pf. *ašhaḍíg*, plqf. *išhaḍíg*, präs. *ašhaḍig*, partic. *šeháḍga*, nom. act. *šeháḍgoy*.

 eṭ-haḍāg pass., pf. *aṭhaḍág* und *a-haḍág*, plqf. *iṭhaḍíg*, präs. *aṭhaḍig*, partic. *eṭháḍga*, *haḍága*, nom. act. *eṭháḍgoy*.

Haḍ'éṇḍâwa nom. pr. tribus der HadendAwa; s. *énda* I.

Hágge und *háge* subst. m. (cf. خَرَّق fissura) 1) anus, podex. 2) der unterste teil, der boden eines gefäßes.

Hággo, *hŭggo* und *hŭgo* subst. m. (Sa. *haggó* eifersucht, *haggó-y-tā* nebenbuler, Ti. ሕንት፡ eifersucht; nebenbuler) der nebenbuler, rivale.

Hūg subst. m. (Bar. *haki* malen, Cha. *yog* der reibstein, Ku. *yō* mel reiben, Nub. *jog* id., cf. ⌐⌐ *sek*, сики, сике molere) die arbeit des melreibens.

 hūg v. 2 malen, mel reiben, partic. *húga*, nom. ag. *hūgána* magd, sklavin, welcher die arbeit des melbereitens obligt. nom. act. *húkti* das melreiben.

 hūg-s caus., *hūg-s-is* caus. 2, *hūg-am* pass.

Húgga subst. f. hölzerne büchse; s. *ákŭa*.

Hâgŭn i. e. *hagŭn* v. 1 (Ti. ሕንክ-ከ፡ Ty. G. ሕስስ፡ خَكَّ קָכַךְ Bil. *hankŭak*, Sa. 'Af. *hâkŭak*, Ga. *hagâg*, *hagŭay*, So. *hâk* id., s. a. *šakŭin*) kratzen, jucken, pf. *ahâgŭn*, plqf. *ihugŭn*, präs. *ahangŭin*, partic. *hâgna*, nom. ag. *hâugni*, *hâgnána* ein kratzer, der sich wegen der krätze stets kratzen muß, *tū-hâgnána* die krätze, die juckende, nom. act. *hagŭn* plur. *hâgŭn* das kratzen, jucken, subst. f. *hâgna*, *hâgŭna* = subst. m. *mehăgŭn* das geful des juckens.

 se-hâgŭn caus., pf. *ashâgŭn*, plqf. *ishugŭn*, präs. *ashagŭin*, partic. *sehâgna*, nom. act. *sehâgnoy*.

et-hagŭān pass., pf. *athagŭán, ahagŭán,* plqf. *ithagŭin, ithagin,* präs. *athagŭin,* partic. *ethăgna, hăgŭána,* nom. act. *ethăgnoy.*

em-hagugŭān recipr. einander kratzen.

Hagáy subst. m. (Ti. G. ሐጋይ፡ id., s. Bil. s. v. *hăgŭag*) der sommer, die heiße und trockene jareszeit.

hagāy v. 2 den sommer zubringen, partic. *hagáya,* nom. ag. *hagáyina,* nom. act. *hagáyti* oder *mehagáy* (subst. m.) das leben, der aufenthalt irgendwo wärend des sommers.

hagāy-s caus. jemanden den sommer über bei sich aufhalten, leben laßen oder beschäftigen.

Hejáb plur. *hejáb* subst. m. (Ar. جِحاب plur. خُجَب velum) matte aus stroh oder palmblatt als türvorhang verwendet.

Hejúk plur. *hejik* subst. m. (Ti. ሕጁቅ፡ id., s. Bil. *hijíq*) gesellige zusammenkunft, unterhaltung durch lustige gespräche, gesellschaftsabend.

Hāk di v. 1 (Bil. *hāk y,* Sa. *hāk ḍah,* Ga. *ak faḍa,* Ti. ሃክ፡ በለ፡ A. አክ፡አለ፡ id., ‫سُعَل‬ tussivit) sich räuspern.

Hakib v. 1 (Ti. ሰከበ፡ G. ሰከበ፡ שָׁכַב) sitzen, pf. *ahakíb,* plqf. *ihakíb,* präs. *ahankíb,* partic. *hákba,* nom. ag. *hákbi* seßhaft, nom. act. *hakúb* plur. *hakíb,* subst. f. *hákba* sitz.

se-hakib caus. setzen, pf. *ashakíb,* plqf. *ishakíb,* präs. *ashakíb,* partic. *sehákba,* nom. act. *sehákboy.*

hakāb refl. sich setzen, sich niderkauern; fig. sich einziehen, bucklig sein, pf. *ahakáb,* plqf. *ithakáb,* präs. *athakíb,* partic. *hakába,* nom. act. *mahakíb.*

Hakif v. 1 (Sa. *haqaf,* Ti. ሐቀፈ፡ Ty. G. አቀፈ፡ A. ሐቀፈ፡ חָבַק) umarmen, flexion ganz wie von *hakib;* nom. act. *hakúf* plur. *hakíf* das umarmen, die umarmung, *wñ-hakif* der busen, die brust.

se-hakif caus., flex. wie bei *se-hakib.*

et-hakáf pass., pf. *athakáf, ahakáf,* plqf. *ethakíf,* präs. *athakíf,* partic. *ethákfa, hakáfa,* nom. act. *ethákfoy.*

em-hakakâf recipr. einander umarmen, flexion wie im passiv.

Hakik v. 1 (Ar. شَكَّ) die haare gleichstutzen beim frisiren, pf. *ahakík*, plqf. *ihakík*, präs. *ahankik*, partic. *hákka, hakák*, nom. ag. *hakik*, nom. act. *hakŭk* plur. *hakík*, subst. f. *hákka* stutzung.

    se-hakik caus., pf. *ashakík*, plqf. *ishakík*, präs. *ashakik*, partic. *sehákka*, nom. act. *sehákkoy*.

    et-hakák pass., flexion wie beim passiv von *hakif*.

Hakóla nom. pr. m. eines tribus der Bedscha.

Hákim plur. -*a* subst. m. (Ar. حَاكِم) herrscher, regent, richter.

    hakím plur. -*a* subst. m. (Ar. حَكِيم) arzt.

    hokúm subst. m. (Ar. حُكْم, s. §. 107) herrschaft, herrscheramt, -würde, rechtspflege, richteramt, *wū-hokúm tō-yin yē-had'á-y deháy éfi* das herrscheramt ligt heutzutage bei den schéchen.

    hokum v. 2 herrschen, regiren, partic. *hókma*, nom. ag. *hokmäna, hokúm-kena*, nom. act. *wū-hokúmti* das herrschen.

    hokum-s caus., *hokúm-am* pass., *yē-Had'enḍᴀwáy kas-sūs tū-búr Mássir-i hokumámta téfi* das ganze land der Hadendâwa wird von Kairo aus beherrscht.

Hâkŭr v. 1 (Ti. ዐ፟ረ፡ G. ዐ፟ረ፡ Sa. 'Af. 'aqar id., cf. حَجَرَ خَجَرَ עָנַר constrinxit) binden, zubinden, verbinden, schließen, pf. *ahäkŭr*, plqf. *ihᴜkŭr*, präs. *ahankᴜir*, partic. *häkŭra, häkra*, nom. ag. *háᴜkri*, nom. act. *hakúr* plur. *häkŭr*, subst. f. *häkra* band, bindung.

    se-hâkŭr caus., pf. *ashäkŭr*, plqf. *ishúkŭr*, präs. *ashakŭir*, partic. *sehäkra*, nom. act. *sehäkroy*.

    et-hakŭâr pass., pf. *athakŭár, ahakŭár*, plqf. *ithakŭir*, präs. *athakŭir*, part. *ethäkra, hakŭára* gebunden, nom. act. *ethŭkroy*.

    em-, am-hakŭâr intr. hinken, flex. wie im pass., partic. *em-, amhakŭára* hinkend, lam, nom. act. *emhakŭároy*.

Hakus v. 2 verleumden (A.), vgl. Bil. *hašūkšūk y*, Sa. — *dah* id., Ga. *kašakaštú* verleumder.

Hēl subst. m. geschrei; s. *hell.*

Hili adj. und subst. (von خَيْل) mächtig, *wū-hili* der starke, allmächtige (gott), *wū-ankūána wū-hili* der allmächtige herr (gott), *wū-ankūanáyūn wū-hili* unser allmächtiger herr.

Hōl, hūl subst. m. geschrei; s. *hell.*

Hálbati plur. *halbátya* subst. m. (Ty. ሐልበትꬮ) butterschlauch, ledersack worin die butter aufbewart wird.

Halūf subst. m. der eber; s. *hallūf.*

Halág subst. m. die schöpfung; s. *kelig.*

Halig subst. m. (Ti. ሐልቀꬮ id., G. ኀልቀꬮ tabes, interitus) venerische krankheit.

Halig oder *hanig* v. 1 (Ti. ሐልህꬮ Ty. ሐልህꬮ G. ሐልቀꬮ Sa. 'Af. Bil. *halak* flechten. binden, Bil. *'agal*, Ti. ዐቀꬮ غَنَلَ עָקַל adstringere: vgl. a. s. v. *hankūl*) biegen, krümmen, pf. *ahalíg, ahaníg*, plqf. *ihaníg*, präs. *ahanlíg, ahallíg, ahan-níg*, partic. *hálga, hánga*, nom. ag. *hálgi, halgána*, nom. act. *halúg, hanúg* plur. *halíg*, subst. f. *hálga* krümmung; silberner ring (Ar. خَلْقَة): silberne kugel welche die frau als schmuck auf dem kopf trägt (Ti. ሐልቀተꬮ).

se-halig, -hanig caus., pf. *ashalíg*, plqf. *ishalíg*, präs. *ashalíg*, partic. *sehálga*, nom. act. *sehálgoy.*

et-halāg, -hanāg pass., *halāg, halāg* refl. sich biegen, sich krümmen, krumm sein, verdreht, verrückt, etwas närrisch sein, pf. *athalág, ahalág*, plqf. pass. und refl. *ithalíg*, präs. *athalig, athanig*, partic. *ethálga* gekrümmt, *halága, hanága* krumm; überspannt, närrisch, nom. act. *ethálgoy, ethángoy*; subst. m. *mehalíg, mehaníg* verrücktheit, narrheit.

Helágoy, halilágoy subst. f. (s. *halig*) eine raigrasart, zum flechten verwendet, nach Schw. eragrostis multiflora.

Halák plur. *hálaka* subst. m. (Sa. *halág*, 'Af. *halagó* i. q. خَلْق

oder مُخَلَّق trita vestis) 1) lumpen, fetzen, abgerißenes kleid; 2) tuch, sacktuch, leibtuch, mantel 26, 32; 29, 11.

Hälukùi, hälkùi plur. *hàlùkya* subst. c. g. junger esel.

Halakombi subst. f. papalia lappacea (Schw.).

Halàl subst. m. (Ar. خَلَال) rechte weise, erenhaftigkeit 9, 11.

  wō-halàl-i 'ór (Ti. ወያ ፡ ሕላል።) ein eheliges kind, gegensatz *wō-haràm-i 'ór* ein bankert.

Helàl plur. *helàl* subst. m. (Ar. خِلَال, Ti. ኽላል። Bil. *kelàl*, Nub. *hilàl* FM., *holàl* KD.) die hölzerne haarnadel der männer zum scheiteln der haare; zeltstange.

Hell, hélle und *hēl*, im norden *hōl* plur. -*a* subst. m. (vgl. هَلَّ clamavit, extulit vocem) geschrei, lärm; gebell der hunde, gebrüll etc.

  hell, hēl, hōl v. 2 schreien, bellen, brüllen; caus. *hell-is, hēl-s, hōl-s*.

Hélla, hílla subst. f. (Ar. خَلَّة) dorf, ortschaft.

Hallùf und *halùf* plur. *hállif* subst. c. g. (Ar. خَلَّوف) eber, wildschwein d. w. *haràùya*.

Helíl plur. *hílla* subst. f. solanum campylacanthum R., das was Ti. ኽንኵሌ። vgl. Schwf.: *tēllet* solanum dubium.

Halilàgoy subst. m. raigrasart: s. *halàgoy*.

Híllel subst. f. zugnetz (See.): cf. سَلّ plur. سِلَال canistrum.

Halima nom. pr. f., Ar. خَلِيمَة.

Halàn adv. (Ar. أَلَان, تَلَان) jetzt, *halàn-nē* von jetzt an.

Halánga, Halénga nom. pr. eines Bedschatribus, benannt nach irer haartracht; Ti. ሕለንጀይ። änlich wie im Saho die *Ga'asò*.

Halàs plur. *halàs* subst. m. (Ar. خَلَاص) heil, wolbefinden, gesicherter zustand; hilfe.

  halas v. 2 retten, erretten, partic. *hálasa, hálsa*, nom. ag. *halsàna*, nom. act. *halàsti*, subst. m. *mehalàs, emhalàs* (cf. مَخْلَص locus salutis, asylum) gefarlosigkeit, *emhalasòk ibàba* reise sicher (mit deiner gefarlosigkeit)!

halas-is, hals-is caus., *-am* pass., ***hals-is-am*** recipr. einer den andern, einander befreien, erretten.

Haláy plur. *-a* adj. und subst. (G. ኀላዪ፡ cogitans, v. ኀለየ፡ imaginari, خايل falsa imaginans sibi, خَيَال phantasma, خَالَ imaginatus fuit, falsam rem pro verâ habuit) irrsinnig, toll, verrückt, narr; narrheit, verrücktheit, wansinn.

halāy und ***halē*** v. 2 verrückt sein, — werden 57, 5. nom. act. ***halēti***, part. ***haláya***.

halē-s caus. verrückt machen.

Hélay plur. *-a* subst. c. g. (cf. Ga. ***hilēzá***, Kaf. *gărolíšō*) der hase.

Ham I subst. (Bar. ***ham*** anfang, erster, Sa. *qam*, Cha. Qu. Kaf. *qaw* voran, der erste sein), ***han-gibaláy*** (für ***ham-g.***) der erste, kleine finger.

Ham II subst. f. (Ti. ሐምጣ፡ حَمَاطَة, Bil. ***hamṭá***, s. §. 75) die sykomore; subst. m. frucht davon.

Ham III v. 1 wihern; s. ***hamham***.

Hām plur. ***ham*** subst. m. (Ar. خَام) tuch, zeug aus baumwolle.

Háma! bring'! gieb her; s. ***ahay***.

Hami I v. 1 (Ti. ሐመዐ፡ حَمَضَ חָמֵץ s. §. 29) bitter, herb, sauer sein, pf. ***áhami***, plqf. ***ihám***, präs. ***ahámmi***, adj. ***hámi***; ***hámi behár*** das meer, subst. m. ***wū-hámi*** die galle, subst. f. ***hamyáy*** bitterkeit.

se-ham caus., pf. ***ásham***, plqf. ***isham***, präs. ***ashami***, partic. ***sehámya***, nom. act. ***sehámyoy***.

Hami II rad. inus., Ar. حَمِيَ iratus fuit.

hamāy v. 1 refl. sich kränken, betrüben, traurig sein, — werden, pf. ***a-hamáy***, plqf. ***ithami***, präs. ***athami***. Dafür aber häufiger im gebrauch:

hamē-t v. 2 refl. (aus ***hamay-t***) sich kränken, präs. ***hamét-ani*** u. s. w., nom. act., adj. ***haméti***.

hamēs-s refl.-caus. betrüben, kränken.

Hami III v. 1 d. w. *gŭbi* (Ti. ሐምበዐ፡ G. ኀብአ፡ خَبَعَ خَبَأَ

חָבָה) überbreiten, überdecken, zu-, bedecken, verhüllen, flexion wie bei *hami* I.

se-ham caus., flexion wie bei *hami* I.

et-hamáy pass., pf. *at-hamáy*, refl. *a-hamáy*, plqf. *étham*, präs. *athami*, partic. *ethámya*, refl. *hamáya*, nom. act. *ethamóy*.

Hami IV v. 1 rad. inus. = G. ዐበየ፡ crescere, adolescere, majorem fieri, s. §. 49 und 68.

hamáy intrans. wachsen, groß werden, pf. *a-hamáy*, präs. *é-hami*, partic. *hamáya*, nom. act. *mehamáy*.

se-ham caus. erziehen, pf. *ás-ham* (*ani tō-'ór ásham* ich habe das mädchen erzogen), präs. *áshami*, part. *sehámu*, nom. act. *sehamóy*, nom. ag. *sehámi* und *sehamána*.

Hámo I und *hámu* subst. (zu *hami* III) 1) subst. m. feder, wolle, *ō-keláy hámo* vogelfeder, *t-anó-ti hámo* schafwolle. 2) subst. f. haar, kopfhaare 6, 3; 38, 7. *é-güad hámo* augenwimper.

hamöyseh adj. (*hamö-y [wa]seh* وَسِخ am haar schmutzig) arm, bescheiden, demütig, beschämt, traurig (arme leute wie solche welche irgend ein schwerer unfall getroffen hat, vernachläßigen die pflege der haare).

hamöyseh v. 2 arm etc. sein, partic. *hamöyseha*, nom. act. *hamöyséhti*.

Hámo II subst. c. g. (Ar. خَـ Ti. G. ሐሙ፡ חָם) schwigervater, -mutter, *icā-hamú* f. *tū-hamtú* mein schwigervater, meine schwigermutter, *hamöb kábari* ich habe keinen schwigervater.

Héma subst. f. (Ar. خَيْمَة, G. ፃያመት፡ Ti. ኸይመት፡ Bil. *káymat*, 𓅃𓏧𓏤 *χayb-t*, ⲥⲱⲓⲃⲓ id.) 1) das zelt. 2) sternbild der plejaden (Sa. 'Af. Bil. *káymat*, Ti. G. ከሣን፡ כִּימָה).

Hūm plur. *him*, *hum* subst. m. (Ga. *zamú*) mark, gehirn, hirn, *tō-mitá-ti hūm* knochenmark.

hūminde subst. f. (*hūm-i énde* gehirnmutter = Ar. أُمّ الرَّأس) der scheitel.

Hambăkŭa subst. f. (Sa. 'Af. *hambăkă*, Bar. *ambŭkŭ*, Ty. ሐንቧ፡) eine wolriechende pflanzensorte u. z. das was Bil. ҫŏmára ocimum menthifolium, bei Schw. *hambōk* abutilon muticum; hibiscus vitifolius.

Hambukani subst. f. glossonema boveanum (Schw.).

Hambilūlina oder *hambilúlay* subst. f. (warscheinlich = *hamb-i lūl-ina* worin *lūl* = Ti. G. ኣ.ለ፡) falke, milvus parasiticus; s. *lále*.

Hamid v. 1 (Ar. حَمِدَ) loben, preisen, pf. *ahamid*, plqf. *ihemíd*, präs. *ahammíd*, partic. *hámda*, nom. ag. *hámdi*, *hamdána*, nom. act. *hamúd* plur. *hamíd*, subst. f. *hámda* lob.

     se-hamid caus., pf. *ashamíd*, plqf. *ishemíd*, präs. *ashamíd*, part. *sehámda*, nom. act. *sehámdoy*.

     et-hamăd pass., pf. *athamád*, *a-hamád*, plqf. *ithemíd*, präs. *athamíd*, partic. *ethámda*, *hamáda*, nom. act. *ethámdoy*.

     Hamíd nom. pr. m., Ar. أَحْمَد.

     Hámmad, *Húmmad* nom. pr. m., Ar. مُحَمَّد.

Hamid adj. (Ar. حَمِيض) sauer; s. a. *hami* I.

Hámada subst. m. (G. ዐበደ፡ عَبَد עָבַד dienen, Bil. *gawád* knecht) diener, knecht.

Hamág I plur. *hamág* subst. m. (So. *ubah* id.) frucht, *wō-hindi hamág* baumfrucht.

Hamág II plur. *hamág* subst. m. (cf. حَمَجَ corruptus fuit; vituperavit) tadel, abscheu, verachtung.

     hamag v. 2 nicht leiden können jemanden oder eine sache, verabscheuen, von sich weisen.

     hamak-s caus. abneigung einflößen.

     hamag-am pass. verabscheut werden, partic. *hamágama* gemiden, verabscheut.

Hamám I plur. *hamám* subst. m. (Sa. 'Af. Bil. *hamham*, Ti. Ty.

�??? ??? 𐤌 ??? ﹏﹏ 🐘 *hamham,* ??? wihern)
das gewiher.

hamam v. 2 wihern, *wū-hatáy hamámya* das pferd hat
gewihert. nom. act. *hamámti;* caus. *hamam-s.*

ham v. 2 1) wihern. 2) hm machen das schaf, blöcken,
t-áino hámta das schaf hat geblöckt.

Hamám II plur. *hamám* subst. c. g. (Sa. *hamám,* خمع Ti. Ty.

ሕማም) taube, tauber; eine sorte wüstenhun, Sud.-Ar.
فرخ الله genannt.

Hamém portulaca oleracea (Schw.).

Hūmínde subst. f. der scheitel; s. *hūm.*

Húmnay und *húmne* subst. f. (Kaf. *hánā* für *hawnā,* So. *háben,*
Agm. *kemani* abend, Ga. *qabanā* abend werden, s. a. Bil.
kün III) der späte nachmittag, die zeit um asser, abend.
humúttu es ist jetzt asser.

humnay v. 1 zur asserzeit abreisen.

humnē-s caus., *humnē-s-is* caus. 2.

Hamir I v. 1 (Ti. ሕምር) mager, arm, dürftig sein, pf. *aha-
mír,* plqf. *ihemír,* präs. *ahammír,* partic. *hámra,* nom. act.
hamúr plur. *hamír.*

se-hamir caus., pf. *ashamír,* plqf. *ishemír,* präs. *asha-
mir,* partic. *sehámra,* nom. act. *sehámroy.*

Hamir II v. 1 (Ar. خمر) gären, sauer werden, flex. wie *hamir* I;
ū-tám wū-hámra das saure, gesäuerte brod.

se-hamir caus. säuren, flexion wie oben.

hamir plur. -*a* subst. m. (Ar. خمير) hefe, gärungsstoff.

Homare pennisetum spectabile (Schw.).

Homra eleusine flagellifera (Schw.).

Humár I plur. *humár* subst. f. (Ti. ሕምርት) der affenbrodbaum, adansonia digitata.

Humár II plur. *hamir* subst. c. g. (Ar. حمار) das zebra.

Hummár plur. *húmmar* subst. m. (Bil. *hammár,* Ti. ሕምር)
das mattenzelt der Beduan.

Hamis plur. *-a* subst f. (Ar. خِيس) donnerstag.

Hammús plur. *hámmis* subst. m. (Ar. حِمّص) kichererbseu, lathyrus sativus.

Hammes-hombāk seddera latifolia; breweria oxycarpa (Schw.).

Hamisina subst. f. (*hamis-ina*, s. §. 351; Ar. حَنْظَل, خَنْظَل id., aus *ḥamṭ-al*, vgl. oben *hami* I und §. 290) die bittere koloquinte, citrullus colocynthis.

Hamāś-guod trichodesma africanum (Schw.).

Hameš adj. (Bil. *hamis*, Ty. ሐማሲ፡) rind, pferd etc. von rötlicher farbe.

Hamšuk, amšuk plur. *hámšik, ámšik* subst. m. (vgl. *šuk*) atem, hauch, lebenshauch, leben 42, 28.

hamšik, amšik v. 2 atmen, leben; pfauchen, schnaufen vor ermüdung, partic. *hámšika*, nom. act. *hamšikti*. caus. *hamšik-s.*

Hamašáy adj. (*hamaš-áy* s. §. 291; zu *hamaš* vgl. خَوَص oculis captus, caecus, Nub. *gòš-kō* KD., *gùs-kō* F., *gùš-kō* M.; s. §. 69) blind 5, 11. 16.

hamáš keláy subst. m. die fledermaus.

hamašay, hamašē v. 2 erblinden 57, 3.

Hamóyseh adj. arm, demütig; s. *hámo* I.

Hân I v. 1 intens. irreg. defect. (Sa. *kāl* existiren, leben, bleiben, sich aufhalten, im zusammenhange mit Ga. *jir*, G. ኮነ፡ A. ܟܘܢ כון كان esse, existere, die radix *kawin, hawin* sicher im zusammenhang mit *hanaw, halaw*, s. oben s. v. *'an* I) bleiben, verbleiben, sich aufhalten, existiren, leben, pf. *i-hán* (62, 8; 64, 6. 28), präs. *ē-hin*, partic. *hána* existirend, subst. f. *hána* aufenthalt, existenz. subst. m. *mehin* ort, platz.

han conj. und adv. (s. a. *'an* I und *na*) erstarrtes nomen: das sein 1) oder 66, 16; §. 366. 2) auch, etwa, doch 8, 13; 46, 32; 48, 23. 25. 27; 52, 4. 6.

Hân II plur. *han* subst. f. (Nub. *hánu* esel, *hon*, 'Af. *hā ī*, Sa. *hō ḍah* schreien der esel) das geschrei des esels 19, 24.

han v. 2 schreien, iahen der esel 19, 12. 20. 25. 30.
subst. f. *háne* das was *hān* 19, 9. 11. 15. caus. *han-s.*

Háne subst. f. (G. ሐጸተ፡) vorwurf, tadel.

-hena pron. suff. 3. pl. ir, eorum, *ā-kám-hena* ire kamele; s. *-sena.*

Han'ár plur. *hán'ar* subst. m. leichter schlaf, das erste einschlafen.

> *han'ar* v. 2 (aus *hangar*, §. 55; Ty. ሐርንኽ፡ So. *hin-*
> *rag*, Sa. *henríg* (*ḍah*) einschlummern, leise schlafen; schnar-
> chen: nom. act. *han'árti*, nom. ag. *han'arána* der leicht ein-
> schlummert; schnarcher.

Hindi, hinde subst. m. (Gur. እንፎጊ፡ A. እንሔተ፡ Ti. እሔተ፡
Ty. ዕሔይተ፡ ዕጕ፡ G. ዕስ፡ ገዠ So. *ged*, Sa. 'Af. *haḳi*, Nub.
id id., s. §. 20) holz, baum 42, 13. *wō-hindi făr* baumblüte,
wo-hindi hamág frucht des baumes, *aní hindíb a'ámša'* ich
fällte einen baum.

Hundulemán subst. m. das frettchen, mustela furo.

Hanig v. 1 biegen, krümmen; s. *haliy.*

Hangibaláy subst. f. der kleine finger; s. *ham* und *gíbala.*

Hángana subst. c. g. ameise; s. *hánkana.*

Húngāni subst. f. die raude.

Hanjár plur. *hínjar* subst. m. (Ar. خَنْجَر) dolch, krummmesser.

Hanhán plur. *hánhan* subst. m. stachelschwein, hystrix cristata.

Hanák plur. *hanák* subst. m. (Ar. خَنَك חֵךְ Ti. ሀኅግ፡ ⟨hieroglyphs⟩
hangag, Ga. *gongó*, So. *óno* id.) gaumen, kele; s. *lehak,*
telhák.

Hankŭl v. 1 (s. Bil. *hankŭ̄l, halak* I und oben s. v. *hakŭr,*
halig) verstricken, flechten, binden, pf. *ahánkul*, plqf. *ihán-*
kŭl, präs. *ahankŭil*, partic. *hánkŭla*, nom. act., inf. *hankúl*
plur. *hănkŭl.*

> *hánkŭli* plur. *hankălya* subst. m. und f., das was Ti.
> *hallang-áy* (Aeg. ⟨hieroglyphs⟩ ⟨hieroglyphs⟩ *ḥeknehū*, ⲅⲱⲗⲕ concinnus

comae) der Tituskopf der Beduan, die herabhängenden geflochtenen haarlocken.

Hánkana, hánkano, ángano, hángana, hángane subst. m. und
f. (vgl. *halig*) sorte großer schwarzer ameisen, welche den
termiten nachsetzen und sie freßen.

Hanán, hanín, henín pron. pers. wir: s. §. 157 ff.

Hánna subst. m. (Ar. حِنّا) das henna, cyprus.

Hansír plur. -a subst. c. g. (Ar. خَنْزِير) schwein 38, 9.

Har subst. m. die menstruation (A.); cf. قَرّ id.

Hára subst. m. der räuber; s. *kŭára*.

Haru v. 1 suchen, wollen; s. *haruw*.

Har' und *ar'* als post- oder präpos., auch als adv. vorkommend (Ti. ሐር᎒) hinter, nach, hinten; 1) als postpos. stets
mit dem genet. -*i*, wie: *ó-gaw-i hár'i* hinter (beim rücken
des hauses) dem hause 42, 7. 9. 2) mit pron. suffix. *har'-ó*
hinter, nach mir, *har'-ók* nach dir u. s. w. 9, 20. 21; s. a.
§. 135, f. 3) adv. darnach, hierauf 5, 4; 19, 21; 20, 1. 18.
　　hár'i-na adj. und subst. hinten befindlich, hintermann
66, 18. 22; *wū-hár'i* id., »der beim rücken« 66, 24.

Haríb I plur. *hárba* subst. m. (Bil. *harb*, Cha. *hirbá*, Go. Kaf.
árbō, Ti. ሐር᎒᎒ Ti. ሐር᎒᎒᎒ خَرْبَة) girbe, waßerschlauch,
ledersack zur aufbewahrung von flüßigkeiten, auch trockner
habseligkeiten, wie kleider, mel u. s. w.

Haríb II plur. *hárba* subst. m. (Ar. خَرْب) krieg, *ōn haríb ōn-
náy mallé šē da eyán* in diesem kriege fielen 200 mann.
　　harb-s v. 2 caus. einen krieg veranlaßen.
　　harb-am pass. bekriegt, verwüstet werden.

Hérbo, hírba, hárbo subst. m. (Ar. خَرْب خَرْنَة foramen) flußbett, bucht; steiler abhang, hügel 20, 33. 35.

Harid v. 1 (Ar. خَرّ Ti. ሐር᎒᎒ Ty. G. ሐረ᎒᎒ A. ኦር᎒᎒ Qu. *ard*,
Sa.ʾAf. *rahad*) schlachten, pf. *aharíd*, plqf. *iheríd*, präs. *ahan-
ríd, aharríd*, partic. *hárda*, nom. ag. *hárdi, hardína*, nom.

act. *harúd* plur. *harid* das schlachten, subst. f. *hárda* (G. ሕርድ፡ት፡) schlachtung.

    se-harid caus., pf. *asharíd*, plqf. *isheríd*, präs. *asharid*, partic. *sehárda*, nom. *sehárdoy*.

    et-harād pass., pf. *atharád*, *aharád*, plqf. *itheríd*, präs. *atharid*, partic. *ethárda*, *haráda*, nom. act. *ethárdoy*.

Hárda und dann auch *háḍa* vgl. §. 21 und Almkv. pg. 44, §. 15; subst. m. (Ti. ሕንዛ፡ A. እምዛ፡ Sa. *hánzā*, Cha. *amzá*, Bil. *amjá*) eine brodsorte, große dicke scheibe aus dem mel von poa abessinica gebacken.

Hérdo subst. m. (cf. جَرَض annulus) runde kapsel am arm getragen worin zaubersprüche auf papier geschriben sich befinden, amulet.

Haráf v. 1 intr. (Ar. خَلَف id., cf. حَرَض corruptus fuit in corpore, moribus, ingenio) dumm, beschränkt sein, pf. *aharáf*, plqf. *ehárfa*, präs. *ahárfi*, partic. *haráfa*, *haráf*, nom. act. *meharif*, subst. f. *hárfe* dummheit.

Harif und *rehaf* v. 1 (Ar. حَرَز, حَرَس id.) bewachen, acht haben auf etwas, pf. *aharíf* und *á-rhaf* (6, 15), plqf. *iherif*, präs. *ahanrif*, *aharrif*, partic. *hárfa*, nom. ag. *hárfi* (Ar. حَارِس) und *harfána*, nom. act. *harúf* plur. *harif*, subst. f. *hárfa* wache, achtsamkeit.

    se-harif caus., flex. wie caus. von *harid*.

    et-haráf pass., flex. wie pass. von *harid*.

Harāug v. 1 intr. (Nub. org, *ḥuqer*, ϙⲟⲕⲉⲣ, ϙⲕⲟ id.) hungern, hunger leiden, pf. *aharáug*, plqf. *ihárgŭa*, präs. *aharagŭi*, partic. *hárgŭa*, nom. ag. *hárgŭi*, *hargŭána*, subst. f. *hárgŭa*, *hárgŭe* hunger; adj. *haráug*, auch subst. m. der hunger.

    se-harāug caus., pf. *asharáug*, plqf. *isharúg*, präs. *asharagŭi*, partic. *sehárgŭa*, nom. act. *sehárgŭoy*.

Hargigo nom. pr. loci, Arqiqo bei Massaua.

Hárhara subst. c. g. (Ti. Ty. ሕርሕራት፡ Sa. *harharát*) papagei.

Hárka, hérka subst. m. (G. አራት፡አራኅ፡ Sa. *hará*, Ga. *irē* id., *harka* hand) der arm, oberarm; schulter, achsel.

Harám subst. m. (Ar. حَرَم) schuld, sünde, hurerei, alles durch die sitte unerlaubte 8, 18; 9, 14; 16, 18. *wō-harám-i 'ór* bankert, hurenkind 60, 15.

     harámi (Ar. خَرَامِى) sünder, räuber etc., *Bilál harā-mibu* B. ist ein sünder.

Hérna subst. m. carissa edulis (Schw.).

Harār v. 1 intrans. leer, fertig, aufgezert sein, pf. *aharár*, plqf. *ihárra*, präs. *aharri*, partic. *harára*, subst. m. *harár* leere, leerheit; leeres geschwäz, lüge; adj. leer, lügnerisch. subst. m. *hárra* id.; nom. ag. *harári* jemand an dem nichts ist und ligt, ein niemand.

     se-harār caus., fertig machen, den garaus machen, einem alles und jegliches wegnemen und dann auch erschlagen, pf. *asharár*, plqf. *eshárra*, präs. *asharri*, *ashárri* 20, 15. partic. *sehárra*, nom. act. *sehárroy*.

Harir subst. m. (Ar. خَرِير) die seide.

Herár plur. *herér*, zu *é* s. §. 105; subst. m. (Bil. *harar*, Ti. chፈፈ፡ laufen) fußmarsch.

     herēr, hirēr v. 2 marschiren, wandern, gehen, zu fuß gehen, *tū-yin, tū-terlg, yā-hayúk tō-brētib hirérāna* die sonne, der mond und die sterne wandeln am himmel; s. a. 20, 29; 42, 12. partic. *heréra*, nom. act. *herérti*.

     herēr-s caus., *herēr-s-is* caus. 2.

Hárro, háro subst. m. (Sa. 'Af. *illaû, ilaû*, Nub. *illē* id., s. Bil. s. v. *ar* I) das negerkorn, der büschelmais, sorghum vulgare, dann korn, getreide überhaupt 25, 6 ff.; 39, 27 ff.

Hireráni plur. *hireránya* subst. m. (Bil. *sariró*, Ga. *zarari*, A. ስፈፈት፡ Ti. Ty. G. ስፈት፡ id., s. §. 294) die spinne.

Haris plur. -a subst. m. (G. chፈሥ፡ Ti. ch6ñ፡ خُرِيش) das nashorn, rhinozeros.

Hérsa subst. f. (Ar. خَزْشا) fell, haut.

Hariš plur. *hárša* subst. m. (G. ሐርስ፡ ars magica) zauberei, hexerei; täuschung, betrug, überlistung.

hariš-anóy adj. (d. w. G. ሐረሳዊ፡; s. a. §. 295) zauberer; betrieger, der zu schlechten praktiken seine zuflucht nimmt.

Hartúm nom. pr. m. l. (Ar. خَرْطُوم) Chartum, ehemalige hauptstadt des Sudan 36, 30. 33; 60, 16.

Haruw, haru v. 1 (G. ኀርየ፡ Ti. ኀረ፡ خار id.; s. a. *aráy*) suchen, wollen, wünschen, begeren, pf. *áharu*, plqf. *iheru*, präs. *ahanriû, aharriû*, partic. *hárawa, hárwa*, nom. ag. *hárwi*, nom. act. *harú* plur. *háru* (für *harúw*), subst. f. *hárwa* die suche, das verlangen. Zum gebrauch um das futurum zu bilden s. §. 253 und 334.

se-haru caus., pf. *ásharu*, plqf. *isheru*, präs. *ashariû*, partic. *sehárwa*, nom. act. *sehárwoy*.

et-harāû pass., pf. *atharáû* u. s. w.

Haráwya, haráûya subst. c. g. (Ti. G. ሐራውያ፡) eber, wildschwein, im norden dafür *hallúf*.

Has v. 2 vorbeigehen laßen; s. *had* I.

Hasi v. 1 (Sa. *hašay*, G. ሐሰየ፡ Ti. ሐሳ፡ reiben, abreiben, frottiren) blank, scharf, spitzig sein, pf. *áhasi*, plqf. *ihás*, präs. *ahansi*, adj. *hási* scharf, spitzig; spitze, schärfe.

se-has caus. schärfen, spitzen; reiben, abreiben, abputzen, pf. *áshas*, plqf. *ishas*, präs. *ashasi*, partic. *sèhasa*, nom. act. *sehasóy*.

et-hasāy pass., pf. *athasáy*, plqf. *éthas*, präs. *athasí*, partic. *hasáya*, nom. act. *ethasóy*.

em-hasāy social. putzen helfen.

His plur. *híssa* subst. m. (Ar. حِسّ) stimme 5, 14.

Hísa subst. m. sandiger schlamm; s. *híssay*.

Hūs plur. *-a* subst. f. meßer; s. *kúsa*.

Hasib v. 1 (Ti. ሐሰበ፡ Ty. G. ሐሰበ፡ A. አሰበ፡ حَسَبَ חָשַׁב  *hsb*, Sa. 'Af. Bil. *hasab*, Cha. *haseb*, Qu. *asab*)

denken, meinen, aussinnen; zälen, rechnen, pf. *ahasíb*, plqf.
ihesíb, präs. *ahansib,* partic. *hásba,* nom. ag. *hásbi* (Ar.
كاسب) und *hasbána,* nom. act. *hasúb* plur. *hasíb,* subst. f.
hásba (Ar. خَشْمَة).

se-hasib caus., pf. *ashasíb,* plqf. *ishesíb,* präs. *ashasib,*
partic. *sehásba,* nom. act. *sehásboy.*

et-hasāb pass., pf. *athasáb, ahasáb,* plqf. *ithesíb,* präs.
athasib, partic. *ethásba, hasába,* nom. act. *ethásboy.*

em-hasāb soc. mit jemandem einen plan aussinnen;
mitzälen, flex. wie im pass.

Hásne subst. f. (Ti. ሐዝን፡ G. ሐዘን፡ خَزَنَ) trauer, gram.

hasāy refl. v. 1 (für *hasān,* s. §. 33; Ti. ሐዝዩ፡ G. ሐዘየ፡
خَزَنَ) sich betrüben, grämen, aufregen, sich erzürnen, pf. *aha-*
sáy, auch *ahasé* und *áhase,* plqf. *éthasi,* präs. *athasi,* partic.
ethasáya, nom. ag., adj. *hasyána* (Ar. خَزْنَان) und *hasáy*
(für *hasáyi, hasáni* = G. ሐዛዪ፡), *aní hasyanáb-u* und *ha-*
sáy-u ich bin betrübt, aufgeregt, zornig, adj. *hasy-áy* (für
hasn-áwi, §. 291, note 3) id.; subst. f. *hásyay* (für *hásy-*
at, §. 300) trauer, betrübniß, zorn.

se-has caus. (von der ungebräuchl. grundform *hasi*)
betrüben, erzürnen, pf. *áshas,* plqf. *ishasi,* präs. *ashasi,*
partic. *sehásya,* im object *sehasá-b* (für *sehasyíb*), nom.
act. *sehásyoy.*

em-hasasāy recipr. einander betrüben.

Hasír plur. *·a* subst. m. (Ti. ሐስር፡ id., cf. حَسِرَ lassus, defa-
tigatus fuit, Sa. *hasar* in verlegenheit, bedrängniß sein)
arbeit, geschäft; bedrängniß, verlegenheit.

hasir v. 2 voll arbeit und plage sein, caus. *hasir-s*
mühe, belästigung bereiten.

hasir-kena geschäftsmann, gewerbetreibender; davon
denom. *hasir-kena-m* ein geschäftsmann werden, s. §. 353.

Hasis v. 1 (Bil. *hasas,* Sa. *hashas, hasas,* Ti. Ty. ሐሰሰ፡ G. ሠሠየ፡

قَتَّى غَشَّى 𝟖 ━━━ *heses;* vgl. s. v. *'ašiš*) forschen, fragen, spähen, spioniren, pf. *ahasis*, plqf. *ihesis*, präs. *ahansis*, partic. *hássa*, nom. ag. *mehássi*, nom. act. *hasús* plur. *hasís*, subst. f. *hássa* forschung, frage.

    se-hasis caus., pf. *ashasis*, plqf. *ishesis*, präs. *ashasis*, partic. *sehássa*, nom. act. *sehássoy*.

    et-hasás pass., pf. *athasás*, *ahasás*, plqf. *ithesis*, präs. *athasis*, partic. *ethássa*, *hasása*, nom. act. *ethássoy*.

Hássa subst. 1) gen. m. *wū-hássa* der Tigré. 2) gen. f. *tū-hássa* الخاصِيَّة die Tigrésprache.

Hássi, hásse subst. f. (Ar. خَاسَة) gefül, mitgefül, mitleid.

    hassi v. 2 fülen, mitleid haben, präs. *hásyani*, partic. *hásya*, nom. ag. *hasyána*, nom. act. *hassiti*.

    hassi-s caus. mitleid einflößen.

Híssay plur. -*a* subst. m., nebenformen *hísa*, *ísa* und *ésse* (Ar. خَصَى) sandiger schlamm in der meerestiefe, im fluß 61, 14.

Hasáy adj. betrübt, zornig; s. *hásne*.

Haš subst. m. (Bil. *qúšā*, Ti. Ty. G. ጓጻ: id.; s. a. *híssay*) sand, staub 61, 12. *ne'ét haš* asche, »feuerstaub«.

Haši v. 1 (G. ሐጸየ፡ خَضَى חָצָה) zerteilen: abreißen das zelt, pf. *áhaši*, plqf. *iháš*, präs. *ahanši*, partic. *hášya*, *háša*, nom. act. *hašúy* plur. *háši* (für *hašíy*), subst. f. *háši*.

    še-haš caus., pf. *áshaš*, plqf. *íshaš*, präs. *ashaši*, partic. *sehása*, nom. act. *šehašóy*.

    et-hašáy pass., pf. *athašáy*, *ahašáy*, plqf. *ithaš*, präs. *athaši*, partic. *ethása*, *hašáya*, nom. act. *ethašóy*.

Hôš plur. -*a* subst. m. (Ar. خَوْش) der hof, — raum um das gehöfte, mit einem dornenzaun umgeben.

Hašák diplostemma alatum (Schw.).

Hašík plur. *háškeka* subst. m. (Ar. جِشَاك) die seitenspangen am ochsenjoch.

Híškul plur. -*a* subst. m. (Bil. *háškul*, Ti. ሐሽኩል፡) kleiner

ledersack, beutel. *Hasán hiškul* name des hornraben in
der fabel.

Hássa subst. m. (G. ጐጸይ፡ id., s. a. *ášta*) kreis, rundung.

    hašš-iš v. 2 caus. einen kreis machen.

    hašš-am pass. abgerundet werden. partic. *hášsama*
kreisförmig, rund, nom. act. *haššámti*.

Háta subst. m. (cf. חוט) die weite, außenseite, raum vor, außer-
halb des hauses oder dorfes, *hatá-y* draußen, hinaus, außen,
aní tāmán-hob hatáy ábe nachdem ich gegessen hatte, ging
ich hinaus.

Hēt plur. -*a* subst. f. (Ar. خائط) mauer.

Hōt subst. f. großmutter; s. *hōb* II.

Hūt I plur. -*a* subst. m. (Ar. خوت) fisch.

Hūt II plur. *hit* subst. m. (cf. G. ቅእት፡) gespei, das speien.

    hit-iš v. 2 caus. speien machen; pass. refl. *hit-am* sich
erbrechen.

Hátam, *hatim* plur. *hátma* subst. f. (Ar. خاتَم) der sigelring.

Hatím plur. *hatím* subst. m. (Ar. خطم) schnabel des vogels.

Hatir und *hatir* rad. inus. (Ar. خطر dignitate polluit).

    háter, *háter* v. 1 intens. mächtig, kräftig, mutig sein,
pf. *aháter*, plqf. *ithar* (für *ihter*), präs. *ethir* (für *ehtir*), partic. *hátra*, nom. ag. *hátri* (Ti. ሐጥሪ፡ خطير) held.

Hatáy plur. *hatáy* subst. c. g. (⚱ *heter*, ϧⲟⲟⲣ, ϧⲧⲟ, ϧⲟⲟ)
das pferd 55, 12; 56, 1. 6; 72, 28. *wō-hatáyi kína* pferdherr,
-besitzer, reiter. *t-yamét hatáy* waßerpferd, der frosch 25, 3 ff.

Hāw, *hāû* plur. *haû*, *hō* subst. m. gebell des hundes, pavians,
gebrüll des panters.

    haw v. 2 (Sa. *hō-*, 'Af. *hū ḍah*, Bil. *haû y*, Ti. ሐወ፡
በለ፡) bellen, brüllen. nom. act. *háûti*, caus. *haû-s*.

Háwa subst. f. (Bil. *hawät*, Ti. ሐወት፡ id., s. §. 75) schlauch,
ledersack zur aufbewarung von waßer oder honig, butter,
milch etc. 21, 15. 23.

Hiw plur. -*a* subst. c. g. kamelfolen.

Húwa nom. pr. f., accus. *Huwáb*.

Hawid v. 1 (cf. שָׁבַת سَنبَت quievit; s. §. 5. 50 und 64) den abend, die nacht zubringen, ausruhen, pf. *ahawíd*, plqf. *ihawíd*, präs. *ahanwid*, *ahawwíd*, partic. *haûda*, nom. act. *hawúd* plur. *hawíd*, subst. f. *haûda* abendunterhaltung, nachtwache. *šō háweda* guten abend!

hawád plur. *hawăd* subst. m. (Ku. *awáda*) der späte abend, die nacht 38, 8; 40, 2; 41, 18. *wō-háwādi teráb* mitternacht.

se-hawíd caus., pf. *ashawíd*, plqf. *ishuwíd*, präs. *ashawíd*, partic. *seháûda*, nom. act. *seháûdoy*.

Hawál plur. *hawál* subst. m. (Ar. خَوَال mutatio) verwechslung, täuschung, betrug, hinterlist.

hawál v. 2 (Ar. خَال II) verwechseln, täuschen, betriegen, nom. ag. *hawálána*, *hawál-kena* betrieger, nom. act. *hawálti*.

hawál-s caus., *hawál-am* pass., *-s-am* recipr.

hawíl plur. *háûla* subst. m. (Ti. ሐወኣ፡ id., خَال status, tempus) das jar 55, 5; 64, 6. 24. 28. *wō-háûli teráb* ein halbes jar.

Hawrúk plur. *háwrik*, *haûrik* subst. m., eigentl. nom. act., inf. (Ar. خَرَق permeavit; stupidus fuit) zil- und zweckloses herumstreichen beschäftigungsloser leute, der narren, huren, gecken, landstreicher.

haûrik v. 2 herumlaufen, bummeln; irrsinnig sein, nom. ag. *haûrikána*, nom. act. *haûríkti*.

Hawás und *wás* plur. *hawás*, *wás* subst. m. (G. ሐፀግ፡ svavis, svavitas, ሐመ-ግ፡ svavitas, ሐመዘ፡ svavem esse, ተሐመዘ፡ delectari; Kaf. *qáz*, Ga. *qáz*, So. *kuáš*, *káš*, Ku. *foši* [A. ፈዘ፡ፀዘ፡ id.] scherzen, sich vergnügen; vgl. Bil. *hawăš y*, *fawăš y*, Ti. ሐመሽ፡በለ፡ und ሐለመስ፡ groß tun, über andere mit spott oder scherz sich lustig machen) scherz, spaß.

hawás v. 2 scherzen mit, über; lustig, vergnügt sein,

9*

späße machen. nom. ag. *hawǎsǎna* spaßmacher, nom. act.
hawǎsti.

    hawǎs-is caus. zu späßen etc. anlaß geben, *hawǎs-am*
pass. und refl. gegenstand von scherzen sein; sich unterhalten. *hawǎs-is-am* recipr.

Háûso, *haûsǒy* [*hawsǎwi*] plur. *háûsǎw-a*, *haûsǎy-a* i. e. *haw-*
sǎwya subst. f. (cf. تهويس somnus) traum; träumerei, fantasie.

    haûsǎw, *haûsǒy* v. 2 träumen.

Hawǎy plur. *hawǎy* subst. m. spil, tanz.

    hawǎy v. 2 spilen, tanzen, nom. ag. *hawǎyǎna*, nom.
act. *hawǎyti.*

    hawē-s caus., *hawē-s-is* caus. 2.

Hiwayme subst. f. antichorus depressus (Schw.).

Háy I v. 1 intens., nebenf. *fǎy* s. d. (grundform *hay* nach §. 33
    = Ti. ሀለ፡ Ty. አለ᎐፡ A. አለ፡ G. ሀለወ፡ ሐለወ፡ id.) sein,
existiren, imprt. *háya!* präs. *é-ha*, seltener *é-hā*, *ē-háy*, neg.
kǎ-hay, *kā-hǎy*, pf. *i-hē*, *i-he*, *i-hi*, partic. *háya*, nom. act.,
subst. f. *háya* existenz, nom. ag. *hāyǎna* wesen, *ankǔanāyǔn*
hili hāyǎnábu unser herr (gott) ist ein allmächtiges wesen.
Zum gebrauch von *hǎy*, um den durativ auszudrücken
s. §. 247 und texte pg. 19, 7; 27, 1. 6; 36, 35; 39, 18; 40,
12; 42, 21; 69, 10. Redensart: *aní* (*baryǒk*, *baryǒs* etc.)
dehǎy těha ich (du, er u. s. w.) muß = es ist, steht auf
mich (an), das ist meine pflicht. *Bilǎli dehǎy ibǎbti těha*
Bilal muß reisen.

Háy II adj. (Ti. ሕይይ፡ G. ሕያው᎐፡ v. ሐያወ፡ Ti. ሐየ፡ Ty.
    ሐወየ፡ und ሐየወ፡ خَيَّ חָיָה, Sa. 'Af. *hay* vivere) lebendig,
hǎy kǎfa eyǎ' mēki-ka hanyís eine lebende katze ist beßer
als ein toter esel. Als adv. *hāy*, *hay* und *ha* häufig unmittelbar vor einem verb mit der bedeutung: munter, frisch,
hay ibǎbya vergnügt reiste er ab 60, 6; s. a. 7, 2. 16; 59,
4; 60, 2; 61, 10.

enda-háy, verkürzt *daháy*, *deháy* mit dem artikel *ú-dháy* die menschheit, welt, die leute 19, 12. 17: 63, 16; 64, 9. 12. 16: s. *énda* I.

hāy v. 2 leben, frisch, gesund sein; sich aufhalten, wonen, *Bilál ō-Sóki hāyíni* B. lebt in Suakin. nom. act. *háyti*, nom. ag. *hāyána* (Ar. حَيْوَان) lebendig.

hāy-am pass. lebendig werden, *tū-teríg häyámta* der mond ist lebendig geworden (vom wachsenden mond im ersten stadium gesagt).

Hiyo subst. c. g. (cf. 𓉔𓄿𓇋𓇋𓂋𓀀 *hay*, Kopt. ϩⲁⲓ coniux) gatte, gattin 29, 15.

Hōy plur. -a subst. f. der innere raum, die innere seite, *ō-gawi-t hóytēb* im innern des hauses.

Hayid I v. 1 (Ga. *hād*, خَلَبَ Ty. ⵁⵣⵎ:) nähen, pf. *ahayíd aháyd*, plqf. *ihayd*, präs. *ahanyíd*, *a-hayyíd*, partic. *háyda*, nom. ag. *háydi* (Ar. خَايِط), *haydína*, nom. act. *hayúd* plur. *hayíd*, *hayd*, subst. f. *háyda* näharbeit, naht.

se-hayid caus., pf. *asháyd*, plqf. *ishayd*, präs. *ashayid*, partic. *sehάyda*, nom. act. *seháydoy*.

et-hayād pass., pf. *adhayád*, *ahayád*, plqf. *idhayd*, präs. *adhayíd*, partic. *ethάyda*, *hayáda*, nom. act. *etháydoy*.

em-hayād social., flex. wie im pass.

lūm-hanyíd plur. -a subst. f. die raupe, wörtlich: sie vernäht den hintern.

Hayid II v. 1 (vgl. *hayis*) auswälen, für beßer finden, wälen, flexion ganz wie *hayid* I.

Hayúk plur. *hayúk* subst. m. (Sa. 'Af. *hotúk*, So. *haḍig* id., s. §. 31) stern 42, 21.

Háylu nom. pr. m. (Ti. ⵁⵣⵐ: »seine stärke« [ist gott]).

Háymo subst. f. welle, woge.

Haymá'a, verkürzt *háyma* bringe! s. *ahay* und *ma'* II.

Hayin rhynchosia memnonia (Schw.).

Hayér nom. pr. loci, zweite station von Kassala nach Suakin.

Hayis v. 1 (Ty. G. ጕየሰ፡ Ti. ኅየሰ፡ 'Af. *ays*, Sa. *aš*, Bil. *kid*,
Cha. *kis*, *cis*, De. Qu. *kīz*) besser, schöner, brauchbarer,
nützlicher sein, pf. *ahayis*, *aháys*, plqf. *ihays*, präs. *ahan-
yis*, *ahayyis*, partic. *háysa*, adj. *hayis* besser, nom. act.
hayús plur. *hayis*, vgl. 33, 19. 21; 35, 34; 43, 4.

K.

-*k*, -*ka* postpos. (Sa. 'Af. -*kō*, -*kū*, So. *ka*-, Ku. -*kīn*, Bar. -*ge*,
Kaf. -*je*, A. ከ-) 1) von, aus, seit, *faḍíg haûlè-ka* seit vier
jaren, §. 134, d. 2) zur bildung des comparativs verwendet,
ō-tak-i-ka tū-takát hanyis die frau ist schöner, als der mann,
ibid. und §. 143. 3) zu bildung des conditionals, *ibäbtiny-è-k
abiyé agŭan'id* wenn du verreisest, werde ich wache halten
9, 9; s. a. 7, 20; 8, 13; 9, 6; 12, 9; 13, 11 u. a., §. 266.
4) zur bildung des temporalis, *ō-bäb kaḍaûxyan-è-k »bábyū
ō-wäkil è-hōka« tédi* als er an die türe pochte, da sagte
sie: meines vaters anwalt ist über dich gekommen 14, 28;
s. a. 6, 7. 10. 15. 16; 7, 7. 15; 9, 11. 13. 22 u. a., §. 269.
5) zur bildung des causalis, *tä-má' hōy efaydn-è-k, takát
edir* weil die weiber über in lachten, so tötete er ein weib
6, 11; s. a. 21, 3; 28, 11; 43, 30. 32, §. 273.

-*ka* pron. suff. (Bil. Cha. -*k*, De. Qu. -*kī*, Ku. *k*-; s. a. §. 155)
jeder, alle, *nät-ka ektén* er weiß alles 44, 12; s. a. 7, 17;
8, 6; 12, 15. 18; 19, 26. 28 u. a.

ka- negat. partik. (Bil. Qu. -*g*, -*k*, Cha. -*y*, Bar. *ka*-, So. *ha*-) negirt die tempora im indicativ: *kä-bari (ka-i-bari)* ich habe
nicht u. s. w. 6, 2. 4; 7, 18; 8, 7. 21. 23. 27 u. a., §. 233
und 246.

Kè v. 2 wo befindlich sein, *wū-'ōrük kèya* wo ist dein son?
tō-'ötük kèta wo ist deine tochter? s. a. 39, 19. 22. 24;
§. 190, e.

-*ki* postpos. auf, über; s. *énki*.

Kŭa subst. f. (Bil. *qŭi, ŭqŭi,* G. ፀቀበት። A. ቀ"በት። s. §.45, b)
1) weibchen, weiblich bei tieren, *kŭákŭár kŭa* eine weibliche schlange, *hádḍa kŭa* löwin. 2) schwester 52, 13 u. a.

Kŭb plur. *kab* subst. m. (cf. Nub. *áwe* id., Bil. *kab* öffnen die
infibulirte jungfrau) beischlaf, beilager, begattung.

> *kab* v. 2 beschlafen, beischlafen 7, 12; 29, 17.
>
> *kab-am* pass., nom. act. *kabámti,* partic. *kábama.*

Kib v. 1 (Ar. كَبّ id., vgl. §. 198, a; s. a. *kubbi* und *gaboy)*
gießen, aus-, eingießen, pf. *akib,* plqf. *ikeb,* präs. *ankib,*
partic. *kíba,* nom. act. *kŭb,* nom. ag. *kŭbi, kebána.*

> *sō-keb* caus., pf. *asŏkeb,* plqf. *isŭkeb,* präs. *asŏkib,* par-
> tic. *sŏkba,* nom. act. *sŏkboy.*
>
> *tō-, atō-kŭb* pass., pf. *atŏkŭb,* plqf. *etŭkib,* präs. *atōkib,*
> partic. *atókba,* nom. act. *tŏkboy.*

Kŏba subst. f. (Ar. قَعْب) kleine flache schüßel, kleiner teller.

Kŭbib v. 1 (Ar. جَابَ med. *w,* كَافَ, جَبّ, Bil. Cha. Qu. De. *kab,*
Agm. *kaw* id.) schneiden, pf. *ákbub,* plqf. *íkbub,* präs. *akŭ-*
ámbib, partic. *kŭbba,* nom. ag. *kŭabĭb* (§. 287), nom. act.
kŭbŭb plur. *kŭbĭb,* subst. f. *kŭbba* schneide, schnitt.

> *s-ukbib* caus., pf. *asŭkbib,* plqf. *īsŭkbib,* präs. *askŭa-*
> *bib,* partic. *sekŭabba,* nom. act. *sekŭbboy.*
>
> *et-kŭabŭb* pass., pf. *atkŭabŭb, akŭbŭb,* plqf. *itkŭbĭb,*
> präs. *atkŭabib,* partic. *etkŭbba, kŭbŭba,* nom. act. *etkŭbboy.*

Kubbi v. 2 ein-, ausgießen, caus. *kubb-is,* pass. *-im* (A.); s. *ga-*
boy, kib.

Kŭbhar plur. *-a* und *kŭbhéri* plur. *kŭbhĕrya* subst. c. g. die
taube.

Kŭbil v. 1 (Ti. G. ገልበበ። جَلْبَبَ velare) verschleiern, -hüllen,
pf. *a-ŭkbil, ŭkbil,* plqf. *iŭkbil,* präs. *akŭánbil,* partic. *kŭbla,*
nom. act. *kŭbŭl* plur. *kŭbĭl,* subst. f. *kŭbla, kŭábla, kŭáble*
(G. Ti. ገልበን። جِلْبَاب) schleier; s. §. 45, b.

> *s-ukbil* caus., pf. *asŭkbil,* plqf. *isŭkbil,* präs. *askŭabil,*
> partic. *sŭkbila,* nom. act. *sŭkbilóy.*

et-kŭbál pass., pf. *atkŭbál*, reflex. *akŭbál*, plqf. *itkŭbíl*, präs. *atkŭabil*, partic. *etkúbla*, *kŭbála*, nom. act. *etkŭbloy*.

Kubbel elionurus elegans (Schw.).

Kebár v. 1 intrans. (Ti. G. **ከበረ፡** كَبُرَ) in eren stehen, ere, ansehen genießen, pf. *akbár*, plqf. *ékbera*, *íkbera*, präs. *ákbari*, partic. *kebára*, nom. act. *mékber*, subst. f. *kébra* die ere.

se-kbár caus. eren, verherrlichen, rümen, preisen, pf. *asekbár*, plqf. *isékbera*, präs. *asékbari*, partic. *sekbára*, nom. act. *sekbaróy*.

Kabúr plur. *kabír* subst. m. (Ti. Ty. A. G. **ከበሮ፡** كَبَر, Sa. 'Af. *kabaró*, Bar. *kabúr*, Ku. *kŭbulá*, Bil. *kalambárá*, Cha. *kirbrá*, Kaf. *kámbō* [aus *kánbō*, *kárbō*]) die trommel.

Kúbre subst. f. (Ar. كبريت s. §. 75) der schwefel.

Kubáya subst. f. (Sa. *kubáyā*, קְבָעַת קֻבְּעָה) flasche, trinkbecher.

Káda subst. m. steppe, wüste; s. *kadán*.

Kŭād subst. m. seite, rand; s. *gŭād*.

Kŭăd subst. m. crotalaria (Schw.).

Kād plur. -a subst. m. (cf. خُوص II spicas protulit seges) die ähre.

Kĕdala und *káleda* subst. f. (Ar. قَلَد) becher, trinkbecher, trinkschale.

Kadám plur. *kadám* subst. m. (cf. حَذَاف podex) der steiß, hintere, hinterbacke.

Kedim v. 1 (Sa. 'Af. Bil. *kadam*, Cha. *kidem*, Ti. **ከዐመ፡** خَذَم) dienen, pf. *ákdim*, plqf. *ikdim*, präs. *akandim*, partic. *kídma*, nom. ag. *kádim*, *kádmi* (Ar. خَادِم), *kedmína*, nom. act. *kedúm*, plur. *kedím*, subst. f. *kídma* (Ar. خَذَمَة) dienst.

se-kadim caus., pf. *askadím*, plqf. *iskedím*, präs. *askadim*, partic. *sekádma*, nom. act. *sekádmoy*.

et-kadám pass., pf. *atkadám*, plqf. *itkedím*, präs. *atkadim*, partic. *etkádma*, *kadáma*, nom. act. *etkádmoy*.

Kadán plur. *kádna* und *káda* plur. id., s. §. 16, subst. m. (Bil. *kadán*, Ti. **ከዳ፡** G. **ገዳም፡**) steppe, wüste, prärie.

Kaḍ v. 2 (Ga. *hod*) saugen, *kaḍ-iš, kaš-š,* caus. säugen.

Kŭḍ, auch *kŭd* v. 2 (cf. خَطَأ خَاض) sich verirren, irre gehen, verloren gehen, abhanden kommen, partic. *kŭḍa,* nom. ag. *kŭḍána* verschollen und verloren, nom. act. *kŭḍi (kŭḍ-ti)* untergang.

 kŭš-š und *kŭs-s* caus. irreleiten, -füren, verlieren, nom. act. *kŭšṭi* (für *kŭḍ-š-ti*) und *kŭsti.*

Kaḍáw, kaḍáŭ plur. *kaḍáŭ* subst. m. (Ar. خَبَط חָבַט G. ׳ㄥ𝄞𝅘𝅥) percutere; s. a. *kawíḍ*) schlag, stoß.

 kaḍaŭ-š v. 2 caus. stoßen, schlagen, klopfen, pochen 14, 23. 28: 15, 2. 3. 18. 24. nom. act. *kaḍaŭšṭi.*

 kaḍaŭ-š-iš caus. 2, *kaḍaŭ-š-am* pass.

Kāf v. 2 (Ar. خَقَّ vocem edidit, s. §. 37, a und §. 198, a) heulen, klagen, singen, von frauen bei einem todes- oder unglücksfall, nom. act. *káfti,* subst. f. *kífa* klage, jammer, trauergesang.

 kaf-s caus., *kāf-am* pass. beklagt. beweint werden, partic. *káfama,* nom. act. *kāfámti.*

Kífa subst. e. g. 1) katze, kater. 2) der gepard, cynailurus guttatus, mit dem artikel *ŭ-kfa* fem. *tŭ-kfa.*

Kŭfíl plur. *kŭfla* subst. m. (Ar. قَفَل) schloß, rigel, mit dem artikel *ŭ-kful;* s. §. 46, e.

Kéferi, kiferi subst. e. g. (Ar. كَافِر: s. §. 87) ungläubiger i. e. nicht-muslim, heide, christ.

Kafás plur. *káfsa* subst. m. (Ar. قَفَص) verschloßener tragkorb; käfig.

Kofïya subst. f. (Ar. كَفِّيَة) kopftuch, -bund.

 kofïyaytёya »er kommt mit dem kopftuch« der specht, picus.

Kajija nom. pr. f., accus. *Kajïjáb.*

Kajúj plur. *kajíj* subst. m. (cf. خَشَّ) die ricinusstaude.

Kŭáhi, kúhi subst. m. (So. *ŭgaḥ, ōgaḥ,* Ga. *ōqáqō, anqáqō,* Sa.

unqŏqahŏ, Ty. እንቈቅሁ፣ Ti. እንቈቅየይ፣ G. እንቈቅሁ፣ id.,
s. §. 45, a) das ei 28, 1. 10. 11. *kŭahit éngili* eierschale.

Kehab v. 1 (Ti. ቀሕበ፣ Bil. *qahab*) huren, pf. *ákhab,* plqf. *ik-
hab,* präs. *akanhib* 9, 7. 8; partic. *kehába,* mit dem fem. artikel *tŭ-khaba* (Ar. قَحَبَة Ti. ቀሕበይት፣ 'Af. *kahabá*) die
hure, nom. act. *keháb* plur. *keháb* das huren, subst. f. *kehába* hurerei.

    se-khab caus., pf. *askeháb,* plqf. *ıskeháb,* präs. *askahib,*
partic. *sékhaba,* nom. act. *sekhabóy.*

Kehan v. 1 (Sa. 'Af. *kahan,* Cha. *yekan, yeqan, ekan* [für *kekan, kankan*], De. Qu. *yekal, ekal,* Agm. *inkan* [für *kin-
kan*], Bil. *inkal,* So. *ja'al,* Ga. *jāl* id., radix *kan, kal,* redupl. *kekan,* daraus *kehan,* ist nach §. 36 zu beziehen auf
خَلّ حَنّ חנן) befreundet sein, lieben, vereren, pf. *ákhan,*
plqf. *ikhan,* präs. *akanhin,* partic. *kehána,* nom. ag. *kăheni,*
nom. act. *kehán* plur. *kehán,* subst. m. *keháno* liebe, subst.
f. *kehána* liebschaft, freundschaft.

    kekhan iterat. liebeleien, liebschaften unterhalten, fle-
xion wie oben; nom. ag. *kekhanána* ein Don Juan.

    se-kehan caus., pf. *askehán,* plqf. *ıskehán,* präs. *aska-
hin,* partic. *sékhana,* nom. act. *sekhanóy.*

    et-kehān pass., pf. *atkehín, akhán,* plqf. *itkehín,* präs.
atkahin, partic. *etkehína, kehána,* nom. act. *etkehánoy.*

    et-kakhān iterat.-pass. von verschidenen seiten um-
worben werden: flexion wie im einfachen pass.

    en-kakhān recipr. einander lieben, pf. *ankakhín* u. s. w.,
wie im pass.

Káhŭa, káhawa, gáhawa subst. f. (Bil. *qahŭá,* Sa. 'Af. *qahŭá,*
Ti. ቀኋ፣ قَهْوَة) café als getränke 15, 15: 16, 5.

Kāk, kákŭ pron. interrog. (s. §. 192) wie? auf welche art? *kāk
te'áyima* wie hast du den tag zugebracht? = guten abend!
kāk tefíya wie befindest du dich?

Káka subst. m. die spitzmaus, der maulwurf.

-kik suffix am verb zur bezeichnung des temporalis, s. §. 272.

Kōk plur. *kak* subst. c. g. (A. ፉፉ፡ Ti. G. ፉፉሁ፡ Cha. *qōqáya*, Bil. *kóya*, Sa. *qōqá'*) das frankolin, frankolinus Erkelii.

Kŭâk, kâk v. 2 einkeren, herberge nemen, nom. act. *kŭâkti, kâkti*, nom. ag. *kŭdkána* hausirer.

 kâk-s caus. herberge geben, einen gast aufnemen, *kâkam* pass. beherbergt werden.

Kūk v. 2 (Bil. *qâq*, Sa. 'Af. *kâk ḍah*, Kaf. *kūk*, A. ሕስ፡ Ty. ኣስ፡ባለ፡ Ti. ስስ፡ባለ፡) gackern die henne, krähen der han, *wŭ-ándhiro kúkya* der han hat gekräht.

Kákŭi, kάki subst. m. (Demot. *kekī*, Kopt. ⲭⲓⲝ, ⲥⲓⲝ manus) hand, arm, unterarm.

Kokelem subst. f. hinterhaupt (Mu.); s. *kínkeli.*

Kaktáne farbe (Seetz.).

Kŭikŭây plur. *kŭikŭáy* subst. m. (G. ኣኣ፡ቆሶ፡ Ti. ከ-ኣዪ፡ ስስዪ፡ Nub. *kŏg*, Sa. 'Af. *kάkō*, Bil. *kŭá-qŭrá* corvus) 1) der rabe. 2) geier (beide wegen ires geschreies so genannt) 29, 7; 67, 1. 6. 8.

Kal subst. m. waßerdichter korb (Mu.).

Keli v. 1 (Ar. خَلْ) frei, ungebunden, ausgelaßen, zügellos, lüstern, wollüstig sein, pf. *άkli*, plqf. *ikál*, präs. *akanli, akalli* und *akalni*, partic. *kélya*, nom. ag. *káli* (Ar. خَال) wüstling, nom. act. *kelάy* plur. *kéli* (für *kelíy*, zu *é* s. §. 105); subst. f. *kelyáy* zügellosigkeit.

 se-kal caus., pf. *áskal*, plqf. *iskel*, präs. *askali*, partic. *sekálya*, nom. act. *sekalóy*.

Kil v. 1 (Ar. كَرَّ II rotatus, volutatus in aëre fuit, cf. ǫoλ, ǫcλ volare; s. a. Sa. *karkar* I) kreisen, fliegen, pf. *akil*, plqf. *ikel*, präs. *ańkil*, partic. *kíla*, subst. c. g. *kel-άy* plur. *-ay* (cf. Nub. *kelάy* wildente) der vogel, s. §. 291.

Kül v. 1 (Ti. ቷጥቷጠ፡ ⸢ናፅ id., §. 45, a) hämmern, hauen, picken (der vogel), stampfen, pf. *άkŭl*, plqf. *ikŭl*, präs. *ankŭil*, partic. *kúla*, nom. ag. *kŭáli*, nom. act. *kŭâl* plur. *kŭâl, kül.*

sō-kŭl caus., pf. *asókŭl*, plqf. *isŭkŭl*, präs. *asōkŭil*, partic. *sókŭla*, nom. act. *sōkŭlóy*.

tō-kŭāl pass., pf. *atōkŭál*, plqf. *itŭkŭil*, präs. *atōkŭil*, partic. *tōkŭla*, *tŏụkla* und *kŭála*, nom. act. *tōkŭlóy*.

kŭal, *kȧl* v. 2 hauen u. s. w. wie *kŭl* v. 1, nom. ag. *kŭalána*, subst. m. *kŭálani* plur. *kŭalánya* axt, beil, haue, nom. act. *kȧlti*.

kŭal-s caus., *kŭal-s-is* caus. 2, *kŭal-am* pass., *kŭal-s-am* recipr.

\   *kŭaláy*, *kȧláy* plur. *-a* und *kŭal-áy* plur. *-áy*, auch *lȧkŭ-áy* plur. *-áy* subst. m. und f. (Ga. *qalá*, Kaf. *qŭällō*, Bar. *kȧrā*, Nub. *galé*, *gálle* id., s. §. 291) stock, stab.

Kñáli subst. f. (Ti. ሳለይት: von ሳለ: singen, G. ሳለየ: excogitare) gesang, rapsodie, gedicht.

kñali-t v. 2 refl. dichten, eine rapsodie vortragen, — singen, nom. ag. *kŭalítána* barde, sänger, dichter, subst. f. *kŭalítani* plur. *kŭalítánya* gedicht, lied, gesang.

Kñle subst. f. der zan; s. *kŭre*.

Kalȧ' plur. *kȧl'a* subst. m. (für *kalak* i. e. *kalkal* = خَلْجَل Bil. *killiñ* id.) die glocke.

Kelib I v. 1 umgeben, -hegen, -zäunen, pf. *áklib*, plqf. *iklib*, präs. *akanlib*, *akallíb*, *akalnib*, partic. *kílba*, nom. act. *ke-lŭb* plur. *kelib*, subst. m. *kaléb* und *kalíb* plur. *kálba* (Ti. ከለበ: Bil. *kaláb*, Ku. *karéba*) hag, zaun; hof, hofraum mit einem dornenzaun umgeben 56, 2.

se-kelib caus., pf. *askelíb*, plqf. *iskelíb*, präs. *askalíb*, partic. *sekélba*, nom. act. *sekélboy*.

et-kelȧb pass., pf. *atkelíb*, *aklȧb*, plqf. *itkelíb*, präs. *atkalib*, partic. *etkélba*, *kelába*, nom. act. *etkílboy*.

Kelíb II plur. *kélba* subst. f. (Bil. *gŭlláw*) der knöchel, mit dem artikel *tŭ-klib*, *-klŭb*.

Káleda subst. f. trinkbecher; s. *kédala*.

Kalíf plur. *kálfa* subst. m. (G. ⴈⴈⴔⴁⴈ id., s. §. 13 und 36) der nacken.

Keláf plur. *keláf* subst. m. (Ar. حلف IV provenit ad aetatem maturam) mannbarkeit.

    kelaf-am v. 2 pass. mannbar werden.

Kelig rad. inus. (Ar. خَلَقَ creavit), subst. m., nom. act. *áklig* das erschaffen, bilden, subst. m. *kelág, kalág, halág* plur. *kelág* etc. schöpfung (passivform) und *kálaga* subst. f. id. 41, 27.

    aklig v. 2 schaffen, bilden 41, 25, partic. *ákliga*, nom. act. *aklíkti*, nom. ag. *akligána* schöpfer.

    aklig-am pass. 41, 27. nom. act. *akligámti* und *kaligímti* 41, 28.

    kalag, halag v. 2 = *aklig.*

Kalijanó plur. *kalijándwa* subst. m. (Ar. جِلَر noctua; s. a. §. 295) 1) nachteule. 2) der abessinische helmvogel, buceros coronatus.

Kalih cocculus leaeva (Schw.).

Kulhamēm trianthema sedifolia (Schw.).

Kilkil subst. m. (Nub. *kíkili* und *killikílli*) kitzel, kitzlichkeit.

    kilkil-s v. 2 caus. (Ga. *qiqir-s*) kitzeln.

Kŭlél plur. *kŭlál* subst. m. (Ti. G. ⴈⴀⴀⴈ Bil. *kalal* umgeben, -kreisen, -ringen, bekränzen) 1) kreis, umkreis, *ó-tak-i kŭlél-na* »im umkreis des mannes« um den mann herum, *tō-tákati kŭlél-na* um die frau herum. 2) armband, fußring von silber, als schmuck der frauen (Nub. *kúllal, kúllel* id.).

    kŭalál adj. und subst. m. kugelrund, kugel.

Kŭléla subst. f. (Ar. سُعَال phthysis, s. §. 38) husten, katarrh, lungenleiden.

Kŭlélmēk plur. *kŭlélmak* subst. c. g. (»kreisender esel«, s. *kŭlél* und *mēk*) kranich, mit dem artikel *ū-klélmēk.*

Kalám plur. *kalám* subst. m. (Ar. كَلَر) wort, rede, *aníb ū-kalám gálu* mein wort ist eins (aufrichtig).

kílma subst. f. (Ar. كِلْمَة) id., *tū-kilmatūs gátu (gāl-tu)* sein wort ist eins (nicht doppelzüngig).

Kílmo subst. m. (Ar. جِلْم) gehöft, dorf 12, 21.

Kŭálani subst. m. axt, beil, haue; s. *kŭl*.

Kalandoy aloe abessinica (Schw.).

Kŭlínfe, kŭlŭmfe subst. f. (s. §. 61 und 73) die periodische regen-zeit, langdauernder regen.

Kŭlŭnte subst. f. eine baumspezies, Bar. *sóra*, Ku. *sóla* genannt.

Kŭalŭt v. 2 singen; s. *kŭáli*.

Kálawa subst. m. 1) der innere raum von etwas, *ó-gaw-i ká-lawa* das innere des hauses. 2) bauch; s. §. 135, 1, pg. 79.

Kilōy v. 2 rösten, braten, kochen; s. *gŭr*.

Kálya coleus barbatus (Schw.).

Keláy plur. *keláy* subst. c. g. vogel; s. *kil*.

Kŭaláy, kŭláy und *lŭkŭáy* subst. stock, stab; s. *kŭl*.

Kām plur. *kam* subst. c. g. (Nub. *kam* plur. *káml-i, kámr-i*, جَمَل Ti. G. ገመል፡ Bil. *gimílā*, Qu. *gamál*, Cha. *gimíl*, Sa. 'Af. *gálā* [für *gáwlā*], So. *gel*, Ga. *gálā*) kamel 12, 18; 34, 26; 60, 1. 6; 72, 28.

Kamo subst. m. maerua crassifolia (Schw.).

Kŭma, kóma, kŭmma und *kim* plur. *kíma* subst. m. (G. ቅማ፡ ገማ፡ A. ገማ፡ Ga. *gŭmé* id.) armband oder fußring, meist aus horn oder elfenbein 20, 15.

Kọmbúl subst. m. berg, hügel; s. *kọnbúl*.

Kemis v. 1 (G. ተቀመጠ፡ sedere, s. Sa. *kamas*) sitzen, pf. *ákmis*, plqf. *íkmes*, präs. *akammis*, partic. *kímsa*, nom. act. *kemŭs* plur. *kemis* das sitzen; gesäß, die hinterbacken.

  kemŭs refl. (G. ተቀመጠ፡ sedere) sich setzen, pf. *ak-mŭs*, plqf. *itkemís*, präs. *atkamís*.

Kān v. 1 refl. (s. Bil. s. v. *kin*) kennen, wißen, pf. *akán*, plqf. *ektin*, präs. *aktén* (für *a-t-kaīn* aus *a-t-kanī*), partic. *kána*, nom. ag. *kānána* kundiger, gelerter, und *ektèni* »er weiß«, *Bilál wō-họkúm ektènibu* B. ist ein rechtskundiger. nom.

act. *káni*, subst. f. *kína* und *kanán* wißenschaft, kunde, erfarung.

    sō-kān caus.-refl. zu wißen, bekannt machen, unterweisen, pf. *asōkán*, plqf. *esúkin*, präs. *asōkin*, partic. *sókna*, nom. act. *sóknoy*.

    tō-kān, *atō-kān* und *atō-*, *etō-kakān* pass. erkannt, bekannt werden, pf. *atōkán (atōkakán)*, plqf. *etúkin*, präs. *atōkin (atōkakin)*, partic. *etōkna*, nom. act. *etōknoy*.

-kena nominal-suffix zur bildung von nom. ag.; s. *kína*.

Kína, *kúna*, *-kena* herr, besitzer; s. *ankúána*.

Kūān I plur. *kúan*, *kúān*, *kán* subst. m. (Bil. De. Qu. *kúrá* id.) fluß, gieß-, regenbach.

Kūān II plur. *kúan*, *kúān*, *kán* subst. m. (Agm. *kúal*, De. Qu. Cha. *kúar*, Sa. *kúray*, Ty. ɦ-ረዖ፡ aufgeregt, ärgerlich, betrübt sein) unmut, ärger, zorn; traurigkeit.

    kúān, *kán* v. 2 ärgerlich, betrübt sein, partic. *kúna*, nom. act. *kánti*, nom. ag. *kúánána* ein kopfhänger, ein brummbär, mensch von stets schlechter laune.

    kán-s caus., *kán-s-is* caus. 2, *kán-am* pass., *kán-s-am* recipr. einander ärgern.

Konbúl, *kombúl* plur. *kénbel*, *kúmbel* subst. m. (So. *gúmbur* id., s. §. 73) berg, hügel.

Kūndá' plur. *kánda'a*, *kánd'a* subst. f. (für *un-kdā'*, *mu-kdā'* vgl. §. 73) der madenhacker, buphaga erythrorrhynchus.

Kéndabi plur. *kendábya* subst. m. (aus *ken* s. oben *fėna + dábi*) lanzenschaft, der stil der lanze.

Kandíl plur. *-a* subst. m. (Ti. Ty. A. G. ቀንዲል፡ قَنْدِيل) lampe.

Kúnfed, *gínfed* plur. *-a* subst. m. (Ar. قُنْفُذ) der igel.

Kanjár plur. *kánjar* subst. c. g. (für *an-*, *ma-kjār*, vgl. خَضَّار, خَضِّير vehementer currens, s. §. 73) entlaufener sklave oder sklavin.

    kanjar v. 2 ausreißen, seinem herrn entlaufen.

Kínkeli plur. *kinkélya* subst. m., bei Mu. *kokelem* (cf. Ti. *masángal* id.) hinterhaupt, nacken.

Kánkani plur. *kankánya* subst. f. (Sa. *künkänit*, Ti. ከንካኒ፡) fieber, wechselfieber.

Kánkar plur. -a subst. m. (für *an-*, *ma-kakar*, مَقَرّ locus sedendi, قَرّ mansit, quievit; s. §. 73) stul, seßel 16, 4.

Kansúbe, kensúbi (bei M. *konsúbet*) plur. *kansúbya* subst. f. (für *an-*, *ma-ksúbi* aus einer vorauszusetzenden form *maksúbat* »womit genäht wird«, Ar. مِخْصَف subula; s. §. 73) die nähnadel.

Kónsib, kúnsib plur. -a subst. m. (Ar. خُنْفُس חִפֶּשׁ id., s. §. 36 und 77, d) käfer, *ámba-kónsib* mistkäfer.

Kúnte subst. m. (Aeg. 𓏴𓊪 *kwente*, ⲕⲉⲛⲧⲉ, ⲕⲛ̄ⲧⲉ ficus) der sykomorenbaum, ficus bengalensis; s. §. 45, b.

Kantúr plur. *kánter* subst. f. der laut des schnarchens. Nominalbildung wie bei den nom. act. (der verba 1), welche aber gen. masc. sind; sonach dürfte *kanter* aus *an-*, *ma-ker-t* entstanden sein, vgl. §. 73 und Ar. خَرّ, vgl. auch So. *huru-d* und Ku. *gâr-tō* das schnarchen und v. 2 schnarchen.

 kanter v. 2 schnarchen, partic. *kántera*, nom. ag. *kantrána*, nom. act. *kantérti*.

Kar subst. f. frische, nicht geschmolzene butter (A.).

Kār I plur. *kar* subst. m. (Ar. قَارَة pl. قَار) anhöhe, hügel.

Kār II plur. *kar* subst. m. und f. (Ti. G. ቈላ፡) niderung, senkung, tiefebene, *Tö-kar* n. pr. loci.

Kēr pl. -a subst. m. (Bil. *kēr*, Ti. ኄር፡ G. ኄር፡ خَيْر) glück, heil, segen, *ō-kér mérya* »finde das glück!« vil glück! gut heil! *kéra* (eigentl. plur.) adv. gut! recht so! brav! 8, 21; 9, 2; 13, 7; 14, 1. 8; 20, 7 u. a.

Keri, kiri v. 1 (Ti. A. ኄሬ፡ كَرَى III כָּרָה) mieten, pf. *ákeri*, plqf. *ekár*, präs. *akanri, akarri, akarni*, partic. *kírya*, nom. ag. *keréna* (auch *keryána*), nom. act. *keráy*, plur. *kiri* (für *keríy*), subst. f. *kíri* die miete.

se-kar caus. zur miete geben, pf. *áskar*, plqf. *ésker*, präs. *askari*, partic. *sekára*, nom. ag. *sekári* und *sekarána*, nom. act. *sekaróy*.

et-, *at-karáy* pass., pf. *atkaráy*, plqf. *ítker*, präs. *atkari*, partic. *etkérya*, nom. act. *et-*, *at-karóy*, subst. m. *keráy*, *kiráy* (Bil. *kiráy*, Ti. Ty. **ከራዩ፡** كَرَاي) preis der miete; bezalung, lon.

Kōr plur. *kóra* subst. m. (Bil. Sa. 'Af. *kōr*, So. Ga. *kórū*, Ti. **ኮር፡** كُور, כֹּר) der sattel, *ō-kór wō-hatáy-t será-ti deháy dása* leg' den sattel auf des pferdes rücken = sattle das pferd!

Kŭára, *hára* subst. m. (Bar. *hâl*, Ku. *gŭr*, Bil. *gŭrgŭr*, Ti. Ty. **ጐጐራ፡** rauben) räuber.

Kur subst. f. heliotropium bicolor (Schw.).

Kŭre, *kŭle* subst. f. (Nub. *gil*, cf. Demot. *χel*, Kopt. ϣⲟⲗ id.) der zan 20, 23. *ō-kŭrbi-t kŭre* elefantenzan, elfenbein. *tē-ukré-t ša'* zaufleisch.

Kŭire subst. c. g. (aus *kŭrye* = Sa. 'Af. *gŭárya*, *gárya*, So. *gáráyo*, Har. *gŭráya*, Bar. *gēl* id., cf. جَوْرَق struthiocamelus mas, s. §. 45, b und §. 30) der vogel strauß.

Kŭríb plur. *kŭrba* subst. c. g. (Bar. *kŭrbe*) der elefant, mit dem artik. *ŭ-krub* f. *tŭ-krub* (§. 46, e), *ō-kŭrb[i] áy* der elefantenrüßel, *ō-kŭrbi-t kŭre* elfenbein.

Kŭrbe subst. f. (Ti. A. **ፍርበት፡** قِرْبَة) die haut.

Kŭrbáj plur. *kŭrbaj* subst. m. (Türk.) peitsche aus rhinozeroshaut.

Kirif v. 2 (Bil. *karuf*, Ti. **ከረፈ፡**) umgehen, den weg abschneiden, zuvorkommen, nom. act. *kirífti* 6, 1.

kirif-s caus., *kirif-am*, *kirf-am* pass.

Kŭráfa subst. f. trinkglas, -becher; s. *gŭráf*.

Karfáš plur. *kárfaš* subst. m. (Sa. *kárfas*, Ku. *karbáša*, Bil. *kŭárbar*, Ti. Ty. **ከርፈሥ፡**) schuh der pflugschar aus elefantenhaut.

Kerkáb plur. *kérkab* subst. m. (Sa. *qirqáb*, Ti. **ፈርቅብ፡** قَبْقَاب

id.) holzschuh mit hohen absätzen, von damen in den städten getragen.

Kárkani subst. f. balsamophoeos kataf (Schw.).

Küäküᶐr plur. -*a* subst. m. (cf. Sa. 'Af. *'aróra* id., und G. ﻪ‑ﾷ ﻪﻩﻟﻪ ﻛﺰﻛﺰ volvi) die schlange 29, 9. 15; 30, 2. 5. 9.

Karkarnebbūs krebs. (Seetz.).

Karáma subst. f. (Ar. ﻛﺮﺍﻣﺔ) almosen, *karāmát na'li* ein bettler 10, 12.

Kerim v. 1 (Bil. *gŭᶐráb*, Cha. *girábū*, De. Qu. *gŭyéb*, *gŭēb*, Sa. 'Af. *gimō* [aus *gēmō*, *gaymō*, *galmō*], G. *ganámā*, Demot. *χerep*, шорн tempus matutinum) das erste morgengrauen zum vorschein kommen, anbrechen der tag, pf. *ákrim*, plqf. *ikrim*, präs. *akarrim*, partic. *kírma*, nom. act. *kerúm* plur. *kerím* das dämmern, der frühmorgen 69, 1.

se-karim caus. am frühen morgen tun, das erste morgengrauen benützen zu einer verrichtung, pf. *askarím*, plqf. *iskerím*, präs. *askarím*, partic. *sekárma*, nom. ag. *sekármi* oder *sekarmána* jemand der gewont ist am frühesten morgen an die arbeit zu gehen, frühaufsteher, nom. act. *sekármoy*, subst. f. *sekárma* arbeit des frühen morgen.

Küᶐrám plur. *küᶐrám* subst. f. und m. (Ar. ﺷﻼ: s. §. 38) gruß, kuß, *küᶐrám harám kítte* ein kuß ist keine sünde.

küᶐram v. 2 küßen 9, 5. nom. act. *küᶐrámti* das küßen, *wer taki-t takát küᶐrámti harámu* eines andern mannes frau zu küßen ist sünde.

küᶐram-s caus. 9, 1. *küᶐram-s-is* caus. 2.

küᶐram-am pass., *tū-takatŭk Bilāli küᶐramánta* deine frau ist von Bilal geküßt worden.

küᶐram-s-am recipr. einander küßen.

Kárme subst. m. cadaba glandulosa (Schw.).

Kármu subst. f. iustitia nebolium (Schw.).

Karán nom. prop. m. loci, Keren der hauptort von Bogos.

Kerínte, kerínti subst. m. (Ty. ከረምቲ፡ G. ከረምት፡ id., s. §. 72) die periodische regenzeit (Juli bis October), winter.

Kerir v. 1 (Ar. خَرْ) meuchlings überfallen, feindlich angreifen, pf. *ákrir,* plqf. *íkrir,* präs. *akanrir, akarrir,* partic. *kírra,* nom. ag. *karir,* nom. act. *kerár* plur. *kerír.*

    se-karir caus., pf. *askarír,* plqf. *iskerír,* präs. *askarir,* partic. *sekárra,* nom. ag. *sekarir,* nom. act. *sekárroy.*

    et-, at-kerār, -karār pass., pf. *atkarár, akrár,* plqf. *itkerír,* präs. *atkarir,* part. *etkárra, kerára,* nom. act. *atkárroy.*

Karór plur. *-a* subst. f. (Bil. *qrórat,* Ga. *qarárā,* Ti. ቄራረት፡ قَارُوزَ) großer waßereimer aus thon; thonflasche.

Kerári plur. *kerárya* subst. m. (Bil. *kerár,* Ti. ከራሪ፡) grobgewebte matte aus zigenhaar oder aus dem bast der adansonia u. dgl. geflochten zur bekleidung der zeltwände oder als türvorhang verwendet.

Küerera heliophytum Steudneri (Schw.).

Karese die kamellaus (Mu.).

Káris, kars im norden, *kass* im süden, subst. m. (G. ከለሰ፡ ከነሰ፡ አለጸ፡ كَلَزَ كَلَزَ כָּנַם collegit, congessit, congregavit) gesammtheit, nur mit den possessiv. pronom. suffixen verbunden vorkommend, *ū-dháy kassús* »die menschheit, ire gesammtheit« alle welt, *hanín kassán* wir alle u. s. w., s. §. 156.

Kúrsi plur. *kúrsya* subst. m. (Ar. كُرْسِى) stul, seßel.

Kúrsin plur. *-a* subst. c. g. der reiher, ardea.

Keruwakruwati subst. f. solanum albicaule (Schw.).

Karay subst. m. pennisetum sp.; buccrosia Russelliana (Schw.).

Karáy plur. *karáy* subst. c. g. (Ti. ከራይ፡ id., G. ከራይ፡ fossor, hyänen graben leichname aus) die hyäne, hyaena crocuta 7, 1.

Keráy plur. *keráy* subst. m. lon, bezalung; s. *keri.*

Kísa subst. f. (Sa. 'Af. *kīs,* Ti. G. ኪስ፡ كِيسى) sack, beutel.

Kōs plur. -*a* subst. m. (Sa. *gáťá* plur. *gōz*, 'Af. *gáysā*, So. *gēs*, Ga. *gáfa*, Kaf. *gásō*, Go. *gásō* id.) horn, zan.

Kósa, *kúsa* und *hūs* plur. -*a* (cf. قَضَ قَرَضْ قَرْطِ قَرْطَ secuit, vgl. Kaf. *qōc* = G. **ቀርጸ** id.) das meßer.

Kŭása subst. f. (Ar. حِصَّة portio, cf. خَاصِيَّة proprietas) erb-schaft, angefallenes gut.

    kŭasā-s v. 2 caus. zum erben einsetzen, nom. act. *kŭa-sasána* der erblasser, testator.

    kŭasā-m pass. erben, erbe sein, — werden, nom. ag. *kŭasamána* der erbe, nom. act. *kŭasámti* die erbschaft.

Kūsi v. 1 (Ar. قَضَى determinavit; fecit, creavit; solvit debitum) meinen, etwas behaupten: schaffen, machen; zalen die schuld, imprt. *kúsya, kŭásya!* *ō-yafó kŭási-hēb* zale mir meine for-derung! 13, 6. 10. 22. pf. *á-uksi, ŭksi*, plqf. *ekŭás, okŭás* 26, 34. präs. *akŭansi* neg. *kŭ-uksi* 13, 12. 18; 14, 7. *nugús kátbōs okŭas-ĕb-ĕk ibábya* nachdem der könig mich zu sei-nem schreiber gemacht (ernannt) hatte, verreiste er. par-tic. *kúsya, kŭása,* nom. ag. *kŭási* und *kŭasána* schöpfer, *ū-kŭasanāyán* unser schöpfer, gott 44, 10. 12. 13. nom. act. *kūsúy* plur. *kŭsi.*

    se-kŭas caus., pf. *áskŭas*, plqf. *éskŭs*, präs. *askŭasi*, partic. *sekŭása*, nom. act. *sekŭasóy*. *ō-yafó sekŭási-hēb* laß mir meine forderung auszalen! 13, 16.

    et-, at-kŭasáy pass., pf. *atkŭasáy, akŭsáy*, plqf. *étkŭs*, präs. *atkŭasi*, partic. *étkŭsa, kŭsáya*, nom. act. *et-, at-kŭsóy*.

Kásala, Kássala nom. pr. loci, m. g., die stadt Kassala in Ge-daref, accus. *Kassaláb* 60, 7.

Kesál v. 1 intr. (Ar. كَسِلَ) träge, läßig, faul sein, pf. *aksál*, plqf. *éksila*, präs. *aksali, áksali*, partic. *eksála, kesála* (Ar. كَسُول), nom. ag. *keslána* (Ar. كَسْلَان) und *kásli* ein fau-lenzer, nom. act. *méksel*, subst. m. *kasál* faulheit, trägheit, läßigkeit, *aní kasál ábari* ich bin träge (habe trägheit).

Kísra subst. f. (Ar. كِسْرَة) brod.

Kass subst. gesammtheit; jeder, alles: s. *karis*.

Kasis subst. m. eine brodsorte: s. *gasis*.

Kesis v. 1 (Ar. خَتَشَ collegit, concinnavit) ein-, zusammenwickeln, -rollen, -legen, pf. *aksis*, plqf. *iksis*, präs. *akansis*,
partic. *kissa* oder *kesás*, nom. act. *kesûs* plur. *kesis*, subst.
f. *kissa* die rolle.

se-kasis caus., pf. *askasis*, plqf. *eskesís*, präs. *askasis*,
partic. *sekássa*, nom. act. *sekássoy*.

et-, *at-kesûs*, -*kasûs* pass., pf. *atkasûs* pass., *aksûs* refl.
(sich zusammenrollen z. b. die schlange), plqf. *etkesís*, präs.
atkasis, partic. *etkíssa*, refl. *kesása*, nom. act. *et-*, *at-kássoy*.

Kássala nom. pr. loci m.; s. *Kásala*.

Kisát plur. *kisata* subst. m. die ferse; s. *tikás*.

Kistán plur. -a subst. c. g. Christ, in Barka gebraucht, Ti. ከስ
ታን፡ G. ክርስቲያን፡

Kiš v. 1 (aus *kij* = G. ቄቀየ፡ id.) geizig sein, pf. *akíš*, plqf.
ekáš, präs. *ankíš*, partic. *kíša*, adj. *akíš* geizig, nom. act.
kāš, subst. f. *káši* geiz.

šō-kiš caus., pf. *ašôkiš*, plqf. *ešúkiš*, präs. *ašôkiš*, partic. *šôkiša*, nom. act. *šôkišóy*.

Kíša subst. c. g. sklave; s. *kíšya*.

Kíšo subst. f. (Bil. *qišót*, Ti. Ty. ቅስት፡) kleines dorf.

Kŭš v. 1 (G. ከስ፡ ሐስ፡ movere) bewegen, fortschaffen, -bringen,
pf. *akŭš*, plqf. *ikŭaš*, präs. *ankŭiš*, partic. *kŭša*, nom. act.
kŭāš plur. *kŭaš*, *kŭš*, nom. ag. *kŭáši* lastträger.

šō-kŭš caus., pf. *ašôkŭš*, plqf. *isúkŭš*, präs. *ašôkŭiš*,
partic. *šôkŭša*, *šôukša*, nom. act. *šôukšoy*, nom. ag. *šôkŭáši*.

ṭō-kŭāš pass., *kŭāš* refl. sich mühselig fortschleppen,
mit mühe gehen, pf. *aṭōkŭáš*, *akŭáš* (refl.), plqf. *eṭúkŭš*,
präs. *aṭōkŭiš*, partic. *ṭóukša*, refl. *kŭáša*, nom. act. *ṭóukšoy*.

kŭš v. 2 bewegen etc. wie *kŭš* v. 1. subst. m. *kŭšin*
und *kŭšin* plur. *kŭšna* (s. §. 351) der rürstock um die polenta umzurüren.

kŭš-iš caus., *kŭš·am* pass.

Kŭáša subst. m. beschneidung (Seetz.); s. *kŭš*.

Kŭšin subst. m. rŭrstock; s. *kŭš* v. 2.

Kišya und *kiša* subst. c. g. (s. §. 33, note 4) sklave, sklavin 8, 2; 15, 17. 22; 57, 13. 14; 61, 1.

    Kišéŋḍáwa = *kiš-end-ḍáwa* »sklaven-leute-stamm« nom. pr. des knechtestammes bei den Beni-Amer.

    Ellá-y kišy 'ár »die sŏne, nachkommen des sklaven Ella's« nom. pr. eines knechtestammes in Barka.

Kešiya subst. f. (cf. G. 𐌉𐌿ⵕ⵩ collum; s. §. 31) hals, nacken.

Kat plur. -a subst. f. (Nub. *kiḍ*) pfeife, tabakpfeife.

Ket v. 2 (cf. Bil. *kas, kes*, Qu. De. *kes*, Cha. *kiš*, Nub. *kŭt*, 𓉻 *ḫut*, 𓊋 *ḫuẓ* rein, klar, licht sein, 𓉿 *ḫut*, ꝗⲧ argentum) klar, rein, hell sein (himmel, waßer u. s. w.); partic. *kéta*, nom. act. *kétti*.

    kes-s caus., *ket-am* pass.

Keti v. 1 (Ar. خَتَا, خَتَى, خَطَأَ deposuit, So. *kat*) niderlegen, -setzen, pf. *ákti*, plqf. *ekát*, präs. *akanti*, partic. *kétya*, nom. act. *ketáy* plur. *kéti* (für *ketíy*, zu *é* s. §. 105), *aní hissó ákti* »ich legte meine stimme« ich schwig. *wō-hatáy kétya* lege, packe ab das pferd!

    se-kat caus., pf. *áskat*, plqf. *éskit*, präs. *askati, áskati*, partic. *sékata*, nom. act. *sekatóy*.

    et-, at-katáy pass., pf. *atkatáy*, plqf. *étkit*, präs. *atkati*, partic. *etkátya, katáya*, nom. act. *etkátyoy, etkatóy*.

Kŭáti adj. (s. §. 45, a) glücklich.

Kóte subst. m. das männchen vom agazen, antilope bubalis, das weibchen, die kuh davon heißt: *ō-kŏtít kŭa*.

Kŭt v. 1 (Ar. زَقَّ, زَقَّ, زَقَّ; s. §. 45, a) stoßen, stampfen, pf. *akŭt*, plqf. *íkŭt*, präs. *aṅkŭit, aṅgŭit*, partic. *kúta*, nom. ag. *kŭtána* stŏßel (beim mŏrser); schmid, *aštát kŭtána* silberschmid; nom. act. *kŭát* plur. *kŭát, kŭt*, subst. f. *kúta* stoß.

sö-kŭt caus., pf. *asókŭt*, plqf. *esŭkŭt*, präs. *asökŭit*, partic. *sŏkŭta*, *sóṵkta*, nom. act. *sóṵktóy*.

et-, *atö-kŭāt* pass., pf. *atökŭát*, plqf. *etŭkŭt*, präs. *atökŭit*, partic. *atókta*, nom. act. *atóktoy*.

Keta' v. 1 (Ar. قَطَعَ G. **ቀፀለ፡** קְצַע קָצַע) ab-, zerschneiden, -brechen, pf. *ákta'*, plqf. *ikta'*, präs. *akanti'*, partic. *kít'a*, nom. ag. *kát'i* (Ar. قَاطِع), *ket'ána*, nom. act. *ketŭ'* plur. *két'a*, subst. f. *kít'a* schnitt.

se-kata' caus., pf. *askatá'*, plqf. *ĭsketá'*, präs. *askati'*, partic. *sekát'a*, nom. act. *sekát'oy*.

et-, *at-katá'* pass., pf. *atkatá'*, plqf. *itketá'*, präs. *atkati'*, partic. *atkát'a*, *katá'a*, nom. act. *atkát'oy*.

Kŭta' v. 1 (cf. قَضِىَ comedit) verschlucken, -schlingen, pf. *a-ṵkt'a*, *ăkta'*, plqf. *iṵkta'*, präs. *akŭanti'*, partic. *kŭt'a*, nom. ag. *kŭát'i*, *kŭt'ána* verschlinger, gefräßig, nom. act. *kŭtŭ'* plur. *kŭtá'*, subst. f. *kŭt'a* fraß.

se-kŭata' caus., pf. *askŭatá'*, plqf. *ĭskŭtá'*, präs. *askŭati'*, partic. *sekŭát'a*, *s-ṵkát'a*, nom. act. *sekŭát'oy*.

et-, *at-kŭatá'* pass., pf. *atkŭatá'*, plqf. *etkŭtá'*, präs. *atkŭati'*, partic. *etkŭt'a*, nom. act. *etkŭt'oy*.

Ketib v. 1 (Ti. ከተበ፡ كَتَبَ) schreiben, pf. *áktib*, plqf. *iktib*, präs. *akantib*, partic. *kítba*, nom. ag. *kátbi* (Ar. كَاتِب), *ket-bána* schreiber, nom. act. *ketŭb* plur. *ketib*, aber auch *ketáb*, *katáb* plur. *ketáb*, *katáb* (44, 19 ff., cf. كَتَابَة descriptio), subst. f. *kítba* (Ar. كَتْبَة) beschäftigung mit schreiben.

se-katib caus., pf. *askatíb*, plqf. *isketíb*, präs. *askatib*, partic. *sekátba*, nom. ag. *sekátbi*, nom. act. *sekátboy*.

et-, *at-katāb* pass., pf. *atkatáb*, *aktáb*, plqf. *itketíb*, präs. *atkatib*, partic. *etkátba*, *ketába* (Ar. كَتَاب scriptum), nom. act. *etkátboy*.

en-, *an-katāb* social. beim schreiben behilflich sein, aber auch passiv wie oben, flexion ebenso wie oben; vgl. *Bilál ū-jawáb ani-deháy enkatáb* B. half mir den brief schreiben. *ün ū-jawáb Bilāli enkatáb* oder *etkatáb* dieser brief ist von B. geschrieben worden.

Ketim, in Barka bisweilen *keṭim* v. 1 (Sa. *kataw*, كَتَّمَ appropinquavit) erreichen ein zil, anlangen, ankommen, pf. *áktim* (und wegen *m* auch *áktum*, s. §. 88) 58, 14: 59, 6. plqf. *iktim, iktum*, präs. *akantim*, partic. *kítma* ankommend, nom. ag. *kátmi* ankömmling, nom. act. *ketúm* plur. *ketim*, subst. f. *kítma* zil, ankunft.

   se-katim caus. hinbringen, -füren, pf. *askatim* 20, 9. plqf. *isketim*, präs. *askatim*, partic. *sekátma*, nom. ag. *sekátmi* geleiter, fürer, nom. act. *sekátmoy*.

   s-ise-katim caus. 2 hinfüren laßen, pf. *asiskatim*, plqf. *isisketim*, präs. *asiskatim* u. s. w.

   et-, at-katām pass., hin-, herbeigeschafft werden, pf. *at-katám, -ketím* und *ketím*, plqf. *itketim*, präs. *atkatim*, partic. *etkátma, ketáma*, nom. act. *et-, at-kátmoy*.

Katám und *kútán* plur. *kútám, kútán* subst. m. (Ar. كَتَّان Ti. ተኻን፡ Ty. ተኻኺ፡ተ·ኺኺ፡ A. ተኻን፡ተኺን፡ Sa. 'Af. *tukán*, Bil. *tuǧñán*, Cha. *tuχñán*, Agm. *tuhán* id., s. §. 77, d) die wanze.

Katán plur. *kátna* subst. m. (Ar. قُطْن, s. §. 107) baumwolle.

Kítri plur. *kítriya* subst. f. (Ty. ቀጥሪ፡ Ti. ቀጥር፡ قُطْر) acacia asak (Schw.).

Ketrán plur. *kítran* subst. m. (Ar. قَطْرَان) fließiges harz.

Káttu subst. f. cissus quadrangularis (Schw.).

Kittán subst. m. (Ar. كِتَّان) leinwand.

Kaw, kaû I plur. *káwa* subst. m. (Ar. قَوّ) dürre, unfruchtbare, felsige erde, wüstenboden.

Kaw, kaû II plur. *káwa* subst. c. g. (Bil. *kóyā*) das perlhun, perdrix Erkelii, auch: *ō-malāl-it kaû* »wüstenhun«, *ō-rbá-yt kaû* »berghun« genannt. *tō-kaû-t 'ōr* das küchlein davon.

Kawíḍ plur. *káweḍa* subst. m. (Ti. ሸወጥ፡ G. ሰወጥ፡ s. §. 38) biegsamer stock, peitsche; schleuder (peitsche dazu verwendet).

Kawáni plur. *kawánya* subst. f. das äußere or, die ormuschel, das or.

Káy v. 1 refl. (Sa. 'Af. *ka, kī, kīn*, Bar. Ku. *kē*, Kaf. *hē*, Bil. *kūn*, Qu. *kū*, Cha. *kū*, Ti. Ty. G. ול׀ ، A. רו׀ ، כאן כין s. §. 33) werden, sein, pf. *a-káy* und verkürzt *á-ke* (aus *a-kē*), plqf. *ikata* und *ikte*, präs. *akati* und verkürzt *á-kati*. Ueber den gebrauch zum ausdruck der negirung des prädicats sowie des negativen perfects s. §. 142 u. 233.

Kūáy plur. *kūay* subst. m. das siben, sichten; das sib, cf. כְּבָרָה خَرْبَنَة cribrum und §. 33 und 45, b.

    kūay v. 2 siben, sichten, partic. *kūáya*, nom. act. *kūáyti*, subst. f. *kūayáni* plur. *kūayínya* sib.

    kūay-s caus., *kūay-am* pass.

Kúy v. 1 (So. *huwo*, Ga. *uwi*) ankleiden jemanden, pf. *ákūi* und *ákūe* (für *a-kūy*), plqf. *ikūa*, präs. *ankūi*, partic. *kúya*. Diese formen werden meist ersetzt durch die des causativ-reflexivs. nom. act. *kūy* plur. *kūy, kūi, kūe*.

    kūāy refl. sich kleiden, ein kleid anziehen, pf. *akūáy*, plqf. *itkūe*, präs. *átkūe, átkūi*, im norden: *étkūi* (für *a-, e-t-kūi, -kūiy*), negat. *kákūi, kitkūáya* u. s. w., pf. negat. *akūáy káke, kitkūáy kítta, kíkūáy kike* u. s. w., nom. act., subst. m. *mákūi, mikūe* das sich bekleiden; anzug, kleid.

    se-tauk, se-ták (für *se-t-kūa*) caus.-refl. bekleiden, ein kleid geben, pf. *ásták*, plqf. *éstuka*, präs. *astekūi*, part. *setāka*, nom. act. *setákóy*.

    s-is-tauk caus. 2 bekleiden laßen, pf. *asisták* u. s. w.

    et-it-kūāy pass. bekleidet werden, pf. *atitkūáy*, plqf. *etitkūa*, präs. *atitkūáy* (für *atitkūaiy*) und verkürzt *atitkūe, atitkūi*. Diese formen im Barka; bei den Halenga aber die regelmäßigeren:

    atō-kūāy pass., pf. *atōkūáy*, plqf. *etūkūi*, präs. *atōkūi*, partic. *atōkūya* und *kūáya*, nom. act. *atōkūyóy*.

amō-kŭáy social. ankleiden helfen, bei den Hadendáwa auch passivisch gebraucht für *atōkŭāy*, flexion diesem gleich.

Kŭáya subst. c. g. (Ti. G. ሀልኣ፡ Ty. ሀልኣይ፡ alter, secundus, socius, *y* = *l* s. §. 33) kamerad, genosse, gefärte, freund; freundschaft, *Bilál kŭāyáyū* B. ist mein genosse. *Biláli geb kŭāyát kábari* ich habe mit Bilal keine gemeinschaft. *kŭāyá-y-t gibaláy* der zweite, der goldfinger; vgl. §. 149, b.

Kye und *jye, je* subst. f. waßerschlange.

L.

Lā' I plur. *la'* subst. f. (Bar. *la*, نُؤُل Ti. A. G. ለዐ፡) perle.

Lā' II plur. *la'* subst. m. (ist nom. act. einer ungebr. radix *la'*, verkürzt aus G. ፈሠዐ፡ لَنَّ, vgl. a. Bil. s. v. *lehungŭá*) fett, schmalz, butter, die frische weiße butter, wie sie zum bestreichen der haare verwendet wird. *lā' hadál* trübe, geschmolzene, zerlaßene butter zum schmalzen der speisen verwendet.

la'-as, l'-as v. 2 caus. salben, mit fett bestreichen (die haare); schmalzen die speise. nom. act. *lá'sti*, subst. f. *lá'say* die pomade, partic. *lá'a, l'a* fett, *tŭ-'a le'átu* die milch ist fett.

la'-s-is caus. 2 salben laßen, *la'-am, l'-am* pass. gesalbt, eingefettet werden. *ū-girmŭk Biláli l'ámya* dein haupt ward von B. gesalbt.

la'-m-s pass.-caus. machen daß eingefettet, gesalbt werde, partic. und subst. m. *l'ámsa* milch oder butter über die polenta gegossen, schmalz.

la'-s-am recipr. einander einfetten, die haare mit butter bestreichen.

Lā' III subst. m. (für *hlā'*, cf. Sa. *qala'ó* קָרַח id.) kälte; s. §. 51.

la' v. 2 kalt, kŭl sein, partic. *l'a* kalt, *aní l'ábu* ich bin kalt, ich friere. subst. f. *l'ánay* kälte.

lĕ'-as caus. kŭl, frisch machen (der regen, wind), ab-kŭlen.

Lĕ'ab v. 1 (cf. Ti. ሰሐበ፡ G. ሰሐበ፡ سَحَبَ כְּהַב id.) ziehen, herausziehen (das schwert u. dgl.), pf. *ál'ab*, plqf. *il'ub*, präs. *alan'ib*, partic. *lá'ba*, nom. act. *le'úb* plur. *le'áb* und *le'úb*.

Lĕ'id plur. -a subst. m., mit dem artikel *ú-l'id* ast, zweig, *lad* (Mu.) id.

Lĕb plur. -a subst. f. (Ga. *lábbe*, Ti. G. ልቢ፡ لِب s. §. 96, c) bauch, magen; herz.

Lob bachrinne (Mu.).

Lablab v. 2 (Ti. ለብለበ፡) plappern, gedankenlos schwazen, nom. ag. *lablabána*, nom. act. *lablábti*.

Libán plur. *libán* subst. m. (Ar. لُبَان לְבֹנָה) weihrauch.

Láfe, *náfe* subst. f. korb; s. *aláfi*.

Lif, alif plur. -a subst. m. (Ar. أَلْف) tausend; s. §. 76 u. 149, h.

Lifi v. 2 (Ar. لَقَّ id.) einwickeln, präs. *lify-ani*, partic. *lifya*, nom. act. *lifiti*, caus. *lifi-s*, pass. *lifim*.

Lága subst. c. g. (Ti. ለጋ፡ Sa.'Af. *rugá*) das kalb 19, 1 ff.

Lági plur. *lágya* subst. f. (*lagi* aus *lagē*, *lagay* = Bil. *langar*, Agm. *langad*, Ti. A. G. ነገደ፡ reisen, መንገድ፡ weg) der weg, *tú-lagi Kassalá-y deháy gămáddu* der weg nach Kassala ist lang. *tú-yīn lági gūdát* (oder *gūdát lagit*) *sákna* wir sind heute einen großen (weiten) weg gegangen.

Legúmi adj. (Ti. ለጉም፡) stumm.

Lejám plur. *lejám* subst. m. (Ar. لِجَام) zügel, *ú-ljám* der zügel, *wō-hatáy-i lejám* zügel für das pferd.

    lejam v. 2 den zügel anlegen, nom. act. *lejámti*.

    lejam-s caus., *lejam-am* pass. aufgezäumt werden, *wū-hatáyū Biláli lejamámya* mein pferd wurde von Bilal aufgezäumt.

Leh I v. 2 (s. Sa. *láh* II) krank sein, — werden, *léh-ani* und *élh-ani* ich werde krank 56, 12. 17. partic., adj. *lĕha* (zu *é*

s. §. 105) oder *élha* krank. *aní lehábu* ich bin krank. nom.
act. *leháti*, subst. f. *lehanáy* krankheit. *ani tŭ-lhanáy* (und
tŭ-lehanáy) *gŭdátu* (34, 31) meine krankheit ist schwer. *Bi-
lāl-i-t lehanáy gŭdát kitte* Bilals krankheit ist nicht schwer.
leh-as, *-is* caus. krank machen.

Leh II plur. *lĕh-a* subst. m. (Sa. 'Af. *lōh*, Ti. ሱኅ፡ G. ሎሕ፡
ዞገ ﻟﻮﺡ) tafel, brett, laden 62, 13; accus. *leháb*. Ueber ĕ
in *leh* zu *lōh* s. §. 95 und zu *é* in *lĕha* §. 105.

Lĕha subst. m. (A. ኔ፡ G. ኔ፡ Ty. ኔ፡ id., vgl. נֶגְהָה) der
morgen, *lehá-y-t* oder *lehá-y*, verkürzt *lehé-y*, *lehá-y*, *lehi*,
lehi-t am morgen, morgen (§. 132 und 134, b) 40, 9; 52, 23 ff.
leháyt bitká-y-t und verkürzt — *bítkayt*, oder *leháyt bākáy*,
— *bàka* (s. *bākáy*) übermorgen.

Lehi v. 1 (Ar. ﻟﻘﻰ) abschälen, -rinden, pf. *álhi*, plqf. *iláh*,
präs. *alanhí*, *alánhi*, partic. *líhya*, nom. act. *leháy* plur. *léhi*
(für *lehíy*).

se-lah caus., pf. *áslah*, plqf. *islah*, präs. *aslahi*, partic.
seláha, nom. act. *selahóy*.

et-laháy pass. abgeschält werden, intrans. *laháy* kal
werden, pf. *atlaháy*, *aláháy*, plqf. *étlah*, präs. *atlahi*, partic.
étlaha abgeschält, adj. *leháy* kal, kalköpfig (cf. G. ልሕይ፡
nitidus), nom. act. *etlahóy*, subst. f. *melháy* kalheit, kal-
köpfigkeit.

leh v. 2 kal, abgerundet sein, *léhani* ich bin kal (zu
é s. §. 105), part. *léhu* = obigem *leháy* kal, nom. act. *leháti*.
leh-as caus. abschälen, kal machen. *leh-as-is* caus. 2.

Lŭh coelorrhachis hirsuta (Schw.).

Lehák plur. *lehák* subst. f. (s. *hanák* und §. 77, a), nebenform
telhák (s. d.) der gaumen.

Lehúmbo subst. e. g. die graugrüne meerkatze, cercopithecus
griseo-viridis Desm.

Lehas v. 1 (Ti. ላሕስ፡ G. ላሕሰ፡ ﻟﺤﺲ לָחַשׁ) lecken, pf. *álhas*,
plqf. *ilhas*, präs. *alanhis*, partic. *lehása*, nom. act. *lehús* plur.

lehás, subst. m. *málhas* plur. *-a* (Ti. Ty. መልሐስ᎓) zunge, §. 305.

    se-lhas caus., pf. *aslehás,* plqf. *īslehás,* präs. *aslahis,* partic. *selhása,* nom. act. *selhasóy.*

    te-lhās pass., pf. *atelhás,* plqf. *itelhás,* präs. *atlahis* und *atalhis,* partic. *telhása, lehása,* nom. act. *etelhásoy, etlehásoy, telhásoy.*

Leki v. 1 (G. ለሐየ᎓ pulchrum esse, §. 36; vgl. Ar. خَلَى id., חֲלִי خَلَى muudus muliebris) schmuckgegenstände wie halsgeschmeide, arm- oder fußspangen, fingerringe, feinen schleier u. s. w. seiner frau oder braut schenken, pf. *álki,* plqf. *ilak,* präs. *alanki, alánki,* partic. *likya,* nom. act. *leküy* plur. *léki* (für *lekíy*).

    se-lak caus., pf. *áslak,* plqf. *islak,* präs. *aslakí,* partic. *seláka,* nom. act. *selakóy.*

    et-lakāy pass., pf. *atlakáy,* plqf. *étlak,* präs. *atlakí,* partic. *étlaka,* nom. act. *etlakóy.*

    lakāy refl. sich schmücken, pf. *alkáy,* plqf. und präs. wie im passiv, partic. *lekáya,* nom. act., subst. f. *melkáy* und subst. m. *lakáy* plur. *lakáy* frauenschmuck.

    lakay v. 2 das was *leki* v. 1, nom. act. *lakáyti, lakéti.*

    lakay-s, lakē-s caus., nom. act. *lakésti.*

    lakē-m pass. und refl., nom. act. *lakémti,* subst. f. *lakéme = lakáy.*

Lik v. 1 (So. *raq,* לָחַךְ לְחֵךְ לְחֵךְ) schlürfen, lecken, trinken wie der hund, schlürfend einziehen, pf. *alík,* plqf. *ilik,* präs. *anlik, allik, alnik,* partic. *líka,* nom. act. *lūk* plur. *lak.*

    lak v. 2 das was *lik,* präs. *lák-ani,* pf. *lak-án* 29, 6. 8. plqf. *láki,* partic. *láka,* nom. act. *lákti.*

    lak-s caus., pass. *lak-am.*

Luk i. e. *lekū* plur. *lúka* subst. m. ('Af. *rugá,* Cha. *roqúá* id., s. a. oben s. v. *dĕkūa*) thon, lem.

Lekik v. 1 (Ti. ለቀ᎓) verlieren, -legen, pf. *álkik,* plqf. *ilkik,* präs. *alankik*, partic. *likka*, nom. ag. *lakik*, nom. act. *lekûk* plur. *lekík*.

 se-lakik caus., pf. *aslakik*, plqf. *islekík*, präs. *aslakik*, partic. *sélkika*, nom. act. *selkikóy*.

 et-lakāk pass., pf. *atlakák*, *alkâk*, plqf. *itlekik*, präs. *atlakik*, partic. *etlákka*, *lekáka*, nom. act. *etlákkoy*.

Lekit v. 1 (Ti. ለቀተ፡) auflesen, aufklauben, körner vom boden auflesen (der vogel), pf. *álkit*, plqf. *ilkit*, präs. *alankit*, partic. *lékita*, nom. ag. *lákti*, nom. act. *lekút* plur. *lekít*, subst. m. *lakát* plur. *lakát* sammlung, auflese.

 se-lakit caus., *etlakāt* pass., flexion wie das caus. und pass. von *lekik*.

 lakat v. 2 das was *lekit* v. 1, caus. *lakas-s*, pass. *lakat-am*.

Lakûáy, *lákáy* plur. *läkaya* subst. m. stock, stecken, das was *kûáláy*; s. *kûl*.

Lála anaphrenium abessinicum (Schw.).

Lále subst. f. (Ti. Ty. A. G. ላለ፡) der falke, milvus parasiticus d. w. *hambilúlina* s. d., *ani lalét agíd* ich habe einen falken geschoßen.

Lálo subst. f. der flaschenkürbis, cucurbita lagenaria L.

Lál plur. *lal*, *lil* subst. m. (Sa. *lāl* id.) gesang der frauen.

 lil v. 2 (Ti. እለ፡ለ፡ Bil. *ilil* y) den gesang anstimmen zur freude, begrüßung oder zur klage.

Lil I v. 2 besingen; s. *lál*.

Lil II v. 2 (für *lihl[ih]*? cf. G. ለሕለሕ፡ humidum esse, לח humidus) naß, feucht, fließig sein, partic. *lila* feucht, flüßig, nom. act. *lílti*.

 lil-s caus. benetzen, -gießen.

Líli, *líle* subst. f. (cf. Ga. *lāl*, *ilál*, Sa. 'Af. So. *ilāl*, Bil. *alal*, Ti. G. ዐለለ፡ schauen) das auge, *tö-liliti 'ör* die pupille.

Lûl plur. *lil* und *lúla* subst. m. (vgl. Ti. ለ፡ለ፡ G. ለወለ፡, Bil. *lawál* herumwinden, binden) seil, strick; subst. f. faden, saite.

Lalúnkŭe, lalúnki, lalúnkȧ = *lakúnkŭa* subst. c. g. (vgl. Bari *lolok* id.) 1) pavian, der mantelpavian, hamadryas. 2) affe überhaupt.

Loliš und *noliš* plur. *lólša, nólša* subst. c. g. katze, kater.

Lām I subst. m. wissenschaft; s. *alám*.

Lām II plur. -*a* subst. f. (cf. לֶחֶם speise) malzeit.

Láma adv. (Ar. لَ‍ nondum; s. §. 96) vergeblich, nein.

Lēma subst. m. (Sa. *ilmā*, Nub. *elúm*, Ti. አለም፡) krokodil.

Lēmi plur. *lémya* subst. m. fang, raub.

     lemi v. 2 (Ar. لَ‍ totam cepit rem) alles zusammenraffen, ganz ausplündern, präs. *lémy-ani*, pf. -*an*, plqf. *lémi*, nom. act. *lemíti*, nom. ag. *lemy-ána*.

     lemi-s caus., *lemi-m* pass.

Lūm plur. -*a* und *lim* subst. m. (Ar. رُزْم) steiß, podex.

Lúmi plur. *lúmya* subst. f. (für *lumy, leng* = Agm. *lañā* finger, hand, *u* in *lúmi* für *e* wegen folgendem *m*) finger; s. a. *lingo*.

Lambere subst. f. iatropha lobata (Schw.).

Lemid v. 1 (Ty. ለመደ፡ ልመድ፡ id., لَمِذَ se submisit alicui) lernen, pf. *álmid*, plqf. *ilmed*, präs. *alammid*, partic. *límda*, nom. ag. *lámdi, lemdána* schüler, jünger, nom. act. *lemúd* plur. *lemíd*, subst. f. *límda* gewonheit, sitte (Ti. ልምድ፡).

     se-lamid caus. leren, unterweisen, zämen, gewönen, pf. *aslamíd*, plqf. *islemíd*, präs. *aslamíd*, partic. *selámda*, nom. ag. *selámdi, selamdána* lerer, nom. act. *selámdoy*.

Lūmhanyid pl. -*a* subst. f. puppe, raupe; s. *hayid* I.

Lemún plur. -*a* subst. m. (Ar. لَيْمُون) lemonie, citrone.

Lemne subst. f. orring (Lin.).

Limsa adj. (Ti. ለምደ፡ G. ለመደ፡ لبيس) fein, zart, weich, glatt, *aní limsábu* ich bin von zarter haut.

Lénda subst. m. (Qu. *lemdȧ*) der schatten.

Léngŭa subst. f. (aus *en-, me-legŭa* = مَلأَكَة legatio, s. §. 71) sendung, nachricht, botschaft; auch subst. m. bote, gesandter.

     lengŭ-m v. 2 refl. sich eines boten bedienen, senden,

schicken, *ani Abdalláb Biláli deháy lengúmán* ich schickte Abdallah zu Bilal.

lengŭ-m-s refl.-caus. senden laßen.

lengŭ-m-am refl.-pass. gesendet werden.

Lingo subst. f. (So. *lang, laú,* Ga. *ḍanqú*) ast, zweig; s. *lámi.*

Lengig subst. m. der leopard (Mu.).

Léso subst. m. (Ar. نَشَا רֵשְׁיָא id., s. §. 12, a und 105) wolke.

Láse subst. m. die pflugschar.

Lesig v. 1 rad. inus. (Ar. أَصِقَ adhaesit).

láseg intens. ankleben, angeklebt, verklebt sein mit etwas, pf. *aláseg,* plqf. *ilseg,* präs. *élsīg,* partic. *lásga,* nom. act. *lisge.*

Lāt, rāt plur. *lat, rat* subst. f. (Ga. *lat* grünen, sproßen, *latú* blume, sprößling, Sa.'Af. *dat, daḍ, daḷ* grünen, *daḷá* blatt, baumblatt, ⌒ ⦚ *red,* ⲣⲱⲧ germinare, ⲡⲟϯ planta) blatt, baumblatt, *ō-gúadit lāt* augendeckel, augenlid.

Litnin der montag; s. *eletnén.*

Law, laú v. 2 (cf. ⲗ-ⲗ ⲙ ꞉ für ⲗ ⲙ-ⲗ ⲙ ꞉ refulgere facere) erscheinen, zum vorschein kommen, sichtbar werden.

Láú partik. (Ar. ⹌) nein, eigentlich: es ist nicht. *láú di* nein sagen, verneinen, abschlagen die bitte, nicht gestatten.

Léw, léú plur. *léwa* subst. f. (für *lehu* = Ar. نَحَّ) die seite.

Luw v. 1 (für *lehw,* G. ⲗⲟⲩⲛ ꞉ לְהַב) brennen, verbrennen etwas, anzünden, pf. *alúw,* plqf. *iluw,* präs. *anliú, alliú,* part. *lúwa,* nom. act. *láú* plur. *laú,* subst. f. *lúwa* brand.

sō-luw caus., pf. *asóluw,* plqf. *isúluw,* präs. *asōliú,* partic. *sólwa,* nom. act. *sólwoy.*

tō-láú pass., pf. *atōláú, a-láú,* plqf. *etúluw,* präs. *atōliú,* partic. *etólwa,* nom. act. *tólwoy.*

Luwi v. 2 (G. ⲗ ⲙ ⲡ ꞉ لَوَى id., s. *lifi*) zusammenwickeln, -drehen, flechten, pf. *áluwi,* plqf. *iláú,* präs. *alanwi, alawwi,* partic. *lúwya, láwa,* nom. act. *luwáy* plur. *lúwi.*

se-laû caus., pf. *áslaû*, plqf. *ísluw*, präs. *aslawi*, partic. *seláwa*, nom. act. *seláwoy*.

et-lawáy pass., pf. *atlawáy, alwáy*, plqf. *étluw*, präs. *atlawi*, partic. *etláña, lawáya*, nom. act. *etlawóy*.

Luwiw, luwuw v. 1 (G. ᎈᎣᎥ꞉ Ti. ᎈᎣ꞉ Bil. *laû*) einen kreis beschreiben, kreisen, sich rasch im kreise herumdrehen, ist ein iterativ von einer radix *luw;* pf. *álwuw*, plqf. *ílwuw*, präs. *alanwiw, alaûwiw*, partic. *lúwwa*, nom. act. *luwúw* plur. *luwúw*, subst. f. *lúwwa* und *luwáw* kreisende bewegung.

se-lawuw caus., pf. *aslawúw*, plqf. *ísluwúw*, präs. *aslawiw*, partic. *seláûwa*, nom. act. *seláûwoy*.

et-lawáw pass., pf. *atlawáw, alwáû*, plqf. *etlúwuw*, präs. *atlawiû*, partic. *etláûwa, luwáwa*, nom. act. *etláûwoy*.

M.

M-, ma-, mi-, me- nominalpräfix, s. §. 305 und 358.

Mē, mī subst. m. (aus *may, mar, mard* = بَرَد בָּרָד, s. §. 33. 68 und 75) hagel, hagelkorn.

Ma' I subst. f. pl. (vgl. So. *nag* frau, cf. G. ᎤᎣᎥ꞉ und §. 70) weiber, gattinen 6, 5. 11; 8, 4; 47, 22. 30 u. a.; plur. zu *takát* gattin, s. d.

Ma' II v. defect. (Ti. G. ᎂᎥ꞉ Ty. ᎂ꞉ veni! ᎈ *na'*, ꞯꞟꝋꞏ venire; s. §. 70 und Bil. s. v. *láhû*) kommen, nur imperat. *má'-a* fem. *-ay* plur. *-ána!* 11, 3; 12, 9; 14, 9. 15 ff. u. a. *hay-má'a* bring! (nimm und komme!) 50, 32; 58, 7; s. a. *ahay*.

Mū' plur. *mi'* subst. m. (Ar. مَيّ مَبّ G. ᎠᎣᎥ꞉ Cha. *maw* liquidum, humidum esse) feuchtigkeit, näße.

mi' v. 2 feucht, naß, flüßig sein, nom. act. *mi'ti*.

mi'-s caus. aufeuchten, benetzen, nom. act. *místi*.

mi'-am pass. feucht, naß werden, partic. *mi'ama* naß, feucht, befeuchtet, nom. act. *mi'ámti*.

Ma'afáy plur. *ma'afáy* subst. f. (Ti. ᎂᎤᎤᎥ꞉ id., cf. مَعَافَة

n. act. zu عفا III incolumem servavit) vorsteckring, um den auf dem gleichen finger befindlichen sigelring zu befestigen und vor verloren gehen zu sichern.

Me'áli, m'áli plur. *m'álya* subst. c. g. (Sa. *bállō* für *ba'lō* id., Ar. مَعَالى nobilitas, مَعَال altus) schwager, schwägerin; sie stehen bei den ehegatten in besonderer auszeichnung und ire ratschläge sind maßgebend.

Má'mer subst. m. matte für melansammlung; s. *mámer*.

Me'amát subst. f. die faust; s. *amit*.

Me'áre subst. f. speise, narung; durra; s. *'ār*.

Ma'át subst. m. fußfärte, spur; s. *'at*.

Má'wad plur. *má'uda* subst. m. (Ar. مِغْوَز) das werktags-, alltagskleid, die futa, das leibtuch.

Me'óy plur. -a subst. m., mit dem artikel *ú-m'oy* (aus *ma' + ōy*, s. §. 292; cf. مَعْق) ein großer schöpflöffel.

Mbalik amaranthus graecizans; s. *embalik*.

Mébrad, emberád plur. -a subst. m. (Ar. مَبْرَد) die feile.

Mberés subst. m. calotropis procera; s. *emberés*.

Mid plur. -a subst. m. (cf. 'Af. *buḍḍé* id., *māl* coire) das männliche schamglid 68, 18; 69, 6. *ō-mid-it 'ōr* testiculus, *ó-mīd-i gírma* glans penis, *ó-mīdi yam* semen virile.

Mída subst. m. zunge; s. *mídala*.

Mūd plur. -a subst. m. (Ar. مَد مُدّ‎, מַדָּה מֹדָה‎, s. §. 96, c) scheffel, maß zum meßen von getreide, *aní tamín múda harrób ádlib* ich kaufte zehn metzen durra. Ein *mūd* enthält zwei *gadáh*.

Medid v. 1 (G. ᎣᎷᎺᎻᏗ مَزْمَز مَثْمَثُ مَكُّ مُشْمُشُ مَشَّ abstergere, detergere) scheren, abrasiren die kopfhaare, pf. *ámdid*, plqf. *imdid*, präs. *amandid*, partic. *mídda, medíd*, nom. ag. *madíd, meddína* barbier, friseur, nom. act. *medíd* plur. *medíd*, subst. f. *mídda* friseurdienst.

    se-madíd caus., pf. *asmadíd*, plqf. *ismedíd*, präs. *asmadíd*, partic. *semádda*, nom. act. *semáddoy*.

et-madād pass., pf. *atmadád, amdád*, plqf. *itmedíd*, präs. *atmadíd*, partic. *etmádda, medáda* rasirt, nom. act. *etmáddoy*.

Midád plur. *midád* subst. f. (Ar. مِدَاد norma, modus) zeit, *wō-'ašá-yt midádi* zur zeit der 'ischa 14, 18.

Mádfa plur. *madáfe* subst. m. (A. መድፋ፡ G. መድፍዕ፡ مِدْفَع) kanone 57, 12.

Madágga subst. f. (Ar. مَدَقَّة) tenne, dreschplatz.

Mídala bei den Hal. und BA., *mída* bei den Had. und Bisch., subst. m. (Bil. *nesalá*, Ti. ንስላ፡ id., s. §. 7 und 70) die zunge.

Madína subst. f. (Ar. مَدِينَة urbs) 1) stadt. 2) nom. prop. f. 60, 4; 61, 2. 7.

Mádna subst. f. (Ar. مَأْذَنَة) turm, minaret.

Midán plur. *midán* subst. f. die wage; s. *misán*.

Mudír plur. *-a* subst. m. (Ar. مُدِير) bezirkshauptmann, verweser eines bezirkes.

mudíriya subst. f. bezirk, bezirksverwaltung 15, 34.

Méḍba, míḍba subst. f. leichentuch; s. *ḍib* II.

Maḍáḍ adj. froh, heiter (A.), vgl. ضَبَاضِب gracilis, agilis.

Máḍḍeḍ für *maḍbā-t* schwert; s. *embáḍ*.

Maḍam subst. f. bett, matraze (A.).

Mafáda subst. f. (Ti. ማሕፈደት፡ Vulg.-Ar. مَحْفَظَة) tasche, schreibmappe; geldtasche, brieftasche, börse.

Meftáh subst. m. schlüßel; s. *fetah*.

Mig rad. inus. (Ga. *mág, magū* schlecht sein, Sa. *bah*, Qu. *báhū* faul, stinkend, moralisch schlecht werden, — sein, G. በጐ· በጐ፡ putrescere, מַק putredo) stinken, schlecht, böse sein.

sō-mig caus. schlechtes zufügen, betriegen, betören, pf. *asómig*, plqf. *isúmig*, präs. *asōmig* (partic. *sógma*, nom. act. *sógmoy*; s. *gim*).

māg refl. schlecht, böse werden, in bösen leumund kommen, berüchtigt werden, pf. *amág*, plqf. *ítmeg*, präs. *at-*,

et-míg, partic. und adj. *amág* schlecht, nom. act., subst. f.
mamég = subst. m. *máge* schlechtigkeit.

 sō-mág caus.-refl. schlecht machen, verschlechtern, pf.
asōmág, plqf. *īsúmig*, präs. *asōmíg* u. s. w.

Máge subst. m. hals (A.); s. *mōk*.

Mágūa subst. f. (Bil. Qu. *bokū-ána*) wolke, regenwolke.

Mágūel plur. *mágūla* subst. m. (cf. مَاجَل stagnum, piscina) die
tränke, waßerbasin für vihtränke.

Mógūálo nom. pr. l. in Barka 39, 6.

Mágreb subst. m. der abend; s. *garíb*.

Mugráf subst. m. trinkbecher; s. *gūráf*.

Mjafár subst. f. vipernspezies; s. *emjafár*.

Mah und *máha* subst. m. (Sa. 'Af. *māh* id., cf. ⳉⲙ *meḥ*,
ⲙⲟⲩ illuminari, vgl. a. G. 𐩤𐩥𐩱ⷽ illucescere, 𐩤𐩥𐩱ⷽ tempus
matutinum; s. a. *léha*) der morgen; sonnenaufgang, osten,
mit dem artikel *ú-mha* 15, 33; 40, 3. 4; 41, 19; 68, 13.
19; 69, 8. *ná-mha* welcher morgen? welcher tag? wann?
s. §. 189.

 mah, meh v. 2 morgen werden, tagen, anbrechen der
tag; am morgen sein, den morgen zubringen, *šō-mha!* oder
šebób ámha (für *máha*) guten morgen! bringe den morgen
gut zu! *šebób ámhan* ich habe einen glücklichen morgen
gehabt. *ó-mh-i* am morgen, des morgens.

 meh-is caus. den morgen über jemanden beschäftigen,
am morgen empfangen.

Mehi v. 1 (Ti. በቀአ፡ بَقَا بَاغَ) bleiben, sich aufhalten; zurück-,
übrigbleiben, pf. *ámhi*, plqf. *emíh*, präs. *amanhí*, partic.
mihya, nom. act. *mehúy* plur. *mehíy*, *méhi* 12, 8; 22, 1;
40, 14. subst. f. *míhe*, mit dem artikel *tú-mhe* überbleibsel,
rest; die nachgeburt, secundae partus.

 se-mah caus. bleiben laßen; zurücklaßen, pf. *ásmah*,
plqf. *ísmeh*, präs. *asmahí*, partic. *semáha*, nom. act. *semahúy*.

Mih rad. inus. (vgl. So. *bago* erschrecken, Bil. *baǧáǧā* schreck).

mah v. intrans. erschrecken; aus dem schlaf plötzlich mit schreck erwachen, pf. *amáh* und *ámha*, plqf. *imha,* präs. *ĕmhi*, partic. *máha* erschreckt, erschrocken, aufgeschreckt, nom. act. *mĕhi*, subst. f. *máha* schreck.

sŏ-mah caus. erschrecken jemanden, pf. *asŏmáh, asŏmha,* plqf. *esámih, esámhi*, präs. *asŏmáhī*, partic. *sŏmáha*, nom. act. *sŏmáhoy.*

tŏ-, etŏ-mah pass., pf. *atŏmáh* oder *atŏmha*, plqf. *etúmih, etúmhi*, präs. *atŏmáhī*, partic. *etŏmha*, nom. act. *etŏmhoy.*

Móha nom. pr. loci m. stadt Mocha in Arabien, mit dem artikel *ú-mha* 55, 13. 14.

Mohi v. 1 (für *wáhi*, G. **ഗⷱⷭⷱⷮ:** punire, animadvertere; vgl. Bar. *maki* streiten) beschuldigen, auszanken, nom. act. *móhya.* *áne amohitók* ich muß dich ausschelten.

moyáy intrans. zornig sein, verdrießlich sein über, sich beklagen, pf. *amoyáy*, plqf. *imúy*, präs. *amoyí*, partic. *móya*, nom. ag. *moyána* (für *mohy·ána*) jammerer.

Muh, mehŭ v. 2 (A. **ⷫⷭⷱ:** id., G. **ⷫⷭⷱⷦ:** proficere, s. §. 48 und 68) genügen, hinlänglich, genug sein, partic. *múha*, nom. act. *múkti*, mit dem artikel *ú-mhŭti.*

Mehábre, emhábre subst. m. (Ti. G. **ⷯⷰⷫⷠⷦⷬ:**) die gemeindeversammlung, beratung der stimmberechtigten männer der gemeinde, *ū-mhábre galalámya* der rat versammelte sich. *ū-mhábre fartakámya* der rat ging auseinander.

Muháda subst. f. (Ar. مَخَاضَة‎) die furt.

Mehad v. 1 herausziehen; s. *mehal.*

Mehádda, muhádda subst. f. (Ar. مِخَدَّة‎) das kissen, der polster, mit dem artikel *tū-mhádda.*

Mehag v. 1 (Ar. مَحَقَ‎ מְחָא מְחָק מָחָה) ab-, wegwischen, auskeren, fegen, pf. *ámhag*, plqf. *imhag*, präs. *amanhig*, partic. *meháya*, nom. ag. *máhegi*, nom. act. *mehúg* plur. *mehág*, subst.

f. *mehága* putzerei, subst. m. *mamhág, memhág* plur. *mám-hag* der kerwisch, besen.

     se-mhag caus., pf. *asémhag*, plqf. *isémhag*, präs. *asmahíg*, partic. *sémhaga*, nom. act. *semhagóy*.

     et-mehág pass., pf. *atmehág*, plqf. *itmehíg*, präs. *atmahíg*, partic. *etmégha*, nom. act. *etméghoy*.

Mehákûel, emhákûel subst. m. (Ar. مُحَاقِل sata, arva consita) die weite ebene südlich von Suakin; der süden 62, 5.

Mehal neben seltenem *mehad* v. 1 (Ar. مُحَط مُحَط id., s. §. 13; vgl. Sa. *malah*, G. መለኀ፡ مَلَغ extrahere) herausziehen, ausziehen, -breiten, flexion wie bei *mehag*. Subst. m. *mamhál* plur. *mámhal* instrument zum herausziehen, korkzieher u. s. w., auch als nom. act. gebraucht, wie in 16, 21.

     mehal und *emhal, amhal* v. 2 (vom infinit. *mehál* plur. *mehál*) herausziehen u. s. w. 12, 24; 29, 2.

     mehal-s caus., *mehal-am* pass.

Mehél, emhél plur. -a subst. m. (Ar. مُحَال bonitas visus, جِيلَة remedium, حَال mutatus fuit in alium statum) arzenei, heilmittel 25, 1; mit dem artikel *ú-mhēl*.

     emhēl v. 2 heilen, einen kranken pflegen 56, 14 ff. nom. ag. *emhēlána, mehél-kena* (wie Ti. በለሰ፡ፙረይ፡) arzt, nom. act. *emhélti* heilung, pflege des kranken.

     emhēl-s caus., *emhēl-am* pass.

Mahalág plur. *mehálaga* subst. m. (Ar. مُحَلِّغ) geld 48, 33 ff.

Mehin plur. -a subst. m. (Ty. ፞ምፂን፡፞ምፂን፡ G. መሂን፡ مَكَان id., s. *hān* I und §. 48 und 92) ort, stätte, mit dem artikel *ú-mhīn* 8, 6; 15, 5; 16, 20 u. a. *ná-mhīn, ná-mhīn-i* wo? wohin? woher? 8, 11; 14, 30; 15, 26 u. a. und §. 190.

Mahare gymnanthelia lanigera (Schw.).

Mehúr, mehír plur. -a subst. m. (Ar. مُهْر s. §. 45, a) füllen, folen, junges pferd, *ú-mhūr* das folen.

Mehás plur. *mehás* subst. m. und f. (Ti. Ty. G. ፞ምስሕ፡ id., s. Bil. s. v. *medá*) das mittagsmal.

mehas v. 2 das mittagsmal einnemen, zu mittag speisen 46, 32. subst. f. *mehasáy* (= *mehás*) mittagsmal 46, 32. nom. act. *mehásti*.

mehas-is caus. das mittagessen vorsetzen, geben, nom. act. *mehasísti*.

Mahátta subst. f. (Ar. مَحَطّة) standort, zeitweilige niderlaßung, station für karawanen.

Meháy, maháy, emháy num. drei, *meháya* dritter, *meháy dóra* dreimal, *emhayásna* alle drei.

as-emháy acht (Sa. ʿAf. *bahár* acht, d. i. [5+] 3, zu *y = r* vgl. §. 33 und Sa. *mahay* = G. መሐረ፡ sich erbarmen); s. §. 148 ff. und texte, pg. 66, 1. 3; 7, 3. 7. 12. 13. 17. 25 u. a.

Mēk plur. *mak* subst. c. g. (cf. Kaf. *máçō* pferd, maultier) der esel, *ō-malál-i mēk* der wilde, wüstenesel; s. a. 19, 1 ff.

Mika subst. f. dobera glabra, Ti. ሚርኅ፡

Mōk plur. *-a* und *máka*, bei A. *mōk* und *máge* subst. f. (cf. ᎋᎠᏂ collum) hals, nacken; nackenpreis der frau.

Mikʾál, mikʾál plur. *-a* subst. f. (Ti. G. መቅዖል፡ مُكَال مُثِلَة adeps, s. §. 45, a) mark, knochenmark.

Mokña subst. f. die gekrümmte zeltstange (Mu.).

Makáda nom: pr. Abessinien (Ku. *Makáda* id.).

Mákka nom. pr. l. die stadt Mekka 55, 12.

Mekíllo, Mekóllo nom. pr. loci m. der ort Mukullu bei Massaua (Ti. እንኩልሉ፡ *unkúl-lū* d. i. wo der baum *únkul* [eine cordia] wächst, sich befindet, gebildet wie die Tigré-ortsnamen *Hoṭúm-lū, Barán-lū* u. s. w.), *ani Mekellób ába-he* ich gehe nach Mukullu. *Mekíllo dis kilmóbu* M. ist ein kleines dorf.

Mekir v. 1 (Ti. መከረ፡ A. G. መከረ፡ Ty. መሸረ፡ Cha. *maχer*, Sa. *makar* raten, Ga. *makar* geschäfte treiben, מָכַר verkaufen, مَكَرَ dolum struxit, decepit) raten, einen rat geben, pf. *ámkir*, plqf. *ímker*, präs. *amankír*, partic. *mékra*, nom. ag. *mákri* (G. መከሪ፡), *mekrána* ratgeber, nom. act. *mekúr* plur. *mekír*, subst. f. *mékra* (Ty. 𝘎ሸ𝘭። Ti. G. 𝘎ክሮ።) rat-schlag, rat.

se-makír caus., pf. *asmakír*, plqf. *ismekír*, präs. *asma-kír*, partic. *semákra*, nom. act. *semákroy*.

mekār refl. sich beraten, rat einholen, pf. *amkár*, plqf. *itmekír*, präs. *atmakír*, partic. *mekára* beraten, rat einge-holt habend, nom. act. *mímker*, subst. f. *mekára* der er-teilte rat.

et-makār pass. einen rat erhalten, pf. *atmakár*, plqf. *itmekír*, präs. *atmakír*, partic. *etmákra*, *mekára*, nom. act. *etmákroy*.

Makŭára, mȧkŭára subst. m. (G. ቄሪሪ። قَرَّ قَرْر frigescere) die kälte, *tō̇-yín makŭaráb ȧbari* ich habe heute kalt. *aní makŭarábu* ich bin bei kälte, ich friere.

Mukráf subst. m. trinkbecher: s. *gŭráf*.

Makȧs plur. *makȧs* subst. m. (Ti. መቀጽ። مِقَصّ) schermesser.

Makȧ̌sa subst. f. (Ar. مَقَشَّة; s. §. 96, c) besen.

Málo num. zwei: s. *mállo*.

Melo subst. f. die träne (Mu. Seetz.). *melō̇-t* v. 2 refl. weinen.

Mél'ak plur. *malȧ'ik* subst. m. ar. engel 66, 6.

Málaga subst. f. (Ar. مِلْعَقَة) löffel.

Meleg subst. m. der totentanz (Mu.).

Mulúg plur. -*a* subst. f. (cf. G. መሪጊ።) gummi.

Málho subst. m. 1) zweiheit, ein paar; s. §. 149, b und 155.
2) mitte, zwischen, *ō̇-malhō̇-yón*, -*yókna*, -*yósna* zwischen uns, euch, inen; s. a. Almkvist pg. 272, §. 368; vgl. Bil. *mȧngŭ*, Cha. *maχíl*, A. መኅከል። mitte, zwischen.

Melah v. 1 (Ti. G. መርሕ። Ty. መርሕ። Sa. 'Af. *marah*, Bil. *marh*) füren, anfüren, den weg zeigen, pf. *ámlah* (66, 6), plqf. *imlah*, präs. *amanlih*, *amallih* und *amalnih*, partic. *melȧha*, *malȧha*, nom. ag. *málhi* (Ti. መርሕይ። G. መራሒ። Ty. መራሒ።) fürer, wegweiser, nom. act. *melȧh* plur. *melȧh*, subst. f. *mélha* fürung.

se-melah caus., pf. *asmeláh*, plqf. *ismeláh*, präs. *asmalíh*, partic. *semélha*, nom. act. *semélhoy*, nom. ag. *semálhi*.

et-melāh pass., pf. *atmeláh*, *amláh*, plqf. *itmeláh*, präs. *atmalíh*, partic. *etmélha*, *meláha*, nom. act. *etmélhoy*.

melh v. 2 (von *mélha*) füren, präs. *mélh-ani*, pf. *-an*, plqf. *-i*, partic. *mélha*, nom. ag. *melh-ána* (Bil. *marhántā*), nom. act. *mélha-ti*.

melh-is caus., *-am* passiv.

Málhit nom. pr. loci f. ort der Had. in Barka, benannt nach dem baum Ximenia americana L., Ti. መልሒት፡ Ty. ምልዮ፡ (A. እንኮይ፡ genannt). *tū-ganáy tū-Malhitét* o du gazelle von M.! (liebkosungswort für mädchen).

Malhítkena »herr von M.« nom. pr. eines Hadendâwa-tribus in Barka.

Málka subst. f. (Ar. مِلْقَط; s. §. 75) feuerzange.

Milák plur. *milák* subst. m. (Ar. مِلْح plur. مِلَاح, Sa. *milhó*, 'Af. *mulhú*) das salz.

Melák subst. f. die dattel; s. *belúk*.

Malál plur. *malál* subst. m. (Ty. መሮር፡) die wüste, steppe 5, 2; 7, 2. 16; 19, 2. 4. 17. 21 u. a. *ō-malāl-it endírho* wüstenhun, das frankolin, *ō-maláli dèhani* (19, 17) wüstentiere, das wild, *ō-maláli mēk* wildesel, *ō-maláli genáy* gazelle, *ō-malālit nāy* der steinbock.

Mállo, *málo* num. zwei, *mallé dóra* zweimal 29, 6. 7; 70, 23; 72, 28 und §. 148 ff.

Milla subst. f. (Ar. مِلَّة) religion, glaubensbekenntniss.

Mallāwás alle beide, s. §. 155.

Malamida subst. m. der ameisenbär.

Melit v. 1 (Bil. *malaṭ*, Ty. A. G. መለጠ፡ مَلَط مَرَط מָרַט) rupfen, ausreißen die haare oder federn; gerben, pf. *ámlit*, plqf. *imlet*, präs. *amanlit*, *amallit* und *amalnit*, partic. *mílta*, nom. ag. *málti*, *melt-ina* gerber, nom. act. *melút* plur. *melít*, subst. f. *milta* gerberei.

se-malit caus., pf. *asmalít*, plqf. *ismelít*, präs. *asmalit*,
partic. *semálta*, nom. act. *semáltoy.*

　　et-malāt pass., pf. *atmalát* (refl. *amlát* ich habe mir
die haare ausgerauft), plqf. *itmelít*, präs. *atmalit*, partic.
etmálta, melάta gerupft, gegerbt, nom. act. *etmáltoy.*

Maláw, maláñ plur. *málawa* subst. f. axt, kleines beil, *maló-ti
yāf* die schneide des beiles.

Malay subst. m. kraft, stärke (Mu.); cf. مَرْو.

Málya subst. m. das was *málho* 1) zweiheit; aufeinanderfolge.
2) zweiter 70, 3. 17 [b]; 72, 16. 3) adv. *málya* und *malyάb*
hierauf, hernach 6, 13; 7, 12. 22; 13, 20; 14, 14; 15, 17 u. a.

Máma ein gewißer, un tel (A. und Mu.).

Mámer und seltener *má'mer* plur. *-a* subst. m. (cf. مَغْمَر) die
matte auf welcher beim malen das mel angehäuft wird.

Mimáš subst. m. das grab; s. *biš.*

Mámša' subst. m. die säge; s. *meša'.*

Min v. 1 (cf. مَخَن mundavit, s. §. 198, b) rasiren, barbiren, pf.
amín, plqf. *ímen*, präs. *ammín*, partic. *mína*, nom. ag. *minána*, nom. act. *mān* plur. *man*, subst. *mína* geschäft des
barbirens, subst. f. *minanáy, manán* plur. *mánna* und *mamán* plur. *mámāna* das rasirmeßer.

　　sō-men caus., pf. *asómen*, plqf. *esámen*, präs. *asōmín*,
partic. *sómna*, nom. act. *sómnoy.*

　　tō-, atō-, etō-mān pass., pf. *atōmín* (refl. *a-mán* ich
habe mich rasirt), plqf. *etámin*, präs. *atōmín*, partic. *etómna*,
nom. act. *etómnoy.*

Mána subst. m. darm, gedärme, eingeweide 24, 9.

Máno, máne subst. c. g. der wolfshund, canis Anthus.

Mení-m v. 2 refl. (G. ⲧⲱⲟⲩⲣⲉ꞉ تَمَنَّى) sich wünschen, ein verlangen tragen. caus. *mení-m-s*, pass. *mení-m-am.*

Mine subst. f. (Ti. ⳾ⳑⲅ⳧꞉) schöpfung, erschaffung.

　　mine v. 2 (Ti. ⲥⲟⳑ꞉ id., مَنَى مَنَّا tentavit) schaffen,

erschaffen, *wū-ankūanāyún tō-dínya minéya* gott hat die welt erschaffen. passiv *minē-m.*

Mínda subst. f. (G. ምንጠብ፡ s. §. 74) tropfen, regentropfen, *éngat mínda dehók tākta* ein tropfen fiel auf dich herab.

Mindā'ro subst. f. (*mi-n-dā'ro,* Sa. *inda'árō,* Ti. Ty. G. ዳዕሮ፡) ficus vasta F.

Mándala subst. f. (Ar. نظر oculos convertit ad rem; s. *mín-dara* und *mantúlana*) aufsicht, wache, beobachtung; wächter, aufseher, aufseherin 68, 1.

Mandīl plur. *-a* subst. m. (Ar. مِنْدِيل) sack-, schweißtuch.

Míndara, múndara subst. f. (Ar. مِنْظَار) spigel.

Mánga, mínga subst. m. (Ar. مَنْجَا) die wüste, steppe 46, 34; 47, 1 ff. *mingá-yt bíssa* wildkatze.

Mángo subst. f. fingerring (A.).

Mínjal plur. *-a* subst. m. bote; s. *negil.*

Mánka subst. f. (Sa. Bil. *mánkā,* Ti. Ty. A. G. መንክ፡) löffel.

Mánša' subst. m. die säge; s. *meša'.*

Minšár plur. *mínšar* subst. m. (Ar. مِنْشَار) säge.

Mantúlana subst. f. (*m-antūl-ana,* نظر spectare) der zeigefinger.

Mányo subst. m. u. f. solanum sanctum (Schw.).

Mar plur. *-a* subst. m. (vgl. So. *bárbar* id., Ga. *bíra* seite; bei, neben) seite, *már-i* zur seite, neben, *mar-i-s-ō, ó-k* von, bei, neben mir, dir u. s. w. 51, 24; §. 134, c.

Mára subst. f. beute, fund; s. *meri.*

Máre subst. f. narung, speise; s. *'ār.*

Meri und *meru* v. 1 (von *meriy, meruw,* A. ማረከ፡ Ti. G. ማህረከ፡ s. §. 30. 65 und 87 und A. Dillmann, Aethiop. grammatik pg. 112) nemen, erbeuten, bekommen, finden, pf. *ámri, ámru* 8, 5; 9, 4; 63, 6. 11. plqf. *emár,* präs. *amanri, amarri,* partic. *mérya, méra,* nom. act. *merúy* plur. *méri* (für *meríy*), subst. f. *méri* und subst. m. *meráy, maráy* und *mára* fund.

se-mar caus. fangen, nemen laßen, pf. *ásmar,* plqf.

ismir, präs. *asmari*, partic. *semára*, nom. act. *semaróy*, subst. f. *semára* anlaß um etwas nemen zu lassen.

et-maráy pass. genommen, erlangt, gefunden werden, pf. *atmaráy* (refl. *a-mráy* ich habe mir angeeignet), plqf. *ítmir*, präs. *atmari*, partic. *etmárya*, *meráya* erlangt, genommen, gefunden, nom. act. *etmaróy*, subst. f. *me-meráy* und *meráya* erlangter besitz, genommenes gut.

maray v. 2 nemen, stelen, rauben 12, 15. nom. ag. *marayána*, nom. act. *maráyti*, *maréti*.

marē-s, *marā-s* caus., *marē-s-is* caus. 2.

marā-m pass. genommen werden, *marā-m-am* pass.-pass. total geplündert und verwüstet werden.

Māra' v. 1 intens. (Ga. *bal'*, بَعِدَ id., §. 13. 68 und 77, b) breit, weit, geräumig, entfernt sein, pf. *amára'*, plqf. *imrá'*, präs. *emrí'*, partic. *már'a* 8, 8; 38, 3. 4. adj. *mār'alóy* (s. §. 290), nom. act., subst. f. *már'oy* breite, weite, entfernung.

se-māre' caus. erweitern, pf. *asmáre'*, plqf. *ismire'*, präs. *asmari'*, part. *semár'a*, nom. act. *semár'oy*.

Mer'áf plur. *mér'af* subst. c. g. (Sudan-Ar. مَرْعَف) die hyäne, und zwar hyaena crocuta, das was *karáy*.

mer'áfe subst. c. g. (s. §. 293) dieselbe hyäne.

mer'af-in, *mer'af-il* und *merfa'in*, *-il* (s. §. 351; Nub. *marafil* id.) dieselbe hyäne.

Mer'ána subst. f. spigel; s. *merána*.

Mírba subst. f. (Bil. *marbát*, Ti. መርባእ፥) die blutrache, *aní tō-mírba nasán* ich habe die blutrache genommen.

Merfa'il subst. c. g. die hyäne; s. *mer'áf*.

Murján plur. *-a* subst. m. (Ar. مُرْجَان) die koralle, *sídgi m.* edle koralle, *gúsra m.* schlechte koralle.

Merŭk plur. *mérkŭa* subst. m. (Sud.-Ar. مَرْكَب id., s. §. 45, b) schuh, *aní merkŭáb kábari* ich habe keine schuhe. *intóy merŭk (merkŭ) éfi* hier ligt ein schuh.

Mérkab, mírkab, múrkab plur. *-a* subst. m. (Ti. G. መርከብ፡ مَرْكَب) schiff 63, 15; 64, 4.

Merkise orygia decumbens (Schw.).

Meréna, seltener *mer'ána* subst. f. (mittelst *-ana* aus مِرآة speculum, gebildet; vgl. a. *mantálana*) der spigel.

Merára subst. f. (cf. مَرّ) sennastrauch, cassia acutifolia D.

Merér, merár plur. *-a* subst. m. röte am himmel, *ō-súbhi merér* morgenröte, *ó-ngrebi merér* abendröte.

Merisa subst. f. (Sudan-Ar. مريسة, Nub. *mersā, mersē*) das bier.

Mérsa subst. f. (Ar. مَرْسَاة) hafen, portus 62, 5.

Mártad nom. pr. m. (Ar. مَرْثَد) 56, 10.

Mírwa subst. m. (Bil. *márwàd*, Ti. መርወድ፡ id., s. §. 75) ein glatter fingerring one stein, *ō-mírwa-ti ma'afáy* der vorsteckring dazu.

Maray v. 2 nemen, rauben; s. *meri.*

Maryám nom. pr. f.

Mása subst. f. (Ar. مَضَّة) saure milch.

Máse, másse subst. f. (Ar. مَاضٍ) 1) vergangenheit, *mási* einst, jemals, bei negirtem verbum: niemals. 2) jar, *aní meháy-t máse ō-Sōkíb ásni* ich blieb drei jare in Suakin.

Mēs plur. *-a* subst. m. (Bil. *mīd*, A. ማይ፡ Ti. G. ማእድ፡ مَائِدَة) der tisch; *mēs* steht für *mäys, mā'is,* s. a. §. 8 und 53.

Mōs subst. m. (Nub. *imíd* FM., *omúd, ombúd* KD., Tegele *múde* salz, خَمَض salzpflanze, חָמֵץ bitter, sauer, gesalzen sein; s. §. 51) das salz.

Músa nom. pr. m.

Mésgid plur. *-a* und *mesägid* subst. m. Ar. der tempel.

Mesík plur. *míska* subst. m. (Ar. مَسَك) haut, fell.

Meskin adj. (Ar. مِسْكِين) arm, elend, *ú-ták ún meskínu* dieser mann ist arm. *tū-takát meskíntu* die frau ist arm. *ú-dháy ún meskína* (auch ar. *mesákina*) diese leute sind arm.

   meskín-am v. 2 pass. verarmen, arm werden, partic. *mekínama* verarmt, nom. act. *meskinámti* verarmung.

Masál plur. *másala* subst. m. (Ar. مَثُل) gleichniß, erzälung, fabel, geschichte, *náfir masál* eine hübsche geschichte. *másali* nach gleichniß, gleichwie.

> *masál-s* v. 2 caus. erzälen.

Masálama adj. (Ar. مُصَنَّمَة) bildschön, wunderschön, *takát daúrit masalamát* (8, 9) ein schönes, ja bildschönes weib.

Méslim subst. m. muslim, Mohammedaner; s. *selim*.

Mesmár plur. *mismer* subst. m. (Ar. مِسْمَار) nagel.

Misán und *midán* plur. *misán, midán* subst. f. (Ar. مِيزَان) wage.

Masánkŭa, masänko und *basänkŭa* subst. m. (Ti. Ty. A. G. መስንቆ፡) die harfe, *Bilál ō-masänko eţá'* Bilal hat die harfe geschlagen.

Mesár plur. -a subst. f. (Sa. *mešár*, Ti. ምሽር፡ A. G. ምሣር፡) axt, beil, große hacke.

Mássir nom. pr. (Ar. مِصْر) Kairo 57, 4; 64, 25.

Mesūsánay, mesūs-anáy, -enáy subst. f. (Bil. *mišmiš*, Ti. መሸ መሸ፡ stinken: zum suffix *-ánay* s. §. 302) verwesendes fleisch, as, cadaver.

Místa subst. m. (Ar. مِشْطِ) matte, teppich 7, 9.

Másuw, māsu v. 1 intensiv. (rad. *mesuhū, mesyh*, vgl. Südgalla *máçā*, Go. *wáj* or, Kaf. *way*, Cha. *wáj, wás*, Bil. De. Qu. *wās*, Bar. *wás* hören, in den Berbersprr., Auelim. *másug*, Masch. Kab. *mezu'*, Siwa *mesyx* das or, cf. صِمَاخ id.) hören, vernemen, aufmerksam sein, pf. *a-másu* (für *-māsuw*), plqf. *i-msu*, präs. *e-msíū*, partic. *máswa*, nom. ag. *máswi* und *mesw-ána* hörer, nom. act. *méswa*, subst. f. *máswa* gehör.

> *se-māsuw* caus., pf. *asmásu*, plqf. *ismísu*, präs. *asmasíū*, partic. *semáswa*, nom. act. *semáswoy*.

> *et-masáū* pass., pf. *atmasíū*, plqf. *itmísu*, präs. *atmasíū*, partic. *etmáswa* gehört, nom. act. *etmáswoy*.

Mesáwa nom. pr. l. f. (Ar. مَصُوَّع) Massaua am roten meere.

Máswa subst. f. (Ti. መስወይ፡; s. §. 75) ledersack, schlauch.

Máša subst. m. tristachia spec. (Schw.).

Meša' v. 1 (cf. مَشَق مَزَق فَضَغ **פָּצַע**) zerreißen, spalten; teilen, zersägen, pf. *ámša'*, plqf. *imša'*, präs. *amaŋši'*, partic. *méš'a*, nom. act. *mešú'* plur. *mešá'*, subst. f. *méš'a* spalt, riß, subst. f. *má-mša'*, *má-ṇša'* spaltinstrument, säge oder beil.

   še-mša' caus., pf. *ašmašá'*, plqf. *išmešá'*, präs. *ašmaši'*, partic. *šémš'a*, nom. act. *šémš'oy*.

   š-iše-maša' caus. 2, pf. *ašišmešá'* u. s. w.

   eṭ-mašá' pass., pf. *aṭmašá'*, plqf. *iṭmešá'*, präs. *aṭmaši'*, partic. *eṭmáš'a*, nom. act. *eṭmáš'oy*.

Máš'ali subst. m. (Ty. መስቀለ፡) ein auf einer schnur aufgehängtes gestell, ein wandschrank 28, 7.

Mášha subst. m. bier; s. *ha* II.

Mišha subst. f. (vgl. s. v. *meša'*) die pflugschar.

Mašík plur. *máška* subst. m. zelt, haus; villeicht gleich mit *mesik* haut, da zelte häufig aus häuten hergestellt werden.

Mišákŭi plur. *mišáŋkya* und *mišakŭáni* plur. *mišakŭánya* subst. f., auch *šemakŭáni* plur. *šemakŭánya* subst. f. und m. (G. አመሥኵዕ፡ A. አመስከወ፡ ruminare) die schläfe.

Mašóki, mašóke subst. c. g. der steinbock, antilope saltatrix.

Mišken plur. -*a* subst. m. (cf. سَكِنَة basis capitis, qua collo cohaeret) der nacken.

Mašalág plur. *mašálaga* subst. m. (cf. ضَرْع Ti. ዐርጊ፡ und ዐርሰ፡ Ty. ጋለ፡ Sa. *gále*, Ga. *gurú'* id., s. §. 38 und 43) das euter (der kuh, zige u. s. w.).

Mášti subst. m. (Ar. مُشْط) der kamm.

Mat I plur. -*a* subst. m. (G. *máta*) der scheitel.

Mat II plur. -*a* subst. m. tritt, färte; s. *'at*.

Mita subst. f. (vgl. §. 70) der knochen 12, 10. *t-eŋit mita* der rückenknochen, das rückgrat.

Mitkena nom. pr. m. eines Hadendâwatribus in Barka, *Bilál Mitkenábu* B. ist ein Mitkena.

Metláwi subst. m. mitgift; s. *talâû* II.

Metúngŭli, mtúngŭli, entúngŭli plur. *metŭngálya* subst. f., bei den Hal. *entĕwala* (s. §. 72) der kleine melreibstein, womit das getreide zerriben wird.

Metár'as, em-, *en-tár'as* plur. -a subst. m. (Ti. G. መትርእስ፡) die hölzerne kopfstütze der männer beim schlafen, nach form des ägypt. ⋂ worauf der nacken ruht, um so die sorgfältige kopffrisur nicht zu derangiren.

Mityáy plur. *mítyay* subst. m. (mittelst des suffixes -*āy* aus وَصِيَّة von وَضَى II gebildet) befehl, gebot.

    mityay v. 2 befehlen (s. a. Almkvist pg. 176, §. 242, b), nom. act. *mityáyti, mityáti.*

    mityay-s, mityā-s caus., *mityā-m* pass.

Muwáš v. 1 intrans. irreg. (für *wāús* von *wuwiš,* وَشْوَشُ وَشْوَشُ id.; s. a. Almkv. §. 299, pg. 216) flüstern, zischeln, raunen, pf. *amwáš,* plqf. *imúš,* präs. *amwiš, aûwiš,* partic. *muwáša,* nom. act. *muwášoy.*

Māy I plur. *may* subst. f. 1) indigofera argentea (Schw.), bei Klunzinger ist *may* moringa arabica. 2) die Aesculapnatter.

Māy II plur. *may* subst. m. (für *mway, nway,* vgl. נָפָה G. መፈል፡ cribrum) das sib.

    may v. 2 siben, sichten, *mayán* ich sibte, nom. act. *máyti,* nom. ag. *mayána.*

    may-s caus., *may-am* pass., *wū-hárro kassús Biláli mayámya* alles korn ward von Bilal gesibt.

Máykūa, máyuka subst. m. (Ga. *mírgā,* So. *midíg,* 'Af. *midgá,* Sa. *midgá, mizgá* id.) die rechte seite, rechte hand, die rechte; adj. recht 52, 18 ff.

Móyta subst. c. g. eine spezies adler.

Moyáy v. 1 intrans. verdrießlich sein; s. *mohi.*

N.

-*na* postpos. (s. §. 134, e) mit, in gesellschaft, an, bei, auf, *ba-rús Bilál-i-na gígya* er ging mit Bilal fort. *ó-taki kŭlél-na ibe* er ging um den mann herum; s. a. 63, 7. 11.

Na subst. f. (Kaf. *nó*, Ku. *ñā*, Cha. *ñā*, für ***hn-ā***, vgl. Bilinspr. §. 16, Chamirspr. §. 58, Qnaraspr. §. 34, vom verb. subst. ***an, han***, G. **ሀለወ፡**, woher **ንዋይ፡** Ti. **ኖይ፡** res, für ***hnew-āy***, vgl. هَنُو und verkürzt هَنٌ هَنَةٌ, res, s. a. §. 138 und Kafaspr. §. 33, g, anmerk.) wesenheit, 1) sache, ding 38, 14 ff.; 39, 1. 3. 4 u. a. 2) als suffix bei adjectiven, s. §. 138 und 145, Kafaspr. §. 33, g.

Nā pron. interrog. (s. §. 186) welcher? ***ná tak*** welcher mann? ***nā énda*** welche leute?

nána, nān (= ***ná-na***) welche sache? was? 9, 4; 19, 7; 20, 16; 24, 14; 27, 1. zu was? warum? 39, 26; 41, 17. 29; s. a. §. 187.

ná-dōr, ná-dóri wann? zu welcher zeit? 38, 32; s. a. §. 189.

nā-hób wann? 46, 28; 48, 21; §. 189.

ná-had wie vil? s. §. 191.

ná-ka welche menge? wie vil? §. 191, a.

ná-mhīn, ná-mhīni welcher ort? wo? wohin? woher? 8, 11; 14, 30; 15, 26; §. 190.

nán-tōni, nán-tōy, nán-tay, nán-tē welcher, an, von welchem ort? wo? wohin? woher? 66, 10 u. a., §. 190.

ná-ysō, ná-yhō, néhō, énho wo? wohin? woher? 16, 1; 36, 27; 39, 17; 48, 19. 21; §. 190.

-nē postpos. (cf. Ga. *-nī*, G. **-ኒ፡**) seit, von, ***áfa-né*** seit gestern u. s. w., §. 134, f.

Nu postpos. one, außer; s. ***anú***.

Na' subst. m. fantasia, lustbarkeit (A.).

N'a, ***n'e*** subst. f. (Sa. 'Af. *lā'* heiß sein, Bil. Agm. *lág-ā*, Qu. De. ***láyā***, Cha. *liy-á* feuer, G. **ረቀየ፡**  ***rekh***, ⲣⲟⲕϩ ardere) 1) das feuer, ***ne'ét hāš*** (für *n'á-y-t hāš*) feuerstaub, asche. ***tú-n'a balólta*** das feuer loderte. ***tú-n'e teyá'*** das feuer verlosch. ***aní tó-n'e adír*** ich löschte das feuer aus. 2) hitziges fieber, ***aní wun n'ét lehábu*** ich bin krank an

einem heftigen fieber. *ani tū-lhandy wun ne'étu* meine
krankheit ist ein heftiges fieber.

Nā' plur. *n'a* subst. c. g. (So. *lah* schaf, *rih*, Ga. *re'*, Sa. *lāh*,
'Af. *lāh*, *ray* zige) schaf, *ū-nā'* schafbock, *tū-nā'* mutter-
schaf.

  nā'i plur. *nā'i* und bei ausfall von hamzeh auch *nāy*
plur. *nay* subst. c. g. zige, zigenbock. *nā'it 'ōr* zicklein 24,
11. 15. *ō-malāl-it nā'i* steinbock.

Nu' v. 2 senken, sinken laßen, niderlaßen (A.), *nú'te* unten (A.),
nēti unten, unter (Mu.); vgl. Bil. *nā' y*, Ti. ፍዕ፡ባለ፡ نَاعَ
sich neigen, — legen, ligen.

Ne'af plur. *ne'áf* subst. m. (Sa. 'Af. *lift* id.) nagel, kralle, klaue,
tū-jimóti ne'áf wáwuna die krallen der katze sind gewaltig.
  ne'af v. 2 kratzen, krallen, *tū-jímo ne'áfta-héba* die
katze hat mich gekratzt. *ne'af-am* pass.

Ne'ál plur. *ne'ál* subst. m. (Ar. نَعَل رֶגֶל mit leder überziehen,
נַעַל נֶעֶל sole) das tragbare bettgestell, angareb, mit riemen
von einer kuhhaut überzogen 14, 24. 36; 15, 13; 42, 15 ff.
ne'áli rágada 1) die (vier) füße auf denen das angareb
ruht. 2) das sibengestirn von welchem nur die vier innern
sterne gezält werden, auch einfach nur *ne'ál* genannt.

Ne'al v. 1 (Vulg.-Ar. نعل) anrufen in guter wie böser absicht,
daher: 1) zusprechen, überreden; beten zu Gott. 2) fluchen,
verfluchen (Ar. لعن), pf. *án'al*, plqf. *in'al*, präs. *anan'il*,
partic. *ne'ála*, nom. ag. *nā'li* anrufer, *karāmát nā'li* bettler
10, 12. nom. act. *ne'úl* plur. *ne'ál*, subst. f. *ne'ála* ansprache,
anruf, zuruf, gebet, bitte; fluch. *ani alla-yó án'al* ich machte
ein gebet zu meinem Gott. *harámi én'al* (8, 18) er redete
ir zu zur sünde, suchte zu verführen.

  se-ne'al caus., pf. *asne'ál*, plqf. *isne'ál*, präs. *asna'il*,
partic. *sén'ala*, nom. act. *sen'alóy*.

  en'al, *an'al* v. 2 (aus *ne'ála*) mit den bedeutungen
von *ne'al* v. 1., caus. *en'al-s*, caus. 2 *en'al-s-is*, pass. *en'al-*

am, recipr. *en'al-s-am* einander zurufen, zureden, fluchen u. s. w.

Ne'álla, *n'álla*, *nálla* adv. (Ar. نَعَلْ) doch, doch wol, etwa, villeicht 52, 7 ff.

Ne'ir v. 1 (vgl. Sa. s. v. *ûr*) gut, wolriechen, genesen, die gesundheit erlangen, pf. *án'ir*, plqf. *in'er*, präs. *anan'ir*, partic. *ni'era*, subst. f. *ni'era*, *ni'ere* wolgeruch, gesundheit.

se-n'ir caus. räuchern, wolgeruch verbreiten, — machen; heilen, gesund machen, pf. *asén'ir*, plqf. *isne'ir*, präs. *asna'ir*, partic. *sén'ira*, nom. ag. *sená'eri* arzt.

nâ'ur intens. gesund sein, pf. *anâ'ur*, plqf. *in'ur*, präs. *an'ir*, partic. *nâ'ura* gesund, nom. act., subst. f. *ni're* gesundheit.

ma-n'âr pass. geheilt werden, pf. *aman'âr*, plqf. *emén'ir*, präs. *aman'ir*, partic. *mán'ira*, nom. act. *man'eróy*.

Ná'ta und *nákta* nom. pr. des herrschergeschlechtes der Hadendâwa und Beni Amer in Barka, im Bilin *Natáb* genannt (vgl. §. 74), accusat. *na'táb*.

Ne'ét-hâs subst. m. asche; s. *n'a*.

Ne'áy und verkürzt *nāy* v. 1 intens. melken, pf. *an'áy* und *a-náy* (für *a-nâ'i*), plqf. *in'ya*, *inya*, präs. *én'iy*, *e-niy*, partic. *nâ'ya*, *náya*, nom. act. *náye*.

se-n'áy caus., pf. *asn'áy*.

me-ne'áy pass., *ú-ša' emen'áy* die kuh ist gemolken worden.

Neba' v. 1 (Ti. ለምዐ፡ ardere, G. ለምዐ፡ لَمَعَ splendere, cf. לְהַב‎, رُهب‎, (G. ለሀበ፡ ardere, 𓈖𓏤𓀭 *nehep* licht, tag, ኣሰ splendidus, nitidus) heiß machen die sonne, heiß, warm sein, pf. *ámba'*, plqf. *ímba'*, präs. *anambi'*, partic. *néb'a*, nom. act. *nebú'* plur. *nebá'*, subst. f. *néb'a* hitze, sonnenwärme, *néb'i hóbu* es ist mittag »ist die zeit der hitze«.

émb'e, *mb'e* subst. m. (für *néb'e*, s. §. 71) der tag, *ani ó-mb'e kassós ō-Sóki ásni* ich brachte den ganzen tag in

12*

Suakin zu. *mallě mb'e ásni* ich brachte zwei tage zu. *ō-mb'i
teráb* der halbe tag. *ú-mb'e gūdábu* der tag ist lang. *á-mb'e
gūdába* die tage sind lang.

    se-naba' caus. erwärmen, -hitzen, heiß machen, pf. *as-
nabá'*, plqf. *isnebá'*, präs. *asnabi'*, partic. *senáb'a*, nom. act.
senáb'oy.

Nebabelam lantaua Kisi (Schw.); vgl. *neba'* und *bāl* IV.

Nabíd subst. m. (Ar. نَبِيذ) wein.

Nibéš und *niméš* subst. m. das grab: s. *bis.*

Nabau adj. nidrig (A. Kr.).

Nad plur. *-a* subst. m. (Nub. *nid, ned*, cf. ⲛⲁϫ, ⲛⲁϫϩⲓ) der zan.

Náda subst. m. (Ar. نُدَى) der tau.

Nadíf adj. (Ar. نَظِيف) rein, *Bilál nadifu* B. ist sauber, *nadíf
kike* er ist nicht rein.

    nadíf-s caus., *nadíf-am* pass.

Nādór wann? s. *nā* und *dōr.*

Nadáy plur. *nadáy* subst. c. g. (Ti. G. ፕዳይ፡) waise, verwaist,
aní nadáyu fem. *nadáytu* ich bin verwaist.

Náfe, láfe subst. f. korb; s. *aláfi.*

Nefa' rad. inus. (Ar. نَفَعَ utilis fuit), subst. m. *ánf'e, ámf'e* (Ar.
نَفْعَ) der nutzen.

    anf', amf' v. 2 nützlich, tauglich, brauchbar sein, par-
tic. *ánf'a, ámf'a* nützlich, *Bilál anf'ábu* B. ist brauchbar. nom. act. *anf'íti.*

    anf'-is caus., *anf'-am* pass.

Nefik v. 1 (Ar. نَفَخ) furzen, pf. *ánfik*, plqf. *infek*, präs. *ananfik*,
partic. *nifka*, nom. ag. *náfki* (Ar. نافِخ inflator), *nefkána*,
nom. act. *nefúk* plur. *nefík*, subst. f. *nifka* furz.

    se-nafik caus., pf. *asnafik*, plqf. *isnefik*, präs. *asnafik*,
partic. *senáfka*, nom. act. *senáfkoy.*

Nafír plur. *-a* subst. m. (Vulg.-Ar. نَفِير) die trompete.

Nefír I v. 1 vergnügen an etwas finden, genießen, süß sein,

pf. *ánfir*, plqf. *infer*, präs. *ananfir*, partic. *nífra*, nom. act.
nefúr plur. *nefir*, subst. f. *néfra* wolgeschmack, süßigkeit.

náfir 1) adj. süß, angenem, *ú-bhar ū-náfir* »der süße
fluß«, der Nil, süßwaßer überhaupt. *Fádna náfir 'ótu* Fadna
ist ein liebes mädchen; cf. ⌠ *nfr*, ⲛⲟⲩϥⲓ. 2) nom. pr. m. 55, 1.

se-nafir caus. versüßen, pf. *asnafir*, plqf. *isnefir*, präs.
asnafir, partic. *senáfra*, nom. act. *senáfroy*.

Nefir II rad. inus. (Ar. نَفَرَ fugit); subst. m. *ánfir* abneigung,
widerwille.

anfir v. 2 widerwillen hegen gegen jemand oder etwas,
verabscheuen, nicht leiden können, meiden.

Nafisa nom. pr. f. (Ar. نَفِيسَة), accus. *Nafisáb*.

Nūg, *núgūe* plur. *nug* subst. m. (Sa. 'Af. *angú*, Bil. *ungú*, Qu.
Agm. *engūá*, Cha. *ogú*, *og*, Nub. *ōg* [für *ang*] id., cf. ינק
suxit) zitze, die weibliche brust.

Negád v. 1 intrans. (Ar. نَجَدَ) bleiben, stehen bleiben, stehen,
pf. *angád*, plqf. *éngida*, präs. *angádi*, *angádi*, partic. *engáda*,
nom. act. *ménged*. *aní ō-gawib angád* ich blib zu hause.
Bilál ō-defi yáf engádi B. steht vor der türe; s. a. 9, 7:
51, 23. 24. 25; 55, 15; 64, 16. 18.

se-ngád caus., pf. *asengád*, plqf. *isengid*, präs. *asengádi*,
partic. *séngada*, nom. act. *sengadóy*.

Negil v. 1 (Ar. نَجَلَ) öffnen, aufdecken, enthüllen, bekannt
machen, pf. *ángil*, plqf. *ingel*, präs. *anangil*, partic. *nígla*,
nom. act. *nágli*, nom. act. *negúl* plur. *negíl*, subst. f. *nígla*
offenbarung. Hieher gehörig: *mínjal* der bote (A.); s. a.
41, 15 ff.

se-nagil caus., pf. *asnagíl*, plqf. *isnegíl*, präs. *asnagil*,
partic. *senágla*, nom. act. *senágloy*.

et-nagál pass., pf. *atnagál*, *angál*, plqf. *itnegíl*, präs.
atnagil, partic. *etnágla*, adj. *negál* offen, nom. act. *etnágloy*.

ū-báb etnagál (oder *engál*) die türe ist geöffnet worden.
ū-báb negálu die türe ist offen.

Négili subst. f. eierschale; s. *éngili*.

Nígnigo subst. m. (cf. A. �እንቅቅልi Qu. *enχalχalā*, Kaf. *engángilō* id.) die eidechse 25, 14. 18. 21; 26, 1 ff.

Nagár plur. *nágara*, *nágra* subst. m. (Ar. نَقَر) ein kleines segelbot, nachen.

Níggara subst. f. (s. §. 14) das kupfer.

Nigis adj. (Ar. بَجِيس) schmutzig, unrein.

Nugús plur. -a subst. m. (Ti. G. ንጉሥi) könig.

Nejil v. 2 (Ar. نَصَل) ausladen ein angekommenes schiff 62, 3.

Nejím subst. m. (Ar. نَجَمَ conspicuus fuit) der rum, glorreiche name, *tak dāyb ekatyĕk ū-nejm-ús dáybu* wenn jemand trefflich sich erweist, so ist sein ruf vorzüglich.

énjema adj. berümt, *Biláli ū-semús enjemábu* Bilals name ist berümt, bekannt.

Nejár plur. -a subst. m. (Ar. نجّار) zimmermann.

Nāhób wann? s. *nā*.

Náhad wie vil? s. *nā*.

Nehād v. 1 intrans. (cf. لَحَد inclinavit, recessit) aus-, zu ende gehen, aufhören, umkommen; flexion ganz wie bei *negād*, s. pg. 9, 18; 10, 11; 64, 8. 12. 14. 17.

se-nhād caus. gar, den garaus machen, vergeuden, vernichten, *Bilál ō-rēwós esenhád* Bilal hat sein geld durchgebracht.

Nehaf v. 1 sauber, rein sein; s. *nehas*.

Nehál plur. *náhla*, *náhala* subst. f. (Ar. نَخَل; s. §. 107) die palme, dattelpalme.

Nehas v. 1, nebenform in Barka *nehaf* (Ar. نَصُمَ) rein, sauber, reinlich sein, pf. *ínhas*, plqf. *ínhas*, präs. *ananhis*, partic. *nehása*, adj. *nehás*.

se-nhas caus., pf. *asénhas*, plqf. *īsénhas*, präs. *asnahís*, partic. *senhása*, nom. act. *senhasóy*.

Nehaw v. 1 (Ar. نَجِف) schmächtig, mager, schwach sein, pf.

ánhaû, plqf. *inhaû,* präs. *ananhiû,* partic., adj. *neháwa,* subst. m. *nehaû* und f. *neháwa* magerkeit.

se-nhaû caus. (flex. wie das caus. von *nehas*) schwächen.

Náka 1) wie vil? 2) jedermann, alle; s. §. 191.

Nekûi v. 1 (Ar. رَجَى) empfangen, der geburt entgegen sehen, schwanger werden, — sein, pf. *ă-nkŭe,* plqf. *e-náuk,* präs. *anánkŭi,* adj. *năkŭa* schwanger, *nắkŭ-aláy* id. (s. §. 290), subst. m. *năkŭe* schwangerschaft.

se-nauk caus. schwängern, pf. *asnáuk,* plqf. *ésnuk,* präs. *asnakŭi,* partic. *senăkŭa,* nom. ag. *senăkŭi* (s. *se-náuk*), nom. act. *senăkŭóy.*

năkŭ intens. zart, schwach, dünn, fein, weich sein, pf. *anáuk,* plqf. *inuka,* präs. *enakŭi,* *énakŭi,* partic. *nákŭa,* subst. m. *nákue* weichheit u. s. w.

se-náuk caus., pf. *asnáuk,* plqf. *ésnauk,* *ésnăk,* präs. *asnákŭi,* partic. *senákŭa,* nom. ag. *senákŭi,* nom. act. *senákŭoy.*

Nakára subst. f. (Ar. نَاقُور, نَقِير) trompete, horn.

Nekir rad. inus. (Ar. نَكَر) verschmähen, -verwerfen, nicht haben wollen, subst. m. *ánkir, enker, ínker* (Ar. نَكَر) abneigung, subst. f. *nákri* (Ar. نَكِير mutatio; mutatus de meliore statu in peiorem) die wittwe.

ankir, enker, ínker v. 2 verschmähen, -achten, haßen, partic. *ánkera,* nom. act. *ankírti.*

ankir-s caus. abneigung einflößen.

anker-am pass. gemiden, gehaßt, verachtet werden, *Bilál ó-dhay kassiyós geb ankerámya éfi* B. wird von aller welt gemiden.

Nekás, nekáš v. 1 intrans. (Sa. *naqas,* Ti. G. ነቀጸ፡ نَقَصَ) klein, kurz sein, — werden, sich verringern, pf. *ankás,* plqf. *inkisa,* präs. *ankásī, ánkāsi,* partic. *enkása,* adj. *nekás,* nom. act. *ménkes,* subst. f. *nekása, enkása* kürze u. s. w.

se-nkás caus., pf. *asenkás,* plqf. *isénkis,* präs. *asenkásī,* partic. *senkása,* nom. ag. *senáksi* (aus dem intensivstamm) der bei einem handel stets verkürzt, übervorteilt, ein beschummler. nom. act. *senkásoy.*

Nákašu subst. m. schulter (A.), *nekešo* (Mu.).

Nákta subst. m. herrschergeschlecht der Beduan in Barka; s. *ná'ta.*

Nekit rad. inus. (Ar. نكت) sich bestreben, sich obligenheiten widmen, nom. act. *nekít, énkit, ánkit* fleiß, ausdauer.

> *nekit, ankit* v. 2 sich bestreben, emsig, tätig sein, partic. *níkta,* nom. act. *ankítti.*

> *neki-s* caus. anspornen, zu tätigkeit aneifern, zum fleiß ermuntern.

Nekuw rad. inus. (G. Ty. ⵜⵔⵐⵙ vocem edere), subst. m. *ánkuw* geschrei von tieren, gebrüll, gewiher, gegrunze u. s. w., §. 304.

> *ankuw* v. 2 schreien, brüllen, wihern u. s. w., *wū-háḍḍa ankúwya* der löwe hat gebrüllt, *wū-hansir ankúwya* das schwein grunzte.

Nāl plur. *nal* subst. m. knoten, glid im gras-, strohhalm.

Nálla adv. etwa, villeicht: s. *ne'álla.*

Nolíš subst. c. g. katze; s. *lolíš.*

Námah, námha wann? s. *nā.*

Námhīn wo? wohin? woher? s. *nā.*

Nimáš, niméš und *nibéš* subst. m. grab: s. *biš.*

Nána, nān was? warum? s. *nā.*

Nīn plur. -a subst. f. (Ku. *nánā,* Sa. *lāl*) gesang. vortrag der barden, rapsodie.

> *nīn* v. 2 singen, besingen, partic. *nína,* nom. ag. *ninána* barde, nom. act. *ninti.*

> *nīn-s* caus., *nīn-am* passiv.

Nūn I subst. f. die gabe; s. *nuw* I.

Nūn II postpos. one, außer; s. *anú.*

Nántōn, -i, nántō-y, nánta-y, nántē wo? wohin? woher? s. *nā.*

Nóra subst. f. (Ti. ⵞⵞⵙ نُورَة) der kalk.

Nur plur. *-a* subst. m. (Ar. نُور) das licht.

Nǎr'i subst. m. (für *hnar'i*, vgl. So. *hinrag*, Sa. *henríy ḍah*, schlummern; s. *han'ár*) schlummer, leichter, erster schlaf.

nar'i-t v. 2 refl. schläfrig werden, einschlummern, partic. *nǎr'ita* schläfrig.

Nǎs v. 2 (Ar. نَأَش) nemen, *aní tö-mirba nǎsan* ich habe die blutrache genommen.

Nesǎ' v. 1 refl. (G. ጸᎣᎀᎣ፡ نَشَأ נָשָׂא) sich erheben, empor-, aufsteigen, pf. *ansǎ'*, plqf. *itnesí'*, präs. *atnasí'*, partic. *nesǎ'a*, nom. act. *mínse'*. *ǔ-klǎy tö-bre ensǎ'* der vogel erhob sich, flog himmelwärts.

Nasári plur. *nasárya* subst. c. g. (Ar. نَصَارى) christ, *aní nasáribu* ich bin ein christ.

nasráni id. (Ar. نَصْرَانِيّ), *hanín kassǎn nasrǎniba* wir alle sind christen.

Nesir rad. inus. (Ar. نَصَرَ iuvit), subst. m. *nasír*, *ánser* (Ar. نَصْر) hilfe, beistand, unterstützung; sig.

nasir, anser v. 2 helfen; sigen. pass. *nasr-am* besigt werden.

Nǎša subst. m. (Sudan-Ar. نَشَا) gewaschenes und gebleichtes baumwollenzeug.

Nešif rad. inus. (für *šenif*, Ga. *zalb*, سَفَلَ inferus, humilis, vilis, despectus fuit; s. §. 77, c).

enšáf v. 1 intrans. leicht von gewicht und wert sein, gemein, mißachtet sein, pf. *anšáf*, plqf. *énšifa*, präs. *anšáfi*, *ánšáfi*, partic. *enšáfa*, adj. *enšáf*, *enšáf* leicht, wertlos, *šáfti* (s. §. 286) id., nom. act. *ménšef*.

Našúk, *nešúk* subst. m. (Ar. نُشُوق) schnupftabak.

Nǎti v. defect., nur in dem satze bei A., im wörterb. pg. 50: *nátiheb tóna tön* gieb mir dieses ding da!

Nǎt'a subst. m. (Sa. 'Af. *ná'etā*, Ti. ናዕት፡ ነጐ፡ A. ነጐ) lederschurz der arbeiter und sklaven.

Netǎ' v. 1 intrans. (Ar. نَضَعَ manifestus fuit) offenkundig, be-

kaunt sein eine sache, pf. *antá', plqf. inti'a,* präs. *ánta'i,*
partic. *netá'a, énta'a,* nom. act. *ménta'.*

    se-ntā' caus. bekannt, offenbar machen; seinen letzten
willen kund geben, testament machen, pf. *asnetá', asentá',*
plqf. *isénta',* präs. *asénta'i, asnéta'i,* partic. *sentá'a* testator, subst. f. *sént'a* testament, kundmachung, nom. act. *sen-
ta'óy, sént'oy.*

    si-se-ntā', si-s-netā' caus. 2.

Netháš subst. m. asche (A.); s. *n'a.*

Nāw v. 1 abgehen, felen; s. *nuw* II.

Náwa subst. m. die ferse (Seetz.).

Náwe I subst. f. dorn, stachel; gabel.

Náwe II subst. f. das käuzchen, strix aluco.

Nēw, néû subst. m. (*nēw* aus *nayw, nagŭ* = Kaf. *nay,* Bil. *laǧ*
beschimpfen, G. ለኈየ፣ litigare, ለጒ፣ rixa, convicium) beleidigung, schimpf.

    nēw v. 2 schimpfen, beleidigen, partic. *néwa,* nom. ag.
nēwána, nom. act. *néûti.*

    nēû-s caus., *nēw-am* pass., *aní Biláli nēwamán* ich
wurde von Bilal beschimpft, beleidigt.

    neû-s-am recipr. einander beschimpfen, beleidigen, sich
mit einander zanken. nom. act. *nēûsámti* zank, streit, wort-
gefecht.

Nîw, niû plur. *niwa, níwa* subst. m. (Bil. *nuw,* Ti. ጓዩ፣ G.
ጓዩዩ፣ id.: das *i* in *niû* nur durch den accent gedent;
s. a. *na*) die pflugsterze, plur. ackergeräte, geräte, werkzeug
überhaupt.

Níwa subst. m. (für *hniwa, sniwa?* cf. Ti. G. ||ኍቡ፣ ‫ڛ̇ꜱ id., vgl.
§. 11) schweif, schwanz, schlepp der tiere.

Nuw I v. 1 defect. (s. oben *hi*) die grundform nur nachweisbar
im subst. f. *nān* gabe, darreichung, entstanden aus *nuw-na*
(für *nehŭ-na*) = Bil. *náq-nā* das geben (Bilinspr. §. 118).

nän v. 2 reichen, darreichen, geben, nom. act. *núnti*, subst. f. *nünanáy* darreichung, darbringung (s. §. 302).

    nün-s caus., *nün-am* pass.

Nuw II v. 1 (Aeg. 𓂋𓄿𓅓 *nehaû* abgehen, felen, mangeln, zu wenig sein, vgl. G. ልሕመ፡ infirmum esse) gering, wenig sein, pf. *anúw*, plqf. *ínuw*, präs. *anniû*, partic. *núwa*, nom. act. *náû* plur. *naû*.

    sū-nuw caus. verringern, pf. *asónuw*, plqf. *esúnuw*, präs. *asōniû*, partic. *sónwa*, nom. act. *sónwoy*.

    naû refl. sich in einer klemme befinden, ermangeln, nicht haben, nicht erlangen, nicht finden, pf. *anáû* 8, 3. 18; 26, 5. plqf. *ítnaû*, präs. *at-, et-niû*, partic. *náwa* entberend u. s. w., nom. act., subst. f. *manéû* abgang, mangel.

    tō-naû pass. verringert, verkürzt, in not gestürzt werden, pf. *atōnáû*, plqf. *etúniw*, präs. *atōniû*, partic. *tónwa*, *etónwa*, nom. act. *tónwoy*.

Nawâdri subst. m. schönheit; s. *endaûre*.

Nawár plur. *náûra* subst. m. (cf. 𓎡𓏏𓈖 *nfr* id.) seil, strick.

Nuwúw, nuwéw adj. (s. *úûuw*) taub, *aní nuwéwu* ich bin taub, *Fádna nuwéûtu* Fadna ist taub.

    nuwēw v. 2 taub sein, partic. *nuwéwa*, nom. act. *nuwéûti*.

    nuwēû-s caus. taub machen, pass. *nuwēw-am* taub werden.

Nay I plur. *nay* subst. c. g. zige; s. *ná'i*.

Nay II v. 1 intens. melken; s. *ne'áy*.

Nay v. 2 (A. አፍ፡) die nacht zubringen, schlafen, ruhen 15, 31. 32; 30, 3. nom. act. *náyti* und *náti*.

    nay-s, nā-s caus. die nacht zubringen lassen, beherbergen u. dgl. caus. 2: *nā-s-is*.

Níye subst. f. (Ti. ንየት፡ نِيَّة) absicht, wille; laune, starrsinn.

    niyī-t v. 2 refl. auf seinem willen beharren, seiner

eigenen eingebung folgen, eigensinnig, launenhaft sein. partic. *niyita* eigensinnig, starrköpfig: launenhaft.

Náyho, náyso wo? woher? wohin? s. *nā*.

R.

Ra subst. c. g. die Ariel-antilope oder antil. Sömmeringii, Bil. *aráb*, Ti. ኣራበ፡ genannt, woraus *ra* villeicht abgeleitet ist, vgl. §. 74 und 76.

Re, seltener *ra* subst. m. und f. (Sa. *raw, raû, rā* id., G. ረወየ፡ irrigari, زَوَى hausit aquam, رِى copiosa rigatio, aqua abundans) waßerausammlung, cisterne, brunnen.

me-rwi adj. (Ar. مَرْوِى), *būr mérwi* waßergetränktes land, gut zu besäen.

Rába adj. (Sa. 'Af. So. *lab*, Bil. *tábā* id., Ti. Ty. G. ተበ፡ virilem esse) männlich 29, 9; 30, 5.

Rába trianthema pentandra (Schw.).

Réba, riba subst. m. (Ar. زَبُو) berg, hügel, mit dem artikel *ú-rba* 5, 4; 6, 8; 42, 4; 64, 20.

Rebi v. 1 (cf. زَبَط ligavit, §. 31) aufladen, beladen, bepacken das saumtier u. dgl., pf. *árbi*, plqf. *iráb*, präs. *arambi*, partic. *ríbya*, nom. act. *rebíy* plur. *rébi* (für *rebíy*), subst. m. *rábe* last, bürde. *Bilál ō-kám érbi* B. hat das kamel beladen; s. a. 8, 14. *ō-kámi rábe degábu* die last des kamels ist schwer.

se-ráb caus., pf. *asráb*, plqf. *isreb*, präs. *asrabi*, partic. *serába*, nom. act. *seráboy*.

et-rabáy pass., pf. *atrabáy* und *a-rbáy*, plqf. *ítreb*, präs. *atrabi*, partic. *etrába*, nom. act. *etrabíy*.

Rib v. 1 (Sa. 'Af. *na'ab*, نَاغَفْ لَعِفْ) widerstreben, zurückweisen, verweigern, abgenützt sein, haßen, pf. *aríb*, plqf. *iríb*, präs. *anrib, arrib*, partic. *riba*, nom. act. *ráb* plur. *rab*, nom. ag. *rabi, ribána* feind.

sō-rib caus., pf. *asórib*, plqf. *esúrib*, präs. *asōrib*, partic. *sórba*, nom. act. *sórboy*.

atō-, etō-ráb pass., pf. *atōráb* pass., plqf. *etúrib*, präs. *atōrib*, partic. *atórba*, nom. act. *atórboy*.

Rebóba adj. (Nub. *náwa*) nackt.

Rebahándi subst. f. moringa arabica (Schw.).

Rid plur. *-a* subst. m. (Sa. 'Af. *rūd*, A. ረድ፡ G. ረድ፡ ዅ) der reis, oryza.

Redid v. 1 (Ar. رَشَّ) stumpf, abgenützt sein, pf. *árdid*, plqf. *irdid*, präs. *arándid* u. s. w.

se-radid caus. abnützen, stumpf machen ein werkzeug, pf. *asradíd* u. s. w.

et-radād pass., pf. *atradád* und *ardád*, plqf. *itredíd*, präs. *atradid*, partic. *redáda*, nom. act. *etráddoy*.

Rif subst. m. (Ar. ريف) Egypten, *Bilál ō-Rifi deháy ibábya* B. reiste nach Egypten.

Rifya subst. c. g. (Ar. ريفى) Egypter.

Refif v. 1 (G. ለፈፈ፡ لَفَّ) einwickeln, pf. *árfif*, plqf. *irfif*, präs. *aranfif*, partic. *riffa*, *refáf*, nom. ag. *rafif*, nom. act. *refúf* plur. *refíf*.

se-rafif caus., pf. *asrafif*, plqf. *isrefif*, präs. *asrafíf*, partic. *seráffa*, nom. act. *seráffoy*.

et-rafáf pass., pf. *atrafáf* (refl. *arfáf*), plqf. *itrefif*, präs. *atrafif*, partic. *etráffa*, *refáfa*, nom. act. *etráffoy*.

Refóf adj. aufgebläht, aufgeblasen der körper (Mu.).

Refit v. 1 (Ar. رَفَتَ) in kleine stücke zerbrechen oder zerschneiden, pf. *árfit*, plqf. *irfit*, präs. *aranfit*, partic. *rífta*, nom. ag. *ráfti*, nom. act. *refút* plur. *refít*, subst. f. *rífta* zerstückelung.

se-rafit caus., pf. *asrafít*, plqf. *isrefít*, präs. *asrafít*, partic. *seráfta*, nom. act. *seráftoy*.

et-rafāt pass., pf. *atrafát*, *arfát*, plqf. *itrefít*, präs. *atrafit*, partic. *etráfta*, *refáta*, nom. act. *etráftoy*.

Ragád plur. *rágada* subst. m. (Sa. *rigíd* id., *ragad* treten s. d.)
1) fuß, bein 20, 4. 7. 12. 14. 20; 21, 20; 69, 5. *rágadi tibaláy* zehe. 2) mal, vices, *gär ragád* einmal, *mallé rágada*
zweimal u. s. w. 70 b, 21 ff., §. 153.

Ragif plur. -a subst. m. (Ar. زغيف) brod.

Regig v. 1 (Ar. زج) 1) ausdenen, strecken. 2) fortjagen, vertreiben, pf. *árgig*, plqf. *irgig*, präs. *arangíg*, partic. *rígga*,
regág, nom. act. *ragig* (§. 287) wächter der kornfelder, der
affen, vögel u. dgl. zu verscheuchen hat; nom. act. *regág*
plur. *regíg*, subst. f. *rígga* streckung, vertreibung.

   se-ragig caus., pf. *asragíg*, plqf. *isregíg*, präs. *asragíg*,
partic. *serágga*, *seragág*, nom. act. *serággoy*.

   et-ragág pass., pf. *atragág*, *argág*, plqf. *itregíg*, präs.
atragíg, partic. *etrágga*, *regága*, nom. act. *etrággoy*.

Ragñáš plur. -a subst. m. (s. Bil. s. v. *ragad*) schlachtung zu
eren eines verstorbenen, leichenschmaus, totenmal, das was
Sa. *dážža* (s. d.) 7, 8.

Rejim v. 1 (Ar. زجم; Ti. ረገመ፣ G. Ty. A. ረገመ፣) verwünschen,
schmähen, fluchen, pf. *árjim*, plqf. *irjim*, präs. *aranjím*, partic. *rijma*, nom. ag. *rájmi*, *rejmána*, nom. act. *rejúm* plur.
rejím, subst. f. *rijma* verwünschung.

   se-rajim caus., pf. *asrajím* u. s. w.

   et-rajám pass., pf. *atrajám*, *arjám* u. s. w.

Riha, häufiger *ríya* subst. f. (Ar. رحا; mola) der malstein auf
welchem das getreide zerrieben wird, *tō rihá-yt (riyá-yt) 'ör*
der kleine malstein womit das getreide geriben wird.

Rehab v. 1 (G. ሠነ፣) schmiden; poliren, glänzend machen,
glätten, pf. *árhab*, plqf. *irhab*, präs. *aranhíb*, partic. *érhaba*,
nom. ag. *ráhebi* (G. ረሃቢ፣ نَهَام نَهَامِت) schmid, nom. act. *re-
háb* plur. *rehíb*, subst. f. *ríheba* (G. ሠነት፣) schmidehandwerk.

   se-rehab pass., pf. *asreháb* u. s. w.

   et-reháb pass., pf. *atreháb*, *arháb*, plqf. *itreháb*, präs.
atrahíb, partic. *etráheba*, *rehába*, nom. act. *etrahebóy*.

Rehába nom. pr. eines tribus der Hadendâwa.

Rehaf v. 1 bewachen, d. w. *harif* (s. d.).

Ráka subst. m. (Ar. زخاۃ) die weite, die freie luft.

Rekŭi v. 1 (Kaf. *nagŭ*, *nâg*, Ga. *râg*, زَجا ultim. *w*, cf. زهمب id. und §. 45, b) fürchten jemanden, sich fürchten, pf. *árkŭi*, plqf. *eriuk*, präs. *ardnkŭi*, partic. *rákŭa*, nom. act. *rekúy* plur. *rěkŭi* (für *rekŭíy*), subst. m. *merkŭáy* plur. *merkŭáiy* furcht, angst, adj. *merkŭála* furchtsam (s. §. 290).

se-rauk caus. furcht einflößen, pf. *ásrauk*, plqf. *ésruk*, präs. *asrakŭi*, partic. *serákŭa* 60, 10. nom. ag. *seráuki*, *serákŭána*, nom. act. *serákŭáy*.

et-rakŭáy pass., pf. *atrakŭáy*, *arkŭáiy*, plqf. *étruk*, präs. *atrakŭi*, partic. *etrăkŭya*, nom. act. *etrákŭyóy*.

Rikáb plur. *rîkba* subst. m. (Ar. ركاب) steigbügel.

Rakók adj. (Ar. زخاخ) üppig, aufgedunsen, dick.

Rekena num. ord. zweiter; s. *rāw*.

Rakis adj. (Ar. زخيص) billig, wolfeil.

Rām v. 1 refl. (Ar. زَمَ assuetus fuit, adhaesit) sich anschließen jemandem, folgen, nachfolgen, begleiten, pf. *arám*, plqf. *ítram*, präs. *etrîm*, partic. *ráma*, nom. act., subst. f. *marám* (Ar. مَرأَمة) anschluß, nachfolge, begleitung; s. a. §. 149, b.

sō-rim, *sō-rum* caus. begleiten laßen, geleite geben, pf. *asórim*, plqf. *esúrim*, *esúrum*, präs. *asōrim*, partic. *sórma*, nom. act. *sórmoy*.

s-isō-rim, *-rum* caus. 2 ein geleite geben laßen, pf. *asisórim* u. s. w.

tō-rām pass. begleitet, gefolgt werden, pf. *atōrám*, plqf. *etúrim*, *etúrum*, präs. *atōrim*, partic. *tórma*, nom. act. *tórmoy*.

amō-rām social. mit jemandem gehen, der bedeutung nach mit *rām* refl. vollkommen gleich, flexion wie das passiv; partic. *amórma* und *mórma* begleitend, begleiter, nom. act., subst. f. *mórmoy* begleitung, gefolge.

mō-, *amö-rarám* recipr. mit einander, zusammen gehen, befreundet sein (flexion wie im social.) 24, 1 (vgl. damit 24, 12).

Remid v. 1 (Ar. زمَدَ) feindlich überfallen, in ein fremdes land in räuberischer absicht einfallen, pf. *ármid*, plqf. *irmed*, präs. *arammíd*, partic. *rímda*, nom. ag. *rámdi*, *remdána* feind vor dem man stets auf der hut sein muß, nom. act. *remíd* plur. *remíd*, subst. f. *rímda* überfall.

    remād refl. sich rächen, pf. *armád*, plqf. *itremíd*, präs. *atramíd*, partic. *remáda*, nom. act., subst. f. *mírmed* rache: davon auch ein nom. ag. *mirmedána* rächer.

Remig v. 1 (Ti. ረግፈ፡) betteln, als schmarotzer von haus zu haus visiten machen, pf. *ármig*, plqf. *irmeg*, präs. *arammíg*, partic. *rímga*, nom. ag. *rámgi* (cf. زامِق pauper, Ti. ረማቐ፡ und ርግፄ፡ bettler) schmarotzer, bettler, nom. act. *remíg* plur. *remíg*, subst. f. *rímga* bettelei.

Rangáne subst. f. (vgl. Bil. *rañ* gatte, zu *rang-áne* s. §. 302) ein weibliches junges schaf, bald zuchtfähig.

Réro subst. c. g. (So. *rer*) verwantschaft, verwanter.

Resil rad. inus. (Ar. زسَلَ), subst. m. *rasíl*, *ársel* sendung, botschaft, nachricht.

    arsel, *rasil* v. 2 senden, partic. *rásla*, nom. ag. *rasl-ána*, nom. act. *rasílti*.

    rasil-s caus., *rasl-am* pass., nom. ag. *raslamána* bote, botschafter.

Resás subst. m. coll. (Ar. زضاص) blei, *tū-resás* ein bleistück, kugel, bleikugel, schießkugel.

Riš plur. *-a* subst. m. (Ti. ሪሽ፡ زيشر) 1) feder, vogelfeder. 2) eine sorte kolibri, der paradeisvogel, Sa. *kimbirti šūm* genannt.

Riša subst. f. (Ar. زأس) berggipfel, -spitze.

Rošán plur. *rošán* subst. m. (Sa. *rošán*, زضام) haus, palast aus steinen, burg, festung.

Rāt I plur. *rat* subst. f. (Ar. زأر exercuit) frage.

    rat v. 2 fragen, caus. *ras-s*, pass. *rat-am*.

    ras-s-am recipr. (رأل VI disputarunt inter se) einander fragen stellen, disputiren.

Rāt II subst. f. baumblatt; s. *lāt*.

Ratíl plur. *rátla* subst. m. (Ar. رطل) pfund.

Rāw, rāū plur. *raū* subst. c. g. (cf. G. ⲌⲰⲘⲓ und oben s. v. *rām*) 1) kamerad, genosse, freund 9, 3. 8. 12. 13. 2) anderer, zweiter 20, 31; 70, 3. 16.

    rekena zweiter, zweite, §. 150 und 353.

Rēw, rēū subst. m. (cf. زَى auctus fuit; s. a. §. 64 und 105) 1) vih 8, 1; 12, 15. 2) geld, besitz, habe 9, 18; 10, 11; 34, 12 ff.

    rewi kina begütert, reich.

Rew, ruw v. 2 (Ar. زَى ascendit) hinaufsteigen 5, 4; 6, 8; 13, 21; 57, 15; 64, 19. nom. act. *reūti*.

    reū-s caus. hinauffüren, -setzen.

Ríya subst. f. malstein; s. *ríha*.

Ráyha subst. f. (Ar. رَيْحَة) freude, befridigung.

    rayh-am v. 2 pass. befridigt, zufriden gestellt sein, partic. *ráyhama*. *aní rayhamábu* ich bin befridigt.

    rayh-am-s pass.-caus. befridigen.

Riyál plur. *riyál* subst. m. (Ar. رِيَال) taler.

Ráyyi, réyyi subst. m. (für *rewíh,* رِبْع) gewinn; s. §. 30.

    rayyi-m v. 2 refl. gewinnen, für sich einen gewinn machen, *Bilál gūdáb rayyímya* B. hat einen großen gewinn gemacht. partic. *ráyyima* gewonnen, profitirt, nom. ag. *rayyimána* der auf profit hin arbeitet, wucherer u. dgl.

S.

-s postpos. in, aus, von, *ō-gaw-i-s* aus dem hause, u. s. w., s. §. 134, c. Die pronom. suffixe werden dem *-s* angefügt, *wō-ay-ī-s-ó, -ōk* u. s. w. aus meiner, deiner hand; s. §. 167.

Sa subst. m. der tau (Mu.); cf. سَدَى und §. 75.

Sē I subst. f. (aus *sayy?* vgl. Bil. *zanqí* id.) die leber 21, 22.

Sē II subst. f. (vgl. Nub. *isse*, حَظَى id., s. §. 76) laus, zecke.

Sō v. 2 erzälen; s. *sōy*.

Sa' v. 1 refl. (vgl. Ga. *ta'* id.) sich setzen, sitzen, bleiben, pf.
asá', plqf. *ista'*, präs. *éstī'* und *esti'*, partic. *sá'a*, nom. act.
misá'.

    sō-sā' caus., pf. *asōsá'*, plqf. *esúsa'*, präs. *asōsi'*, partic.
sós'a, nom. act. *sós'oy*.

    s-isō-sā' caus. 2 setzen laßen, pf. *asisōsá'*, plqf. *esisúsa'*
u. s. w.

Sa' plur. *sá'a* subst. m. nebelwolke.

Sá'a subst. f. (Ar. سَاعَة) zeit, stunde.

Se'al rad. inus. (G. ꝶ◌Ⱪ◌ maledicere), subst. m. *sa'ál* und *ás'al*
tadel, verweis, zurechtweisung.

    sa'al, as'al v. 2 tadeln, auszanken.

Sāb und *sabb* subst. f. (Ti. Ty. A. G. ሰንበት፡ שַׁבָּת سَبْت)
samstag 70, 16; §. 96, c.

Sēb, sib plur. *séb-a* (zu *é* s. §. 105), *síb-a* subst. m. (So. *seb*,
Sa. 'Af. *dib-ána* id., villeicht im zusammenhang mit Vulg.-
Ar. دَقَّة id.) das ruder.

Seba' rad. inus. (Ar. صَبَغ צָבַע) färben, subst. m. *sebá'*, *ásba'*
die farbe; s. a. *díf*.

    seba', asba' v. 2 färben, nom. act. *sebá'ti, asbá'ti*, nom.
ag. *seb'ána* färber.

Sābeb v. 1 intens. (Ti. ሰበበ፡) rosten das eisen, morsch, schlecht
werden die zäne, das holz, pf. *asábeb*, plqf. *isbeb*, präs. *es-
bib*, partic. *sábeba*, subst. m. *sebáb* rost, fäulniß.

    si-sābeb caus. rosten machen, pf. *asisábeb*, plqf. *isisi-
beb*, präs. *asisabib*, nom. act. *sisābebóy, sisáboy*.

Sebib v. 1 (Ar. سَبّ) tadeln, strafen, pf. *ásbib*, plqf. *isbib*, präs.
asambib, partic. *síbba* oder *sebáb*, nom. ag. *sabib* (Ar. سَبِيب

conviciator; §. 287), nom. act. *sebúb* plur. *sebíb*, subst. f. *sibba* tadel, strafe.

si-sabib caus., pf. *asisabíb*, plqf. *isisebíb*, präs. *asisabíb*, partic. *sisábba*, nom. act. *sisábboy*.

estabáb (für *et-sabáb*) pass., pf. *astabáb* und *asbáb*, plqf. *istebíb*, präs. *astabib*, partic. *estábba* und *sebába*, adj. *estabáb*, nom. act. *estábboy*.

Sebúh subst. m. (Ar. صُبْح; s. §. 46, a) der morgen, *ō-súbh-i merér* die morgenröte.

Sébala subst. m. (cf. צַוָּאר صَوْأَر) hals, gurgel.

Sabún subst. m. (Ar. صَبُون) seife.

Sebār v. 1 refl. (Ar. ثَبَر) sich flüchten, davon laufen, pf. *asbár*, plqf. *istebír*, präs. *astabir*, part. *sebára*, nom. act. *mistebir*.

Sebir rad. inus. (Ar. صَبَر) warten, subst. m. *sebír* oder *asber* aufenthalt.

asber v. 2 warten, bleiben, caus. *asber-s*.

Sebáda subst. c. g. moschuskatze; s. *dibeda*.

Sid subst. m. (Ar. صَعِيد ascensio) der süd.

Sadíf plur. *sádfa* subst. m. (Ar. صَدَف) schwarze perlenmuschel.

Sidíg, *sidík* subst. m. (Ar. صِدْق) warheit 43, 25 ff. *sitki* adj. (aus صِدِّيق) aufrichtig, *Bilál sitkíbu* B. ist aufrichtig.

Sodán subst. m. (Ar. سُودَان) der Sudan 56, 12. 13.

Sóday grün, braun, grau; s. *sótay*.

Sefih rad. inus. (Ar. سَفَع effudit), subst. m. *safíh* (Ar. سَفْع; s. §. 107) begießung, bewäßerung.

safih v. 2 begießen, besprengen, präs. *sáfh-ani*, pf. *sáfh-an*, plqf. *sáfhi*, partic. *sáfha*, nom. act. *sáfhati* (für *safihti*).

safh-as caus., *safh-am* pass.

Sufán subst. m. (Ar. صُوفَان) zunder.

Sáfare subst. m. (Ti. ሸፈር፥) mist, kot.

Sáfit subst. m. der norden (A.).

Sága subst. m. eine sorte baum, Ar. سَمُر genannt.

Segi v. 1 (Ar. شَغَا, Ti. ሸኸጠ፡ Bil. *suñut* id., *i*, *y* aus *t*, *ṭ*, *d*, s. §. 31. 32) fern, entfernt sein, in der ferne weilen, pf. *ásgi*, plqf. *eság*, präs. *asangi* (8, 13), partic. *sígga*, adj. *sági* weit, fern, entfernt (8, 12), nom. act. *misgáy*.

　　　si-ság caus. entfernen, pf. *asiság*, plqf. *esisíg*, präs. *asi-sagi*, partic. *sisága*, nom. act. *siságoy*.

Sūg subst. m. (Ar. سوق) markt, bazar.

Sugūe subst. f. cyperus rotundus (Schw.).

Segŭa' v. 1 (Ar. ضَجَا) gleichgiltig, farläßig sein, pf. *asgŭá'*, plqf. *isgŭa'*, präs. *asangŭi*, partic. *sŭgŭ'a*, subst. f. *sŭgŭ'a*, farläßigkeit (Ar. ضِجْعَة segnities), nom. ag. *ságŭ'i* (Ar. ضَاجِع) sorglos, gleichgiltig.

Ságŭd plur. *-a* subst. m. (cf. G. ተሥሱስ፡ id.; s. §. 7 und 8) hitze, brand.

Segáf plur. *segáf* subst. m. (Ar. سَجَف) vorhang.

Sággi plur. *ságya* subst. f. (Ti. ሰግፕ፡ G. ውቀውቀ፡) netz.

Sógela, Segŭla, Síkŭla nom. pr. eines Bedschatribus am Gasch.

Sugím, segím subst. m. (Sa. 'Af. Bil. id., Ti. Ty. ሰግም፡) früh-ling, zeit nach den periodischen regen.

Súgŭtra nom. pr. der insel Sokotra 64, 20.

Séha, mit dem artikel *tŭ-sha* subst. f. (cf. שֵׂה id.) gedanke, er-innerung.

　　　seh v. 2 denken, gedenken, sich erinnern. caus. *sehā-s* in erinnerung bringen, pass. *sehā-m* ausgedacht werden.

Saháb plur. *saháb* subst. m. (Ar. سَحَاب) wolke.

Sehag v. 1 (Ti. ሸሐገ፡ id., vgl. ደሐከ፡ دَحَّ protraxit per terram rem) abwischen, abputzen, fegen, auskeren, pf. *áshag*, plqf. *ishag*, präs. *asanhig*, partic. *sehága*, nom. ag. *sáhegi*, nom. act. *sehúg* plur. *sehíg*, subst. f. *sehága* säuberung.

　　　si-sehag caus., pf. *asishag* u. s. w.

　　　estehág pass., pf. *astehíg, ashág*, plqf. *istehíg*, präs. *astahig*, partic. *estehága*, nom. act. *estehágoy*.

Sehal v. 1 (Ti. ሰሐለ፡ G. ሰ፡ሐለ፡ سَحَل, So. *salah*, Sa. *šalhan*,

Bil. *jánkúal* id.; vgl. a. s. v. *selah*) schleifen, wetzen, schärfen, spitzen, pf. *áshal* u. s. w. (flex. wie bei *sehag*) 20, 24. subst. f. *síhela* (G. ሰሕለት፡ acies) schärfung; schärfe.

si-sehal caus., pf. *asíshal* u. s. w.

estehál (et-sehál) pass., pf. *astehál*, plqf. *istehíl*, präs. *astahíl*, partic. *estehála*, nom. act. *esteháloy*.

Sahanún lycium arabicum (Schw.).

Sehár subst. m. (Ar. سِحْر; s. §. 107) zauberei, zauber, *batús sehár téd'i* sie machte einen zauber.

sehar v. 2 zaubern, verzaubern, partic. *sehára*, nom. ag. *seharána*, nom. act. *sehárti*.

sehar-s caus., *sehar-am* pass., nom. ag. *seharamána* einer dem ein zauber angetan worden ist, ein behexter, nom. act. *seharámti*.

Sāk plur. *sak* subst. m. gang, weg-, abgang.

sak v. 2 (Ti. ሰከ፡ G. ሰከየ፡ Sa. *sig*, Ga. *zig*, *hig*, *fig* id.) gehen, fort-, weggehen 6, 16; 8, 14; 10, 8. 11. 12; 13, 13. 19 u. a. partic. *sáka*, nom. ag. *sakána*, nom. act. *sákti*.

sak-s caus. fortschicken, *sak-s-is* caus. 2.

Sekū, sokū v. 1 (Ti. ሰሕበ፡ G. ሰሕበ፡ سَحَب ד, םְחַב id., s. §. 36 und 45, b) ziehen, pf. *asúk*, plqf. *isuk*, präs. *ansiuk*, partic. *súkūa*, nom. ag. *sákūi, sáuki* (G. ሰሕቢ፡) und *sukūina* (Ar. سَحَبَان), nom. act. *sáuk* plur. *sāuk*, subst. f. *súkūa* zug (G. ሰሕበት፡ nom. act.).

sō-sekū caus., pf. *asósuk*, plqf. *isúsuk*, präs. *asōsakūi*, *asōsaki*, partic. *sōskūa*, nom. act. *sōskūóy*.

etō-sāuk pass., pf. *atósuk*, plqf. *itúsuk*, präs. *atōsakūi*, partic. *etóskūa*, nom. act. *etóskūoy*.

Sekūa subst. m. waßerschlauch (Lin.); vgl. Ga. *súgūba* ledersack, schlauch.

Sikū, nur in *sikū-aune-b* quarzit (Mu.); s. §. 16.

Sōk nom. pr. m. loci (s. oben *sūg*) Suakin 36, 28 ff.; wird stets mit dem objectsartikel verbunden, *ō-Sōk*.

Sekuka unterarm (Mu.).

Síkŭla nom. pr. tribus; s. *Sógela.*

Súkma subst. m. (Ar. شَغَم id., s. §. 37, b) fett, mark, *ō-úkh-i súkma* eierdotter.

Sŭkŭám plur. *sŭkŭám* subst. m. (Ar. سُكَّان) steuerruder.

Súkena subst. f. (Ty. A. G. ሰኵዓ Ti. ፕኵዓ Bil. *zŭjŭánā,* Qu. *sakŭnā,* Cha. *saχŭnā*) fußfläche, fuß; huf.

Sekir und *šekir* rad. inus. (Ar. سَكِرَ ebrius fuit), subst. m. *sekír, šekir* und *áskir, áškir* trunkenheit, rausch.

  sekir, šekir, askir, aškir v. 2 trunken, berauscht sein, präs. *sékr-ani,* pf. *sekr-án,* plqf. *sékri,* partic. *sikra, šikra, áskera* trunken, nom. ag. *sekrána, šekrána* (Ar. سُكْرَان ebrius) trunkenbold, nom. act. *sekírti.*

  sekir-s caus., *sekir-am* pass.

Sŭkŭár subst. f. (Ar. سُكَّر) zucker.

Sekúr plur. -*a* subst. c. g. schildkröte.

Suksŭk glaskoralle (See.).

Sákit adv. (Ar. ساكِت) umsonst.

Sekit von 1 (Ar. ضَغَط mactare, iugulare, G. ሰሐጠ violare) erwürgen, erdroßeln, pf. *áskit,* plqf. *iskit,* präs. *asankit,* partic. *síkta,* nom. ag. *sákti* (G. ሰሐጠ violator) und *sektána,* nom. act. *sekŭt* plur. *sekit,* subst. f. *síkta* erdroßelung.

  si-sakit caus., pf. *asisakít,* plqf. *isisekít,* präs. *asisakit,* partic. *sisákta,* nom. act. *sisáktoy.*

  estakŭt pass., pf. *astakŭt, askŭt,* plqf. *istekit,* präs. *astakit,* partic. *estákta, sekáta,* nom. act. *estáktoy.*

Sikwaûne subst. m. der quarzit; s. *áwe.*

Sála I subst. f. (cf. صِلَّة serpens: s. a. §. 96, c) sorte großer schlangen, eine art boa constrictor.

Sála II subst. f. (Ar. ضَال) der braten.

Sále subst. f. (Ar. سَلِيط) sesamöl; s. §. 75.

Sil plur. -*a* subst. m. speichel, geifer.

Súli plur. *súlya* subst. f. die gissa, die auf dem scheitel aufwärts gekämmten haare in der haartracht der Beduan.

Selib v. 1 (Ar. سَلَبَ; s. Bil. s. v. *salab*) berauben, flexion ganz
wie bei *sekit;* caus. *si-salib,* pass. *estaláb.*

    sālib intens. ein räuber sein, das gewerbe des raubens
treiben, pf. *asálib,* plqf. *islab,* präs. *eslíb, éslib,* partic. *sálba,*
nom. ag. *sálbi, selbána,* nom. act. *silbe.*

Salíbya plur. *salábi* subst. f. (Ar. زُلَابِيَة) brodkuchen.

Sálif plur. *sálfa* subst. m. (Ar. سَالِف) gewonheit.

Selif v. 1 rad. inus. = سلف IV mutuo dedit pecuniam; V petiit
mutuo. subst. f. *selif* anleihe.

    si-salif caus. (Ar. أَشْلَف) borgen, jemandem leihen,
pf. *asisalif,* präs. *asisalif,* nom. ag. *sisálfi.*

    seláf refl. (Ar. تَسَلَّف) sich etwas ausborgen, eine an-
leihe machen, pf. *asláf,* plqf. *istelif,* präs. *astalif,* partic.
selífa, nom. act. *mislef,* nom. ag. *mislefána.*

    sālif intens. gewonheitsmäßig borgen, vom pumpe leben,
pf. *asálif,* plqf. *islef,* präs. *aslif, eslif,* nom. ag. *sálfi* (§. 286),
nom. act. *sélfi.*

Selih v. 1 (s. oben *sehal*) streicheln, pf. *áslih,* plqf. *isleh,* präs.
asanlih, asallih, partic. *sílha,* nom. act. *selúh* plur. *selíh,*
subst. f. *sílha.*

    selh-is v. 2 caus. streicheln.

Sálla plur. *salól* subst. m. (vgl. מְסִלָּה id., סלל כלל: vgl. auch
§. 119) der weg 27, 12; 58, 13; 59, 5.

    salól v. 2 füren, leiten (den esel, das kamel u. dgl.
an der hand füren), nom. ag. *salólána,* nom. act. *salólti.*

    salól-s caus., *salól-am* pass.

Sille plur. *silēl* subst. f. (Ar. صَلَّى precari; s. a. §. 119) das gebet, *sílle ani dehái téha* ich muß ein gebet verrichten.

    silēl v. 2 beten, *w-ánküānáyók silēla* bete zu deinem
gott! nom. act. *silélti* das beten, *silélti (siléltib) tekténa*

kannst du beten? *silélti dáybu* zu beten ist gut. nom. ag.
silēlána beter.

silēl-s caus., *silēl-am* pass.

Selim rad. inus. (Ar. سَلِمَ integer, salvus fuit).

salám plur. *-a* subst. m. (Ar. سَلَام) gruß, kuß, *salám*
ū-miyád dáybu das gruß-sagen ist schön.

salām v. 2 und *salám di* v. 1 grüßen, küßen; *ū-salāmini* oder *salám wū-endí* der welcher grüßt, küßt. *aní
Bilál salāman* ich habe Bilal gegrüßt = *aní Biláli deháy salám ádi* ich habe zu Bilal »gruß« gesagt; s. a. 20, 20; 51, 29.

selám subst. m. (Ti. Ty. ስላም፡ Sa. *sarāú* id., cf. سَلِيم
mimosa flava, Forsk.) acacia ethbaica Schw.

Silēmán nom. pr. m. (Ar. سُلَيْمَان) 51, 6. 16.

múslem, méslem plur. *muslimín* (مُسْلِم) Mohammedaner, *emsilmíya* id. 38, 29. adj. *múslemi*, vgl. *tō-yín 'id wun
muslemibu* heute ist ein großes muslimisches fest.

Solám plur. *salálem* subst. m. (Ar. سُلَّم pl. سَلَالِم) treppe, stufe
pl. stiege.

Salángoy cocculus Leaeba (Schw.).

Sílsil, sínsil, sínšil, šínšel plur. *-a* subst. m. (Ar. سِلْسِل, G.
ሰለሰለ፡ Ti. Ty. A. �፡ Bil. Sa. *jánjar*) die kette,
eiserne fessel.

Selit v. 1 (Ar. سَلَتَ) abwischen, -putzen, -reiben, pf. *áslit*, plqf.
íslit, präs. *asanlit, asallít, asalnit*, partic. *sílta*, nom. ag.
sálti, seltána, nom. act. *selút* plur. *selit*, subst. f. *sílta* abreibung.

si-salit caus., pf. *asisalít*, plqf. *isiselít*, präs. *asisalít*,
partic. *sisálta*, nom. act. *sisáltoy*.

estalát pass., pf. *astalit, aslít*, plqf. *istelít*, präs. *astalít*, partic. *estálta, seláta*, nom. act. *estáltoy*.

Siltakáni subst. m. das joch: s. *setih*.

Sultán subst. m. (Ar. سُلْطَان) fürst, schéch: sultan 13, 20; 14,
4 ff.: 57, 6 ff.

Seluw v. 1 (aus *seluq* i. e. ሰልቀ፡ von G. ሰቀለ፡?) aufhängen, stranguliren, pf. *aseluw, áslu,* plqf. *islu,* präs. *asanliñ, asalliñ* und *asalniñ,* partic. *silua,* nom. ag. *sálwi,* nom. act. *seluw* plur. *selúw.*

> *si-saluw* caus., pf. *asisalúw* u. s. w.

> *estaláû* pass., pf. *astaláû* und *asláû,* plqf. *istelúw,* präs. *astaliû* u. s. w.

Sam plur. *sam* subst. m. 1) mauer, wand, 2) hof, hofraum (A.).

Sámu subst. f. (Ti. ሻሙት፡ id., s. §. 75) rhus abessinica H.

Sēm plur. *sam* subst. m. (Ar. سِمّ; s. §. 96, c) gift; adj. *sémi* giftig.

Sim, sum v. 1 (Ti. ሰማ፡ G. ሰመየ፡ سَمَّا: s. §. 198, c) nennen, benennen, pf. *asim* (und *asúm,* s. §. 88) 16, 13. 15. plqf. *isem, isum,* präs. *ausim,* partic. *sima,* nom. act. *sām* plur. *sam,* subst. f. *síma* benennung, subst. m. *sim* plur. *-a* (Ti. A. G. ሰም፡ إسم ‏שֵׁם‎) mit dem artikel *ú-sem, ú-sum* der name 33, 34 ff.: 34, 1 ff.

> *sō-sim* caus., pf. *asósim (asósum),* plqf. *isúsum,* präs. *asósim,* partic. *sósuma, sósma,* nom. act. *sósmoy.*

> *etō-sām* pass., pf. *atósám,* plqf. *etúsim,* präs. *atósim,* partic. *etósma,* nom. act. *etosmoy.*

Sámbe, jámbe, gámbe plur. *jenúbe, genúbe* subst. f. (Ar. ذَنْب plur. ذُنُوب, Ti. ገንብ፡ plur. ገኑብ፡) sünde; s. §. 43.

Sámbil plur. *-a* und *senábil* subst. m. (Ti. ሠንቢል፡ زَنْبِيل, Sa. zambil, ʿAf. dambil, Bil. dánbil) korb.

Sámfa subst. m. (Ty. ሸንፉ፡ Ti. ሸንፉየት፡ ʿAf. sinfáy, Sa. sumfáy, Bil. sinfi) die gartenkresse, lepidium sativum L.

Semák v. 1 intrans. (Ar. صَاع IV tacuit, siluit; s. §. 37, a und §. 69) schweigen, pf. *asmák,* präs. *ásmaki,* partic. *semáka,* nom. act. *mísmek.*

> *si-smák* caus., pf. *asismák,* präs. *asismaki* u. s. w.

Semúk plur. *-a* subst. f. (Ar. صَمغ und صَمَغ plur. صُمُغ id.,

§. 42; davon die lautlich jüngere form ꜥǧ ⌂𓅭𓏺𓏺 ⚬⚬
qamy, ⌂𓅭𓏺𓏺 ⚬⚬ *qama',* Demot. *kmaů,* ⲕⲟⲙⲏ id., vgl. §. 38
und 43) der gummi.

Semíl, smél subst. m. in Barka (Ar. سَمَن id., §. 12, a; 105 und
107) die butter; s. *semim, kemīn.*

Semim v. 1 bei den Hadendâwa (Ar. سَمَنَ id., s. §. 70) fetten,
schmalzen, mit fett übergießen die speise, pf. *ásmim,* plqf.
ismum, präs. *asammim,* partic. *símma,* nom. act. *semúm* plur.
semín, subst. f. und m. *semúm* und subst. f. *símma* das fett.

　　si-samim caus., pf. *asisamím,* plqf. *isisemím,* präs. *asi-
samim,* partic. *sisámma,* nom. act. *sisámmoy.*

　　estamām pass., pf. *astamám,* *asmám,* plqf. *istemím,*
präs. *astamim,* partic. *estámma,* *kemáma,* nom. act. *es-
támmoy.*

Semin adj. (Ar. سَمِين) fett, beleibt, *ūn ū-ša' semínu* dieses rind
ist fett.

Sumán plur. *sumán* subst. m. eine sorte specht.

Samára nom. pr. m., *Samárá-y ḏáwa* oder *Samár 'ár* name
eines Bedschatribus in Barka.

Símsum plur. -a subst. m. (Ar. سِمْسِم ⲥⲉⲙⲥⲓⲙ 𓍼𓍼
šemšem-t) sesam, sesamum.

San plur. -a subst. m. (Bil. *dân* plur. *šân,* De. Qu. *žan,* Kopt.
ⲥⲁⲛ, ⲥⲟⲛ, 𓊃𓀂 *san*) bruder 19, 5; 51, 8; 52, 13; §. 169,
171 und 172.

Sän plur. -a subst. m. (Ar. صَحَن id., §. 51; s. a. *šíkena*) becken,
teller, schüßel.

Seni v. 1 (aus *seny,* Ty. ጸንሐ፡ Ti. G. ጸንሐ፡ Cha. *ṣanaq, si-
nek,* De. Qu. *tankŭ,* Bil. *saň,* Sa. 'Af. *sūg* [aus *sōg, sang*],
So. *jōg,* Ku. *sŭ* id., vgl. §. 9, c und 30) bleiben, warten, anwesend sein, pf. *ásni,* plqf. *isán,* präs. *asanní, asénni,* partic. *sinya* und *séna,* nom. act. *seniy* plur. *sěni, síni* (für
seníy; vgl. §. 105), subst. m. *misnay* aufenthalt.

si-san caus., pf. *asisán*, plqf. *esisín*, präs. *asisani*, partic. *sisana*, nom. act. *sisanóy*.

Sănad v. 2 helfen (Ar. سند III).

Sandŭk plur. *sándik* subst. m. (Ar. صندوق) truhe, kiste, koffer 14, 11. 32; 15, 9. 28. 32; 16, 7. 11.

Sángŭa subst. f. indigofera spinosa (Schw.).

Singa subst. f. lycium sp. (Schw.).

Sángane subst. m. acacia spirocarpa (Schw.).

Sánkŭa, häufiger *sinkŭa* und *sŭnka* i. e. *senkŭa*, bei den Had. *sŭnkŭi* plur. *sŭnkya* subst. m. und f. (Sa. 'Af. *sŭnkŭ*, Bil. *zēg*, Cha. *zīy* [aus *zayg*, *zang*], Go. *jíkkō*, Wal. Wár. *zíkkō*, A. መንቀ፣ id., cf. שְׂכִנְה שְׂכֶם) nacken, schulter, rücken, die stelle auf welcher beim tragen die lasten ruhen. *tŭ-nde wō-'ōr tō-sŭnkŭit enki yakésta* die mutter trug den knaben auf dem rücken.

Sinkátkena nom. pr. eines Bedschatribus in Barka.

Sinsil subst. m. die kette; s. *silsil*.

Sansénna butterkuchen (Seetz.).

Senáy der frühherbst, September und October (Mu.), cf. Ti. G. ሠናይ፣ pulcher.

Sŭr plur. *sar*, *sar* subst. m. (G. ስእር፣ስእር፣ Ti. ስእር፣ Sa. 'Af. *sār*, Bil. *si'ír*) waßerschlauch, girbe, ledersack.

Sára subst. f. (Ar. ﺿَﺮ Ti. ፍሬ፣ A. ፍሬት፣ Sa. 'Af. *sárā*, Cha. *serā*, Nub. *jir*, Kaf. *kérā*) der rücken, *wō-ayit sára* der handrist, *wō-ragad-it sára* der fußrist, *ō-kór wō-hatáyit saráti dehóy dísa* leg' den sattel auf den rücken des pferdes.

Sáro subst. m. sodada decidua (Schw.).

Sir plur. -*a* subst. m. und f. stange, langer stab, lanzenschaft.

Sūr subst. m. (s. §. 135, e) vorrang, vorderseite, front, *sŭr-i* vor, vorne, voran: vorher, früher, *ó-gae-i súri* vor dem hause, *sŭr-ō* vor mir, *sŭr-ók* vor dir, *barús sŭr-ón hirérya* er wanderte vor uns. *sŭr-ó-yu* er befindet sich vor mir, *sŭr-ók-u* er ist vor dir. *ū-sŭr-i* (und *ū-sŭr*) fem. *tū-súri*

der welcher voran, der erste, *aní û-súribu* ich bin der erste,
auch: der erstgeborne (s. §. 150).

sûrána adj. voran befindlich, der erste seiend, *aní sû-
ráná-bu* fem. *-tu* ich bin voran, voraus, der erste.

sûrkena subst. und adj. (s. §. 150 und 353) voran
seiend, erster, erstgeborner, pg. 70, b, 2. *aní sûrkenábu* ich
bin der erste.

Sûra subst. f. (Ar. ٱلٰجَوٓرِ Sa. *dóra*, 'Af. *dóri* id.) die tränke,
becken aus lem, vor der cisterne errichtet, zum tränken
der herden.

Sera' v. 1 (Ti. G. **ዘርእ፡**) säen, pf. *ásra'*, plqf. *ísra'*, präs. *asarri'*,
partic. *sár'a*, nom. ag. *sár'i* (G. **ዘራኢ፡**), nom. act. *serú'*
plur. *serí'*, *será'*, subst. f. *sér'a* (G. **ዘርእ፡**) sat, samen.

si-sera' caus., pf. *asísra'*, plqf. *ísísra'*, präs. *asísari'*,
partic. *sisár'a*, nom. act. *sisár'oy*.

estará' pass., pf. *astará'*, plqf. *ísterí'*, präs. *astari'* u. s. w.

Serid v. 1 (Ti. **ሰረደ፡** Bil. *sarad*) warsagen durch muschelwerfen,
pf. *ásrid*, plqf. *ísred*, präs. *asanríd*, *asarríd*, partic. *sírda*,
nom. ag. *sárdi* (Ti. **ሰራዴ፡**) und *serdína*, nom. act. *serúd*
plur. *seríd*, subst. f. *sírda* (Ti. **ሰረድ፡**) warsagerei, warsage-
kunst.

si-sarid caus., pf. *asísaríd*, plqf. *ísíseríd*, präs. *asísaríd*, partic. *sisárda*, nom. act. *sisárdoy*.

estaríd pass., pf. *astaríd*, *asrád*, plqf. *ísteríd*, präs.
astaríd, partic. *estárda*, *seráda*, nom. act. *estárdoy*.

Sárde, *sérde* subst. f. (Ti. **ሰረዴት፡** A. **ሰረድ፡**) eine raigrassorte
an waßerplätzen vorkommend, im Saho *balgá* und Ti. im
Sambar **ተሕን፡** (G. id.) genannt, ist panicum ternatum H.
oder cynodon dactylon L.

Saráf plur. *-a* subst. m. (Ar. ضَرّاف) geldwechsler.

Serih rad. inus. (Ar. سَرَح libere dimisit); subst. f. *sirha* freiheit des wandels für das vih, auf weideplätze zu gehen.

wohin es will, one weggetriben zu werden; die gemeindeweide, grundbesitz eines tribus.

si-sarih caus. das vih auf die weide treiben; einem
gast, reisenden sicheres geleite geben bis zu einem be-
stimmten ort, pf. *asisaríh*, plqf. *isiseríh*, präs. *asisaríh*,
partic. *sisárha*, nom. ag. *sisárhi*, *sisarhána* geleitsmann,
nom. act. *sisárhoy*.

estarāh pass. geleitet, begleitet werden, pf. *astaráh*,
asráh, plqf. *isteríh*, präs. *astarih*, partic. *estárha*, *seráha*
geleitet, nom. ag. *estárhi* reisender unter sicherer escorte,
nom. act. *estárhoy*.

Serám plur. *serám* subst. m. bei den Had., Hal., *sinráy* plur.
sinray, bei den BA. (So. *sáren* = Ty. G. ᎠᎤᏣᏛ᎓ [für
ᎠᏣᏣᏛ᎓], aber Ti. ᎠᏁᎦ᎓᎓ Bil. *sinráy* [vgl. Bil. s. v.
ságuer], Sa. *sinrá*, 'Af. *sirrá* weizen, s. §. 70) der weizen,
bei den Hal.; die gerste, bei den Hadendâwa.

Serār I v. 1 refl. (G. ᎠᏓᏓ᎓ Ti. ᎤᏕᏄᎄ᎓) fliegen, stürzen, fallen,
pf. *asrár* (*hayúk esrár* eine sternschnuppe fiel), plqf. *este-
rír*, präs. *astarír* (*wā-ánkuána hayúk estarīré deháy yi'íš*
gott ließ einen stern fallen), partic. *serára* (G. nom. ag.
ᎠᏓᏓ᎓ volaticus, volatilis), nom. ag. *sarír* (s. §. 287, Ti.
ᎤᏕᏟᎄ᎓ funke; flug, sprung, ᎤᏕᏟᎄᏔ᎓ vogel) flieger, vogel,
funke, spritzer, nom. act., subst. f. *misterír* fall, flug u. s. w.

Serār II v. 1 intrans. (G. ᎤᏕᏓᎄ᎓ altum, longum esse) lang,
hochragend sein, pf. *asrár* (*ásrar*), plqf. *ésrira*, präs. *as-
rárī* (*ásrari*), partic. *serára*, nom. act. *misrer*.

Sárra subst. f. indigofera Schimp. (Schw.).

Seráy plur. *seráy* subst. c. g. papagei, u. z. der halsbandsittich

Sísi plur. *sísya* subst. f. besen, kerwisch.

Sūs subst. m. skorbut (Seetz.); vgl. سُوَاس، شَاس.

Sit subst. m. (Ti. G. ᎠᏘᎄ᎓) getränke: fleischbrühe.

Setōb, sitōb v. 1 intrans. (für *sōbet, sanbet*, Bil. *sibd*, A. Ty.
ᎠᏒᏈᏘ᎓) fürer, begleiter, überbringer sein; füren, bringen,

imprt. *setóba* (52, 5), pf. *astób* (61, 2. 7), plqf. *ístiba*, präs.
ástobi (66, 13), partic. *setóba*, nom. act. *místeb.*

si-stob caus. die fürung, bringung überlaßen oder beauftragen, pf. *asistób*, plqf. *ïsistúb*, präs. *asistóbi* u. s. w.

Setih rad. inus. (Ar. سَطَحَ expandit).

sátha subst. m. (Ar. سَطْح id.) decke, dach, der boden
über der stube; hausdach. *ū-sátha ū-ïçúhi* der fußboden,
der ebene, gestampfte zimmerboden.

místa subst. m. (Ar. مِسْطَح) matte, fußteppich aus palmblatt geflochten 7, 9.

siltakáni plur. *siltakánya* subst. m. (*siltak-áni*, s. §. 296,
Ar. سِطَاح id., s. §. 37, b) das joch, ochsenjoch.

Setána adj. (Ar. وَسَطَانِي id., s. §. 76) in·der mitte befindlich,
mittlerer, *tū-tibaláy tū-stána* (*t-ūstána* ?) der mittelfinger.

Sitán subst. m. teufel; s. *šïtán.*

Setir v. 1 (G. ሰተረ፡ سَتَرَ סָתַר) ein-, verhüllen, -bergen, -stecken,
pf. *ástir*, plqf. *ïster*, präs. *asantír*, partic. *sítra*, nom. ag. *sá-*
tri, nom. act. *setúr* plur. *setír*, subst. f. auch m. *sítra* (סִתְרָה
hülle) versteck, vorhang vor dem bett 15, 7. 9; 29, 13. subst.
m. *setír* und *ástir* (سِتْر velum) versteck.

astir v. 2 das was *setir* v. 1, pf. *astirán* u. s. w., nom.
act. *astírti.*

astir-s caus., *astir-am* pass.

Sítta nom. pr. f. (سِتّ).

Sótay, *sútay* und *sóday* adj. (*sód-ay* ? cf. سُوَد niger fuit) dunkelfärbig, dunkelgrün, -braun, -grau, *tū-kláy tū-sótay* tauben-
grauer vogel, Bil. *erábrā*, Ti. አፈ፡ብዕ፡ Ty. A. ወፈ፡ Sa. *wáré*,
Sud.-Ar. عِينِسّة genannt, ptilonorhynchus albirostris.

Suw rad. inus. (Sa. *suw*, Bil. *jaw* im reifen begriffen sein, noch
nicht völlig reif sein, G. ሠወፀ፡ maturescere).

asúw adj. (s. §. 304) unreif, noch nicht gar geworden,
wū-hárro ásuwu die durra ist noch nicht reif. *tū-ka' asútu*

das fleisch ist noch nicht gar. *wū-'áda ásuwu* die haut ist roh, noch nicht gegerbt.

Suwále subst. f. (A. Mu.) der spigel; s. *suwále*.

Suwés nom. pr. m. loci, Suez 64, 29. 30.

Sáy v. 1 intens. (G. ⲎⳡⳈⲀ⳽ سَصَ id., s. §. 30) schlachten und abhäuten, zerlegen ein geschlachtetes tier, pf. *asáy*, plqf. *isey*, präs. *asiyi, esiyi*, partic. *sáya*, nom. act., subst. f. *siye*; vgl. 21, 7. 10. 11. 12.

    si-sáy caus., pf. *asisáy*, plqf. *esisí*, präs. *asisayi*, partic. *sisáya*, nom. act. *sisáyoy*.

    emē-syáy pass., pf. *amēsyáy*, plqf. *imēsyī*, präs. *amesayi*, partic. *emésya*, nom. act. *emésyoy*.

Sōy subst. m. (aus *sawy* = G. Ⲏⲱⲃ⳽ id., s. §. 30 und 94) erzälung, bericht, nachricht.

    . *sōy* v. 2 erzälen, pf. *sóy-an, só-ta, só-ya* u. s. w. 30, 9; 43, 24; 58, 11; nom. ag. *sōyána*, nom. act. *sóti*.

    sō-s caus. und meist *sō-s-is* caus. 2 mit der gleichen bedeutung: erzälen machen, — laßen.

    sō-m pass. und *sō-m-om* pass.-pass., beide gleiches bedeutend: erzält, benachrichtigt werden; nom. act. *sōmómti* erhaltene nachricht; bericht.

Seyál plur. *seyál* subst. m. (Ar. سَيَال) acacia tortilis.

Seyám, siyám plur. *siyám* subst. m. (vgl. Bar. *sémā*, Ku. *sénā*, ⲥ̄ⲙ, simu [aus *syimu* = *stimu*] und stimu id.; cf. oben *serám*) gras 5, 7. *siyám bálama* trockenes gras, heu.

Š.

Ša subst. f. fleisch; s. *ša'* II.

Šē plur. *ša* subst. c. g. rhinozeros, nashorn.

Šē num. (Kopt. ϣⲉ, ša' id., cf. شُيَع quantitas, s. §. 148 und 149) hundert 51, 29; 63, 17.

Šō adv. (Sa. *sō* id., s. a. *šibo, šebōb*) gut, schön, *šó-mha* guten
morgen (bringe den morgen gut zu)! *šō-háîda* guten abend!

Ša' I plur. *šá'a* subst. m. (So. *šā'*, Ga. *sa'á* kuh, Sa. 'Af. *sā'* vih,
besitzstand, *sagá* kuh; s. a. *ša'* II) 1) kuh, *ū-ša' šūyábu* die
kuh ist trächtig. *šā'-i-t'a* kuhmilch, *ani ša'áb án'ay* ich
habe die kühe gemolken; s. a. 63, 4. 5; 64, 4. 8 u. a.; zum
genus mascul. s. §. 110. 2) rind überhaupt, *ša' éga* rinderhirt, *ū-ša' éga* » rinderhirten « das volk der Baggara. *ū-ša'
ū-rába* » das männliche rind « der stier; s. a. 5, 14. 16; 12,
18 u. a.

Ša' II und häufiger one hamze: *ša* subst. f. (Agm. *šī*, Cha.
De. Qu. *ziyá*, Bil. *zejá*, Ti. A. G. رجم، fleisch, Sa. 'Af. *sagá*
kuh; s. *ša'* I) das fleisch 21, 6. 11. 12; 45, 18 ff.

Šē' v. 1 intrans. (für *šāy'* dreiradical., شاخ conseuuit) alt, bejart,
greisenhaft werden, pf. *ašé'*, plqf. *iš'a*, präs. *éš'i*, partic. *šē'a*
alt geworden, auch von sachen, wie: *gáya gamis šē'anáy-ka
alyā-ká-bu* ein neues hemd ist teurer als ein altes. nom.
ag. *šē'ána* und *šē'kena* (s. *kína*) greis, greisin, nom. act.,
subst. f. *ši'ítyo* das altwerden, *tū-ši'ítyo amáktu* das altern
ist unangenem; subst. f. *šē'a* das greisenalter, *Bilál gúda
šē'át éktim éfi* B. hat ein hohes alter erreicht.

     ši-šē' caus. alt machen, pf. *ašišé'*, plqf. *ešiši'*, präs. *aši-
šé'i*, partic. *šišé'a*, nom. act. *šišé'oy*.

     In Barka wird das wort in zweiradicaliger grundform
gebraucht: *ši'* alt werden, pf. *aši'*, plqf. *iši'*, präs. *anši'*, partic. *ši'a*, nom. ag. *ši'áno*, nom. act. *ši'ítyo*.

     ši-ši' caus., pf. *ašiši'*, plqf. *išiši'*, präs. *ašiši'*, partic.
šíš'a, nom. act. *šíš'oy*. Die formen, welche Almkvist auf
pag. 292, n° 101 s. v. *še'i* angibt, habe ich nicht zu hören
bekommen.

Šō' v. 1 intrans. (Ar. شاع sectari, شوع post alium immediate
natus, סוע, סיע sectari) unmittelbar, bald hinter jemandem
ankommen z. b. bei wettrennen, der nächst folgende sein;

verfolgen, jagen, pf. *ašǒ'*, plqf. *iš'a*, präs. *éš'i*, partic. *šǒ'a*,
nom. ag. *šō'ána*, nom. act. *ǩi'a*, subst. f. *šǒ'a* nachkunft,
zweiter rang beim wettlaufen.

Še'ag v. 1 (G. **ጸበቀ፡** circumcludere, coangustare) aufhängen,
personen oder sachen, pf. *áš'ag*, plqf. *iš'ag*, präs. *ašan'ig*, partic. *še'ága*, *š'ága*, nom. ag. *šá'egi* henker, nom. act. *še'úg* plur.
še'áq, subst. f. *še'áq*, *tú-š'aga* das henkergeschäft, subst.
m. *míš'eg* (bei Mu. *mešegg* id., G. **መጸበቀ፡** partic. coarctans)
das netz, um darin sachen aufzuhängen und diese so vor
termiten zu schützen.

    ši-š'ag caus., pf. *ašíš'ag*, plqf. *išiš'ig*, präs. *ašiš'ig*,
partic. *šíš'aga*, nom. act. *šiš'agóy*.

    ešt'ag pass., pf. *ašt'ág*, plqf. *išt'ag*, präs. *ašt'ig*, partic.
ešt'ága, nom. act. *ešt'ágoy*. In Barka auch die formen: *eti-
š'ag* gehängt werden, pf. *atiš'ág* u. s. w.

Še'ar rad. inus. (G. **ጸዐረ፡** dolores sentire, vgl. مَضَغَر, مَضَغَر robustus) mühe und strapatzen ertragen können, kräftig, stark
sein, subst. m. *še'ár* oder *áš'ar* stärke, kraft.

    aš'ar v. 2 stark, kräftig, strapatzen gewachsen sein,
aš'árani ich bin stark, oder *aš'arán éfi*; partic. *áš'ara*
stark, *Bilál aš'arábu* B. ist stark. *tú-šē aš'arátu* das nashorn ist gewaltig. nom. act. *aš'árti*.

Še'ir plur. -*a* subst. m. (Ar. شعير) gerste; s. a. *serám*.

Še'iš v. 1 (für *'ešiš*, *hešiš*, G. **ሐሠሠ፡** tussire, Ti. **ሐሽሾት፡** grippe
bei Munz.; wäre hier keine metathesis, so müßte die form
še'aš lauten; analog *de'ir*) husten, pf. *áš'iš*, plqf. *iš'iš*, präs.
ašan'iš, partic. *šǐ'iša*, nom. ag. *šá'eši*, nom. act. *še'úš* plur.
še'íš, subst. f. *šǐ'iša* der husten.

    ši-š'iš caus., pf. *ašíš'iš* u. s. w.

Šab v. 2 schmiden, präs. *šáb-ani*, pf. -*án*, plqf. *šábi*, nom. ag.
šab-ána schmid (cf. A. **ሰበሰ፡** id.).

Šíbo subst. f. (s. a. *šō*, *šebōb*) schönheit, annemlichkeit, *šebŏt*

(und *šebö*) *háůda* guten abend! *šebót máha* guten morgen!
s. a. 20, 19.

Šebib v. 1 (cf. شاف med. *waw*, vidit, ⌐‖⟨⟩ *šefy*, ● ⟨⟩
χefy id.) sehen, schauen, pf. *ášbib*, plqf. *išbib*, präs. *ašam-bib*, partic. *šíbba*, *šebáb* (51, 19), nom. ag. *šabib* (s. §. 287),
nom. act. *šebúb* plur. *šebíb*, subst. f. *šíbba* besichtigung.

šuw-ále und *šuw-ánay*, *šuw-áne* (bei A. *swále*, bei Mu.
suále) subst. f. der spigel; s. §. 302.

ši-šabib caus., pf. *ašišabíb*, plqf. *ešišebíb*, präs. *ašiša-bib*, partic. *šišábba*, im object *šišabáb*, nom. ag. *šišabib* de-
monstrator, person welche alle merkwürdigkeiten eines ortes
zeigt. nom. act. *šišábboy*.

ši-ši-šabib caus. 2 zeigen laßen, pf. *ašišišabíb* u. s. w.

eštebáb pass. betrachtet werden, pf. *aštebáb*, plqf. *ište-bíb*, präs. *aštabib*, partic. *šebába*, nom. act. *eštebáboy*. Bei
den Halenga auch: pf. *at-šabáb*, plqf. *etšebíb*, präs. *atšabíb*,
partic. *etšábba*, im object: *etšabá-b*, nom. act. *etšábboy*.

Šebōb v. 1 intrans. (für *šebáůb*, per metathes. von Ti. ፀወበ፡
verschönern, ፀወብ፡ schön; s. a. *šō* und *šíbo*) gut, schön
sein, pf. *ašbôb*, plqf. *išbūb*, präs. *ášbōbi*, partic. *šebóba*, nom.
act. *šebóboy*, subst. f. *šebóba* schönheit, güte.

ši-šbōb caus. verschönern, verbeßern, pf. *ašišbób*, plqf.
ešišbúb, präs. *ašišbōbi* u. s. w.

šōb adj. (aus *šaůb*) gut, schön, lieblich, angenem, *šōb
adúm* angeneme unterhaltung.

šōb v. 2 gut u. s. w. sein.

šōb-š caus. gut, schön machen, nom. act. *šōbíšti*, subst.
f. *šóbša* schöne handlung, gute ausfürung von etwas, *šōb-
ša-y hána* (19, 12) singe mit sanfter, leiser (nicht schmet-
ternder) stimme!

Šebbak v. 2 zerreißen, -zausen (A.), cf. شَبْرَق.

Šebbák plur. *šíbbak* subst. m. (Ar. شُبَّاك) gitterfenster in den
harems; netz.

Šebík plur. *šíbka* und *šikba* subst. f. handgelenk.

Šabíl plur. *šábla* subst. m. der hanenkamm, schopflappen des hanes, crista galli.

Šöbšay, *šöb-šā-y* ablativ, sanft, leise; s. *šebŏb.*

Šeḍiḍ v. 1 (G. ሠጠጠ፣ شَذّ شذ) abreißen, abschälen, pf. *ášḍiḍ,* plqf. *išḍiḍ,* präs. *ašanḍiḍ,* partic. *šúḍḍa, šeḍáḍ,* nom. ag. *ša-ḍiḍ* (s. §. 287, G. ሠጠጠ፣) oder *šeḍḍána* abschäler, rinden-sammler, der zum verkauf kostbare rinden sammelt, nom. act. *šeḍúḍ* plur. *šeḍíḍ,* subst. f. *šúḍḍa* (G. ሥጠት፣) abschä-lung; rinde.

    ši-šaḍiḍ caus., pf. *ašišaḍíḍ,* plqf. *išišeḍíḍ,* präs. *ašiša-ḍiḍ,* partic. *šišáḍḍa,* nom. act. *šišáḍḍoy.*

    eštaḍaḍ pass., pf. *aštaḍáḍ* und *ašḍáḍ,* plqf. *ištedíd,* präs. *aštaḍíḍ,* partic. *eštáḍḍa* und *šeḍáḍa* abgeschält, nom. act. *eštáḍḍoy.* Bei den Hal. auch: *eṭ-šaḍáḍ,* pf. *aṭšaḍáḍ* u. s. w.

    em-, eṇ-šaḍáḍ social. abschälen helfen, in compagnie mit andern personen rinden sammeln, pf. *am-, aṇ-šaḍáḍ,* plqf. *iṇšeḍíḍ,* präs. *aṇšaḍiḍ,* partic. *em-, am-, aṇ-šáḍḍa,* nom. act. *aṇšáḍḍoy.*

Šeḍár plur. *-a* subst. m. (Ar. شَجَر id., s. §. 25) baum, das was *híndi.*

Šefi v. 1 (A. ጠበ፣ G. ጠበው፣ lactare, Ty. ጸበ፣ Qu. *çaŭ, šab,* Cha. *žab,* Bil. De. *šab* milch) milch trinken, pf. *ášfi,* plqf. *ešáf,* präs. *ašanfi,* partic. *šéfya* und *šéfa,* nom. ag. *šáfi* (G. ጠበዋ፣) säugling, nom. act. *šáfe* und *sefúy* plur. *šéfi.*

    ši-šaf caus., pf. *ašišáf,* plqf. *išišíf,* präs. *ašišafi,* par-tic. *šišáfya* und *šišáfa,* nom. ag. *šišáfi* (G. አጥበዋት፣) die amme, nom. act. *šišafóy.*

Šáfli adj. in mißcredit seiend; s. *nešif.*

Šéga subst. m. rinderhirt; s. *ša'* und *éga.*

Šugŭḍ v. 1 (G. ጸጠ፣ صَغَّ سَغَّ Sa. *sakat* condire unguenta, s. §. 26, note 1; Ku. *saki,* Nub. *šug, jug* lavare) waschen kleider, pf. *ášgŭḍ,* plqf. *išgŭḍ,* präs. *ašangŭiḍ,* partic. *šúgŭḍa,* nom. ag. *šágŭḍi, šáŭgḍi* (G. **ⲕⳛ̄ⲙ̣** unguentarius) und *šŭg-ḍána* wäscher, nom. act. *šŭgúḍ* plur. *šŭgúḍ,* subst. f. *šŭgŭḍa* waschung. *ó-šgŭḍ-i áŭe* der waschstein, *ó-šgŭḍi yam* das waschwaßer.

    ši-šágŭḍ caus., pf. *ašišágúḍ,* plqf. *išišugúḍ,* präs. *aši-šagŭíḍ,* partic. *šišágḍa,* nom. act. *šišágḍoy.*

    ešṭagŭáḍ pass., pf. *ašṭagŭáḍ* und *ašŭgŭáḍ,* plqf. *ešṭŭgŭíḍ,* präs. *ašṭagŭíḍ,* partic. *ešṭagŭáḍa, šŭgŭáḍa* gewaschen, nom. act. *ešṭagŭáḍoy.* Bei den Hal. auch: pf. *aṭ-šagŭáḍ* u. s. w.

    em-, am-, eŋ-šagŭáḍ social. mit andern leuten zusammen waschen, pf. *am-, aŋ-šagŭáḍ* u. s. w., wie im passiv.

Šagál plur. *šagál* subst. f. kleines taschenmeßer, federmeßer.

Šehad v. 1 (Ar. شَهَد) bezeugen, zeugenschaft geben, pf. *ášhad,* plqf. *išhad,* präs. *ašanhíd,* partic. *šíheda,* nom. ag. *šáhedi* (Ar. شَاهِد praesens, شَهِيد testis) und *šehadána* zeuge; der zeigefinger. nom. act. *šehúd* plur. *šehíd, šehád,* subst. f. *šíheda* zeugniß, zeugenaussage.

    ši-šhad caus., pf. *ašíšhad* u. s. w.

    eštahād pass., pf. *aštahád* und *ašhád,* plqf. *ištehíd,* präs. *aštahíd,* partic. *eštáheda, šeháda* bezeugt, nom. act. *eštahádoy.* Bei den Hal. auch: pf. *at-šahád* u. s. w.

    em-, en-šahād social. mit andern die gleiche zeugen-aussage machen, pf. *am-, an-šahád* u. s. w., wie im passiv.

Šehŭk v. 1 (Ar. سَحَق procul, remotus fuit) verschollen gehen, fortgehen aus der heimat one je von sich etwas hören zu laßen, pf. *ášhŭk,* plqf. *išhŭk,* präs. *ašanhŭk,* partic. *šíhŭ-kŭa,* nom. act. *šehúk* plur. *šehŭk.*

    ši-šhŭk caus. fortfüren auf nimmer wiedersehen (ge-raubte kinder u. s. w.), pf. *ašíšhŭk,* plqf. *ešíšhŭk,* präs. *aši-šahŭk,* partic. *šišhŭkŭa,* nom. act. *šišhŭkŭóy.*

Šehŭar, šehŭr v. 1 (Ar. سَحَر) schnarchen, pf. *ášhŭr,* plqf. *išhŭr,* präs. *ašanhŭír,* partic. *šehŭra,* nom. ag. *šáŭheri,* nom. act. *šehúr* plur. *šehŭr, éšhŭr.*

ešhár v. 2 schnarchen, pf. ešhárán, partic. ešhára, nom.
ag. ešharána, nom. act. ešhárti.

Šehát v. 1 refl. (Bil. jalhaṭ, Qu. sarχaṭ, Ga. jáḍ [für jahḍ], A.
𐊟𐊟: Ty. 𐊟𐊟: Ti. 𐊟𐊟: G. 𐊟𐊟: خَضَ) ausgleiten,
-rutschen, glitschen, pf. ášhat, plqf. ištehát, präs. aštahid,
partic. šeháta, nom. act. mišhat.

šelhútani plur. šelhútánya subst. m. (aus dem infinit.
eines grundstammes šelhat + ani, s. §. 294) schlüpfriger
ort, — weg: steiler abhang, abgrund.

Šáka subst. f. (Ar. شُقّ) arbeit, mühe.

šak-am v. 2 refl. sich plagen, abmühen, vil arbeiten,
nom. ag. šakamána arbeiter, besonders feldarbeiter.

Šáka subst. f. (Ar. شَاكَة) halsgeschwulst, halsentzündung; vgl.
te-šákka speichel (Seetz.).

Šákŭa subst. f. (Sa. sinqá' id., s. d.) das schlucksen, der schlucken,
singultus, aní šakŭát aṭá' »ich habe ein schlucksen geschlagen« ich hatte schlucksen.

Šeki rad. inus. (Ar. شَكَى) anklagen, gerichtlich belangen, nom.
ag. šáki, subst. m. áški klage.

ášky v. 2 klagen, anklagen, áškiy-án ich klagte an,
partic. áškiya, nom. ag. áškyána ein prozeßmeier, prozeß-
süchtig, nom. act. áškiti.

áškī-s, áškī-š caus., áškī-s-iš caus. 2.

áškī-m refl., sich außergerichtlich über jemandens un-
tat beklagen, nom. ag. áškīmána der mit aller welt händel
anfängt, ein stänker, dem es niemand recht macht. nom.
act. áškímti.

áškī-m-am pass.-pass. gerichtlich geklagt werden, aní
Biláli áškimamán ich wurde von Bilal gerichtlich geklagt.

áškī-s-am recipr. sich über einander beklagen, nom.
act. áškisámti gegenseitiges beklagen.

Šékŭa subst. m. der hirt; s. éga I.

Šúk subst. m. (Ku. šúkŭ, Sa. 'Af. sakakŭ, súḥ id.,

s. a. *hamšůk*) atem, lebenshauch; geist, seele, mit possess. *šůk-ŭ, -ůk* u. s. w. meine, deine seele == ich, du, er selbst u. s. w.

Šákka subst. f. speichel (Seetz.); s. *šáka.*

Šekki v. 2 zweifeln, bezweifeln (Ar. شَكَ).

Šákalo subst. c. g. der maulwurf; s. §. 290.

Šakamána subst. c. g. arbeiter; s. *šáka.* ·

Šíkena, šékena subst. m. (Sa. *šikená,* Bil. *šakená,* De. *šikená,* Ty. ሽከና፡ Ti. ሽከብ፡ ضَغَن; s. §. 36 und 74 und oben s. v. *šån*) trinkbecher aus dem flaschenkürbis verfertigt, becher, schale.

Šekůán adj. (Ar. شَكِل kokettiren) kokett, *tō-'ór šekůántu* das mädchen ist kokett.

Šakůïn v. 2 kratzen (A.); s. *hágün.*

Šakír plur. *šákra* subst. m. (Ar. شُكِير) rinde; schuppen.

Šókůri nom. pr. des volkes der Schukriye.

Šekir v. 2 sich berauschen; s. *sekir.*

Šekáy nom. pr. eines tribus der Beni Amer, aus شَيخ mittelst -*ay* gebildet, der tribus der heil. männer (vgl. Munzinger, Ostafrik. studien pg. 315).

Šále subst. m. cadaba longifolia (Schw.).

Šelhútani subst. m. schlüpfriges terrain; s. *šehát.*

Šelik v. 1 (Sa. *šalag,* Bil. *šallag,* Cha. *zelaq,* Ti. Ty. ሸለጐ፡) wenig, spärlich geben, wenig leisten, pf. *ášlik,* plqf. *íšlik,* präs. *ašanlik, ašallik, ašalnik,* partic. *šilka,* nom. ag. *šálki,* nom. act. *šelúk* plur. *šelik,* subst. f. *šilka* geringe leistung bei einer arbeit oder gemeinschaftlicher betätigung, schlechtes maß.

šallik adj. (s. oben das präsens) spärlich, karg, knapp, selten, wenig, *ûn ú-ša' tū-'atós šallik* (präsens) oder *šalliktu* (adj.) »diese kuh da ire milch ist spärlich, wenig«.

ši-šalik caus. verringern, -kleinern, -mindern laßen, pf. *ašišalik,* plqf. *išišelik,* präs. *asišalik* u. s. w.

Šulúl plur. -*a* subst. c. g. (Ar. صُلُول) die hyäne.

Šelit v. 1 (Bil. *šaraṭ* شرط incidit, شرط signum) zeichen, zeich-
nungen in den wüstensand machen, um den nachkommen-
den eine directive zu geben, pf. *ášlit* u. s. w. (wie bei *šelik*).
nom. ag. *šelitána*, subst. f. *šelitani* strich, zeichen, zeichnung.

ši-šalit caus., pf. *ašišalít* u. s. w.

eštalát pass., pf. *aštalát, ášlát*, plqf. *eštelít*, präs. *aš-
talít*, part. *eštálta, šeláta* eingezeichnet, nom. act. *eštáltoy*.
Bei den Hal. auch: pf. *atšalát* u. s. w.

em-, en-šešlát recipr. einander durch zeichen verstän-
digen (flexion wie im passiv).

Šeltút subst. m. fetzen, lumpen; s. *šetit*.

Šum v. 2 (Sa. 'Af. *saw*, Bil. De. Qu. Cha. Agm. *tuw*, Ty. G. አተወ፡
Ti. አጸ፡ اَتٰی أَتَی אָתָה id., s. §. 26 und 69) heimkommen,
eintreten ins haus, eintreten, eindringen 14, 23. 35; 15, 13.
19. 31; 55, 3. 6; 59, 14. 19 u. a., partic. *šúma*, nom. act.
šúmti, accusat. *šúmtib*.

šum-š (im norden *šum-s*) caus. hineinfüren, nom. act.
šumíšti; šum-š-iš caus. 2 einfüren laßen.

šum-am pass., *aní Biláli ō-gawès šumamán* ich wurde
von Bilal in sein haus eingefürt. nom. act. *šumámti* aufname die man in einem hause findet.

Šamá' plur. *šám'a* subst. m. (Ar. شمع) wachs.

Šímbo, šúmbo subst. f. die krätze.

Šimbeháni, šimbháni und *šimbáni* plur. *šimbhánya* subst. m.
(aus *šimbeh-áni*, s. §. 294; Bil. *šebká* plur. *šibík* haar, 'il
šibík die augenwimpern, s. d.) die augenwimpern, -brauen.

ē-šimbehányé 'ōr augenlid.

Šimbúkŭle, šumbúkŭle subst. c. g. papagei.

Šámbor plur. -*a* subst. c. g. der pelekan.

Šemakŭáni subst. f. die schläfe; s. *mišákŭi*.

Šámla subst. f. (Ar. شَمْلَة Ku. *šámalā*, Bil. *simír* plur. *selám*)
wollene decke, plaid.

Šemim v. 1 (Ti. ⲡⲟⲙⲟⲙⲓ꞉ ضَمّ ‎צמם obligare, praeligare) verbinden, zubinden, umgeben mit einem verband, pf. *ášmim*, plqf. *išmim*, präs. *ašammim*, partic. *šimma*, nom. ag. *šamim* (צמים‎), nom. act. *šemúm* plur. *šemím*.

ši-šamim caus., pf. *ašišamím* u. s. w.

eštamám pass., pf. *aštamám, ašmám*, plqf. *eštemím*, präs. *aštamím*, partic. *eštámma, šemáma*, nom. act. *eštámmoy*.

mišmam plur. -a subst. f. schwertscheide, scheide für den dolch, für ein meßer u. dgl.

Šemit v. 1 (Bil. *šamat*, Ti. ϩⲟⲙⲧⲓ꞉ Sud.-Ar. شمط‎) 1) butter oder fett auf die haare streichen, schmiren, pomadisiren. 2) frottiren, reiben, pf. *ášmit*, plqf. *išmit*, präs. *ašammit*, partic. *šimta*, nom. ag. *šámti, šemtána*, nom. act. *šemút* plur. *šemít*, subst. f. *šimta* einreibung, pomadisirung.

ši-šamit caus., pf. *ašišamít* u. s. w.

eštamāt pass., pf. *aštamát, ašmát*, plqf. *eštemít*, präs. *aštamit*, partic. *šemáta* u. s. w.

mišmat plur. -a subst. m. pomade.

Šān plur. *šan* subst. m. (Qu. *šān*, Agm. *çān*, Cha. *šan*, Bil. *çaʾan*, A. ⲥⲏⲓ꞉ Ti. ⳥ⲟⳡⲓ꞉ Ty. G. ⳥ⲟⳡⲓ꞉ ظعن‎ ‎צען ‎שען imposuit) beladung, gepäck, last.

šan v. 2 beladen, befrachten 61,10; 64,4. nom. act. *šánti*.

šan-š, šan-s caus., *šan-am* pass.

Šána subst. m. (Ku., Nub. *šánā*, صنع‎) arbeit, beschäftigung.

Šenáb plur. -a subst. m. (Nub. *šáneb*, Ti. ϩⳋⲛⲓ꞉ شارب‎ s. §. 12, c) der schnurbart.

Šenig v. 1 (Sa. *šanaq, šanaq*, Bil. *šanaq*, شنق‎ ‎שניק id., cf. خنق‎ ‎חנק id.) erdroßeln, erwürgen, pf. *ášnig*, plqf. *išnig*, präs. *ašannig*, partic. *šinga*, nom. ag. *šángi*, nom. act. *šenúg* plur. *šeníg*, subst. f. *šínga* erdroßelung.

ašnig v. 2 (= *šenig* v. 1) erwürgen, pf. *ašnig-án* u. s. w., nom. ag. *ašnigána*, nom. act. *ašníkti*.

ašnik-š, ašnik-s caus., *ašnig-am* pass.

Šángala subst. c. g. (Ti. ሻንቀላ፡ A. ሻንቀላ፡) neger.

Šinger subst. m. (cf. شَغِير pravus indole) häßlichkeit.

> *šinger* v. 2 häßlich, garstig sein, partic. adj. *šingera*
> 8, 4; 34, 33; 37, 18; 51, 21. 26. nom. act. *šingirti*.

> *šinger-š* caus. entstellen, *šinger-am* pass.

Šanák plur. *šánaka* subst. m. (Bil. *šekúm*, *çehúm*, Ti. ሻክም፡
im hochland, ሙሕም፡ im Samhar, G. ጻሕም፡ دَقَن זָקָן!) kinnbacken, kinn und kinnbart, *ó-jiki šanák* der koder des
hanes, *ó-ša'i šanák* rindskoder.

Šánkara nom. pr. loci, zweite station von Suakin nach Kassala.

Šenin v. 1 (Ar. صَن IV, Ti. ሻኘነ፡) aufwärts blicken, in die höhe
schauen: die nase hoch tragen, aus hochmut oder ärger
jemanden überschauen, pf. *ášnin*, plqf. *išnin*, präs. *ašannín*,
partic. *šínna*, nom. ag. *šanin* hochblickend, stolz; nom. act.
šenún plur. *šenín*.

> *ši-šanin* caus., pf. *ašišanín* u. s. w.

Šinráy subst. m. der weizen; s. *serám*.

Šínšel subst. m. die kette; s. *silsil*.

Šār subst. m. (Bil. *šar*, Sa. 'Af. *šárre*, Ti. ሻር፡ شَرّ) unheil, unglück, schaden, *šār kímbaro* es geht uns gut »wir haben
nicht unglück«.

Šéra subst. und adj. (Ar. شَبِر bonus consultor) weiser, weise,
klug, geschickt, gewant.

Šár'a nom. pr. eines Bedschatribus.

Šarí'a subst. f. (Ar. شَرِيعَة) gericht 9, 28.

Širá' plur. *šir'a* subst. m. (Ar. شِرَاع) segel.

Šarik subst. m. (Ar. شَرْق) der ost, sonnenaufgang, plur. *šárka*
östlich gelegene ortschaften oder länder 66, 5. 11.

Šarik plur. -a subst. c. g. (Ar. شَرِيك) freund, kamerad, genosse,
verbündeter 68, 8.

Šerim v. 1 (Bil. *jaram*, Ti. ፈረመ፡ ሻረመ፡ شَرَم زَرَم) zerreißen,
abreißen ein stück vom ganzen, pf. *ášrim*, plqf. *išrim*, präs.
ašanrim, *ašarrim*, partic. *šírma*, nom. ag. *šármi* jemand

der bei einem abgeschloßenen handel regelmäßig noch eine kleinigkeit abzieht, nom. act. *šerúm* plur. *šerím*, subst. f. *šírma* streifen, fetzen.

ši-šarim caus., pf. *ašišarím* u. s. w.

eštarām pass., pf. *aštarám, ašrám*, plqf. *ešterím*, präs. *aštarim*, partic. *eštárma, šeráma* abgerisseu, getrennt, nom. act. *eštármoy.*

Šerár plur. -*a* subst. m. (Ar. شِرَار) funke; s. *šerār* I.

Šášo subst. f. (vgl. Logone *šéṣa*, Wandala *šéža*, Kanuri *jéja* ficus) balanites aegyptiaca.

Šiš v. 2 (aus *hešíš* gebildet, خَتَن sensit; s. §. 51) fülen, denken, präs. *šíš-ani*, pf. -*án*, plqf. *šíši.*

Šāš panicum turgidum (Schw.).

Šit'i, *šit'e* plur. *šit'ya* subst. m. (Ar. شِطَب surculus) die locke welche den knaben vom haare belaßen wird, wärend die übrigen haupthaare abrasirt werden.

Šetit v. 1 (Ar. شَتَّ id.; s. a. *šeḍiḍ*) zerreißen, -schneiden, pf. *áštit*, plqf. *íštit*, präs. *ašantit*, partic. *šitta*, nom. ag. *šatit* verderber, nom. act. *šetút* plur. *šetít*, subst. *šitta* riß, schnitt.

ši-šatit caus., pf. *ašišatít* u. s. w.

eštatát pass., pf. *aštatát, aštút*, plqf. *eštetít*, präs. *aštatit*, partic. *eštátta, šetáta* zerrißen, nom. act. *eštáttoy.*

šeltút plur. *šéltit* subst. m. (= obigem *šetút;* vgl. Bil. *šeltút*, Ti. ሻልቲቱ፡ Ty. ሻንጡፐ፡ شَرطُوب) lumpen, fetzen, zerrißenes kleid.

šetit, šetet v. 2 zerreißen, *ō-sárō šetítyāna* sie haben meine girbe zerschnitten.

šetet-am pass., *ū-sárū šetetamábu* meine girbe ist zerrissen, defect.

Šiṭán und *šītán* plur. -*a* (s. §. 18) teufel.

Šáwi, verkürzt *šāw, šáū* v. 1 intensir. (Ar. شَبُع multus fuit, שָׂבַע אֵגH፡ satur, satiatus fuit, שָׂבָע א፡ጋበ፡ abundantia, satietas, Bil. *šig y* [für *šwig*], Cha. *çāg* für *çawg*

reichlich vorhanden sein; die nicht gebräuchliche grundform *šewi* steht für *šewiy*, *šewig*, s. §. 30 und 60) hinzu-
mischen, mengen, zufügen, vermeren, pf. *ašáwi*, *ašáû*, plqf.
išwa, präs. *ešuwi* und *éšwî*, partic. *šáwya*, *šáwa* vermerend;
genoße, freund, nachbar 25, 11; 52, 14. nom. act. *šáwyoy*,
šáwoy.

šáwawi iterat. eins nach dem andern hinzufügen, zugesellen, hineinmengen, widerholt vermeren, pf. *ašáwawi*,
plqf. *išúwa*, präs. *ašwawi*, partic. *šáwáwya*, nom. act. *šá-
wáwyoy*.

ši-šáû caus., pf. *ašíšáû*, plqf. *išíšwa*, präs. *ašišawi*, partic. *šišáwa*, nom. act. *šišáwoy*.

eštawáy pass. vermert u. s. w. werden, pf. *aštawáy*, *aš-
wáy*, plqf. *ištuwa*, *ištwa*, präs. *aštawi*, partic. *eštáûya*, *eštá-
wa*, *šewáya*, nom. act. *eštawóy*.

em-, *en-šawáy* und *eme-šwáy* social. sich bei-, zugesellen,
pf. *amšawáy*, *amešwáy* (12, 4), plqf. *iméšwa*, präs. *amšawi*,
amešwi, partic. *emšáûya*, *eméšwiya*, nom. act. *amšáûyoy*.

em-šawawáy iterat.-soc. ein individuum nach dem andern einer genossenschaft beitreten (flex. wie im social.).

em-šišawáy recipr. einander sich beigesellen (flex. wie
im social.).

Šewiǧ v. 1 (Ti. ፈፀ፟ነ፥ id., cf. שׁקֵץ laufen, ⌐|⟧⊿ʃ∧ *sebek* laufen,
durchlaufen einer strecke) eilen, sich sputen, pf. *ašwiǧ*, plqf.
išwig, präs. *ašanwig*, *ašawwig*, partic. *šwiga*, nom. act. *še-
wúg*, plur. *šewíg* und *éšwig*, *ešíg*, *ašíg*.

ašíg v. 2 eilen, sich sputen, part. *úšiga* rasch, flink.

ašig-š, *ašig-s* caus. zur eile antreiben.

Šuwále, *šuwáne* subst. f. der spigel; s. *šebib*.

Šuwár subst. m. galopp (Mu.); Ar. مِشْوَار.

Šawárib subst. pl. (Ar. شوارب; s. *šenáb*) schnurbart.

Šay plur. *šay* subst. m. (Ar. سَخَّق שַׁחַק id., §. 30) wolke.

Šáya subst. f. wurfnetz (Seetz.).

Šúya adv. (aus *šōya, šanya*, vgl. G. ዘንየ፡ زني; s. Sa. *zonáwa*) schwanger, trächtig, *ú-ša' šūyábu* die kuh ist trächtig.

Šáyšo subst. f. dobera glabra (Schw.).

T.

-t 1) objectsendung weibl. nennwörter; s. §. 122, d. 2) postpos. in, an, bei, von, aus u. s. w., s. §. 134, b.

Tū, accus. *tō*, plur. *tā*, accus. *tē* feminin. artikel, §. 111 ff.

Te'i v. 1 (Bil. *tak*, A. ተክ፡) ersetzen die stelle jemandens, gleichkommen, gleich, änlich sein, pf. *át'i* (9, 19), plqf. *itá'*, präs. *atan'i*, vgl. *aní bábō atan'i* ich werde an meines vaters stelle treten. *ū-gamis ūn orén tan'i* dieses hemd ist orangefärbig. partic. *tī'a*, nom. ad. *te'ūy* plur. *tē'i, tī'i*.

te'-it v. 2 refl. gleich, änlich werden, präs. *te'it-ani*, pf. *-an*, plqf. *-i*, partic. *te'it-a*, nom. ag. *te'īt-ána* (60, 9), nom. act. *te'ítti*. *Alláh te'ītána kíthay* nichts gleicht gott.

Tēb subst. m. (Ti. ዕጥብ፡ عُطْب 'Af. *'óṭbi*, So. *údbi*, Kaf. *hútō* id., s. 76 und 105) die baumwolle.

Tīb v. 1 (Ar. ثاب plenus fuit) anfüllen, voll machen, pf. *atíb* (21, 15; 58, 12), plqf. *itíb*, präs. *antíb*, partic. *tíba*, nom. ag. *tebána*, nom. act. *tāb* plur. *tab*, subst. f. *tíba* füllung.

sō-tib caus., pf. *asótib*, plqf. *esútib*, präs. *asōtib*, partic. *sótiba*, nom. act. *sótboy*.

tāb intrans. voll sein, pf. *a-táb*, plqf. *étba*, präs. *átābi*, adj. *atáb* voll; s. §. 304.

atō-, etō-tāb pass., pf. *atōtáb*, plqf. *itútib*, präs. *atōtib*, partic. *atótba* angefüllt, adj. *atáb* voll. *wū-haríb atōtbábu* die girbe ist angefüllt. *wū-haríb etōtáb* die girbe ist angefüllt worden. *wū-haríb atábu* die girbe ist voll; s. a. 59, 5. nom. act. *atótboy*.

amō-tāb social. anfüllen helfen, mit andern anfüllen (flex. wie im passiv). *aní Biláli geb wō-haríb amōtáb* ich füllte mit Bilāl zusammen die girbe an.

Almkvist pag. 289, nᵒ 86 schreibt dieses wort *ṭib* und *ṭub*, also bei den nördlichen Bischari so lautend, wärend ich selbst in Suakin und im Barka nur *tib* gehört habe. Daß kein gehörfeler meinerseits stattgefunden hat, dafür spricht auch die causativform, welche sonst *šō-ṭib* (nicht *šō-tib*) gelautet haben würde; vgl. §. 204.

Tŭb subst. collect. m. (Ar. طوب ⲧⲱⲃⲉ 𓏏𓃀 ⎕ *teb-t*) ziegelsteine, singul. *túba* gen. fem. (Ar. طوبة; s. §. 116, anmerk. 1) ein ziegelstein.

Tŭba subst. f. (Ar. توبة) die reue.

> *tūb* v. 2 (Sa. *tōb*) bereuen 5, 9. partic. *túba,* nom. ag. *tūbána* bußfertig, nom. act. *túbti.*

> *tūb-s* caus., *tūb-am* pass.

Tabá' adj. verbrannt, *tabá'u* es ist verbrannt (Leps.); vgl. Vulg.-Ar. صبع brennen.

Tabbes, tebbis subst. m. tristachya barbata (Schw.).

Tíbbūs nom. pr. f.; s. *būs* II.

Tabág plur. *tábaga* subst. m. (Ar. طبق) aus palmenblättern geflochtener teller, auch als schüßel verwendet.

Tebik v. 1 (Ar. طبق) an eine beschäftigung gehen, ein geschäft beginnen, die erste hand anlegen an eine arbeit, pf. *ádbik,* plqf. *idbik,* präs. *atambik,* partic. *tíbka,* nom. ag. *tábki* unternemer, nom. act. *tebúk* plur. *tebík,* subst. f. *tíbka* anfang einer arbeit.

> *tebāk* refl. (vgl. G. ⲦⲘⲚⲂⲰ⳽ cohaerere) sich einer arbeit widmen, die ganze tätigkeit an etwas wenden, sich abmühen bei, arbeiten, pf. *adbák,* plqf. *ittebik,* präs. *attabik,* partic. *tebáka,* adj. *tabák* beschäftigt, nom. act. *médbek,* subst. f. *tebáka* arbeit, geschäft.

Tebŏk v. 1 (cf. طبق II plicavit, imposuit rem rei) bei der ernte beschäftigt sein; übereinander legen, aufhäufen, mit den händen korn in den sack füllen, pf. *adbŏk,* plqf. *idbŭk,* präs. *ádbŏki,* partic. *tebŏka,* nom. act. *tebŏkoy* (wie bei *šebōb*).

se-tebōk caus., pf. *astebók*, plqf. *īstebúk*, präs. *astábūki*,
partic. *sedbóka*, nom. act. *sedbókoy.*

    tebōk v. 2 einfaßen das korn in die säcke, pf. *tebók-an*,
plqf. *tebóki*, präs. *tebók-ani*, partic. *tebóka*, nom. act. *tebókti.*
tebōk-s caus., *tebōk-am* pass.; 39, 31.

Tibala plur. id., *tibaláy* plur. *tibaláy* subst. f. (aus *tibal* + *a*
= *áy* aus früherem *áwī*, s. §. 291. Jenes *tibal* steht für
tib'at = Ti. ፕ- በበተ ፣ G. አጽበዕተ ፣ إصْبَع اَصْبَعَ ⸙ ⎰ ⎯̃
ẓeba', ⊙ፊ⊾ finger. Wie *l* in *tibal* für *t* steht, so *r* für *t*
in Cha. *sefír*, *ṣefír*, Bil. *ṣimb'iró* = Ti. ፕ-በበተ ፣, ebenso:
Kaf. *yafárō* [aus *jafarō*], woraus mit abfall von *y* das Sa.
'Af. *ferá*, So. *far* finger; s. a. oben s. v. *gíbala* und *giba*)
finger und zehe, *tō-tibaláy-ti gírma* das mittlere gelenk am
finger, *dis tibala* der kleine finger, auch *tū-tibaláy tū-súri*
der erste finger, *kñāyá-yti tibala* der zweite, goldfinger,
auch *tū-tíbala tū-rékena* id., *tū-tibala t-ūstána* der mittelfinger, *šehadána tibala* oder *mantúlana* zeigefinger, *rába*
tibala daumen, *rágadi tibala* fußfinger, zehe.

Tabánga und *tabánja*, *tabánya*, *tabáyna* subst. f. (Bil. *ṭabanjá*
und *ṭabanyá*, طَبَنْجَة) die pistole.

Tebír subst. coll. m. (Ar. تِبْر) goldstaub, *tibra* subst. f. (Ar.
تِبْرَة) ein körnchen goldstaub; s. §. 116, anmerk. 1.

Túbtab subst. m. eidechse, molch; s. *dábdab.*

Taf v. 2 (für *htaf*, خَطَف, s. §. 51) wegreißen, an sich reißen
7, 16; nom. act. *táfti.*
taf-s caus., *taf-am* pass.

Téfa I subst. f. (Ti. ፉ፝ፉተ ፣) der melktopf, milchtopf, aus
palmenblättern waßerdicht geflochten; mit dem artikel *tú-*
tfa; zu *é* s. §. 105.

Téfa II subst. f. (aus *etfa*, §. 76, Ti. አንብ ፣ A. አንብተ ፣ Bil.
'*etebá*, Sa.'Af. *hindub*, *hóndub*, So. *hóddun* plur. *hóddum-o*,
aus *hondum* entstanden, Kaf. *yúndō* [für *yúndb-ō* s. Kafaspr. §. 34], Ga. *handúrā*, aus *handb-ra* id.; au *handb*, *hanbd*,

hanbr reihen sich: Ti. ሐንብር፡ G. ሕንብርት፡ Ty. እንብ
ርቲ፡ Ku. *hamburā*, Qu. *gumbrā*, Cha. *hírbir* [für *hínbir*,
hínb-it] id., vgl. damit 𓏶𓏤 *ꭓerφ-t*, Kopt. ⲥϭⲗⲓⲓ, ϥⲉⲗⲛⲉ
umbilicus) der nabel, mit dem artikel *tú-tfa;* zu *ĕ* in *tĕfa*
s. §. 105.

Tifa subst. m. die fliege; s. *ṭifa*.

Tŭf und *tuff di* v. 1 (Bil. *ṭiff y*, Cha. *tif y*, Sa. 'Af. *tuf ḍah,* Ga.
So. *tuf,* Ty. ጡፍ፡በለ፡ A. ትፉ፡አለ፡ تَفَ تﬁ‎ רﬁﬞ ‎
tĕf, ⲧⲁϥ spuere) spucken, ausspeien, -spucken, pf. *tūf ádi,*
präs. *tūf ándi,* nom. act. *tūf n̄-miyád* »das tuf sagen«.

    tuff v. 2 spucken, präs. *túff-ani,* pf. *túff-an,* plqf. *túff-i,*
nom. act. *túfti,* nom. ag. *tuffána,* subst. f. *tiffoy* (für *tefif-óy*
vom ungebräuchl. v. 1 *tefif*) gespuck, gespei, speichel.

    tiffoy v. 2 spucken (in Suakin, wärend die obigen for-
men in Barka verzeichnet wurden), präs. *tiffóyani* u. s. w.

Tŭga subst. f. (Ti. ጣቄት፡ طَاﬁ) das fenster.

Tŭgŭ, tŭgŭ, dŭgŭ neben der pluralform *tagúg, tŭgŭg* num. (s.
§. 149, g) zwanzig, *tágūga* zwanzigster.

Tegi v. 1 zurückgeben; s. *tegiy*.

Tágega adj. hoch.

Tagíg subst. m. die höhe, adj. *tágega*.

Tegát plur. -a subst. f. (A. ጥጌት፡ ፅጌት፡ milchkuh, Ku. *sugá*
mutterbrust) die zitze, mutterbrust, das euter; in *tegát* ist
wie aus dem Amharischen zu ersehen, das auslautende *t*
erhalten geblieben, wie in *takát* weib, gegenüber *tak* mann;
s. §. 110 und 299. *tō-ná'y-ti tegát wúnṭu* das euter der zige
ist groß.

Tagíya subst. f. (Ar. طَﬁﬁة) die weiße kappe, unter dem turban
oder dem tarbusch getragen 65, 2.

Tegiy v. 1 (Ar. نَجَﬁ‎, Sa. *dahay, dihay,* Ku. *dē,* aus *day, ḍhay*)
zurückgeben, vergelten, pf. *ádgi,* plqf. *etág,* präs. *atangí,*
imprt. *tégya* fem. *tegi!* (27, 10), partic. *tégya,* nom. act. *te-
gŭy* plur. *tégi* (aus *tegíy*), subst. f. *tégya* rückgabe, object:

tegit; tegidéni wir werden es vergelten 51, 8. *tegíti, tegítĕ*
(d. i. *tegit deháy*) zur vergeltung 51, 14.

    se-tag caus. zurückstellen lassen, pf. *ástag*, plqf. *ístag*,
präs. *astagi*, partic. *setágya*, *setága*, nom. act. *setágyoy*,
setagóy.

    tegāy refl. umkeren, zurückkeren, sich umkeren, pf.
adgáy und *adgĕ* (5, 9), plqf. *íttig*, präs. *attagi*, partic. *tágya*,
nom. act., subst. f. *médgay* rückker, heimker.

    am-, em-, an-tagāy social. mit einem andern gemein-
schaftlich zurückkeren; antworten, pf. *amtagáy*, präs. *am-
tagi*, partic. *amtágya*, nom. act., subst. f. *amtágyoy, amtagóy*
gemeinschaftliche umker; antwort (in letzterer bedeutung
passiv).

    etagāy (für *et-tagāy*) pass., pf. *atagáy*, plqf. *itegi*, präs.
atagi, partic. *edgáya*, nom. act. *edgáyoy*. Diese formen im
Barka; in Suakin dafür nachstehende auch bei Almkvist verzeichnete formen: *atŏ-, etŏ-dgāy* pass., pf. *atŏ-dgay*, plqf.
itŭdge, präs. *atódgē*, partic. *tegáya*, nom. act. *atódgoy*.

Tájri subst. m. (Ar. ‏تَاجِر‎; vgl. §. 286) kaufmann, *Bilál tājríbu*
B. ist ein kaufmann, *tájri éya* ein kaufmann ist angekommen.

Tah, teh v. 2 (Sa. 'Af. *dag, ḍag*, Ga. *tŭq*, Cha. *dag*) berüren,
anrüren, betasten, präs. *táhani*, pf. *tahán*, plqf. *táhi*, partic.
táha, nom. act. *táhti*.

    tahtah iterat. allseitig abtasten.

    tah-s caus., *tah-am* pass., *tah-s-am* recipr.

Tak plur. *tíka* und *énda* subst. m. (So. *rag* mann, *nag* weib,
Bil. Qu. *raⁿ* gatte) mann, gatte 5, 1; 6, 5; 7, 20. 22; 8, 1
u. a. Der plur. *tíka* nur nachweisbar in *tikĕ* (für *tiká-y*
genet. plur.) *náka* von leuten welche menge 5, 2; 12, 15;
zu *énda* s. *énda* I.

    táktak einander, *ani-wá Abdálla-wá táktak neṭá'* ich
und A. wir schlugen uns gegenseitig; s. a. 6, 9; 12, 22.

takát (Bar. *tóko*) plur. *má'a*, *ma'*, von suffixen *ma'ál*
weib, gattin 6, 5. 7. 11. 12; 7, 19. 22. 23; 8, 4. 5 u. a.

Tåkŭ, *tåk* v. 2 (Ku. *tåkŭ*) herab-, hinabfallen, -springen, *gåt
mínda dehó tŭkta* ein regentropfen fiel auf mich herab. *ŭ-tåk
tåkŭiya*, *ŭ-mírkab yi'ís* (64, 22) der mann sprang ab und
verließ das schiff.

    tåkŭ-s caus. hinab-, herabwerfen.

    tåkŭ-s-is, *tåk-s-is* caus. 2 hinabwerfen laßen.

Tekŭi, *tŭkŭi* v. 1 (Ku. *tåkŭ*, Bil. *šaqŭ*, *šauq*, Qu. *šagŭ*, Cha.
ṣayŭ id., vgl. طبخ id., s. §. 45, a; vgl. a. s. v. *bešåṵk*) kochen,
pf. *átkŭi*, plqf. *ítkŭe*, präs. *atankŭi* pl. *netåṵk* 59, 7; partic.
tŭkya, nom. ag. *tåṵki*, *tåkŭi*, nom. act. *tekŭy* plur. *tĕkŭi*.

    se-taṵk caus., pf. *áståk*, plqf. *ístuk*, präs. *astakŭi*, par-
tic. *setåka*, nom. act. *setåkoy*.

    e-, *a-tkŭåy* pass. (für *at-tekŭåy*), pf. *atkŭåy*, plqf. *ítkŭe*,
präs. *at-takŭi*, partic. *etkŭåya*, *tekŭåya*, nom. act. *etkŭåyoy*.

    am-, *em-*, *en-takŭåy* social. mit einem andern kochen,
pf. *amtakŭåy*, plqf. *emtĕkŭi*, präs. *amtakŭi*, partic. *emtåkya*,
nom. act. *emtåkóy*.

Tŭkŭk v. 1 (i. e. *tekŭkŭ*, Bil. De. Qu. Agm. *duå* id., ﻦﻛﺬ, G.
ᎷᎥᎤᎤ᎐) fertig machen, vollbringen, -enden; den garaus
machen, pf. *átkuk*, *atṵkúk* 12, 8; 21, 14. 32; plqf. *ítkŭk*,
präs. *atankŭiṵk*, partic. *tŭkṵkŭa* und *tŭkŭa* (für *tŭkkŭa*),
nom. ag. *tåṵkŭi* (für *tåṵkkŭi*, *tåkŭkñi*), nom. act. *tṵkŭkŭ*
plur. *tṵkŭk*, subst. f. *tŭkṵkŭa* und verkürzt *tŭkŭa* (zunächst
aus *tŭkkŭa*) verfertigung.

    se-tåkŭk caus., pf. *aståkŭk*, plqf. *istṵkúk*, präs. *astå-
kiṵk*, partic. *šetåkṵka*, nom. act. *setåkṵkóy*.

    et-tåkŭåṵk pass., pf. *attåkŭåṵk* und *atåkŭåṵk*, plqf.
ettṵkúk, präs. *attakŭiṵk*, partic. *ettåkŭa*, *takŭåkŭa*, nom.
act. *ettåkŭóy*.

    em-, *en-tåkŭåṵk* social. mit andern etwas fertig machen,
pf. *amtåkŭåṵk* u. s. w. (wie im passiv), *aní-wå Eddin-wå*

Bilâli mahalagáb nemtâkŭáŭk ich und Eddin wir haben Bilals geld durchgebracht.

     em-tetâkŭáŭk recipr. einander den garaus machen (flex. wie im social.).

Täkla i. e. *takŭla* subst. c. g. (Sa. 'Af. *tŭklā*, Bil. *tŭglā*, Qu. *táχŭlā*, Ti. A. G. ተኵላ Ty. ተኰላ፡ id., תַּעְלָא שׁוּעָל ثَعَالَة schakal) der wolf, lycaon pictus.

Taklêl, tiklêl plur. -*a* subst. m. (Ti. G. ተኵሰለ፡ coronatio) der vom sultan und später vom chidif mit dem fürstenhut belehnte großschéch der Bedauye. *wō-áwi tiklêl* und *wō-aw-i dgelêl* »der steinfürst« beiname des raben in der fabel.

Tikás plur. -*a* subst. m. (Ku. *takásā*, Agm. *trikisi*, Ty. ትርኩስ፡ A. ትረኩስ፡; vgl. a. *kisát* id.) die ferse.

Täkte'i subst. m. kranichgeier, gypogeranus serpentarius.

Til subst. f. urostigma abutifolium (Schw.).

Tela', nebenform *tena'* (Ar. طَعَنَ confodit) durchbohren, -stechen, -löchern, pf. *átla'*, plqf. *itla'*, präs. *atanli', atalli', atalni'*, partic. *til'a*, nom. ag. *täl'i*, nom. act. *telŭ'* plur. *telá'*, subst. f. *til'a* durchbohrung, loch.

     se-tala' caus., pf. *astalá'*, plqf. *istelá'*, präs. *astali'*, partic. *setál'a*, nom. act. *setál'oy*.

     si-se-tala' caus. 2, pf. *asistalá'* u. s. w.

     et-talá' pass., pf. *attalá', atalá'* und *atlá'*, vgl. *ani kŭndá'i atlá'* ich wurde von einem madenhacker gepickt, durchlöchert. plqf. *ittelá'*, präs. *attali'*, partic. *ettál'a, etál'a, telá'a* durchstochen, nom. act. *ettál'oy*.

     til' v. 2 durchbohren, präs. *til'ani,* pf. *til'an*, plqf. *til'i*, partic. *til'a*, nom. ag. *tel'ána* durchbohrer; der skorpion (s. a. *tén'alo* id.). nom. act. *til'ati*.

     til'-is caus., *til'-am* pass., *til'-is-am* recipr.

Tilba subst. f. (Ar. طِلْبَة) die steuer.

Talâg v. 2 (cf. A. ጠለቀ፡ Nub. *tegir* id.) verhüllen, -bergen, -stecken, verhüllen das gesicht beim eßen und trinken (s.

Bil. s. v. *dang*), präs. *talágŭ-ani* und *talŭg-ani* u. s. w., nom.
act. *talăgti*.

> *talagŭ-s, talăg-s* caus., -*s-is* caus. 2.

> *talagŭ-am* pass. und refl. sich verstecken 15, 26.

> *talagŭ-am-s* refl.-caus. sich verstecken laßen.

> *talăg-s-am* recipr. sich vor einander verbergen.

Telig v. 1 (cf. طلب II, Nub. *degir* id.) aufheben, hinauflegen die
last auf das saumtier, bepacken, pf. *átlig*, plqf. *itlig*, präs.
atanlig, atallig, atalnig, partic. *tílga*, nom. ag. *tálgi, tel-*
gína, nom. act. *telúg* plur. *telíg*, subst. f. *tílga* befrachtung.

> *se-talig* caus., pf. *astalíg*, plqf. *istelig*, präs. *astalig*,
> partic. *setálga*, nom. act. *setálgoy*.

> *et-talóg* pass., pf. *attalág, atalág, atlág*, plqf. *ittelíg*,
> präs. *attalig*, partic. *ettálga, etálga, telága*, nom. act. *ettál-*
> *goy, etálgoy*.

> *em-, am-, en-talág* social. aufladen helfen, pf. *amtalág*,
> plqf. *emtelíg* u. s. w.

Tálha, tárha subst. m. (Ku. *sérgā*) linke seite, hand u. s. w.,
wŭ-ayŭk ŭ-tálha deine linke hand, *ŭ-tálhi sáka* gehe links!
s. a. 51, 22; 52, 19. 21.

Telhăk plur. *télhak* subst. f. (Ty. ተንህግ፥ und ታህኘግ፥ A.
ተናግ፥ Bil. *ta'ánge*, Qu. *tanăgā*, So. *tanhanay* id.; s. a. *le-*
hăk und *hanăk*) der gaumen, auch rachen, kele. *tŭ-telhăktŭ*
balámta mein gaumen ist vertrocknet.

Taláta subst. f. (Ar. ثَلاثَا) dienstag 70, 18.

Taláñ I plur. *taláñ* subst. f. (Ti. ተልፅኽ፥) blitz.

> *talaŭ* v. 2 (Ti. ተልፅኽ፥ በለ፥ Bil. *talwáh* y) blitzen,
> *tŭ-bre taláŭta* es (der himmel) hat geblitzt. nom. act. *ta-*
> *láŭti. aní talaŭtíb erhán* ich habe blitzen gesehen.

Taláŭ II plur. *taláŭ* subst. f. (G. ተልወት፥ und ትሉት፥ dos)
die mitgift welche der brautvater am vermählungstage dem
jungen ehepaar ausfolgt; vgl. Sa. s. v. *dŏr* (aus *derö*).

> *metláwi* subst. m. (Bil. *matlú*, Ti. መትለ፥ dos, G. መት

ለሙ፡ und መተሉ፡ sequens, id quod sequitur) das was *talâû* mitgift.

Talwin subst. f. premna resinosa (Schw.).

Täm plur. *tam* subst. m. (Ar. طَعَام) kost, speise, narung überhaupt, spez. die polenta (Ar. عَصِيدَة), *ū-täm kassús w-ân-
kŭanâ-y-s-ŏn-u* alle narung ist von userm herrn (gott).

tam v. 2 (Sa. *ṭā'am,* 'Af. *ṭām, tām,* Bil. De. Qu. *ṭām,* Cha.
ṭam, A. ጣመ፡ Ti. ጣዕመ፡ Ty. ጣዒመ፡ G. ጦዕመ፡ טעם gustare,
طَعِم gustare; edere, Aeg. ⌐∫𝕮 *ta'ap,* ⲧⲱⲛ gustare) essen, freßen
7, 9; 11, 2; 24, 16; 40, 24 ff.; 45, 18 ff. u. a. beißen, stechen, *yās támi-ḥēb* ein hund hat mich gebißen. *ṭifa támi-ḥēb*
eine fliege hat mich gestochen. pf. *tam-án,* plqf. *tám-i,* präs.
tám-ani, partic. *táma,* nom. ag. *tamána* eßer, freßer der nie
genug bekommt, nom. act. *támti* essen, das essen, *ani tamtib
ahanríû* ich möchte essen. subst. f. *táma* eßerei, *tō-yin wun-t
tamátu* heute gibt es ein großes essen.

támi 1) adj. süß (aus Ti. G. ጣዕም፡ dulcedo, gebildet),
tamit 'a süße milch. 2) subst. süßigkeit, *'ā-t támi* »süßigkeit der milch « der ram, flos lactis.

tam-s caus. zu eßen geben; kosten laßen, caus. 2: *tam-
s-is* zu eßen geben laßen.

tam-am pass., partic. *támama* gegeßen, nom. act. *ta-
mámti* das gegeßen werden.

tām-s-am recipr. einander auffressen, fig. für: einander
heftig anfeinden, bis aufs meßer bekriegen.

Tim subst. m. (Ar. صَمْت, s. §. 75) das schweigen, die stille,
ruhe, *intōni wun tímu* hier herrscht großes schweigen.

tim di v. 1 (Bil. *tim y,* Sa. 'Af. *tibb ḍah*) schweigen,
sich still verhalten, *tim díya wō-yási 'ór* schweig du hundeson! *tim ū-miyád dáybu* das schweigen, zu schweigen ist
gut (s. a. *di*).

tim v. 2 id., *tím-ani* ich schweige, *tím-án* ich schwig,
nom. ag. *timána,* nom. act. *tímti.*

tim-s caus. zum schweigen bringen; *tim-s-is* caus. 2.

Tāma' v. 1 intens. (Sa. *ṭama'*, Bil. *ṭame'*, Ti. ㄇ움ᄋ፡ G. ㄇᄋ፡ id., طمب concupivit) geizig, neidisch, gierig nach fremder habe sein, pf. *atáma'*, plqf. *itma'*, präs. *etmi'*, *atmi'*, partic. *tám'a*, nom. ag. *tám'i* (Ar. طمب concupiscens, G. ㄇ움ᄾ፡ avarus) und *tem'ána*, nom. act. *temá'*.

Támba subst. m., bei A. *támbu* loch, öffnung; anus. *angúil-i támba* orhöle.

Tumbák plur. *támbak* subst. m. (das *u* für *ĕ* wegen folgendem *m*; vgl. Bil. s. v. *tinbáuk*) tabak, *ū-tumbákū kéya* wo ist mein tabak? *tumbák gŭ'ána* ein tabakraucher.

Támuga adj. und subst. m. (Ty. G. ᄋ,ㄱ움፡ *samhi* id.) link, die linke (seite, hand u. s. w.) d. w. *tálha*, *tárha*.

Temuk v. 1 (Ti. ㄇ움ᄼ፡ A. ㄇᄽᄼ፡ Ty. ᄾᄽᄿ፡) zusammen-preßen, auspreßen das malz um bier zu bereiten; zusammen-ballen, -wickeln; einwickeln, pf. *átmuk*, plqf. *itmuk*, präs. *atammiuk*, partic. *timkúa*, nom. ag. *támkúi* (A. ㄇㄱᄼ፡ Ti. ᄿ움ᄽᄂ፡ Ty. ᄾ움ᄽᄂ፡ Bil. *çamaqáuχ* id.) bierbrauer, nom. act. *tumúk* plur. *temuk*, subst. f. *tímkúa* zusammenpreßung; die faust (Ti. ᄽᄽᄼ፡ und ᄽᄽᄼ፡).

se-tamuk caus., pf. *astamúk*, plqf. *istemúk*, präs. *asta-miuk*, partic. *setámkúa*, nom. act. *setámkúoy*.

et-tamáuk pass., pf. *attamáuk* und *atamáuk*, *atmáuk*, plqf. *ittemúk*, präs. *attamiuk*, partic. *ettámkúa*, *etámkúa*, *temúkúa* zusammengepreßt, nom. act. *ettámkúoy*.

Temin adj. (Ar. تميم תָּמִים) fertig, vollständig, ganz; in gutem zustand, *ū-gawú temimu* mein haus ist fertig.

temīm v. 2 fertig, ganz u. s. w. sein, *ū-gaû temimya éfi* das haus befindet sich im fertigen zustande. partic. *tem-mima* 12, 23. nom. act. *temimti*.

temmī-s (für *temīm-s*) vollenden, fertig, ganz machen 12, 7. partic. *temmisa*, nom. act. *temmisti*.

temmī-s-is caus. 2 vollenden laßen.

temim-am und *temmī-m* pass.-neutr. fertig werden, zu ende gehen, *tū-m'áre temminta* das korn ist alle geworden.

temmī-m-am pass.-pass. vollendet, ganz gemacht werden, *ū-gaû temmīmámya* das haus ist ausgebaut worden.

Tamín, tamún num. (s. §. 148 ff.) zehn 8, 19; 63, 17; 64, 13. 15; 70, 9 ff. *támena, támna* zehnter, *tamín dóra* zehnmal.

Temín plur. *timna* subst. m. (Ar. ثَمَن) preis, wert.

Timíni nom. pr. m. »er schweigt«; s. *tim* v. 2.

Tamír plur. *támra* subst. (Ti. G. ⳝ·ⳅᳰⳞ꞉ ثَمَر) dattel.

Tímsa subst. m. (Ar. تِمْسَاح, Kopt. ⲉⲙⲥⲁ̣ꝑ 𓅓𓏏𓇋𓄿𓆌 *mesehū*) das krokodil, object: *timsáb*. In Barka dafür: *léma*.

Tìn und *tīn* subst. collect. m. (Ar. טׄין طين) thon, lem, schlammerde 61, 14; 62, 1.

Tön, verkürzt *tō, to* und *tā, ta* subst. m. (Agm. *dā* nur in *en-dā* hier, dieser, an diesem ort, Bil. *rā* in *ná-rā* [für *enı́-rā*] hier, *ni-rā* dort, Sa. *dā* in *a-n-dá* wo? Nub. *dō* in *ín-dō* hier, *mán-dō* dort, Aeg. 𓂀𓏲𓅿𓏥 *tnw*, Kopt. ⲧⲱⲛ locus, ⲛ̄ ⲧⲱⲛ ubi? vgl. G. ·ⳑ꞉ in ⳆⳄⳑ꞉꞉ wo? welcher ort? *tē* für *tăy, tān*) ort, stätte, *ín-tōn, én-tōn, én-tōn-i* hier, hieher, von hier, *bén-tōn-i* u. s. w. dort, dorthin, -her, *tó-y, tá-y, en-tóy, bén-tōy* u. s. w. hier, dort, *nán-tōn-i, nán-tōy* u. s. w. wo? wohin? woher? 5, 11; 66, 7. 10. 20; §. 190, c.

Tena' v. 1 das was *tela'* s. d. (Ar. טׄעֶן طَعَن) durchbohren, -stechen, stechen, flectirt wie *tela'*.

tén'alo, tán'alo subst. m. (s. §. 290) der skorpion, d. w. *tel'ána. tén'alo étna'-hēb* ein skorpion hat mich gestochen.

ten'ór subst. m. (vom nom. *tén'a* das einstechen und *'ör* kind) der löffel oder rürstock zum teig umrüren.

Tánaka subst. f. (Sa. 'Af. Bil. *tánakā*, Cha. *tulikā* Ti. Ty. A. ⳝⳀⳑ꞉ Vulg.-Ar. تَنَكَة) becher aus zinn, blech oder eisen in zilinderform.

Tunkŭi plur. *tunkŭiya* subst. f. (vgl. §. 73) bündel, packet.

Tunkŭl'a subst. f. die niere; s. *ánkŭél'a*.

Tánkaro subst. m. die spinne (A.).
Tänküira subst. m. ein tribus der Bedscha.
Tanyín thonplatte worauf das brod gebacken wird; s. *teyín.*
Tār subst. m. (Nub. *tār*, Ga. *tūr*, Kaf. *tūn*, Gur. ቶና፡ sein, esse) wesenheit, existenz, *w-ankŭána táru* gott ist eine wesenheit, existirt.

táru — táru es ist — es ist, d. i. entweder — oder; s. §. 367, Almkvist §. 339, pg. 249.

Tára subst. f. (cf. طُرَّة und §. 96, c) die stirn.
Terib v. 1 (Ar. تَبَّرَ) teilen, spalten, pf. *átrib*, plqf. *itrib*, präs. *atanrib, atarrib*, partic. *tírba*, nom. ag. *tárbi*, nom. act. *teráb* plur. *teríb*, subst. f. *tírba* teilung, zerteilung.

se-tarib caus., pf. *astaríb*, plqf. *isteríb*, präs. *astaríb*, partic. *setárba*, nom. act. *setárboy.*

et-tarāb pass., pf. *attaráb, ataráb, atráb*, plqf. *itteríb*, präs. *attarib*, partic. *etárba, terába*, nom. act. *ettárboy, etárboy*, subst. m. *teráb, taráb* plur. *teráb, taráb* teil; hälfte.

terab v. 2 teilen, präs. *terábani*, pf. *terabán*, plqf. *tárabi*, partic. *táraba*, nom. ag. *terabána*, nom. act. *terábti.*

terab-s caus., *terab-s-is* caus. 2, *terab-am* pass., partic. *terábama* geteilt, gespalten, nom. act. *terabámti.*

Tarbúš plur. *tárbiš* subst. m. (Ar. طَرْبُوش) tarbusch, die rote kappe über der *tagiya* getragen. *ū-tarbúš adaróbu* der tarbusch ist rot.
Teríg und *terík* plur. *tírga* subst. c. g. (A. ጨረቃ፡ ጭርቃ፡ Qu. *zarká*, So. *dayáh* [für *daráh*], Ga. *jiyá* [für *jiyah, jiráh*] id., cf. طَرَقَ noctu venit, طارِق viator nocturnus) 1) subst. f. der mond, beispil s. v. *herár. tō-teríkti nūr* das mondlicht. Scheint auch masc. gebraucht zu werden, vgl. *ū-teríg hayámya* der mond ist erschienen (A.); s. a. oben *hāy* II. 2) monat, gen. masc. 42, 28; aber auch gen. fem. 72, 20. 26.
Tárha subst. m. die linke, *tarháy* links; s. *tálha.*
Terām v. 1 refl. (Ar. تَرِبَ pauper evasit et damnum passus fuit)

sich fretten, mit not und mühe sich das leben erkämpfen,
pf. *atrám*, plqf. *ettarím*, präs. *attarím*, partic. *teráma*, nom.
ag. *tármi* (cf. تَرِب inops) ein fretter, nom. act. *mítrem* (cf.
مُتَرَبَة egestas, paupertas).

     am-terám social. mitleiden, mit jemandem die gleiche
not tragen müßen, pf. *amterám*, plqf. *emterím*, präs. *amta-
rím*, partic. *amteráma*, nom. act. *amteremóy*, subst. f. *amteráma* gemeinschaftliches elend, nom. ag. *amterámána*.

Tirmán plur. *tirman* subst. m. (Ti. ፍርማን፡) der dachstul, querbalken welcher das dach stützt; die bramstange auf dem
mastbaum eines schiffes 64, 19.

Terir v. 1 (Sa. *talal* id., 'Af. Sa. *tartar*, Bil. *taltal*, Ti. Ty. ተላ
ተለ፡ nähen) drehen, wickeln, spinnen, pf. *átrir*, plqf. *ítrir*,
präs. *atanrir*, *atarrir*, partic. *tírra*, nom. ag. *tarir*, *terrána*,
nom. act. *terúr* plur. *terír*, subst. f. *tírra* drehung.

     se-tarir caus., pf. *astarir* u. s. w.

     et-terár pass., pf. *atterár*, *atrár*, plqf. *itterír*, präs. *at-
tarir*, partic. *etrára*, *terára* gedreht, gesponnen, nom. act.
etrároy.

Täs v. 2 anfüllen, voll stopfen (A.).

Tešo subst. f. der higligbaum (Mu.).

Tät plur. *tat* subst. f. die laus; s. §. 20.

Títa subst. m. (vgl. Sa. 'Af. *dité* id.) finsterniß, dunkelheit; fin-
stere nacht 69, 4.

Tita subst. c. g. zwilling; bei Mu. *ṭiṭa*.

Túte subst. m. (Ar. طُب G. ጡጥ፡) baumwolle.

Tetáf subst. f. juniperus procera (Mu.).

Tétel plur. -*a* subst. c. g. (Ti. ቲተል፡ ثَيْتَل) die kuhantilope,
antilope bubalis Cuv.

Tiw v. 2 (Bil. * çaû y*, Ti. Ty. ጨወ፡በለ፡ G. ጸወዐ፡) schreien,
brüllen, muhen, grunzen u. s. w. (von tieren überhaupt).

Tuwi v. 1 mißachten; s. *tuwy*.

Tuwa', *tā'* v. 1 (G. ጠቀ፡ צוק comprimere, cf. ضَاق arctatum esse, زبق vellicare) zwicken, kneifen; zwinkern, winken mit den augen, pf. *átwa'*, plqf. *itwa'*, präs. *atanwi'*, partic. *tú'a*, subst. f. *tú'a* kniff.

 sō-tū' caus., pf. *asōtú'*, präs. *asótwi'*, partic. *sótū'a*.

 etō-twā' pass., pf. *atótwā'*, plqf. *itūtú'*, präs. *atótwi'*.

Tawigáy plur. *táwig* und *tawig* subst. f. (Ga. *dáfqi*, So. *tákfi* id., s. §. 65 und 291) floh; mücke, insekt. Hinsichtlich dieser zwei bedeutungen vgl. als analogon: Sa. 'Af. *inqä* (neben *inqál*, A. አንቃል፡ aus *anqa'-al*, s. §. 290) laus, zu stellen zu لَقَعَ beißen, stechen, daher لَقَّاع die fliege.

Tawáy plur. *táwi* subst. m. (cf. G. ጠዋይ፡ curvus, incurvus) die rote schirmakazie, acacia spirocarpa.

Tuwiy v. 1 (Ar. طَوَى, Aeg. ⟨hieroglyphen⟩ *twi*, ⲧⲟⲧⲉⲓⲟ repudiare) von sich weisen, abweren, gering schätzen, miß-, verachten, pf. *átwi*, *átuwi*, *átuwe* (9, 24), plqf. *itáû*, präs. *atanwi*, *atawwi*, partic. *túwa*, nom. ag. *táwi* hochmütig, nom. act. *tuwáy* plur. *túwi* (*tuwíy*), subst. fem. *túwya* (G. ጠወየት፡).

 se-taú caus., pf. *ástaú*, plqf. *ístuw*, präs. *astawi*, partic. *setáwya*, nom. act. *setawóy*.

 et-tawāy pass., pf. *attawáy*, *atawáy*, *atwáy*, plqf. *éttuw*, präs. *attawi*, partic. *etwáya*, *tawáya*, adj. *tawáy* mißachtet (vgl. G. ጠዋይ፡ pravus), nom. act. *etawóy*.

Tiyo subst. f. (cf. *tiyu*) das wild, wildtier, insbesondere die großen gefärlichen ungetüme der wüste und des meeres, *ō-malál-i-ti tíyo* das wild der wüste, *ō-bher-i-ti tíyo* die ungetüme des meeres; s. a. 64, 10.

Tiyu subst. m. (Sa. *telô* id., s. §. 33 und 95) kost, narung, lebensunterhalt, *ū-tíyu kassús w-ánkŭanáysu* aller lebensunterhalt kommt von gott. *ō-tiyúb w-ánkŭána cháy éfi* den lebensunterhalt gibt der herr. *ō-malálib tíyu kíke* in der wüste ist keine narung.

Tōy adv. hier, hieher, von hier; s. *tōn*.

Teyin v. 1 (Ar. طَحَنَ G. ጠሐነ፡ id., s. §. 30) backen das brod

auf der thönernen platte, pf. *átyin* (und *ajin*), plqf. *ityin*
(ijin), präs. *atanyin*, nom. act. *teyán* plur. *teyín.*

tanyin plur. -*a* subst. m. (Ar. طاجن G. **ጠጊን፥** τήγανον)
die thon- oder eisenplatte worauf das brod gebacken wird,
im Sa. *gássā*, Bil. *gùd* genannt.

Ṭ.

Ṭa' und *ḍa'* v. 1 (A. **ጠቀ፥ጠቀጠቀ፥** Ti. G. **ጠቀ0፥** טבק Sa.
'Af. *tak, taq,* طَقّ *teq,* ⲧⲟⲕ id., vgl. §. 55 und 198, b)
schlagen, pf. *aṭá'*, plqf. *iṭa'*, präs. *aṇṭi'*, partic. *ṭá'a*, nom.
ag. *ṭá'i* (cf. G. **ጠቃዒ፥** buccinator) und *ṭa'ána* schläger,
nom. act. *ṭā'* plur. *ṭa'*, subst. f. *ṭá'a* der schlag.

šō-ṭa' caus., pf. *ašóṭa'*, plqf. *išúṭa'*, präs. *ašóṭi'*, partic.
šóṭa'a, šóṭ'a, nom. act. *šóṭ'oy.*

ši-šō-ṭa' caus. 2, pf. *ašišóṭa'* u. s. w.

aṭō-, eṭō-ṭā' pass., pf. *aṭōṭá'*, plqf. *iṭúṭa'*, präs. *aṭōṭi'*,
partic. *aṭōṭ'a, eṭōṭ'a*, nom. act. *aṭóṭ'oy.*

amō-, emō-ṭā' social. sich bei einer schlägerei beteiligen, pf. *amōṭá'* u. s. w. (wie im passiv).

amō-ṭaṭā' recipr. einander schlagen (nur im plur. gebraucht, und die flexion wie im passiv).

Ṭib I v. 1 (Cha. *ṭab*, Qu. *ṭāmb*, Bil. *ṭa'anb*, Nub. *támb*, طبّ percussit, s. §. 198, b) schlagen, pf. *aṭib*, plqf. *iṭib*, präs. *aṇṭib*,
partic. *ṭiba*, nom. act. *ṭāb* plur. *ṭab.*

šō-ṭib caus., pf. *ašóṭib*, plqf. *išúṭib*, präs. *ašóṭib*, partic.
šóṭiba, nom. act. *šóṭboy.*

ṭeṭib iterat. (vgl. G. **ጠበጠበ፥** flagellare) einige schläge
austeilen, ein kind züchtigen, pf. *aṭeṭib*, plqf. *iṭeṭib*, präs.
aṭaṇṭib, partic. *ṭiṭeba, ṭiṭba*, nom. act. *ṭeṭúb* plur. *ṭeṭib.*

še-ṭeṭib caus.-iterat., pf. *ašṭeṭib*, plqf. *išṭeṭib*, präs. *aš-
ṭaṭib*, partic. *šeṭíba* u. s. w.

ṭāb intens. prügeln, tüchtig durchprügeln, pf. *aṭáb*,

plqf. *iṭba*, präs. *éṭbī*, *éḍbī*, partic. *ṭába*, nom. ag. *ṭábi* ein
raufbold, nom. act. *ṭíbe*.

šō-ṭāb caus.-intens., pf. *ašōṭáb*, plqf. *ešúṭiba*, *ešúḍba*,
präs. *ašōṭábī*, partic. *šōṭába*, nom. act. *šōṭáboy*. In Suakin
verzeichnete ich für diese in Barka aufgeschribenen formen nachstehend abweichende, welche mit den von Almkvist
pg. 300, n° 198 angegebenen übereinstimmen: pf. *ašṭába*,
plqf. *išṭiba*, präs. *ášṭabi*, partic. *šeṭába*, nom. act. *šeṭáboy*.

ṭō-ṭāb pass.-intens. geprügelt werden, pf. *aṭōṭáb*, plqf.
eṭúṭiba, *eṭúḍba*, präs. *aṭōṭábī*, partic. *ṭōṭába*, *ṭóḍba*, nom.
act. *ṭóḍboy*.

amō-, *emō-ṭāb* social.-intens. sich bei einem großen rauf-
handel beteiligen (flexion wie im passiv).

amō-, *emō-ṭeṭāb* recipr.-intens. einander prügeln (flexion
wie im social.).

Ṭïb II v. 1 anfüllen, voll machen (A.); s. *tib*.

Ṭabbal und *ṭabal* v. 2 (Ti. ጠበለ፡ id., Ti. G. ጠበለለ፡ invol-
vere) zubinden, schließen, verschließen, präs. *tabbál-ani*, pf.
-*án* 14, 34; 15, 11. 29. plqf. *ṭábbali*, partic. *ṭábbala*, nom.
act. *ṭabbálti*, subst. f. *ṭábla* schloß, rigel, verschluß 14, 13.

ṭabbal-š und -*s* caus., *ṭabbal-am* pass., partic. *ṭabbálama* verschloßen, *ū-báb ṭabbalamábu* die türe ist verschloßen.

Ṭïfa in Barka, *tïfa* in Suakin, subst. m. (nicht mit ذبّ im
zusammenhang, eher mit Ga. *titïzā*, *tizïzā* mücke, mit dem
stamm *tïz* vgl. De. *ṣĕṣá*, Cha. *ẓēẓá*, Qu. *çïnçá*, Agm. *ṣinṣā*,
Bil. *žinžá* plur. *žinž*, Ti. ፕንዝይ፡ für *çinç-áwî*, Ty. G. ጽንጽ
ያይ፡ musca; *tïfa* dürfte also für *ṭïza* [aus *ṭïzza*, §. 96, c]
stehen) die fliege, *tïfa támi-héb* eine fliege hat mich gestochen. *intóy gúda tïfába* hier gibt es vile fliegen.

Ṭeláy plur. *ṭelái* subst. f. (cf. طِلوَة pulchritudo, طَلوَة albedo
aurorae) der regenbogen.

Ṭïn subst. m. thon, lem; s. *tïn*.

Taṭu' v. 2 geknetet werden im bade (A.).

Tiṭa subst. c. g. zwilling; s. *tita*.

Teʿ, ṭeʿ plur. *ṭewa* subst. f. (cf. G. 𐩿𐩿𐩿: ضَاعِقَة fragor tonitrus) der einschlagende blitz.

W.

Wă conjunct. (Ti. G. 𐩿𐩿 ; وَ ف 𐩿) und, *tak wă takát* mann und weib (58, 3), meist beiden oder allen zu verbindenden nenn-wörtern angefügt, *ša'áb-wă kamit-wă gábyāna* sie wurden reich an kühen und kamelstuten (12, 18); s. a. 6, 13; 10, 9; 14, 25. 37 u. a.; §. 361.

Wă, vor consonant. *ū-* fem. *tū-*, plur. *wă-*, *a-* fem. *tā* artikel: der, die; s. §. 111 ff.

We'a subst. f. (Ar. وِعَاء) vase, großes thongefäß als waßereimer, auch großer kochtopf, mit dem artikel *tū-w'a*, object *we'át*. *intóy tū-wánt we'átu* hier ist der große waßereimer.

Wú'a subst. f. (G. 𐩿𐩿𐩿: وَفى clamor) geschrei, aufschrei, ruf, anruf, zuruf, *ani wō-wu'ātók meswáb káke* ich habe deinen zuruf nicht gehört.

> *wu'* v. 2 (G. 𐩿𐩿𐩿: alta voce clamare, Sa. 'Af. *wā' ḍah*, Bil. *wā' y*, De. Qu. *wāǧ*, Cha. *waǧ*, 𐩿𐩿 *wa'* cla-mare) aufschreien, schreien; rufen, herbei rufen 12, 9; 16, 4; 56, 17; nom. ag. *wu'ána*.
>
> *wu'-aš* caus., *wu'-aš-iš* caus. 2.
>
> *wu'-am* pass. angerufen werden.

Wăd'a und *wăda* subst. m. (Ar. وَضُو) die religiöse abwaschung vor dem gebete.

> *wăd'a-š* caus. die abwaschung machen.
>
> *wăd'a-m* refl. sich waschen vor dem gebet, wie *wăd'a-š* gebraucht; nom. act. *wăd'ánti*.

Wuda' v. 1 (Ar. وَضَع) setzen, stellen, pf. *áuda'*, plqf. *iwda'*, präs. *awandi'*, partic. *wúd'a*, nom. act. *wudú'* plur. *wudá'*. Bei Almkvist: *wad'* v. 2 setzen, caus. *wad'-aš*, pass. *-am*.

Wu'ága subst. e. g. (Sa. Bil. *wa'ágā*, Ti. Ty. ⲙ·ϥⲯ·) die grau-grüne meerkatze, cercopithecus griseo-viridis D., das was *abaláy*.

Wája subst. m. das versprechen (A.); Ar. وَعَدَ.

Wúha subst. m. (vgl. Sa. 'Af. *báhā* id.) niderung. tiefe, *wuhá-y* in der tiefe; unten, unterhalb, unter; s. §. 135, i pg. 79.

Wik, *wuk* v. 1 (cf. بَزَعَ بَلْكَعَ secuit, فَقَا (G. ⲗⲫⲏ· diffidit, s. §. 198, b) schneiden, ab-, zerschneiden, pf. *awúk*, plqf. *íwuk*, präs. *anwik*, *awwík*, partic. *wika*, *wúka*, nom. ag. *wáki*, *wukána*, nom. act. *wūk* plur. *wik*, *wuk*, subst. f. *wíka* schnitt, zerschneidung; wunde.

   sō-wuk caus., pf. *asówuk*, *asóūk*, plqf. *esúūk*, präs. *asōwik*, partic. *sówka*, *sóūka*, nom. act. *sówkoy*.

   atō-, *etō-wāk* pass., pf. *atōwák*, plqf. *etúwik*, präs. *atōwik*, partic. *atówka*, *atóūka*, nom. act. *atówkoy*.

   amō-, *emō-wāk* soc. mitwirken beim abschneiden oder abhauen (flex. wie im passiv), *aní Bilāli geb hindíb amōwák* ich habe mit Bilal einen baum gefällt.

Wákil plur. -*a* subst. m. (Ar. وَكِيل) anwalt, verweser, verwalter einer besitzung u. dgl. 13, 14; 14, 16. 29 u. a.

   wakkal v. 2 beauftragen (A.), *wokel* id., pass. *wokelemya* (Mu.) = *wákalámya* er ward beauftragt.

Wäkte subst. m. (Ti. ⲙⲫⲧ· وَقْت) 1) die zeit 14, 9. 15. 20. 2) mal, vices, s. §. 153.

Wali v. 2 finden (A.); s. *meri*.

Wéla, *wúla*, *úla* subst. m. hode, testiculus; s. *gálo*.

Wuli, *uli* v. 1 (Ar. وَلَى id.; s. §. 30) schlagen, pf. *aúli*, plqf. *ial*, präs. *aúlli*, partic. *wúlya*, nom. act. *úlwi* (für *úwli*).

   su-wul caus. (für *se-wul*, §. 88), pf. *áswul*, plqf. *éswul*, präs. *aswáli*, partic. *suwúlya*, *súwula*, nom. act. *súwloy*.

   ed-uláy pass. (für *etwuláy*), pf. *aduláy*, plqf. *edúl*, präs. *atwali*, partic. *edúlya*, nom. act. *edulóy*.

   ōl intens. (für *wāl*, daraus *āúl*, *ōl*; s. §. 202, anmerk.)

tüchtig schlagen, durchprügeln, pf. *aól*, plqf. *iula*, präs.
èuli u. s. w., s. Almkvist pg. 300, n° 198.

   sō-ōl caus.-intens., pf. *asól* u. s. w., s. A. l. c.

Wál' v. 2 (Sud.-Ar. ولع) anzünden, präs. *wäl'ani*, pf. *wäl'an*,
plqf. *wäl'i*, partic. *wäl'a*, nom. act. *wäl'áti. aní duhán wäl'i
andi* ich werde mir eine cigarre anzünden.

   wál'a-s caus., *wál'-am* pass.

Wula' v. 1 (So. *wálak*, Ku. *burke*, بَكَّلَ id.) umrüren, durch
einander mischen; schwenken, ausspülen, pf. *áúla'*, plqf.
iwla', iúla', präs. *awanli', awalli', awalni'*, partic. *wúl'a,
úl'a*, nom. ag. *wál'i, wul'úna*, nom. act. *wulú', ulú'* plur.
wulá', subst. f. *úl'a* mischung.

   su-wala' caus., pf. *aswalá'*, plqf. *esulá'*, präs. *aswali'*,
partic. *suwál'a*, nom. act. *suwál'oy.*

   et-walá' pass., pf. *atwalá'*, plqf. *edulí'*, präs. *atwali'*,
partic. *etwál'a*, nom. act. *etwál'oy. te-'á Bilâli tetwalá'* die
milch wurde von Bilal umgerürt.

Wálík subst. m. (Sa. *guáráh*, Ku. *gúálā*, G. ⵀⵀⵛ: und ⵀⵀⵛ:
id., ⵀⵀⵛ: قَلَعَ clamare) geschrei, lärm, gebrüll u. s. w.

   wálik v. 2 rufen, schreien, auch von den verschidenen stimmen der tiere gebraucht, *ū-dik wálikini* der han
kräht. *wū-yás wálikine* der hund heult. *tū-bíssa wáliktini*
die katze miaut. *wū-háḍḍa wálikini* der löwe brüllt u. s. w.
ō-ráwök wáliká-t mehása rufe deinen gefärten und nimm
das mittagessen!

   wálik-s caus., *wálik-am* pass.

   wálik-s-am recipr. einander zurufen.

Wälla subst. f. die trommel; s. *álla* II.

Wílla, wúlla subst. f. schnelligkeit, geschwindigkeit, eile; adv.
schnell, bald, *hinín wúlla gignay* wir reisen bald ab 51, 30.

   wúlla di v. 1 (Bil. *wálá y*, Qu. *wál-s* id., cf. مَلَّ festi-
nare, s. a. *wúlya*) sich beeilen, schnell sein.

Wälwál plur. -*a* subst. m. (Bil. id., s. d.) die luft, witterung.

Wúlya subst. f. (cf. بَلَغَ cito ivit; warscheinlich ist obiges *wúlla* aus *wúlqa* durch assimilation entstanden) eile, geschwindigkeit. genet. *wulyá-y* in eile; adv. schnell.

wuly v. 2 sich beeilen, sich sputen, präs. *wúly-ani*, pf. -*an*, plqf. -*i*, partic. *wúlya* eilig, nom. act. *wulíti*.

wulĭ-s caus. zur eile antreiben.

Wun in Barka, *win*, *wĕn* im norden v. 1 (So. *weyn* id., *weynnin* größe, cf. Sa. s. v. *ma'al*) erwachsen, groß werden, pf. *awún*, *awín* 19, 3; 24, 3; 31, 23 ff.; 32, 1 ff. temporal. *ūnĕk* 9, 22. plqf. *ewán*, präs. *anwin*, *awwin*, partic. *wína*, nom. act. *ma-wún*, *ma-wín* 33, 18; adj. *wun*, *win*, *wĕn* plur. *wáwun* groß; erwachsen 30, 13 ff.; 31, 1 ff.

sō-wun caus. (auch verkürzt zu *su-wun* i. e. *se-wun* wegen §. 88; diese verkürzung zeigt, daß *wun* noch zuweilen als dreiradicalig gefült wird; vgl. texte 32, 18 ff.), pf. *asó-wun*, plqf. *isúwun*, präs. *asōwin*, partic. *sówna*, nom. act. *sównoy*, subst. m. *suwín*, mit dem artikel *ú-swin* die erziehung 33, 20. 21.

Wándala der schatten (A.); s. *ándala*.

Winhal plur. -*a* und *wenhál* plur. *winhal* subst. m. die elle (A.); s. *gŭenhál*.

Wăra subst. f. (Bil. *wărát* id., s. §. 75) werk, tat; s. *wĕr*.

Wări, *wĕr* d. i. *wayr* adj. (Ku. *barā*, Sa. *baray*, G. ባይᎄ፥ in locum alius succedere) anderer, zweiter 7, 20. 23; 12, 2; 21, 22; 56, 17 u. a. Vor der femin. objectsendung *t* wird *r* assimilirt und dann abgeworfen, *takát wĕt* (für *wĕr-t*) *éd'ir* er heiratete eine andere frau 41, 8 u. a.

Wĕr v. 1 (vgl. *wăra*) machen, tun, pf. *awĕr* (16, 23; 30, 12; 38, 20 ff.; 59, 10; 62, 10); plqf. *iwéra*, *iwára*, präs. *awari* (38, 16. 17), partic. *wĕra*, subst. f. *wára*, *wăra* (Ti. ዐᎄ፦፥ Bil. *wărát*, Sa. *uráy*) werk, tat, handlung, arbeit, geschäft.

su-wĕr caus., pf. *aswĕr*, *asuwĕr* (38, 23), plqf. *eswéra*, präs. *aswari*, partic. *suwéra*, nom. act. *suwéroy*.

Wáraga subst. f. (Ar. وَرَقَة) papier; schriftstück, brief 51, 28.

Wárér plur. *-a* subst. m. geschrei, gepläre, gebrüll (geschrei ver-
schidener tiere).

    wárēr v. 2 schreien, brüllen, grunzen, muhen u. s. w.;
nom. act. *wárérti.*

Wärre subst. m. (Ar. وَرَى) die pocken, blattern, variolae.

Wäs v. 2 1) ausbreiten, ver-, zerstreuen. 2) rücken, bewegen,
ziehen (A.), caus. *wās-is*, pass. *-am.*

Wäs subst. m. scherz, spaß; s. *hawás.*

Wésna subst. f. (Ar. وَزَن) wage, gewicht.

Wūš plur. *-a* subst. c. g. (Ar. وَزَّ) gans.

Wešik, wušik v. 2 (cf. G. ፈጨ፤ፈጩ፥) zischen, pfeifen.

Wät plur. *wät* subst. f. (Nub. *winti*) eiter.

Wäû plur. *waû* (G. ወው-ዐ፤ clamare; s. §. 198, b) geheul, geschrei, die totenklage.

    waû v. 2 weinen, heulen, schreien 7, 7; auch vom
schreien der tiere, *ŭ-ša' wawíni* die kuh muht. *wū-ergáne
wawíni* das schaf blöckt, *tū-ná'i waûtini* die zige meckert
u. s. w.

Way interj. (Ti. G. ወይ፤ وَى وَ) wehe! *way di* v. 1 wehklagen,
jammern, heulen (insbesondere die klageweiber).

Wíya subst. m. (Kaf. *yáyō*, Cha. *jay*, Qu. *šāy*, De. Agm. *šági*,
Bil. *šiq*) regenzeit, winter.

Wíyu subst. c. g. (vgl. oben *aû* II) die bine.

Wäyni subst. m. (Ty. ወይ፟ዝ፤ id.) weinstock.

Y.

Yā masc. artikel plur. die; s. §. 112.

Ya subst. m. schnur, faden; s. *yáy.*

Yō subst. m. (s. §. 30) stier 20, 18 ff.

Ya' v. 1 rösten (A.), pf. *a-yá'*, präs. *ayyí'*; vgl. s. v. *yū'.*

Yā'i v. 1 intens. (s. ያጐ፟ جَاع) sterben, verenden, verlöschen, pf. *a-ya'i* und meist verkürzt *a-ya'* 7, 4. 17; 21, 4; 29, 7. 8; 43, 5; 56, 16. 18. plqf. *i-ya'*, präs. *a-ya'yi*, part. *áya* gestorben, tot (für *ya'ya*), nom. act., subst. f. *ya* (für *y'a*) der tod, großer schmerz, *õ-fi'it ya* kolik, bauchweh.

si-ya' caus. auslöschen das feuer, pf. *ásya'*, plqf. *isya'*, präs. *asya'i*, partic. *siyá'a*, *siyáya*, nom. act. *siya'óy*.

Yi', *i'*, *ĩ* v. 2 (Bil. Ga. *ga'*, Sa. 'Af. *gay*, خِ id., s. §. 30) anlangen, kommen, zur flexion wie zur verwendung dieses verbs um das futurum I zu bilden s. §. 249. Der imperativ lautet *má'a* (s. *ma'* II); s. a. texte 7, 7. 9. 12; 8, 8. 16. 18; 9, 3. 17; 10, 2. 3 u. a. nom. act. *éti*, subst. f. *yi'a* ankunft. *yi'ati-dhāy* bei der ankunft.

Yū' plur. *yi'* subst. m. licht, glanz, helle.

yi' v. 2 (Bil. *yay* id., s. d.) licht, hell sein, glänzen, leuchten, präs. *yi'ani*, pf. *yi'án*, plqf. *yi'i*, partic. *yi'a*, nom. act. *yi'ti*. *tõ-yin-t yi'ti* das leuchten der sonne.

yīn, *in* plur. *-a* subst. f. (für *yi'in*; s. §. 351) sonne, tag, *tõ-yin mefrě'* sonnenaufgang, ost, *tõ-yin-dib* und *yiŋ-ḍib* sonnenuntergang, west, *tõ-yin* am tag, heute; s. a. 59, 10; 7, 15. 21 ff.; 71, 1 ff. *yintib* bei tage, bei tageslicht.

yi'-is caus. licht machen, anzünden, beleuchten.

Yad v. 1 defect. (Ga. Kaf. Go. *jed*, So. *yeḍ*, G. 𐙟Ⴌ፡ جَد id.) sagen, sprechen, reden; s. oben s. v. *di*.

Yáda subst. m. commelina bengalensis (Schw.).

Yeḍa' v. 1 (s. §. 30) feucht, naß, grün, unreif sein, pf. *á-yda'*, plqf. *iḍa'*, präs. *ayaŋḍi'*, adj. *yaḍá'*, plur. *yáḍ'a* feucht u. s. w., *yáḍ'a hindi* grüne bäume, *yã-hindi yaḍ'ába* die bäume sind grün. subst. f. *yúḍ'a* näße, feuchtigkeit.

si-yaḍa' caus., pf. *asyaḍá'*, plqf. *isyiḍá'*, präs. *asyaḍi'*, partic. *siyáḍ'a*, nom. act. *siyáḍ'oy*.

Yádami subst. f. ocimum menthifolium (Schw.).

Yãf plur. *yaf*, *yaf* subst. m. (Ti. Ty. A. G. አፍ፡ Sa. 'Af. So. *af*, Ga. *afán*, Bil. *ab*, De. Qu. *af*) 1) der mund, *õ-yáfi hámo*

»mundhaar« schnurbart. 2) sprache, mundart, *ē-bśári wū-yáf gūdábu* die sprache der Bischari ist vilfach (d. i. die mundarten sind vil). 3) forderung des gläubigers an den schuldner 13, 4 ff. 4) türe u. z. die öffnung.

yāfĭfĕto subst. m. (für *yáf-i fétho*) »mundöffnung« das frühstück, »breakfast, déjeuner«; vgl. Sa. s. v. *safrá.*

Yahúdi nom. pr. gentis, Jude 55, 14.

Yihám, *ihám* plur. *yihám* subst. c. g. (vgl. ⲁⲃⲱⲙ, ⲁⲣⲱⲙ, ﻼ ‿ *'aχum*, cf. عَقَاب id.; s. §. 30 u. 48) der adler.

Yak v. 2 (vgl. Ku. *lakā* id.) aufstehen, aufbrechen, abziehen, pf. *yákani*, pf. *yakán*, plqf. *yáki*, partic. *yáka*, nom. act. *yákti* 5, 14; 6, 1. 3; 9, 8; 15, 7 u. a.

yak-s caus. aufheben, nemen, tragen, forttragen, den raub, die beute u. s. w. forttragen 56, 2; 62, 9.

yak-s-is caus. aufheben, nemen laßen.

yak-am pass. aufgeregt werden, *tū-búr kassús yakámta* das ganze land geriet in aufrur.

yak-s-am recipr. sich gegen einander erheben, einander bekriegen, partic. *yáksama* im krieg befindlich.

yak-s-is-am caus.-recipr. bewirken, daß zwei parteien gegen einander sich erheben, nom. ag. *yaksisamána.*

Yāk plur. *yak* subst. c. g. wildschwein, phacochoerus Aeliani.

Yam subst. plur. m. (s. §. 30) waßer 59, 5. 6. 10. 12. 14 u. a.

aû-ti yam honigwaßer, waßer mit honig vermischt.

yamē-t hatáy »waßerpferdchen« frosch 25, 3 ff.

yam-gúa'ni »waßertrinker« die ente.

yam-ē-yăiy binse, aristolochia bracteata (Schw.).

Yin subst. f. sonne, tag; s. *yū'.*

Yās plur. *yas* subst. c. g. (cf. A. ⲙ-ⲅ: Bar. *wás*, Hadiya-Galla *úśō* id.) der hund 29, 6; 42, 15 u. a. *wŏ-yāsi 'ŏr* junger hund, dann wie das Ar. ابن الكلب »hundeson« als schimpf-wort gebraucht, *tim di wŏ-yāsi 'ŏr* schweig du hundeson! von gleicher bedeutung wie *harámi 'ŏr.*

Yeṣāk v. 1 intrans. (Ar. وَسَنَ) anstürmen, in eilschritten herankommen um den kampf zu beginnen, pf. *aysák*, plqf. *isika*,
präs. *áysaki*, partic. *yeṣáka*, nom. ag. *yáṣki* (cf. وَسِيعُ inci-
tatior gressus, وَسّاج celeriter incedens) stürmende horde,
nom. act. *máysak*, subst. f. *yéṣka* ansturm, oft nur zum
schein ausgefürt um den gegner einzuschüchtern und zu
concessionen zu bewegen, scheinangriff, drohung.

 s-ī-sāk (für *si-ysāk*, §. 203) caus., das zeichen zum angreifen geben, pf. *asīsák*, plqf. *esisik*, präs. *asisáki*, partic.
sisāka, nom. act. *sīsákoy*.

Yātéga, eyātéga subst. m. zigenhirt; s. *ay* II.

Yáwe subst. m. (Ar. נוֹבָי חָבֶּן id., s. §. 30) die heuschrecke.

Yúwe subst. f. färse, kalbin vom stiere noch nicht besprungen,
accus. *yuwét*.

Yáwid v. 1 intens. (Nub. *awij*, 'Af. *abes*, G. **ḥṅ̇ḣ**ı A. **ʾ̇ḣ**ı id.,
s. §. 30) flechten, weben; das männerhaar flechten, pf. *ayá-
wid*, plqf. *éywida, eywád*, präs. *eywid*, partic. *yáwida, yáûda*,
nom. ag. *yáûdi* flechter, nom. act. *yáwde, yáde* das flechten,
subst. m. *yáwid* geflecht, flechtwerk.

 si-yāwid caus., pf. *asyáwid*, plqf. *esyiûd*, präs. *asyā-
wid*, partic. *siyáûda*, nom. act. *siyáûdoy*.

 et-yawād pass., pf. *atyawád*, plqf. *ityiûd*, präs. *atya-
wid*, partic. *etyáûda*, nom. act. *etyáûdoy*.

Yúih postpos. unter (A.); s. *wúha*.

Yáwim v. 1 intens. die zeit zubringen; s. *áyim*.

Yuwín subst. f. die palme (Leps.).

Yuwáš plur. *yuwáš* subst. m. (für *yehûáš, yeṣâuh*? cf. وَسِع)
schmutz, schmutziger gegenstand, staub u. dgl.

 yuwaš v. 2 schmutzig, unrein sein, präs. *yuwášani*, pf.
yuwaṣán, plqf. *yúwaši*, partic. *yúwaṣa*, adj. *yúwaṣi* schmutzig,
ū-gamís yuwaṣibu das hemd ist schmutzig, nom. ag. *yuwa-
šána* der stets schmutzig geht, nom. act. *yuwáṣti*.

 yuwaš-iš caus. beschmutzen.

yuwaš-iš-iš caus. 2 beschmutzen laßen.

yuwaš-am pass. und refl. beschmutzt werden, sich beschmutzen, partic. *yuwášama* beschmutzt, verunreinigt.

yuwaš-iš-am recipr. einander beschmutzen.

Yuwāy v. 1 intrans. (cf. צָיֵף‎ הَيُوف‎ sitiens, ⌐𓏲𓂋𓈖𓀁 'abuw, ⲉⲓⲃⲉ, ⲓⲃⲉ sitire) dürsten, durstig, erschöpft, ermattet sein, pf. *aywáy, aywĕ*, plqf. *éywiya*, präs. *aywáyi*, partic. *yuwáya, iwáya*, adj. *yúwe, yúwi, íwe, íwi* durstig, erschöpft, *aní yuwĕbu, yuwíbu* u. s. w. ich bin durstig, subst. f. *yáwa* der durst.

siwāy (für *si-ywāy*) caus., pf. *asiwáy*, plqf. *isiwa*, präs. *asiwíy*, partic. *siwāya*, nom. act. *siwáyoy*.

Yāy plur. *yay* subst. f. schnur, strick, seil, tau, *tū-yáy Bilāli tifdág* das band wurde von Bilal gelöst. *aní Bilál yáytib hakŭrát yí'ani* ich werde B. mit einem strick binden. *tō-nál-i yāy* seil aus stroh. *tō-lúl-i yāy* die schnur an der fischangel. *tō-lúli yāy híndi* die fischstange; s. a. *yaméyáy*.

Yāym v. 1 intens. die zeit zubringen; s. *āyim*.

Yóyti adv. (cf. Ga. *yō* zeit) stets, immer, täglich, *bábū yóyti ō-Sōkíb éfe* mein vater befindet sich immer in Suakin. *Bilál yóyti* (u. *yóytib*) *askerábu* Bilal ist täglich besoffen. Bei negirtem verb: nicht immer; nie, niemals, *yáfi kína yóyti kānānáb kike* ein maulheld ist niemals ein kundiger, weiser. *aní yóytib askeráb káke* ich bin nicht täglich, nicht immer betrunken.

DEUTSCH-BEDAUY'SCHES

WÖRTERBUCH.

A.

Aas *mesûsanáy*.

Aasgeier *bá'ni, bá'no, belûl'ay, bit*.

Ababde,einBedschatribus*Abáb-da*.

Abbeißen *fenik*, — laßen *se-fanik*.

Abbiegen *halig, hanig;* — laßen *se-halig, se-hanig*.

Abbrechen v. a. *keta', šeḍiḍ, šerim, taf.* — v. n. *ketā', šerām;* abbrechen laßen *se-kta', ši-šaḍiḍ, ši-šarim, taf-s*.

Abbrennen v. a. *balôl-s, luw.* — v. n. *balôl*.

Abend, der frühe *húmnay, ga-ríb, mágreb, engeráb.* der späte abend *amás, áša, íša, hawád.* guten abend! *šō háû-da!* den abend zubringen *hawid*.

Abenddämmerung *bád'a*.

Abendeßen *derár.* das — zu sich nemen *derár,* das — bereiten *se-derár*.

Abendrōte *áwi, ó-ngrebi merér*.

Abendstern *ó-ngrebi hayúk*.

Abendunterhaltung *adáma*.

Aber *lakín*.

Abermals *bū'*.

Abessinien *Hábaša, Makáda*.

Abfangen *abik,* — laßen *s-abik*.

Abgabe, tribut *ašúr, fír'a, tílba*.

Abgang, mangel *manéû.* abgang, -reise *sak*.

Abgehen, felen *naû;* fortgehen *sak, gīg.*

Abgeneigt *réba, ríba;* — sein *rib,* — machen *sō-rib*.

Abgenützt (ein werkzeug) *re-dád,* — sein *redid*.

Abgerißen (das zelt) *hešáy*.

Abgespanut,ermüdet sein *deyir*.

Abgewönen (den säugling) *fe-tik,* — laßen *se-fatik*.

Abgewönung *fétka*.

Abgreifen, -tasten *tahtah*.

Abgrund *šelhútani*.

Abhalten, -weisen *habi, tuwi;* — laßen *se-hab, se-taû*.

Abhanden kommen *kûḍ,* — laßen *kûḍ-š, kûš-š*.

Abhang *hárbo, hírbo, hérbo*.

Abhauen *wik, wuk;* — laßen *sō-wik, sō-wuk, sō-ūk.*

Abhäuten *sāy,* — laßen *si-sāy.*

Abkommenschaft *'ēr, 'ar.*

Abkömmling *'ōr.*

Abkratzen *lehi, šeḍiḍ;* — laßen *se-lah, ši-šaḍiḍ.*

Abkülen *le'ā-s,* — laßen *le'ā-s-is;* sich abkülen *la'.*

Abladen *keti,* — laßen *se-kat.*

Ablaßen von *iš.*

Ablegen, nider- *keti,* — laßen *se-kat.*

Abmagern *ayāy-m,* — laßen *ayāy-m-s.*

Abmeßen *degüi, gūlhan;* — laßen *se-daṇg, gūlhan-s.*

Abmühen sich *šak-am, tebāk.*

Abneigung *ánfir, rāb;* — haben *anfir, rib,* — einflößen *anfir-s, sō-rib.*

Abnemen, vermindern sich *ne-hād.*

Abnützen *redid,* — laßen *se-radid.*

Abpacken *keti, nejil;* — laßen *se-kat, nejil-s.*

Abputzen *hasi, selit;* — laßen *se-has, si-salit.*

Abrasiren *medid, min;* —laßen *se-madid, sō-min.*

Abreiben *šemit,* — laßen *ši-šamit.*

Abreise *gīg. sak, ibab.*

Abreisen *gīg, sak, ibāb;* — am abend *humnay.*

Abreißen etwas vom ganzen *šerim, taf;* — das zelt *haši;* — laßen *si-šarim, taf-s; še-haš.*

Abrichten *se-lamid,* — laßen *si-s-lamid.*

Abrinden *lehi, šeḍiḍ;* — laßen *se-lah, ši-šaḍiḍ.*

Abrunden *hašš-iš.*

Abrundung *haššišti.*

Abschälen; s. abrinden.

Abscheu *hamāg, ánfir* —haben vor *hamāg, anfir;* — einflößen *hamāg-s anfir-s.*

Abschlagen (die bitte) *habi, jüjū di, rib;* — laßen *se-hab, sō-rib.*

Abschließen, zu- *ṭabbal;* — laßen *ṭabbal-š.*

Abschneiden *betik, wik, wuk;* — den weg *kirif.*

Abschüßiger rand *gēf.*

Absicht *harú,* — haben *haruw.*

Abspannung, ermüdung *deyér, deyir.*

Abspringen vom pferd u. dgl. *tákū, tǎk.*

Abstehen von etwas *iš.*

Absteigen *gedāh,* — laßen *se-gdāh, se-gedha.*

Abstig *mugdáh*.

Abtragen ein haus *heśi*, — laßen *śe-haś*.

Abtrennen *adid, terib;* — laßen *s-adid, se-tarib*.

Abtrocknen *bal-am-s,* — laßen *bal-am-s-is*.

Abutilon muticum *hambăkňa*.

Abwägen *din,* — laßen *sö-din*.

Abwarten *seni,* — laßen *si-san*.

Abwärts gehen *gedáh,* — laßen *se-gdáh, se-gedha*.

Abwaschung, die religiöse *wăd'a, wăda,* die — verrichten *wad'ă-s*.

Abwechseln *bedil,* — laßen *se-badil*.

Abweisen *habi, tuwi;* — laßen *se-hab, se-taû*.

Abweren *habi, tuwi*.

Abwischen *haśi, mehag, śehag, selit;* — laßen *se-haś, se-mhag, si-shag, si-salit*.

Abzalen *kŭśi,* — laßen *se-kŭas, s-ukas*.

Abzälen *degŭi,* — laßen *se-daŋg*.

Abziehen die haut *săy;* weniger geben *se-nkăs*.

Acacia asak *kĭtri,* — etbaica *arát, selám,* — sanguinea *olăû,* — spirocarpa *sángane, tawáy,* — tortilis *seyál*.

Acanthodium spicatum *taúg*.

Ach! *way!*

Achsel *hárku, hérka*.

Achselhöle *bába, băt*.

Acht, octo *asemháy, asumháy*. achter *asímha,* achtzehn *támna asimháy,* achtzig *asimháy tamún*.

Acht haben auf *gŭ'ad, harif;* — laßen *se-gŭ'ad, se-harif*.

Achtsam *gŭă'di, hárfi*.

Achtsamkeit *gŭ'áda, hárfa*.

Acker *me'adéy, gárha*.

Ackerfurche *bádo*.

Ackergeräte *niwa*.

Ackern *adi,* — laßen *se-'ad*.

Ackersmann *adána, śakamána*.

Ackerstier *be'eráy*.

Adamsapfel, halsknorpel der männer *enséba, girgúma*.

Adansonia digitata *démo,* humár; frucht der — *dílle*.

Adel, der *had'éņdăwa*.

Adeliger *enjór*.

Ader *bóy derib*.

Aderlaß *fasáda*.

Adler *yihám, ihám, móyta*. der weißschwänzige seeadler *ér'e*.

Advokat *wăkil*.

Aerva javanica *éga*.

Aeskulapnatter *măy*.

Affe *lalúnkŭe.* der mantelpavian, hamadryas *giríd, lalúnkŭe,* die graugrüne mer-
katz, cercopithecus griseo-
viridis D. *abaláy, lehúmbo,
wu'ága.*

Affenbrodbaum; s. adansonia.

After, anus *endofána, túmba.*

Agathophora alopecuroides *gá-
fari.*

Agazen; s. antilope.

Ägypten *Másser, Rîf.*

Ägypter *Rifi.*

Ähre *gángar, kŭd.*

Akazie; s. Acacia.

All, alle -*ka, káris, kars, kass;*
alles, jegliches *nát-ka.*

Allein, solus *engalálay, háddo;*
allein, aber *lakín.*

Alleinheit *háddo.*

Almosen *keráma,* um — bitten
kerāmát ne'al.

Aloe abessinica *kalándoy.*

Als, da -*ēk, dŏr, hŏb;* mer als
-*ka.*

Alt,' bejart *hád'a, šĕ'a, ši'áno;*
alt werden *hadā', šē'.*

Alter, das *ši'ítyo.*

Altertum *máse.*

Ältester *súrkena.*

Amaranthus graecizans *embalik.*

Ameise *hánkana, hánkano,*

hángana, hángano; die termite *émbira.*

Ameisenbär *malamída.*

Amme *ámna, ši-šáfi.*

Amt *dóla, dŭwán.*

Amtmann *hád'a.*

Amulet *hérdo.*

An -*na, -t,* geb.

Anaphrenium abessinicum *lála.*

Anas aegyptiaca *wŭš.*

Anbeten *ne'al, silēl;* — laßen
se-n'al, silēl-s.

Anbinden *asir, hakŭr;* — laßen
s-asir, se-hákŭr.

Anblasen *fŭf,* — laßen *fŭf-s.*

Anblicken *šebib, erh;* — laßen
ši-šabib, erh-is, ehir-s.

Anbrechen der morgen *kerim,
mah.*

Anbruch des tages *kerúm,máha.*

Anbrüllen *ankuw, haû, tiw.*

Anderer *rāû, wēr, wári, wéri.*

Ändern *bedil,* — laßen *se-
badil.*

Änderung *bédla.*

Aneignen sich *abik, ahay,
nás;* — laßen *s'abik, nás-is.*

Anfachen das feuer *fŭf,* —laßen
fŭf-s.

Anfallen feindlich *kerir, maráy;* — laßen *se-karir, marē-s.*

Anfang *bádo, ḏína.*

Anfangen *badōy, ḍin;* — laßen
badō-s, sō-ḍin.

Anfänger *badōyána, ḍáni.*

Anfaßen *abik, amit;* — laßen
s-abik, s-amit.

Anfeinden tötlich *tām.*

Anfeuchten *lil-s, mi''-s;* —
laßen *lil-s-is, mi''-s-is.*

Anfeuchtung *lilísti, mi'ísti.*

Anfülen *tah, teh;* — laßen
tah-s.

Anfüllen *tib,* — laßen *sō-tib.*

Anfüren *melah,* — laßen *se-
mlah.*

Anfürer *málhi.*

Anfürung *mélha.*

Angareb, das bewegliche bettgestell *angaré, ne'ál.*

Angel, fisch- *jeláb.*

Angelschnur *tō-lúli yāy.*

Angenem *náfir,* — sein *nefir.*

Angesehen, vornem *kebára,
eráb,* — sein *kebār, eráb am.*

Angesidelt, s. seßhaft.

Angewönen *se-lamid,* — sich
lemid.

Angewönung *lémda, ʁálif.*

Angreifen, -fülen *tah, teh;*
feindlich — *kerir, marāy.*

Angst *bāl;* — einflößen *sō-bāl.*

Ängstlich *bála,* — sein *bāl,
balbāl, embalbalōy.*

Anhaften *lāseg.*

Anhauchen *füf.*

Anhäufen *debil,* — laßen *se-
dabil.*

Anhäufung *débla.*

Anhöhe *kǫnbúl, kār.*

Anisophyllum granulatum *atád.*

Anker *mérsa.*

Ankerplatz, molo *fúrda, fúḍa.*

Anklage *áʃki.*

Anklagen *aʃki.*

Ankläger *ʃáki, aʃkiyána.*

Ankleben v. n. *lāseg.*

Ankleiden *küy,* — sich *küáy.*

Ankommen *beḍah, ketim, yi'', i''.*

Ankömmling *báḍhi, kátmi.*

Ankunft *beḍáh, kétma, yi'a.*

Anlaß *gílla, jílla.*

Anleihe *selíf,* eine — geben
si-ʁalif, eine — nemen *seláf.*

Ānlich *gába, te'itána;* — sein
gab. te'i.

Ānlichkeit *gāb.*

Anname *gábla, gābílti.*

Annemen *gābil,* — laßen *gā-
bil-s.*

Annemlichkeit *sō, síbo.*

Anpacken *abik, amit;* — laßen
s-abik, s-amit.

Anrede *hadíd.*

Anreden *hadíd.*

Anrempeln *gu', küt;* — laßen
sō-gü', sō-küt.

Anruf *ne'ála, wú'a.*

Anrufen *ne'al, icu';* — laßen
se-*n'al, icu'ā-s.*

Anrufer *nā'eli, icu'āna.*

Anrüren *tah, teh;* — laßen
tah-s.

Ansammeln sachen *debil,* —
das vih, zusammentreiben
um es auf andere weide-
plätze zu bringen *galal.*

Ansammlung *débla, galál.*

Ansäßig *áskena, hedári;* —
sein *asken-am.*

Anschauen *šebib,* — laßen *ši-*
šabib.

Anschirren, satteln *lejam,* —
laßen *lejam-s.*

Anschließen sich jemandem
rām.

Anschluß, freundlicher *marám.*

Anschwellen *ām.*

Ansehen, -blicken *šebib, erh.*

Ansehen, ere *kébra;* — genießen *kebār.*

Ansideln *sō-sā', asken-am-s,*
sich — *sā', asken-am.*

Ansidelung *ḍáwa, dáwa, éṇ-*
ḍáwa.

Anspeien *tūf.*

Anstand, gute sitte *'áda.*

Anständig *adá-kena,* — sein
adākena-m.

Anstellig, geschickt *šéra.*

Anstig *kār.*

Anstoß *megéf.*

Anstoßen an etwas *gif.*

Anstößig *megfána.*

Anstreben *haruw, menī-m.*

Anstreichen *dō',* — laßen *dō'-s.*

Anstreifen *tah, teh;* — laßen
tah-s, tehā-s.

Anstrengen sich *šak-am, tebūk.*

Anstrengung *šáka, šákti, méd-*
bek, tebáka.

Ansturm *yéska.*

Anstürmen *yesāk.*

Anstürmer, anstürmende horde
yáski.

Anteil *yāf.*

Antichorus depressus *hiwáy-*
me, kálhag.

Antilope agazen oder strepsiceros kudu, auch antilope bubalis *tétel,* das männchen davon *gáruw* u. *kôte,* das weibchen *gūláh* oder *ō-kōtit kūa.*

Antilope ariel oder Sömmeringii *ra.*

Antilope dorcas *genáy, ō-ma-*
lūlit genáy.

Antilope Saltiana oder cepha-
lopsus Hembrichii, das zwergböckchen, Beni Israel *báha.*

Antilope saltatrix oder oreotragus saltatrix, der klippspringer *éwu, éū, mašóke,*
mašóki.

Antimonium *henin, enin;* die augen mit — bestreichen, färben *ōn;* sich mit — färben *ōn-am.*

Antlitz *bíte, fir, gédi, gʼad, gŭaj.*

Antwort *amtagóy.*

Antworten *am-tagāy.*

Anus *endofána, túmba.*

Anwachsen *ām.*

Anwalt *wắkil.*

Anwesend *sénya,* — sein *seni.*

Anwesenheit *dába, mísnay.*

Anwoner *hedári.*

Anziehen, herbei- *sŏkŭ;* anziehen ein kleid *kŭāy.*

Anzünden, feuer machen *balōl-s, luw, wắlʼ;* licht machen *yi-is.*

Apfelsine *orén.*

Aqbabaum, schirmakazie, acacia spirocarpa *sángane, tawáy.*

Araber *Aráb, "Arabi 'ŏr, Arabína, Beláwi,* die arabische sprache *tū-Belŭûye,* arabisch sprechen *Beláûye hadid.*

Arabien *Belāûyèt būr.*

Arbeit *adáʼ, ámila, maʼamílye, hasír, šáka, šána, tebáka, médbek.*

Arbeiten *diʼ, dā, tebāk, šakam, hasir-kena-m.*

Arbeiter *diʼána, hasírkena, šakamána.*

Ärger *kŭān.*

Ärgerlich, mißmutig *kŭắna, móya;* — sein *kŭān, moyāy;* — werden *kŭān-am.*

Ärgern jemanden *kŭān-s.*

Ärgerniß *megĕf;* — geben *gif,* — erregend *megfána.*

Arglist *hariš.*

Arglistig *harišanóy.*

Aristokratie *hadʼéṇḍáwa.*

Aristolochia bracteata *yamyáy.*

Arm, der vorderarm *ay, gánʼa, gūlhe, gūlhán, gūlhin, guenhắl, wenhäl; kákŭi, kŭki, sekuka;* der oberarm *hárka, hérka.*

Arm, pauper *meskin, góya, jéha, hamóyseha, hámra;* arm sein *jeh, hamir,* — werden *debūr, gōy, hamöyseh, meskin-am.*

Armband, -spange *kăma, kúmma, külél.*

Armhöle *bába, bāt.*

Armut *góya, hamŭr.*

Arnebia hispidissima *ágŭadi.*

Arsch, podex *kadám, lūm, būs, hágge,* -loch *endofína, túmba;* -backe *kadám, kemús.*

Art, weise *deríb.* auf diese art *bákŭ, bak;* auf welche art?

kāk. die rechte art, in rechter weise *halĭl.*

Arzenei *mehél, emhél.*

Arzt *emhelána, emhélkena, hákim;* ärztlich behandeln einen kranken *emhél.*

Asche *ne'ét hāš.*

Asclepias, uscherbaum *emberés.*

Ast, zweig *le'íd, língo;* baumast *wō-hindit língo.*

Atem *šūk, hamšúk, amšúk.*

Atmen *hamšik, amšik.*

Auch *han, bū'.*

Auf, über -*na, enki, kī;* auf daß, damit -*ĕ-dhāy, ákūĭl, akó.*

Auf! *má'a! ma'ána!*

Aufblasen *fūf,* — laßen *fūf-s.*

Aufblicken *šenin,* — laßen *ši-šanin.*

Aufbrausen in zorn *kŭán-am.*

Aufbrausend *kŭánána, gadbána.*

Aufbrechen einen verschluß *negil;* sich entfalten die knospe *farā';* aufbrechen um wegzugehen *yak.*

Aufbreiten die matte, ein tuch *berir,* — laßen *se-barir.*

Aufdecken, entblößen *negil;* — die feler jemandens *gehar.*

Aufenthalt *misnay, hána;* — geben *si-san;* aufenthalt nemen, bleiben *seni, hān.*

Auffaren aus dem schlaf *māh.*

Auffliegen *nesā'.*

Auffrischen *la'-ās.*

Aufgang *mefrĕ',* der sonnenaufgang *tō-yīn-t mefrĕ'.*

Aufgeben, zulegen *šawi;* aufgeben, ablaßen, abstehen von *iš;* — laßen *šō-'iš.*

Aufgebläht, -blasen der leib *refôf;* — der schlauch *fúfama.*

Aufgehen (ein gewächs, dann sonne, mond, sterne) *farā',* aufgehen (die türe u. dgl.) *negāl.*

Aufgeregt, s. zornig.

Aufgezert, zu ende gegangen *harár,* — sein *harār,* — *nehād.*

Aufgraben ein loch, grab, einen brunnen *ferik,* — laßen *sefarik.*

Aufhalten sich, bleiben *hān, seni;* — den tag über *yáym, áyim,* — die Nacht über *hawid.*

Aufhängen, umhängen einen schmuck *alag,* aufhängen sachen *še'ag,* — eine person, stranguliren *še'ag, sekit, seluw, šenig;* — laßen *alag-s, ši-š'ag, ši-sakit, si-saluw, ši-šanig.*

Aufheben eine last *as, ásti ḍi', telig.*

Aufhelfen jemandem der gestürzt ist *yak-s,* — laßen *yak-s-is.*

Aufhören, zu ende gehen *nehād;* aufhören, ablaßen von *iš;* — laßen *se-nhād, šō-'iš.*

Aufklären, deutlich machen *sōkān,* — laßen *si-sō-kān.*

Aufklärung *sóknoy.*

Aufklauben sämereien vom boden *lekit,* — laßen *se-lakit.*

Aufkleben *dō',* — laßen *dō'-os, dō'-s.*

Aufladen, — lasten *rebi, telig, šan;* — sich etwas *feyák.*

Auflauern *dāgú, hasis;* — laßen *se-dāgú, se-hasis.*

Aufleben *hāy-am.*

Auflegen, s. aufladen.

Auflese *lakít.*

Auflesen *lekit,* — laßen *se-lakit.*

Auflösen *fedig,* — laßen *se-fadig.*

Aufmachen, öffnen *fetah, negil;* — laßen *se-ftah, se-nagil.*

Aufmerken *māsuw,* — laßen *se-māsuw.*

Aufmerksam *māswi;* — machen *se-māsuo, se-hasib.*

Aufmerksamkeit *máswa.*

Aufnemen einen gast *hedārĭ-m;* gastliche aufname *hedārĭmti.*

Aufpacken, s. aufladen.

Aufrecht *engáda,* — sein, — stehen *negād.*

Aufregen *se-has, kŭán-s,* — sich *gadāb, hasáy, kŭán-am.*

Aufregung *mégdab, hásne, hasyáy, kŭán.*

Aufrichten jemanden der gestürzt ist *yak-s,* — sich *yak;* aufrichten, -stellen *dā-s, dadā-s, wuda'.*

Aufrichtig *asídne, sítki,* — sein *sidig.*

Aufrichtigkeit *sidig.*

Aufschneiden *betik,* — laßen *se-batik.*

Aufschrecken, vor schreck auffaren *māh.*

Aufschrei *wú'a.*

Aufschreien *wu'.*

Aufseher *dāgŭi, gŭá'di, mándala,* — sein *dāgŭ, gŭ'ad.*

Aufsicht *digŭa, gŭ'áda, mándala.*

Aufspringen plötzlich vom sitz *māh;* — die knospe *fará'.*

Aufstehen *yak,* — am frühen morgen *se-karim.*

Aufsteigen auf das reittier *'ām,* — zur höhe der vogel, rauch u. dgl. *nesā'.*

Aufstreichen fett *l'ā-s, šemit;* — laßen *le'ā-s-is, ši-šamit.*

Auftrag *digóga, mityáy;* — geben *digōg, mityay.*

Auftun, öffnen *fetah, negil;* — laßen *se-ftah, se-nagil.*

Aufwachen *ba'ār.*

Aufwärts *asti,* — blicken *šenin.*

Aufwecken *se-b'ār,* — laßen *si-se-b'ār.*

Aufwigeln *yak-s,* — laßen *yak-s-is.*

Aufwischen, s. abwischen.

Aufzäumen, s. zäumen.

Aufzeren eine speise *ām,* aufzeren, durchbringen *se-harār, se-nhād.*

Augapfel *fále.*

Auge *lili, gédi, gŭad, gŭaj;* das weiße im auge *tō-lilitit éla.*

Augenbraue *banún.*

Augendeckel, -lid *ō-gŭadit lāt, ē-šimbehānyé 'ōr.*

Augenschminke *henin, enin;* die augen schminken *ōn.*

Augenstern, pupille *tō-liliti 'ōr.*

Augenwimper *šimbeháni, šimbháni, šimbáni, ó-gñadi hámo.*

Auhébaum, cordia ovalis abessinica *éndera.*

Aus -*i, -ka, -k, -s, -t.*

Ausbeßern *se-dhān, še-dhān;* — laßen *si-se-dhān.*

Ausbleiben *mehi.*

Ausborgen, auf borg nemen *seláf,* — geben *si-salif.*

Ausbreiten gegenstände zum verkauf *wās,* — eine matte *berir,* — die kunde, nachricht *mehal.*

Ausdauern *ankit, nekit.*

Ausdenen *fenin, regig, se-māre'.*

Ausdenken einen plan *hasib.*

Ausdrücken, -preßen *temuk, demim;* — laßen *se-tamuk, se-damim.*

Auseinandergehen *fartak-am.*

Auseinandertreiben *regig,* — laßen *se-ragig.*

Ausfallen (haare, zäne) *nehād.*

Ausforschen *dāgŭ,* — laßen *se-dāgŭ, se-dāug.*

Ausfragen *ašiš,* — laßen *š-a-šiš.*

Ausfüllen einen raum mit sachen *dim,* — laßen *šō-dim.*

Ausfüren, hinaus- *se-farā';* ausfüren ein vorhaben *tukuk, temmi-s.*

Ausgang *mefrë'.*

Ausgehen *farā';* zu ende gehen *nehād.* ausgehen das feuer *ya'.*

Ausgelaßen, zuchtlos *gabib, káli,* — sein *gebib, keli.*

Ausgelaßenheit *kelyáy.*

Ausgenommen, mit ausname *bā-káy, anú, ánu, nun, nu.*

Ausgestreckt sein *fenān.*

Ausgießen *fif, kŭbbi, kib, gabōy;* — laßen *sō-fif, kŭbbī-s, sō-kib, gabō-s.*

Ausgleiten, -glitschen *šehāt.*

Ausgrabeu *ferik,* — laßen *se-farik.*

Aushungern *se-harāug,* — laßen *si-s-harāug.*

Auskeren, fegen *mehag, sehag;* — laßen *se-mhag, si-shag.*

Auskundschaften *dāgŭ, hasis;* — laßen *se-dāug, se-hasis.*

Auskundschafter *dágŭi, mehássi.*

Auslachen *fā'id, fāyd;* — laßen *se-fā'id, se-fáyd.*

Ausladen das schiff *nejil,* — laßen *nejil-s.*

Auslaßen, die freiheit geben *iš, fetah, fedig;* — laßen *šō-'iš, se-ftah, se-fadig.*

Ausleren, ent- *se-harār,* — laßen *si-s-harār.*

Auslöschen ein licht, feuer *si-ya',* — laßen *si-s-ya'.*

Auslugen *dāgŭ, hasis;* — laßen *se-dāug, se-hasis.*

Ausmeßen *degŭi, gŭlhan;* — laßen *se-daug, gŭlhan-s.*

Ausplündern *selib,* — laßen *si-salib.*

Auspreßen, -quetschen *temŭk, demim;* — laßen *se-tamŭk, se-damin.*

Ausputzen *se-nhas, se-nhaf;* — laßen *si-se-nhas, si-se-nhaf.*

Ausrauben *selib,* — laßen *si-salib.*

Ausraufen *melit,* laßen *se-malit.*

Ausrecken *fenin, regig,* — — sich *fenān, regāg.*

Ausreißen *melit,* — laßen *se-malit.*

Ausrufen *wu'.*

Ausruhen *ad, bï, embï, fīn;* — laßen *ad-s, bï-is, fīn-s.*

Ausrutschen *šehat.*

Aussatz *barás.*

Aussätzig *barás-kena,* — werden *baraskena-m.*

Ausschelten *mohi, sa'al, as'al;* — laßen *as'al-s.*

Ausschlag, pustelu *gedír.*

Ausschnaufen *fīn,* — laßen *fīn-s.*

Ausschreien, ins gerede bringen *gehar, mehal.*

Ausschütten *fif;* — laßen *sō-fif.*

Außenseite *sára, háta,* von außen *hatáy, tō-sárati.*

Außer, -halb *bā-káy*, *bítkāy*, *nūn*, *anú*, *ánu*, *nu*.

Äußern sich *'an*, *di*.

Äußerung *miyád*.

Aussetzung, tadel *hamág*, *háne*, *ás'al*, *sa'ál*; aussetzungen machen *hamag*, *as'al*.

Aussinnen *hasib*, — laßen *sehasib*.

Aussönen *s·adil*, — laßen *si-s-adil*.

Ausspähen *dāgŭ*, *hasis*; — laßen *se-dāug*, *se-hasis*.

Ausspeien *tuff*, *tūf*, *tifföy*; — laßen *tūf-s*.

Ausspotten *fā'id*, *fāyd*; — laßen *se-fā'id*, *se-fāyd*.

Ausspreitzen *fenin*, *regig*.

Ausspringen vom schiff an's ufer *tăkŭ*, *tăk*.

Ausspruch, richterlicher *hokúm*; den — tun *hokum*.

Ausspucken, s. ausspeien.

Ausspülen *wula'*.

Ausstattung *dima*.

Ausstatten ein haus mit geräten *dim*, — laßen *šō-dim*.

Aussteuer, mitgift *talăŭ*, *metlăwi*.

Ausstrecken *fenin*, *regig*, — sich *fenān*, *regāg*.

Ausstreuen *wās*.

Austausch *bédla*, *búlla*.

Austauschen *bedíl*, — laßen *se-badil*.

Austeilen *adíd*, — laßen *s-adid*.

Austeiler *adíd*, *addána*.

Austeilung *ádda*.

Austrocknen, ver- *bal-am*, austrocknen einen naßen gegenstand *bal-am-s*.

Auswal *hayid*, *háyda*, *aráy*, *aré*.

Auswälen *hayid*, *aray*; — laßen *se-hayid*, *arē-s*.

Auswandern *ber*.

Auswanderer *bérya*.

Auswanderung *bérti*; zur — veranlaßen *ber-s*.

Auswendig *hatá-y*, *tō-sára-ti*.

Auswischen *sehag*, — laßen *si-shag*.

Auszalen *kŭsi*, — laßen *se-kăs*.

Auszaler *kŭási*.

Auszalung *kŭsáy*.

Auszanken *mohi*, *sa'al*, *as'al*; — laßen *as'al-s*.

Ausziehen (den zan u. dgl.) *fetig*, — das kleid *keti*; ausziehen den feind *selib*; ausziehen zu einer unternemung *farā'*.

Axt *kŭálani*, *fárik*, *gaddŭm*, *fās*; große axt *mesár*, kleine axt *maldû*.

Aya, amme *ámna*, *ši-šăfi*.

B.

Bach *ába*, *kŭän*.

Bachrinne *lob*.

Backe, die *báḍ'a*.

Backen brod *teyin*.

Backenstreich *bāg*, einen — geben *bag*, einen — bekommen *bag-am*.

Balanites aegyptiaca *šášo*, *téšo*.

Bald *wúlla*, *wulyáy*.

Balg; s. haut, ledersack.

Balken *híndi*, querbalken auf dem mast *tirmán*.

Ballen, zusammen- *debil*; — laßen *se-dabil*.

Ballung *débla*.

Balsambaum, der wilde *šúy*.

Balsamodendron opobalsamum *ayók*, *mayók*.

Balsamophloeos kataf *kárkani*.

Bamie, ibisch, hibiscus esculentus *bámiye*.

Band *hăkra*.

Bändigen *gerib*.

Bange *merkŭála*; — sein *reküi*, — machen *se-rauk*.

Bangigkeit *merkŭáy*.

Bank *kánkar*, *kúrsi*.

Bankert *harámi 'ōr*.

Bankrot *debára*, — werden *debár*.

Bar, one sein *nắñ*.

Bär, der große, sternbild *edíte*.

Barbier *madíd*, *minána*.

Barbieren *medid*, *min*; — laßen *se-madid*, *sō-min*.

Barbiergeschäft *minanáy*.

Barbiermeßer *manán*, *mamán*.

Barde *kŭalitána*, *nīnána*.

Barka, land am Gasch *Báraka*.

Barmherzigkeit *karáma*.

Bart *hámo*; kinnbart *dáha*, *šanák*; schnurbart *ó-yñfi hámo*, *gúlám*, *šenáb*, *šawárib*.

Base, die *dúra*; schwester der mutter *déti tú-kŭa*, schwester des vaters *bábi tú-kŭa*.

Bast *démo*.

Bastard *harámi 'ōr*.

Bau, der *de'ir*.

Bauch *ésse*, *fi'*, *kálawa*.

Bauchschmerz *ō-fí'it lehanáy*.

Bauchwind *néfka*, *nífka*, einen — streichen laßen *nefik*.

Bauen ein haus *de'ir*; — das feld *adi*.

Bauer, feldarbeiter *adyána*, *šakamána*.

Baum *hínde*, *híndi*, *šeḍár*; nicht ermittelte baumsorten: *kŭlúnte*, *šága*.

Baumblatt *báya*, *lät*, *rät*.

Baumfrucht *wō-híndi hamáġ*.

Baumrinde *éngili*, *aḍif*, *šiḍḍa*.

Baumwolle *kutún*, *tēb*, *túte*.

Baumwollenzeug, -stoff *hām*, *nâša*.

Bazar *sūg, sūk.*

Beachten *be'ar*, nicht — *bā-den, iš.*

Beaufsichtigen *gù'ad, harif;* — laßen *se-gù'ad, se-harif.*

Beauftragen *wâkkal*, — laßen *wâkkal-s.*

Beben *uḍ, bâl, embalbalōy.*

Becher *gūrâf, mugrâf, kubâya, kĕdala, kâleda.* becher aus dem flaschenkürbis verfertigt *šíkena*, becher in zilinderform *tánaka.*

Becken *sān.*

Bedachen, mit dem dach versehen *fegir*, — laßen *se-fa-gir.*

Bedacht *fegára.*

Bedachung, dach *fégra.*

Bedächtig, bedachtsam *fekka-rána;* — sein *fekkar.*

Bedachtsamkeit *fekkár.*

Bedecken *gŭbi*, — laßen *sŭ-gŭab.*

Bedeckt *edgúbya*, — werden *edgŭabāy.*

Bedeckung *gŭbi.*

Bedenken *hasib.*

Bedrängniß *gúrha, hasír*, in — geraten *en-gŭarāh*, in — stürzen *s-ŭn-gŭarāh.*

Bedrängt *ŭngŭárha.*

Bedrohen *yesāk.*

Bedrohung *méysak, yéska.*

Bedscha, volk der — *Beḍáñye, Bejáñye;* das land der Bedscha *ĕ-Beḍáûyĕt būr*, die Bedschasprache *tū-Beḍáñye.* Die einzelnen tribus der Bedscha: *Abábda, Amar-'ár, Belúrkena, Bišáre* od. *Be-šári, Bēt-Bidĕl (-Bijĕl, -Bi-gĕl), Derfináy, Had'énda* od. *Haḍ'éṇḍŭwa, Hedári, Hakö-la, Halánga* od. *Halénga, Ki-šeṇḍŭwa, Malhitkena, Mít-kena, Ná'ta, Rehâba, Sóge-la, Samára, Sinkátkena, Šĕkáy, Šár'a, Tânkŭira.*

Beduine *Beḍáûye, bálami.*

Beeilen sich *al, šewig, ašig, wuli, wúlla di, wílla di.*

Beendigen *fāys, temmĭ-s, tu-kuk.*

Befangen sein *rekúi*, — machen *se-rauk.*

Befangenheit *merkŭáy.*

Befehl *mityáy.*

Befehlen *mityay.*

Befeuchten *lil-s, mi'-s, ši-yaḍa'.*

Befeuchtet *mí'ama.*

Befinden sich wo *hān, seni;* sich befinden, im zustande sein *hāy, fāy.* wie befindest du dich? *kāk tehíya* od. *kāk tefíya?*

Beflügt, mit flügeln versehen *anbír-kena; — sein anbir-kena-m.*

Befolgen *māsuw,* — laßen *se-māsuw.*

Befrachten *rebi, šan, telig; — laßen se-rab, šan-š, se-talig.*

Befrachtet *etórba, telága, šá-nama.*

Befrachtung *rāb, télga, šánti.*

Befreien *fedig, halas,* — laßen *se-fadig, hals-is.*

Befreier *fádgi, halsána.*

Befreit *fedága, hálsama; —* werden *et-fadāy, hals-am.*

Befreiung *fédga, halás.*

Befreundet *kehána,* — sein *kehan.*

Befridigen *rayh-am-š,* — laßen *rayh-am-š-iš.*

Befridigt *ráyhama,* — sein, werden *rayh-am.*

Befridigung *ráyha.*

Befülen *tah, teh; —* laßen *tah-š, tehā-š.*

Befürchten *rekũi.*

Befürchtet werden *et-rakũāy.*

Befürchtung *merkũáy.*

Begatten *bi', embi', kab.*

Begattung *émbi', kāb.*

Begeben sich wohin *bay.*

Begegnen *ašiš.*

Begegnung *ášiša, ášša.*

Beger, verlangen *harú.*

Begeren *haruw, aray;* — laßen *se-haruw, arē-š.*

Begerlich *hárwi.*

Begießen *safih,* — laßen *safhi-š.*

Begießung *safih.*

Beginn *dína, bádo.*

Beginnen *din, badōy,* — laßen *šō-din, badō-š.*

Begleiten *rām, sitōb, salōl; —* laßen *šō-rim.*

Begleiter *amórma, hámada.*

Begleitet *tórma,* — werden *tō-rām.*

Begleitung *marám, mórmoy.*

Begraben *bis, dib, ōr;* — laßen *šō-bis, dib-š, ōr-š;* — werden *tō-bas, dib-am, ōr-am.*

Begräbniß *bās, díbti, órti.*

Begreifen *iray.*

Begrüßen *ašiš, kũáram, salám di;* einander — *am-ašáš, kũáram-š-am.*

Begrüßung *ášiša, ášša, kũáram.*

Begrüßungsruf der frauen *lāl;* den — anstimmen *lil.*

Behaart *hamó-kena,* — sein *hamō-kena-m.*

Behaarung *hámo.*

Behagen, das *néfra*, — finden an *nefir*, — bereiten *se-nafir*.

Behaglich *náfir*.

Behalten, behaupten einen besitz *habi*.

Behauen holz, stein *kŭl*, — laßen *sō-kŭl*.

Beherbergen, die nacht über behalten einen fremden *se-hawid*, *nay-s*, *nā-s*; — laßen *si-s-hawid*, *nā-s-is*.

Beherrschen *hokum*, — laßen *hokum-s*.

Beherrscher *hokmána*, *hokúm-kena*, *hákim*.

Beherrscht *hókmama*, — werden *hokum-am*.

Beherzt *fáda*, *gin'i*, *hátra*, — sein *hāter*.

Behüten *be'ar*, *gŭ'ad*, *harif*; — laßen *se-b'ar*, *se-gŭ'ad*, *se-harif*.

Behütet *gŭ'áda*, *haráfa*, *et-hárfa*, — werden *to-gŭ'ād*, *et-harāf*.

Behütung *gŭ'áda*, *hárfa*.

Bei *-b*, *-t*, *-na*, *geb*, *gébi*, *gŭad*, *gŭádi*.

Beide *malhŏyásna*, *mallăwás-na*, *malhŏyáh*, *mallăwáh*.

Beigesellen *sáwi*, — laßen *si-sáŭ*.

Beil *kŭálani*, *fárik*, *gaddŭm*,

fās; großes beil *mesár*, kleines beil *maláŭ*.

Bein *ragád*; schinbein *diŭdíŭ*, *dŭyduy*.

Beisammen *hida*, *hīdáb*.

Beischlaf *émbi̊*, *úmbi̊*, *kăb*.

Beischlafen *bi̊*, *embi̊*, *kab*.

Beispil *gāb*.

Beispringen, s. beistehen.

Beißen *fenik*, *tam*; — laßen *se-fanik*, *tam-s*.

Beistand *áŭya*, *nesír*, *ánser*.

Beistehen *awāy*, *anser*; — laßen *s-aw*, *anser-s*.

Beisteher *awāyána*, *awāyála*.

Bejammern *waŭ*, *kaf*.

Bejart *šĕ'a*, *šĕ'ána*, *šĕ'kena*; — sein *šĕ'*.

Bejubeln *lil*, — laßen *lil-s*.

Bekannt *etókna*, — werden *tō-*, *etō-kān*, — machen *sō-kān*, *negil*, *mehal*, *se-ntā'*.

Bekanntmachung *sóknoy*, *se-nét'a*.

Beklagen einen toten *kaf*, *waŭ*; sich beklagen *aškī-m*.

Bekleiden *kŭi*, *se-tauk (se-t-kŭa)*, — sich *kŭāy*.

Bekleidet *akŭáy*, — werden *ato-kŭáy*.

Bekleidung *mákŭi*, *mikŭe*.

Bekommen *meri*, *gābel*.

Bekümmerniß *hásne*, *hásyay*,

küän; — bereiten *se-has*, *küän-s*, *kän-s*.

Bekümmert *hasáy, küäna*; — sein *hasáy, küän*.

Beladen, -lasten *rebi, telig*; — laßen *se-rāb, se-talig*, — werden *et-rabäy, et-taläy*; beladen, adj. *etrába, etálga, teläga*.

Beladung *räbe, télga, tílga*.

Belästigen *hasir-s*, — laßen *hasir-s-is*.

Belästigung *hasir*.

Beleibt *semin*.

Beleidigen *gehar, new*; — laßen *gehar-s, neû-s*.

Beleidiger *geharána, newäna*.

Beleidigt *gehárama, newama*; — werden *gehar-am, new-am*.

Beleidigung *gehár, neû*.

Belila, gekochtes getreide als speise *difo, dífe*.

Bellen *hel, höl, haû, hö*.

Belustigen sich *böl, hawáy*.

Belustigung *bóla, hawáy*.

Bemerken *erh*.

Bemühen *hasir-s*, — sich *hasir*.

Benachrichtigen *söy, irē-s*.

Benachrichtigung *sóti, irésti*.

Benennen *sim, sum*, — laßen *sö-sim*.

Benennung *síma*.

Benetzen *lil-s, mi'-s, si-yaḍa'*.

Beni Amer, Bedschatribus der — *Amár 'ar*.

Beni Israel, das zwergböckchen, antilope Saltiana *báha*.

Beobachten *degü, dug*; — laßen *sö-dug*.

Beobachter *dágüi*.

Beobachtet *tó-dgüa*, — werden *tö-dāug*.

Beobachtung *dúgüa*.

Bepacken, s. beladen.

Beraten *mekir*, — sich *mekār*.

Berater *mákri, mekrána*.

Beratung *mékra*.

Beratungsort der gemeinde *díbba*.

Berauben *selib*, — laßen *sisalib*.

Beraubt *estálba, selába*, — werden *estalāb*.

Beraubung *sélba, silba*.

Berauschen *sekir-s, askir-s*; — sich *sekir, askir*.

Berauscht *sekírama, askírama*, — werden *sekir-am, askir-am*.

Berechnen *degüi, hasib*; — laßen *se-daug, se-hasib*.

Berechnet *eddágüya, degüáya, ethásba, hasíba*; — werden *ed-dagüäy, et-hasāb*.

Berechnung *dágüáy, dágüiy, düigüi, hásba*.

Bereden, zureden *ne'al*, — laßen *se-n'al*.

Bereichern *gab-s, gan-am-s;* — — sich *gab-am, gan-am.*

Bereit, fertig *hádira.*

Bereiten *hádir,* — laßen *hádir-s.*

Bereits, schon *mási.*

Bereuen *tūb,* — laßen *tūb-s.*

Berg *réba, ríba, kombúl, kombúl.*

Berggipfel, -spitze *ríša.*

Bericht *habír, söy, sóti.*

Berichten *hadíd, söy;* — laßen *hadíd-s, sö-s.*

Beriechen *fin,* — laßen *fin-s.*

Bersten *belās.*

Berüchtigt *amäg,* — sein *mäg.*

Beruhigen *hadā-s,* — sich *haduw.*

Beruhigt *hádwa,* beruhigte gemütsverfaßung *hadúti.*

Beruhigung *hadásti.*

Berümt *énjema;* berümt machen den namen *ó-sum mehal.*

Berüren *tah, teh;* — laßen *tah-s, tehā-s.*

Berürung *tah, táhti, teháti.*

Besänftigen, s. beruhigen.

Beschäftigen sich *tebák.*

Beschäftigt *tebák, hasírkena.*

Beschäftigung *tebáka, médbek, hasír, sána.*

Beschämen *gehar,* — laßen *gehar-s.*

Beschämt *hamöyseha,* — sein *hamöyseh,* — werden *geharam.*

Beschämung *gehárti.*

Beschauen *sebib,* —laßen *si-sabib,* beschaut werden *estebāb.*

Beschauer *sabib.*

Beschauung *sibba.*

Bescheiden *hamöyseha,* — sein *hamöyseh.*

Beschimpfen *gehar, new;* — laßen *gehar-s, neû-s;* einander beschimpfen *gehar-s-am, neû-s-am.*

Beschimpft *gehárama, néwama,* — werden *gehar-am, new-am.*

Beschimpfung *gehár, gehárti, neû, neúti;* erlittene — *geharámti, newámti.*

Beschlafen, s. begatten.

Beschmiren *semit, la'-as,* — laßen *si-samit, la'as-is.*

Beschmirt *estámta, semáta, lá'ama,* — werden *estamāt, la'-am.*

Beschmirung *simta, la'ásti.*

Beschmutzen *yuwaš-iš, se-dámer;* einander — *yuwaš-iš-am.*

Beschmutzt *yuwásama, dâmra;* — werden *yuwaš-am.*

Beschmutzung *yuwašišti*.

Beschneidung *kůáša*.

Beschränkt geistig, s. dumm.

Beschuldigen *hamag, mohi;* — laßen *hamag-s*.

Beschuldigung *hamág, háne*.

Beschummeln *se-nkáš*.

Beschweren *dek-s, deg-s;* — laßen *dek-s-is*.

Beschwichtigen, s. beruhigen.

Besen *mamhág, šiši, makáša*.

Beseßen *jinni, jinnīma,* — sein *jinnī-m*.

Besichtigen, s. beschauen.

Besigen *gerib, našir, anser*.

Besiger *gárbi, anseróna*.

Besigt *edgárba, geróba, nás-rama;* — werden *edgaráb, nasr-am*.

Besigung *mégreb, gírba, našír, ansírti*.

Besingen *nīn,* — einen toten die frauen *kaf*.

Besitz *bári, réû*.

Besitzen *bari*.

Besitzer *ankůána, kína, -ke-na*.

Besorgniß *be'ána, merkůáy;* — erregen *se-b'ān, se-rauk*.

Besorgt *be'ānalóy, merkůalóy, merkůála;* — sein *be'ān, rekůi*.

Besprechen sich *hadis-s-am*.

Besprengen *safih,* — laßen *safhi-s*.

Besprengung *safíh, sáfhiti*.

Bespringen ein muttertier das männchen *bi', kab;* — laßen *bi'-s, kab-s*.

Beßer *hayis,* — sein *hayis*.

Besteigen ein reittier, schiff *ām,* — einen berg *rew, ruw*.

Bestelen *gůhar,* — laßen *s-ug-har*.

Bestrafen *sebib,* — laßen *si-sabib*.

Bestrafer *sabib*.

Bestraft *sebába,* — werden *estabáb*.

Bestrafung *sébba, sibba, sebáb*.

Bestreben sich *nekit, ankit*.

Bestreichen mit fett *la'-as, šemit,* — mit lem *dō'*.

Bestürzt *máha,* — sein *máh*.

Bestürzung *méhi,* in —bringen *sō-máh*.

Besuch *dūr, dūranáy*.

Besuchen *dūr,* — laßen *dūr-s*.

Besucher *dūrána*.

Betagt *hád'a, šě'a;* — sein *hadá', šě'*.

Betasten *tahtah*.

Betastung *tahtáhti*.

Beten *ne'al, silěl;* — laßen *se-n'al, silěl-s*.

Beter *ná'eli, silělána*.

Betören *sō-gim, sō-mig;* —
laßen *si-sō-gim.*

Betörung *sógmoy.*

Betrachten *šebib,* — laßen
ši-šabib.

Betreiben ein geschäft *hesir-
kena-m.*

Betreten *at.*

Betriegen *gŭhar, hawâl, sō-
gim, se-nkās;* — laßen *s-
ughar, hawâl-s, si-sō-gim,
si-se-nkâs.*

Betrieger *gŭâheri, harišanóy,
hawâlâna, senâksi.*

Betrinken *sekir-s,* — sich *sekir-am.*

Betrogen *hawâlama,* — werden *hawâl-am.*

Betrüben *se-has, hamēs-s;* —
sich *hasây, hamāy, hamē-t.*

Betrübniß *hásne, hásyay.*

Betrübt *hasây, hamēti.*

Betrug *gŭhára, hariš, hawâl.*

Betrügen, s. betriegen.

Betrunken *sékra, éskera;* —
sein *sekir, asker, ašker.*

Bett, lager, haut, matte worauf
man schläft *maḷám, ándeh,
ánde', fárša;* das tragbare
bettgestell *angaré, ne'ál.*

Bettelei *rímga.*

Betteln *remig, karâmât ne'al;*
— laßen *se-ramig.*

Bettler *rámgi, karâmât nâ'eli,
jehána.*

Beugen, s. biegen.

Beute *meráya, memeráy.*

Beutel *hiškŭl, kisa.*

Bevor *dābáy, sâri.*

Bevorzugen *hayid,* — laßen
se-hayid.

Bewachen *be'ar, gŭ'ad, harif;*
— laßen *se-b'ar, so-gŭ'ad,
se-harif.*

Bewacher *bâ'ri, gŭâ'di, hárfi,
harfâna.*

Bewacht *togŭ'âda, ethárfa, haráfa,* — werden *to-gŭ'âd,
et-harâf.*

Bewachung *be'ára, gŭ'áda,
hárfa.*

Bewältigen, s. besigen.

Bewäßern *safih,* — laßen
safhi-s.

Bewäßerung *sáfha.*

Bewegen *kŭš, ičâs;* — sich *kŭâš.*

Bewirten einen gast *hedāri-m.*

Bewölkt (der himmel) *hadâd-
debin, bála.*

Bewonen *abik, sâ'.*

Bezalen *keri, kŭsi, dif';* —
laßen *se-kŭas.*

Bezalt *étkŭsa, kŭsáya, dif'ama;*
— werden *et-kŭasáy, dif'-
am.*

Bezalung *keráy, kúsi.*

Bezeugen *bedah, šehad;* — laßen *se-bdah, ši-šehad.*

Bezeugt *edbádha, bedáha, eštaháda, šeháda;* — werden *ed-badáh, eštahád.*

Bezirk *būr, ḍáwa.*

Bezirksamt *mudiriya, umdiriya.*

Bezirksamtmann *mudir.*

Bezweifeln *šekki.*

Biegen *genif, halig, hanig;* — laßen *se-ganif, se-halig, se-hanig.* biegen sich *genáf, halág, hanág.*

Biegung *ginfa, hálga, hánga.*

Bier *ha, máš-ha, merísa;* brauen das bier *temuk.*

Bierbrauer *támkūi.*

Biermalz *fúti.*

Bilden, formen *kelag, aklig, halag, kūsi.*

Bildner *akligána, kūási, kñasána.*

Bildschön *masálama.*

Bildung, feine sitte *'áda, límda.*

Billig im preise *rakiš.*

Binden *as, asir, hakūr, hankūl;* — laßen *as-is, s-'asir, se-hákūr, hankūl-s.*

Bindung *ásra, hákra.*

Bine, die *ḍína, wiyu.*

Bienenstock *ē-ḍináy gaû.*

Bis, bis hin *gil, had.*

Bischari, ein Bedschatribus *Bešáre, Bišári.*

Biß, der *méfnek.*

Bißig *fánki.*

Bitte, die *ne'ála.*

Bitten *ne'al,* — laßen *se-n'al.*

Bitter, der *ná'eli.*

Bitter, herbe *hámi,* — sein *hami,* — machen *se-ham.*

Bitterkeit *hamyáy, hámyay.*

Blank *hási,* — sein *hasi,* — machen *se-has.*

Blären *ikuw, nekuw, ankuw, tiw, wárēr, waû.*

Blasen, schnaufen, auch blasen ein instrument *fūf.*

Bläser *fūfána.*

Blasinstrument, -horn *ambilhôy, nafír, nakára.*

Blatt *báya, lāt, rāt.*

Blattern, die pocken *wárre.*

Blau *delíf, derif, hadál;* blau färben *se-hadāl.*

Blei, -kugel *arér, resás.*

Bleiben *seni, hān, hāy, fāy; sā', asber.* den tag über bleiben *yáym, áyim;* die nacht über bleiben *hawid.*

Blicken *šebib,* aufwärts — *šenin.*

Blind *hamašáy.*

Blinzeln mit den augen *tū'.*

Blitz *taláû;* einschlagender blitz *tēw, tēû.*

Blitzen *talaw;* — mit den augen *dirēr.*

Blöcken *ikuw, ham, hamam.*

Blöde *gulúli, agím, gaším, haráf;* — werden *gām, haráf.*

Blödigkeit *gíma, gamám, hárfe, meharíf.*

Bloß, entblößt *rebóba.*

Bloßlegen, s. aufdecken.

Blühen *fíri.*

Blume, blüte *fār.*

Blut *bōy.*

Blutgeschwür *asúl.*

Blutrache *mírba,* die — nemen *tō-mírba nas.*

Blutsverwant *rēro.*

Boa constrictor *abdergága, abdregága, sála.*

Bock, zigenbock *bōk,* bock der kuhantilope *gáruwa.*

Boden, erdboden *būr,* boden von einem gefäß *hágge.*

Boerhaavia repens *deretníwa, sukúmti.*

Bone *fūl,* kafebone *būn.*

Borgen jemandem *si-salif,* auf borg nemen *selāf;* der auf borg gibt *sisálfi,* der auf borg nimmt *sálfi, mislefána;* erborgtes gut *míslef.*

Börse, geldbeutel *mafáda, hískūl.*

Bos bubalus, der wilde büffel *jamús, gamús, dakár.*

Böse, bösartig *afráy, amág;* — sein *afray, afrē, mág.*

Böses zufügen *sō-mig,* — laßen *si-sō-mig.*

Bosheit *máge, mamég.*

Bot, das *áro, áre, nagár.*

Bote *digógama, léngüa, mínjal, raslamána;* eilbote *dayána.*

Botschaft *rasíl, ársel;* frohe — *basára;* botschaft geben *sōy, irē-s.*

Bracelet, s. armband.

Brackig (das waßer) *mósi.*

Brand *balól, lúwa, sagúd.*

Brantwein *áraki, ha.*

Braten *gür, kilōy;* der braten *dōf, sála.*

Brauch, der *límda, sálif.*

Brauchbar *ánf'a, ámf'a;* — sein *anf'.*

Brauchbarkeit *ánf'e, ámf'e.*

Brauen bier *temuk,* — laßen *se-tamuk.*

Brauer *támkūi.*

Braun *delíf, deríf, sótay, sóday, súday.*

Braut, die *tū-dób.*

Bräutigam *ū-dób.*

Brav! *kéra! šō!*

Brechen v. act. *belis, keta';* v. n. *belās.*

Brechen, speien *hit-am,* — machen *hit-am-s.*

Brei *óli.*

Breit *mār'alóy,* — sein *māra',* — machen *se-māre'.*

Breite, die *mér'oy, mér'a.*

Brennen v. n. *balōl,* v. a. *ba-lōl-s, luw.*

Brennholz *tō-n'ét híndi.*

Brett *leh.*

Breweria oxycarpa *hammĕs-hombák.*

Brief *wáraga, jáwáb.*

Brieftasche *mafáda.*

Bring! *hay-má'a!*

Bringen *hā', setōb;* — laßen *si-stōb.*

Brod *ĕs,* tām, *kísra;* ḍámbo breite feine scheibe. unge-säuertes und getrocknetes brod für reisen *gasis, kasis.* gesäuertes brod *ū-tám wū-hámra.* Brod, große dicke scheibe vom mel der poa abessinica *hárda, háḍa.*

Brodeln das siedende waßer *gas.*

Brodkuchen *ragif, ruqfána, salábya.*

Brodplatte, worauf das brod gebacken wird *ḍĕkŭa, tan-yin, gedír.*

Bruch *mékte'.*

Bruder *san.*

Brühe *fúti, sit.*

Brüllen *aḍ, ikuw, ankuw, tiw, waú.*

Brunnen *re, déla.*

Brust *gínha, gin'a;* weibliche — *nŭgŭe, nūg.*

Bubalus vulgaris *ágaba.*

Bubo maculosus *gūg.*

Buccrosia Russeliana *karáy.*

Buceros abessinicus *beháre.*

Buceros coronatus *kalijanó.*

Buch *ketáb, déftar.*

Büchse *ákŭa, húgga, élba.*

Bucht *hárbo, hérbo, hírba.*

Buckel, höcker *ánkŭa.*

Buckelig *hakába,* — sein *ha-káb.*

Bücken sich *genáf.*

Büffel, -ochs, bubalus vulgaris *ágaba;* der wilde —, bos bubalus *dakár, jamús, ga-mús.*

Buffen *gŭ', gŭa';* — laßen *sō-gŭ'.*

Bug *génfa, hálga, hánga.*

Bummeln, herumstreichen *di-nōy, haúrik;* das bummeln *dinóy, dinóti, haúrúk.*

Bummler *dinōyána, haúri-kána.*

Bündel, das *tŭnkŭi.*

Bündniß *emgáldoy.*

Bunt *guǎrár*.

Buphaga erythrorhynchus *kün-dä'*.

Bürde *rábe;* eine — auflegen *rebi*.

Burg *gál'a, rošán*.

Bürge *majúl, dámni*.

Bürgen *ajil, demin*.

Bürgschaft *ajúl, démna, demín;* — verlangen *se-damin*.

Bursche *'ör*.

Busch *balák, ḍaû*.

Busen *hakíf;* — des weibes *núgüe, nûg*.

Butter *dírbati;* frische, nicht geschmolzene — *kar, lä';* geschmolzene, zerlaßene — *lä' hadál, semíl.* frische butter auf die haare streichen *la'-s, šemit*.

Butterkuchen *sansénna*.

Buttermilch *mása*.

Butterschlauch *hálbati*.

Buttertopf *duwán*.

C.

Cadaba glandulosa *kürme*.

Cadaba longifolia *šále*.

Caesalpina elata *bábani*.

Calatropis procera *emberês*.

Camelopardalis girafa *deráf*.

Canis Anthus *máno,* — aureus *ba'ašo,* — domesticus *yäs,*

— lupus *dib, täkla,* — vulpes Nilotica *báyho*.

Carissa edulis *hérna*.

Cassia acutifolia *merára*.

Cassia obovata *ambérki*.

Celastrus parviflorus *débbela*.

Centner *gintár*.

Cephalophus Hembrichii *báha*.

Cercopithecus griseo-viridis *a-baláy, lehúmbo, wu'ága*.

Cercopithecus Hamadryas *la-lúnküe*.

Chef *ága*.

Christ *kistán, nasári, nasráni*.

Chrysopogon quinqueplumis *e-ráb*.

Cissus quadrangularis *káttu*.

Cistanche lutea *hadáymi*.

Cisterne *re*.

Citrone *lemún*.

Citrullus colocynthis *hamisina*.

Cleome chrysantha *árküa*.

Clitoris *wô-'adi gírma, awíl*.

Coccinia Moghad *hamús*.

Coculus Leaeva *kalíh, salángoy*.

Coelorrhachis hirsuta *lüh*.

Coleus barbatus *kálya*.

Commelina bengalensis *yáda*.

Compagnie *hída*.

Consul *gonsúl, 'onsúl*.

Cordia ovalis abessinica *éndera*.

Cordia subopposita *dugrár*.

Cousin, cousine; s. vetter, base.

Cretin *gulúli*.

Crotalaria *kŭăd*.

Crozophora obliqua *abōtnīwa*.

Cucumis spez. *wola*.

Cucurbita lagenaria *gár'a, lálo*.

Cynailurus guttatus *káfa*.

Cynodon dactylon *sárde, sérde*.

Cyprus rotundus *sŭgŭe*, — spez. *hánna*.

D.

Da, hier *intōni, intōy, into*.

Da, nachdem -*ēk*, während *hōb, dōr*, weil -*ē-dhāy, gílla, jílla*.

Dach *awŭt, sátha*, ein — aufrichten *fegir*.

Dachstul *tirmán*.

Dactyloctenium glaucophyllum *kŭšon, kuniše*.

Daenia aethiopica *salámbo*.

Dafürhalten *din*.

Dagussa, die wilde *tíbede*.

Damit, auf daß -*ēdhāy, ákŭă*.

Dämmerungszeit am abend *bád'a*, — am morgen *kerŭm, fajír*.

Dämon *jínni, gínni*.

Dampfschiff *babŭr*.

Darben *harăug*.

Darbringen, -reichen *nūn*, — laßen *nūn-s*.

Darbringung *nŭnti, nūnanáy*.

Darlehen *selif*, ein — nemen *seláf*, ein — geben *si-salif*.

Darm *mána*.

Darreichen, s. darbringen.

Dattel *belŭk, melŭk, tamír*.

Dattelpalme *nehál, tē-blŭkti híndi*.

Daumen *rába tibaláy*, — *gibaláy*.

Decke, hülle *gúbi*, wollene — *šámla*.

Dein *baryŭk* f. *batyŭk, -yŭk, -ŭk* f. *-tŭk*.

Demut *ayáy*.

Demütig *ayáy, hamōyseha*; — sein *ayáy, hamōyseh*.

Demütigen *ayáy-s*, — laßen *ayáy-s-is*.

Denen *fenin, regig*; sich — *fenān, regāg*.

Denung *fénna, régga*.

Denken *fakkar, hasib, šiš*.

Denker *fakkaróna, hásbi*.

Denn -*ēdhāy, gílla, jílla*.

Der, die (artikel) *wū, ū* fem. *tū*, plur. *yā, ā* fem. *tā*.

Derb *ákri*, — sein *akir*.

Derbheit *akerír*.

Deßhalb *ōn gilláydha*.

Dich *barók* f. *batók, -hók, -yók*.

Dichten, rapsodiren *kŭalī-t, nīn*.

Dichter *kŭalitána, nīnána*.

Dick, fett *ḍáha, rakók;* —
sein *ḍah.*

Dickicht *baláͤk, ḍaû.*

Dieb *gŭáheri,* ein — sein
gŭāher.

Diebsgewerbe *gŭáhera.*

Diebstal *gūhára.*

Dienen *kedim,* — laßen *se-
kadim.*

Diener *kádim, kádmi, kedmá-
na, hámaḍa;* einen — auf-
nemen *se-kadim.*

Dienst *kédma, kídma.*

Dienstag *taláta.*

Dienstfertig, -bereit *ayáy.*

Dieser, diese *ba-, ün* f. *tün*
pl. *än* f. *tän.*

Ding *da, na.*

Diospyrus mespiliformis *áryay.*

Diplostema alatum *hašák.*

Dipteracanthus patulus *ĕgŭadi.*

Dir *-hōk, -yōk, -ōk, baryōk-,*
f. *batyók-deháy.*

Disputiren *hadis-s-am.*

Distel, s. dorn.

Dobera glabra *míka, šáyšo.*

Doch, doch wol *han, ne'álla.*

Docht *fatil.*

Dodonaea arabica *ōn.*

Dolch *hánjar.*

Donner *hūd.*

Donnern *hūd di.*

Donnerschlag *ṭēw, ṭeû.*

Donnerstag *hamís, amís.*

Dorf *belád, bélled, ḍáwa, hélla, kílmo, kíšo.*

Dorn *dın, náwe, šōk.*

Dornakazie *sángane, tawáy.*

Dort, -her, -hin *bén-tōn, bén-
tōni, béntōy, bēn-ó-mhīn.*

Dose für tabak *ákŭa, húgga.*

Dracaena ombet *ómba.*

Drangsal *gúrha,* in — geraten
ụn-gŭarāh, in — bringen
s-ụn-gŭarāh.

Draußen *arúh, háta, hatᵢ-y.*

Dreck *úmba.*

Dreckkäfer *ámba-kónšib.*

Drehen *be'as, terir;* — sich
luwuw.

Drehung *be'ása, térra, lúwwa.*

Drei *meháy, emháy.*

Dreimal *meháy dóra.*

Dreißig *meháy tamún.*

Dreizehn *támna-mháy.*

Dreschplatz, tenne *madágga.*

Drittel *wū-mháya teráb.*

Dritter *meháya, emháya.*

Drohen *yesāk.*

Drohung *yéska, máysak.*

Druck, das drücken *démma.*

Drücken *demim,* — laßen *se-
damim.*

Du *barúk* f. *batúk.*

Duft *bār, fā', fın;* übler —
ḍémyay.

Duften *fi'*; übel — *ḍemi*.

Dulden, gestatten *iš*; leiden *terām*.

Dumm *agím*, *agám*, *gašim*, *haráf*, *gulúli*; — sein *gām*, *haráf*.

Dummheit *gáma*, *gamám*, *hárfe*, *meharif*.

Dumpalme *áka*, *ánǧŭa*, *bīr*, *dōm*; frucht der — *áka*.

Dunkel *álaka*, *hadál*, — sein *hadāl*, *alak*.

Dunkelfärbig, dunkelbraun, -blau, -grün *sótay*, *sútay*, *sóday*.

Dunkelheit *alák*, *amás*, *hadáddebín*, *títa*.

Dünn *ayáy*, *nákŭa*, — sein *nákŭ*.

Dunst *éga*.

Dünsten v. a. *egā-s*, v. u. *egā-t*.

Durchboren *adi*, *tela'*, *tena'*.

Durchbort *et'ádya*, *telá'a*.

Durchbringen eine habe, vergeuden *se-nhád*.

Durchgehen, entlaufen *kanjar*, — laßen *kanjar-s*.

Durchlöchern, -stechen; s. durchboren.

Dürftig, s. arm.

Dürr *bálama*, — sein *bal-am*, — machen *bal-am-s*.

Durra, die; s. negerkorn.

Dürre *bāl*.

Durst *yáwa*.

Durstig *yúwe*, *yúwi*; — sein *yuwáy*.

Düster, s. dunkel.

E.

Ebene, die *dángar*, *dáya*.

Ebenfalls *bū'*, *han*.

Eber, der *hallúf*, *halúf*, *haráŭya*.

Ebnen den fußboden *hab*.

Ecke *gedím*, *gŭad*.

Edel, s. gut.

Egypten *Mássir*, *Rif*.

Egypter *Másri*, *Rifi*.

Ehe, bevor *dābáy*.

Ehe, die *de'ár*.

Ehebruch *jína*.

Eheliges kind *haláli 'ōr*, uneheliges — *harámi 'ōr*.

Ehemals *úmero*, *gabál*, *ō-demán-yōs*.

Ehemann *híyo*, *tak*.

Eheweib *híyo*, *takát*.

Ei, das *kŭhi*, *kŭáhi*.

Eibisch, hibiscus *bámiye*.

Eichel, glans penis *ó-mīdi girma*.

Eid *gílda*, einen — schwören *gelid*, zum — treiben *segalid*.

Eidechse *adangaláy*, *adár-gírma*, *dábdab*, *nígnigo*.

Eierdotter *sukma*.

Eierschale *kŭahit éngili*.

Eigensinn *níye*.

Eigensinnig *niyíta*, — sein *niyī-t*.

Eigentum *bári, réŭ*.

Eigentümer *ankŭána, kína, -kena*.

Eiland *jasire*.

Eile, die *day, hádla, ašíg, willa, wúlla, wúlya*; zur — antreiben *se-hadil, ašig-s*.

Eilbote *dayána*.

Eilen *day, al, hadil, ašíg, wuli, wúlla di*.

Eilends *wulyáy*.

Eilig *hádli, hadlána*.

Eilf *támna-gŭr*.

Eilfmal *támna-gúr dóra*.

Eilfter *támna-gúra*.

Ein, einer *éngal, éngar, gāl, gār*.

Einander *táktak*.

Einäugig *hamašáy*.

Einbinden *hakŭr*, — laßen *se-hakŭr*.

Eindachen, -decken das haus *fegir*, — laßen *se-fagir*.

Eindrehen *gedil, terir*; — laßen *se-gadil, se-tarir*.

Eindringen *šum*, — laßen *šum-š*.

Einfallen feindlich *remid*.

Einfalt, s. Dummheit.

Einfangen *abik*, — laßen *s-'a-bik*.

Einfaßen mit den händen das korn in den sack *tebōk*.

Einfetten die haare *la'-as, šemit*; — laßen *la'-s-is, šišamit*.

Einfettung *la'ášti, šemát*.

Einfüllen, s. einfaßen.

Einfüren ins haus *šum-š*, — laßen *šum-š-iš*.

Eingang ins haus *yāf, bāb*.

Eingeweide *mána, fi'*.

Eingießen *kŭbbi, kib, gabōy*; — laßen *kŭlbī-s, sō-kib, gabō-s*.

Eingraben *bis, ŏr*; — laßen *sō-bis, ŏr-s*.

Einheit *hida, háddo*.

Einholen *kirif*.

Einhüllen *setir*, — laßen *si-satir*.

Einhüllung *sítra*.

Einkeren *kŭâk, šum*.

Einladen *wu'*.

Einlösen *kŭasi*.

Einmal *éngal hōb*, — *dōr*.

Eins, s. ein.

Einsam *engalálay, háddo*.

Einsamkeit *háddo*.

Einsammeln *debil*, — laßen *se-dabil*.

Einsammler *dábli.*

Einsammlung *débla, díbla.*

Einschenken *kŭbbi, kib, gabŏy;* — laßen *kŭbbī-s, sŭ-kib, gabŏ-s.*

Einschlafen *han'ar, duw.*

Einschläfern *dŭ-s.*

Einschlagen (etwas in ein tuch) *temŭk,* — laßen *se-tamŭk.*

Einschließen *tabbal,* — laßen *tabbal-s.*

Einschließung *tabbálti.*

Einschlummern *han'ar, duw;* — laßen *han'ar-s, dŭ-s.*

Einschneiden *betik,* — laßen *se-batik.*

Einschnitt *bétka.*

Einsehen *iray.*

Einsicht *áfham, fáhim;* zur — bringen *afham-s.*

Einsichtig *áfhama,* — sein *afham.*

Einst *úmero, gabál, mási.*

Einstechen *adi, tela', tena';* — laßen *se-'ad, se-tela', se-tena'.*

Eintreten *šum,* — laßen *šŭm-š.*

Einwickeln *kesis, lifi, refíf, temŭk.*

Einwoner *hedári.*

Einzig *engalálay, háddo.*

Eisen *énde, éndi.*

Eiter *anáb, wāt.*

Eiweiß *kŭhit éra.*

Elefant *kŭríb, fıl.*

Elefantenrüßel *ō-kŭríb ay.*

Elefantenzan *ō-kŭrbit kŭre.*

Elend, not *gŭráh,* ins — geraten *en-gŭaráh,* ins — stürzen *s-ŭn-gŭaráh.*

Elend, adj.; s. arm.

Eleusine dagussa *tibede.*

Eleusine flagellifera *hómra.*

Elfenbein *ō-kŭrbit kŭre.*

Elionurus elegans *kŭbbel.*

Elle u. ellenbogen *gúmba, gŭndúf, gŭlhe, gŭlhán, gŭlhín, gŭínhal, winhal;* mit der elle meßen *gŭlhan.*

Embryo *bóykut.*

Empfangen, erhalten *gābil;* empfangen, concipere *nekŭi.*

Empfängniß *năkŭe.*

Empfangshaus, offener salon *awút.*

Empfinden *hassi.*

Empfindsam *hasyána.*

Empfindung *hássi.*

Empor *enki, inki.*

Emporblicken *šenin,* — laßen *ši-šanin.*

Emporragen *beḍág.*

Emporsteigen *rew, ruw;* —laßen *reú-s.*

Emsig *ankitána,* — sein *nekit, ankit.*

Emsigkeit *nekít, ánkit.*

Ende *ménhad;* zu ende gehen *nehād.*

Endigen, den garaus machen *se-nhád;* endigen, beschließen *fays;* endigen, fertig machen *tukuk, temmi-s.*

Energie *ámila.*

Enge, schmal *adáh, angüaráh,* — sein *dāh, engüarāh.*

Enge, die *dáhe, gürha.*

Engel *mél'ak.*

Engländer *angelisi.*

Enkel, sones son *wō-'óri 'ōr,* tochterson *tō-'óti 'ōr.*

Enkelin, sones tochter *wō-'ōrit 'ōr,* der tochter tochter *tō-'ōtit 'ōr.*

Entberen, nicht haben *nāú.*

Entberend *náwa.*

Entberung *manéú.*

Entbinden die frau *firi.*

Entbindung *méfrey.*

Entblößen *negil,* — laßen *se-nagil.*

Entdecken *negil.*

Entdecker *nágli.*

Entdeckt *etnágla, negál;* — werden *etnagál.*

Entdeckung *négla, nígla.*

Ente *bátta,* wilde ente *háde, yam-güáni.*

Entfernen *si-sag,* — sich *segi.*

Entfernt *sági, mār'alóy;* — sein *segi, māra'.*

Entfernung *mesgáy, misgay, mér'oy.*

Entfliehen *dāb, kanjar, sebār.*

Entgegen gehen *gābel, ašiš;* — schicken *gabel-s, š-'ašiš.*

Entgehen der gefar *dehān.*

Entgelt *keráy.*

Entgelten *kũsi, dif';* — laßen *se-kũas.*

Enthalten sich *iš;* — des eßens *baskı-t.*

Enthaltsamkeit von speise und trank *báski.*

Enthüllen *negil,* — laßen *se-nagil.*

Entjungfern (auf unsittliche weise) *fela';* — durch die großmutter vor der hochzeit *fekik.*

Entjungferer *fál'i, fakik.*

Entjungfert *felá'a, fekáka.*

Entjungferung *fél'a, fíkka.*

Entkommen; s. entgehen, -fliehen.

Entlaßen *iš;* — die frau *dēr, fádig.*

Entlaufen, s. entfliehen.

Entlaufener sklave *kanjár.*

Entlegen, s. entfernt.

Entlehnen *selāf,* — laßen *si-selāf.*

Entreißen *hōy ahay, selib;* — laßen *si-salib.*

Entrinden *lehi,* — laßen *se-lah.*

Entrüstet sein *kŭăn.*

Entscheiden als richter *hokum.*

Entscheidung, richterliche *hókma.*

Entsenden *sō-bāy, digōy, arsel;* — laßen *si-sō-bay, digōg-s, arsel-s.*

Entsetzen, das *máha;* — sich *māh.*

Entspringen, die quelle *farā'.*

Entstehen *kāy.*

Entstellen, häßlich machen *šinger-š,* — laßen *šinger-š-iš.*

Entweder — oder *tāru-tāru.*

Entwenden *gŭhar,* — laßen *s-ughar.*

Entwendet *atoghára, gŭhára;* — werden *atogŭhār.*

Entwendung *gŭhár, gŭhára.*

Entwischen, s. entfliehen.

Entwönen ein kind *fetik,* — — laßen *se-fatik.*

Entwönt *fetáka.*

Entwönung *fétka.*

Entziehen *fetik,* — laßen *se-fatik.*

Er *barŭs, barŭh.*

Eragrostis multiflora *halágoy, halilágoy.*

Erbarmniß *kerǎma.*

Erbauen *de'ir,* — laßen *se-d'ir.*

Erbauer *dá'ri.*

Erbe, der *kŭasamǎna;* zum erben einsetzen *kŭasā-s.*

Erblaßer, der *kŭasasána.*

Erbschaft *kŭása.*

Erbeuten *meri.*

Erbittert *gadába, hasáy, kŭăna, móya;* — sein *gadáb, hasáy, kŭăn-am, moyáy.*

Erbitterung *mégdab, hásne, hásyay, kŭăn.*

Erblicken *erh.*

Erblinden *hamašay.*

Erblindet *hamašáy.*

Erbrechen sich *hit-am.*

Erbrechen, das *hūt;* erbrechen verursachen *hit-s.*

Erde *bŭr.*

Erdroßeln *sekit, šenig;* — laßen *si-sakit, ši-šanig.*

Erdroßler *sákti, šángi.*

Erdroßlung *síkta, šínga.*

Ere, die *kébra;* in eren stehen, ere genießen *kebār.*

Eren *se-kbār;* das eren *sekbaróy.*

Ereignen sich, geschehen *kāy.*

Erengeschenk, -gabe *sekbaróy.*

Erenhaftigkeit *halál;* ein mann von — *haláli 'ōr.*

Erenschmaus *adúma.*

Erfaren v. a. *iray, jerab, kān;*
adj. *jerába, kána.*

Erfarenheit, erfarung *jeráb,*
kanán.

Erfreuen *amfirh-is;* — sich
afirh, amfirh.

Erfreut *afírha, amfírha.*

Ergötzen sich *ból.*

Ergötzung *bóla.*

Ergreifen *abik, amit;* — laßen
s-'abik, s-'amit.

Ergreifung *ábka, ámta.*

Ergrimmt *hasáy, kŭŭnama;* —
sein *hasāy, kŭŭn-am.*

Erhalten, bekommen *meri, gā-*
bel.

Erheben sich, aufstehen *yak;*
plötzlich sich erheben *māh.*

Erhitzen *se-naba'.*

Erhitzung *senál'oy.*

Erhöhen *as.*

Erinnern sich *hasib;* erinnern,
aufmerksam machen *se-ha-*
sib.

Erinnerung *hásba.*

Erkennen *iray, kān.*

Erkenntniß *iráy, kanán.*

Erklären *afham-s, sō-kān;* —
laßen *afham-s-is, si-sō-kān.*

Erklimmen *rew, ruw;* — laßen
reŭ-s.

Erlangen *meri.*

Erlauben *iš.*

Erlaubtes *halál.*

Erläutern *afham-s, sō-kān.*

Erledigen ein geschäft *temmī-s.*

Erlegen ein wild *dir,* — laßen
sō-dir.

Erleichtern *še-nšŏf,* — laßen
ši-še-nšŏf.

Erlich *adíl, endáy, dāy, ha-*
láli 'ŏr.

Erlichkeit *halál.*

Erlöschen (das feuer) *ya'.*

Ermanen *mekir,* — laßen *se-*
makir.

Ermanung *mekír, mékra.*

Ermangeln *nāŭ.*

Ermanglung *manéŭ.*

Ermöglichen *agder-s, adger-s.*

Ermorden *dir,* — laßen *sō-dir.*

Ermordet *atódira.*

Ermordung *déra, madér.*

Ermüden *adāb-s, se-gōy,* —
sich *adāb-am, gōy.*

Ermüdet *adábama, góya.*

Ernären *sō-'ār,* — sich *ār.*

Ernärer *sō'ārána.*

Erneuern *se-gāy,* — laßen *si-*
se-gāy.

Erquicken sich *ad.*

Erquickung *ād.*

Erreichen das zil *ketim,* —
laßen *se-katim.*

Erretten *halas, se-dhān;* —
laßen *hals-is, si-se-dhān.*

Erretter *halsána, sedáheni.*

Errettet *hálsama, dehána.*

Errettung *halás, sedhánoy.*

Ersatz *téyya,* — leisten *tegi;* als ersatz, zum — *tegiti.*

Ersäufen *se-gerāk,* — laßen *si-se-grāk.*

Erschaffen *akliy, mine.*

Erschaffung *kelág, halág, míne.*

Erschauen *erh.*

Erscheinen *law, laû.*

Erschlagen *dir,* — laßen *sō-dir.*

Erschrecken v. n. *māh,* v. a. *sō-māh.*

Erschreckt *máha.*

Ersetzen einen erledigten posten *te'i;* — ein gut *tegi.*

Ersinnen *hasib.*

Erstatten *tegi,* — laßen *se-tag.*

Erster *awíl, äwweli, súr-kena;* der erste tag des monats *dehána.*

Erstgeborner *'ōr wū-äwweli, 'ōr ū-súrkena.*

Ertränken *se-gerāk,* — laßen *si-s-grāk.*

Ertrinken *gerāk.*

Erwachen *ba'ār;* plötzlich — *māh.*

Erwachsen, groß werden *wun, win;* adj. *wun, win.*

Erwägen *fakkar,* — làßen *fakkar-s.*

Erwägung *fakkár.*

Erwärmen *se-naba', se-mba';* laßen *si-se-mba'.*

Erwecken *se-b'ār,* — laßen *si-se-b'ār.*

Erweitern *se-mᾱre',* — sich *māra'.*

Erwidern *am-tagáy.*

Erwürdig *egrúm, egrim, hád'a.*

Erwürgen *sekit, šenig;* — laßen *si-sakit, ši-šaniy.*

Erwürgt *estákta, sekáta;* — werden *estakāt, ašnig-am.*

Erwürgung *sékta, síkta, šínga.*

Erzälen *sōy, masal-s, hadíd;* — laßen *sō-s, masal-s-is, hadīd-s.*

Erzäler *sōyána, hadidána.*

Erzälung *sōy, sóti, masál, hadid.*

Erziehen *se-ham, sō-wun;* — laßen *si-s-ham, si-sō-wun.*

Erzieher *sehamána.*

Erziehung *sehamóy.*

Erzilen *ketim,* — laßen *se-katim.*

Erzürnen *se-has;* — sich *hasāy.*

Erzürnt *hasáy.*

Esel *mēk,* wilder esel *ō-maláli mēk,* junger esel *hᾱlukᾱi;* schreien der esel *han.*

Eselsgeschrei *hān.*

Eßen *tam, am;* zu — geben *tam-s,* — laßen *tam-s-is.*

Eßen, das *tām*.

Eßer *tamána*.

Etwa, villeicht *han, ne'álla*.

Euch *barékna* f. *batékna;*
-*hókna*.

Euer *baréyúkna* f. *batēyúkna;*
-*yúkna* f. -*túkna*.

Eule *gūg;* das käuzchen, strix
aluco *náwe*.

Euter *maśalág, tegát*.

Ewig *díma, yóyti*.

Excremente *ámba;* — von
tieren *ándo, áṇḍo*.

Existenz *hána, háya, tār*.

Existiren *hān, hāy, fāy, tār*.

F.

Fabel *masál*, eine — erzälen
masal-s.

Faden *eṅgúl, fatil, lūl, yāy*.

Fähig *ágdera, ádgera;* — sein
agder, adger.

Fähigkeit *ágder, ádger, ádreg*.

Falke *éke, buw, bū, lále*.

Fall *dūb, ḍūb;* zu — bringen
dib-s, ḍib-š.

Fallen *dib, ḍib, serár*.

Falsch *hadála,* — sein *hadāl*.

Falschheit *hadál, hadlál;* zu
— verleiten *se-hadāl*.

Familie *iyál, éṇḍáwa, duwér,*
gaû.

Fang, der *'ábka*.

Fangen *abik,* — laßen *s-'abik*.

Fantasia *na'*.

Fantasie *embelál, háûso*.

Fantasiren *embelal, haûsáw*.

Farbe *ḍífa, sebá', ásba', kak-*
táne.

Färben *ḍif, seba', asba';* —
laßen *šō-ḍif, asb'á-s*.

Färber *ḍáfi, seb'ána*.

Farberde, rote *dálawa*.

Farbig *gŭárár*.

Farläßig *ságûi,* — sein *segŭa'*.

Farläßigkeit *súgŭ'a*.

Färmann *sōdfána*.

Färse *yúwe*.

Färte *ma'át, me'át, mat;* der
färte nachgehen *ó-m'ati bāy,*
ō-m'atídha bāy.

Farzen *nefík*.

Farzeug *mérkab*.

Fasler, faselhans *harári*.

Faß *bermil*.

Fasten *baskī-t,* das fasten *bas-*
kiti.

Fastenzeit *báski*.

Faul, träge *kesála, kásli, kes-*
lána; — sein *kesál;* faul,
morsch werden *sábeb*.

Faulheit *kasál*.

Fäulniß *sebáb*.

Faust *m'amát, témkŭa*.

Feder *hámo,* vogelfeder *keláy há-*
mo, rīš; schreibfeder *galám*.

Federmeßer *šagál.*

Fegen *mehag, sehag;* — laßen *se-mhag, si-sehag.*

Feige, s. furchtsam.

Feige, die: s. ficus.

Feile *mébrad.*

Fein *nŭkŭa, límsa;* — sein *nŭkŭ.*

Feind *ášo, ribána, rábi.*

Feindlich *ríba.*

Feindschaft *ráb,* — stiften *sŏríb.*

Feinheit *nŭkŭe.*

Feld *me'adéy, gárha.*

Feldarbeiter *šakamána, adyána, adána.*

Feldbau *me'adéy,* — betreiben *adi.*

Feldhüter, -wächter *ragíg.*

Felen, sich irren *kŭḍ;* felen, abgehen, ermangeln *nŭŭ.*

Feler *sámbe, jámbe, gímbe;* einen feler begehen *afráy wĕr.*

Fell *áda, hérsa, kŭrbe, mesík;* gegerbtes — *ándeh, ánde'.*

Fels *áwe.*

Felsdachs, hyrax abessinicus *gehé.*

Felsenhöle *híd'a, héd'a.*

Fenster *tága;* vergittertes — in den harems *šebbák.*

Fensterriegel *ṭábla.*

Fern *sági,* — sein *segi.*

Ferne, die *misgáy.*

Ferse *tikás, kisát, náwa.*

Fertig, ganz, vollständig *temím, tŭkákña;* fertig, gar, aufgezert *harára;* fertig sein *temím, harár;* fertig machen *temmī-s, tŭkŭk, se-harár;* — werden *temmī-m, harár.*

Feßel *hakŭr,* eiserne — *silsil, sinsil, šinšil.*

Feßeln *asir, hakŭr;* — laßen *s-asir, se-hakŭr.*

Fest, s. stark.

Fest, festtag *'íd;* ein hoher festtag *'íd wun.*

Festgelage *adúma.*

Festhalle *awŭt.*

Festhalten *abik.*

Festtag, s. fest.

Festung *gál'a.*

Fett, pinguis *ḍáha, lá'a, semín;* — sein *ḍah,* — machen *šŏ-ḍah, la'-s, semím.*

Fett, das *ḍáh, lá', la'ámsa, sŭkma, semŭm, símma, émfu.*

Fettigkeit *maḍáh.*

Fetzen, hader *darík, fárda, halák, šeltŭt;* streifen von einem stück *šírma.*

Feucht *líla, mí'a, yaḍ'á;* — sein *lil, mí', yaḍa'.*

Feuchten, s. befeuchten.

Feuchtigkeit *lilti*, *mū'*, *yiḍ'a*.

Feuer *n'a*, *n'e*.

Feuerbrand *sāgūd*.

Feuerherd, -stätte *dagéna*.

Feuerschein *balól*.

Feuerstein *berráwe*.

Feuerzange *ábka*, *málka*.

Ficus bengalensis *kānte*, — sycomorus *ham*, — vasta *mindá'ro*, balanites aegyptiaca *šášo*.

Fieber *gúrda*, *kánkani*; hitziges — *n'a*, *n'e*.

Filaria Medinensis *fríngi*.

Finden *meri*, *wali*.

Finder *meryéna*.

Finger *tibaláy*, *gibaláy*, *gibala*, *giba*, *lúmi*; der kleine — *tibaláy tū-súri*, *dis tibaláy*, *hangibaláy*. der goldfinger *tū-tibaláy tū-rāū*, *kūnyáyti gibaláy*. mittelfinger *tū-tibaláy t-ūstána*, *wun tibaláy*, *t-engát tibaláy*. der zeigefinger *tū-tibaláy tū-šahadána*, *mantúlana*. der daumen *rába tibaláy*, — *gibaláy*. das mittelgelenk am finger *tō-tibaláyti gírma*.

Fingerring *mángo*, *mírwa*; *hátam* mit einem stein zum sigeln.

Finster *hadál*, *dúluma*; — sein *hadāl*.

Finsterniß *amás*, *dúluma*, *hadáddebin*, *títa*.

Firmament *bíre*.

Fisch *áša*, *áše*, *hūt*; großer fisch *tíyo*.

Fischangel *jeláb*.

Fischnetz *híllel*.

Flachland, fläche *dángar*, *dáya*.

Flamme *balól*.

Flammen *balōl*, — machen *balōl-s*.

Flanke *bíye*.

Flasche von glas *buwál*, — von thon *búkla*, *gúlla*.

Flaschenkürbis *lálo*.

Flattern *babal*, *babar*.

Flechten *da'*, *defír*, *gedil*, *hadúg*, *hankūl*, *luwi*, *yāwid*.

Flechter *hádgūi*, *yáūdi*.

Flechtwerk *dafíre*, *gédla*, *hádgūa*, *yáwid*; — der haare, die geflochtenen haare der Beduinen *hánkūli*.

Flecken, der; s. dorf.

Fledermaus *ō-bad'á-y tū-kláy*.

Flegma *sāgū'a*.

Flegmatisch *sāgñ'i*, — sein *segūa'*.

Fleisch *sa'*.

Fleischbrühe *sit*.

Fleischstück, gebraten über loderndem feuer *döf.*

Fleiß *ánkit, nekít.*

Fleißig sein *ankit.*

Flicken ein kleid *se-dhān.*

Fliege *ṭífa.*

Fliegen *bīr, fir, berik, kil, serār.*

Fliehen *dnb, för, sebār;* — laßen *dnb-s, se-för, si-sebār.*

Fließen *lil.*

Flink *wálya,* — sein *wuli.*

Flinte *bundukíye.*

Floh *ḍibáb, tawigáy.*

Fluch *ála, ne'ála, ríjma.*

Fluchen *ne'al, rejim;* —machen *se-n'al, se-rajim.*

Flucher *ná'eli, rájmi, rejmána.*

Flucht *dnb, fira, mistebír;* in die flucht schlagen *se-för, si-sabir.*

Flüchtling *föránа, sabri.*

Flug *bīr, fir, misterir.*

Flügel *anbár,* mit flügeln begabt *anbírkena.*

Flur *éfo.*

Fluß *ába, behár, kūān.*

Flußbett *hérbo, hírba.*

Flußpferd *ixín.*

Flußreich adj. *baherin.*

Flußsand *wíxe, íxe.*

Flußufer *ábati deráy.*

Flüstern *muwāš.*

Folen, das *mehúr, mehír.*

Folge, gefolge *marám.*

Folgen, sequi *rām,* gehorchen *māsuw.*

Foppen *sō-gim,* — laßen *si-sō-gim.*

Fopperei *sógmoy.*

Fordern *haruw, aray.*

Forderung *harú;* rechtliche — *yāf.*

Form *áda.*

Formen *kelay, halay, akliy.*

Former *akligána.*

Formung *keláy, áklig.*

Forschen *hasis.*

Forscher *mehássi.*

Forschung *hássa.*

Forskália tenacissima *séma.*

Fort! *willa!*

Fortbringen *kŭš,* — laßen *sō-kŭš.*

Fortgehen *gīg, sak,* — laßen *gīg-s, sak-s.*

Fortjagen *regig,* — laßen *se-ragig.*

Fortlaufen *kanjar,* — laßen *kanjar-s.*

Fortschicken *gīg-s, sak-s;* — laßen *gīg-s-is, sak-s-is.*

Fortschleppen, -tragen *kŭš,* — laßen *sō-kŭš.*

Frage *lāt, rāt.*

Fragen *lat, rat.*

Francolinus Erkelii *kōk, ma-lālit endírho.*

Frau *takát, híyo.*

Frauen, die *ma'.*

Frauengemach, harem *ō-gawit ésse.*

Frauengürtel, -schürze *bál'a.*

Frei *enjör.*

Freigebig *gīgsána.*

Freilaßen *fetah, negil;* — laßen *se-ftah, se-nagil.*

Freitag *jim'a, júm'a, gim'a, gúm'a.*

Fremdling *ámna.*

Freßen *ām, tam.*

Freßer *tamána.*

Frettchen, das *hundulemán.*

Fretten sich *terām.*

Fretter, der fortwärend in not gerät *aṭála, tármi.*

Freude *férha, afírh;* — bereiten *amfírh-is.*

Freudenruf der frauen *lāl;* den — anstimmen *lil.*

Freudig *afírha, amfírha;* freudige nachricht *basára.*

Freuen sich *afírh, amfírh.*

Freund *aráû, káheni, kúáya, sarík.*

Freundlich *ayáy,* — sein *ayáy.*

Freundlichkeit *ayáy.*

Freundschaft *kehána.*

Frevel *harám.*

Frevler *harámi 'ōr.*

Fride *ádle,* friden schließen *adil.*

Frieren *la', mákùaráb bari.*

Frisch, munter *hāy, deháni;* frisch, kül *lá'a,* — sein *la'.*

Frische, die *lā', le'ánay.*

Frischen *la'-ās.*

Friseur *da'ána, dáfri, hádgūi, fatit.*

Frisiren *da', defir, hadug;* den mann *fetit, hakik.*

Frisirt *defára, hadágūa; fe-táta.*

Frisur *dá'a, dafíre, hádgūa; féta* der Tituskopf der männer; *muftát* die gissa, die am scheitel aufgekämmten haare.

Froh, fröhlich *férha, madád;* frohe botschaft *basára.*

Frosch *ge'óy, t-yamét hatáy.*

Frost *lā', le'ánay, mákùára;* — leiden, s. frieren.

Frostig *lá'a.*

Frottiren *semit,* — laßen *si-samit.*

Frucht, baumfrucht *hamág, wō-hindi hamág;* feldfrucht *ára.* frucht der dumpalme *áka,* frucht von nabak *gába,* frucht der sykomore *hām;* leibesfrucht *bóykut.* frucht bringen *firi.*

Fruchtbar *feräna;* unfruchtbar, impotent *gedúdi.*

Frühe, der frühmorgen *kerúm;*
am frühen morgen tun *se-
karim.*

Früher, bevor *súri.*

Frühherbst, september und october *senáy.*

Frühling *sugúm, segúm.*

Frühstück *fetúr, fétra, yáfi
féto.*

Frühstücken *fetir,* — laßen
se-fatir.

Fuchs *ba'áso, báyho.*

Fülen *hassi, šiš.*

Fülle, menge *díbla, gúd.*

Füllen, das; s. folen.

Füllen *tib,* — laßen *sō-tib.*

Füllung *tíba.*

Fund *méri, meráy.*

Fünf *ay.*

Fünfmal *ay hóba, ay dóra,
ay rágada.*

Fünfter *áya.*

Fünfzehn *támna 'áy, tamún
ay.*

Fünfzig *ay tamún.*

Fünfzigster *ay támna.*

Funke *sarír, serár.*

Funkeln die augen *dirēr.*

Für *deháy.*

Furche *adúy, bádo.*

Furchen *adi,* — laßen *se-'ad.*

Furcht *be'ána, merkŭáy;* in
— setzen *se-b'ān, se-raṇk.*

Fürchten sich *be'ān, rekŭi.*

Fürchterlich, furchterregend
seb'áni.

Furchtsam *be'ānalóy, merkŭalóy, merkŭála.*

Füren *melah, setōb;* — ein
kamel, pferd, an der hand
füren *salōl;* — laßen *se-
mlah, si-stōb; salōl-s.*

Fürer *málhi, salōlána.*

Fürst *taklél, sultán.*

Furt *dáfi, mendáfi, muháda.*

Furz *néfka, nifka.*

Furzen *nefik,* — machen *se-
nafik.*

Furzer *náfki.*

Fuß *ragád.*

Fußfärte *ma'át, me'at, mat.*

Fußfläche *gán'a, dámba, su-
kena.*

Fußmatte, -teppich *atanáy.*

Fußring, -spange *kŭlél, kăma,
kúmma.*

Fußrist *wō-ragadit súra.*

Fußsole *dámba.*

Fußspur *ma'át.*

G.

Gabe *miyáû, nūn.*

Gabel *náwe.*

Gackeln, gackern *kūk.*

Gaffen *šebíl.*

Gaffer *šabíb.*

Galle *hámi.*

Galopp *šuwár.*

Gänen *beḍāy, bejāy.*

Gaug *ma-báy, gīg, sak.*

Gans *wūš.*

Ganz, vollständig *temím,* —
sein *temīm,* ganz machen
temmī-s, tukūk; ganz, all
káris, kars, kass, das ganze
land *kastús tū-búr,* die ganze
welt, menschheit *kastús
t-úmma,* die ganze mann-
schaft *kassás énda.*

Gar, gekocht, reif *bešákûa,* —
werden *bešāuk,* — machen
ši-šbāuk. gar, aufgezert *harár,* — sein *harār,* gar,
den garaus machen *se-harār,
se-nhād,* gar werden, zu
ende gehen *nehād.*

Gären *hamir,* — laßen *se-hamir.*

Gärungsstoff *hamir.*

Garstig *afráy,* — sein *afrāy.*

Garten *dinne.*

Gartenkreße *súmfa.*

Gasch, fluß und land in Barka
Gaš; das Gaschland bei
Kassala *Gōl.*

Gast *ámna, dīf;* einen gast
bei sich aufnemen *hedārī-m,*

einem gast unterstand und
verpflegung anweisen *hedārī-s.*

Gastfreundlich *hedárīma, he-
dārīmána.*

Gastfreundschaft *hedārīmti.*

Gastmal *adúma.*

Gatte *híyo, tak.*

Gattin *híyo, takát.*

Gattung *gins.*

Gau *éṇḍáwa, būr.*

Gaumen *ánkar, hanák, lehák,
telhák.*

Gauner *gǔáheri.*

Gazelle *genáy, ō-maláli genáy.*

Gebären *firi.*

Gebell *hāw, hāú.*

Geben *hi, nūn;* — laßen *nūn-s.*

Geber *mehiwána, miyawána.*

Gebet, das *ne'ála, sílle;* ein
— verrichten *silēl.*

Gebetausrufer *mu'edin.*

Gebetsrichtung gegen Mekka
gíbla.

Gebiet, das *éṇḍáwa, būr.*

Gebieten *hokum.*

Gebieter *hákim.*

Geboren werden *te-ferāy.*

Gebot *hókma, mityáy.*

Gebrauch, sitte *límda, sálif.*

Gebrechen, ermangeln *naú.*

Gebrüll *ikúw, ánkuw, wálík,
wárér.*

Gegrunze *ikúw, ánkuw.*

Geburt, das geboren werden
metferáy.

Geburtsact *méfrey.*

Geburtshelferin *sefarána.*

Geburtshilfe *sefaróy,* — leisten
se-far.

Gebüsch *balák, ḍaú.*

Gedanke *hásba.*

Gedärme *mána.*

Gedeihen, wachsen *ar.*

Gedicht *kŭáli, kŭalítani, nin.*

Gedrungen, dick *rakók.*

Gedulden sich, s. warten.

Gefallen finden an *kehan.*

Gefangen nemen *abik,* —
laßen *s-'abik,* gefangen werden *et'abāk.*

Gefangener *et'abkána.*

Gefängniß *hábse, habís.*

Gefar *gúrha.*

Gefarlosigkeit *mehalás, emha-
lás.*

Gefärte, s. Genoße.

Gefäß *da.* gefäß aus dem flaschenkürbis zur aufbewarung
von flüßigkeiten *duwán;* s. a.
becher, schüßel u. s. w.

Geflatter *babál, babár.*

Geflecht *yáwid.*

Gefolge *mórmoy.*

Gefül *hássi.*

Gegacker *kūk.*

Gegen *deháy.*

Gegend *gŭad.*

Gegenseitig *táktak.*

Gegenstand *da, na.*

Gegenüber *dabáy.*

Gegner *áso.*

Gehege *deléla.*

Gehen *bāy;* marschiren *hirēr,*
schnell gehen *gerwel,* fortgehen *gĭg, sak.*

Geheul *wáú.*

Gehirn *hūm.*

Gehöft *gaú, kílmo.*

Gehör *máswa.*

Geier *éke, bit, belúl'ay, kŭi-
kŭay;* der weißköpfige, vultur fulvus *bá'no, bá'ni;* der
kranichgeier, gypogeranus
serpentarius *tákte'i.*

Geifer *sil.*

Geil *káli, kélya;* — sein *keli,*
— machen *se-kal.*

Geilheit *kelyáy, kélyay.*

Geisel, die *kawíḍ.*

Geist *šūk.*

Geiz *káši, kāš.*

Geizig *akiš, tám'i;* — sein
kiš, tāma'.

Gelächter *fi'ád.*

Gelage *adúma.*

Gelangen wohin *ketim,* — laßen
se-katim.

Gelb *ásfar.*

Geld *ásta, áste, réû, mahálaga.*

geldsorten: Napoleond'or *bínto,* piaster *girš,* taler *riyál.*

Geldbörse, -tasche *mafáda.*

Geldwechsler *sarráf, saráf.*

Geleite *mórmoy, sírha;* ein geleite geben *sō-rim, si-sarih.*

Geleiten *rām, setōb;* — laßen *sō-rām, si-stōb.*

Geleiter *mórma.*

Gelenk *arág.*

Geliebte, geliebter *kehána.*

Geloben *ne'al,* — laßen *se-n'al.*

Gelse, mücke *jájo.*

Gelüste in den augen zeigen *dirēr.*

Gemächlich *delél, disét.*

Gemal *híyo, tak.*

Gemalin *híyo, takát.*

Gemeinde, die *éṇḍáwa.*

Gemeindeversammlung, -beratung *mehábre, emhábre.*

Gemeindevorsteher *hád'a.*

Gemeindeweide *sírha.*

Gemeinschaft *hida.*

Gemeinschaftlich *hídáb, hídedáb.*

Genesen *ne'ir.*

Genesung *nĭ'era.*

Genick, s. nacken.

Genießen *nefír.*

Genoße, kamerad *kŭáya, rāû, mórma.*

Genug *múha,* — sein *mŭh.*

Genuß *néfra.*

Gepard, der *káfa.*

Geplärre *wárēr.*

Geräte *da, ḍam, na, niwa.*

Geräumig *mār'alóy,* — sein *māra'.*

Gerben *melit,* — laßen *se-malit.*

Gerber *málti.*

Gerberei *mílta.*

Gericht *šari'a.*

Gering, wenig *náwa, šallik.*

Gern haben *kehan.*

Gersabaum, dobera glabra *míka, šáyšo.*

Gerste *serám, še'ir.*

Geruch *bār, fŭ', fîn;* übler geruch *ḍémyay.*

Gerücht *hadíd.*

Gesammtheit *hida, káris, kars, kass.*

Gesandter *digógama, raslamána.*

Gesang *kŭáli, nîn;* — der frauen zur begrüßung eines ankommenden *lāl.*

Gesäß *kemús.*

Geschäft *hasír.*

Geschäftsmann *hasírkena;* ein — werden *hasírkena-m.*

Geschehen, werden *kāy.*

Gescheidt *gín'i.*

Geschenk *miyáû.*

Geschickt, anstellig *šéra.*

Geschiedene frau *fedága.*

Geschlecht *duwér, gaû, iyál, éŋḍḥwa.*

Geschmeide *lakáy, melkáy;* geschmeide anlegen die frau *lakáy.*

Geschrei *wá'a, wálik, wárér;* — von tieren *ikúw, ánkuw, tiw;* — des esels *hân.*

Geschwätz *hadíd,* leeres — *harár.*

Geschwätzig *hadídána, harári.*

Geschwind, adj. *wúlya,* — sein *wuli;* adv. *wílla, wúlla, wulyáy.*

Geschwindigkeit *wílla, wálla, wúlya.*

Geschwister; s. bruder, schwester.

Geschwisterkind; s. vetter, base.

Geschwulst *áme.*

Geschwür *asúl.*

Gesellschaft, compagnie *hída;* gesellschaft zur unterhaltung vereinigt *adúma, hejúk.*

Gesicht *dába, fir, gédi, gúad, gúaj.*

Gesichtszüge *fíra.*

Gespei *hût.*

Gespinnst *gédla.*

Gespräch *adúm, hadíd.*

Geslade *daráy, gedím, jeríf.*

Gestank *ḍémyay,* — machen *še-ḍam.*

Gestatten *iš,* — laßen *šō-iš.*

Gestern *áfa, ámse, ámsi, éro, ére, íre;* der gestrige tag *íri tū-yín.*

Gestrüppe *balák.*

Gesund *afíma, deháni, ná'ura;* — sein, werden *afí-m, dehân, ne'ir, ná'ur;* gesund machen *afí-s, se-dhân, se-n'ir.*

Gesundheit *afíya, medhán, ní'ere.*

Getränke *gá'a;* gegorenes und berauschendes getränke *ha.*

Getreide *hárro, jĕ'a.* geröstetes — als speise *óli.* gekochtes — als speise, die *belila difo, dífe.*

Getreidearten: weizen *šinráy, gám'a;* gerste *serán, še'ir;* sorghum vulgare, negerhirse, durra *hárro;* hirse, milium *bíltu;* zea mais, türkenkorn *irbún, ešérfi, ešérri;* reis *rîd.*

Getreidemaß *mûd, gedáh* (zwei solche machen ein *mûd* scheffel); schlechtes maß *šílka.*

Gewalt *ádreg, akerír, áš'ar.*

Gewaltig *ákri, híli, áš'ara, eráb;* — sein *adger, agder, akir, aš'ar, eráb-am.*

Handhabe *ábka, ádala, dábi.*

Händler *dálbi, tájri,* — sein *dálib, tájir;* händler aus Indien *bánya.*

Handlung, verrichtung *áda, wára;* eine — ausfüren *di', wer.*

Handrist, -rücken *wō-ayít sára.*

Hanenfeder *ó-jiki hámo.*

Hanenkamm *šabíl.*

Hanenkoder *ó-jiki sanák.*

Hang, der *nekít, ánkit.*

Hängen, stranguliren *še'ag, sekit, selww, šeniy.*

Haplophyllum tuberculatum *a-yate.*

Harem, frauengemach *ō-gawit ésse.*

Harfe *masánkŭa, basánkŭa;* spilen auf der harfe *ō-ma-sánkŭa ta'.*

Harn *úšay, úša, óša;* schleim-fluß der harnröre *bejál, begál.*

Harnen *ōš.*

Harnisch *derē'.*

Hart, fest *ákri, délha;* hart, vertrocknet *bálama.* hart sein, werden *akir, bal-am.*

Härte *akerír.*

Härten *s-akir, bel-am-s.*

Harz, fließiges *ketrán, balánda.*

Hase *hélay.*

Hasenfuß, feigling *merkŭála.*

Haß *rāb, ánkir;* haß einflößen *sō-rib, ankir-s.*

Haßen *rib, ankir;* tötlich haßen *tam* (freßen).

Häßlich *afráy, šingera;* — sein *afráy, šinger,* — machen *afrē-s, šinger-š.*

Häßlichkeit *šinger, šingírti.*

Hast, s. eile.

Hauch *hamšŭk, amšŭk.*

Hauchen *hamšik, amšik.*

Haue, grabscheit *fárik.*

Hauen, graben *ferik;* hauen, schlagen *ta', ṭib, kaḍaw, wuli, uli.*

Haufe *díbla, gūd.*

Häufen *debil.*

Häufig, oftmals *gŭda dóra,* — *rágada.*

Haupt *gírma, gárma.*

Haupthaar *ō-girmáy hámo.*

Häuptling *hád'a,* — werden *hadā';* zum — machen *se-hadā'.*

Haus *gañ;* haus von matten *bekkár,* — von fellen *mašik,* — von steinen *rošán.* das innere haus, bēt-el-bēt *ésse, ó-gawi ésse,* das vorhaus *éfo.*

Hausherr, -frau *ó-gawi kína.*

Hausirer *kŭdkána, dif.*

Hausrat, -geräte *ḍām, ḍíma;* das haus mit geräten, ein-

richtungsstücken versehen
ḍim.

Haustiere *réû.*

Haustüre *bab* (als öffnung und
verschluß), *yāf* (als öffnung),
ḍéfa, dèfa (als verschluß).

Haut *áda, hérsa, kúrbe, mesík;* gegerbte haut als kleid
ándeh, ánde', ungegerbte
haut *asúw 'áda.* abziehen
die haut *sāy.*

Hautausschlag *gedír.*

Hautwurm, filaria Medinensis
feríngi.

He! he du! *wú-ha!*

Hebamme *sefarána.*

Hebammendienst *sefaróy,* —
leisten *se-far.*

Heben *as, telig;* — lassen *se-
talig.*

Hecke, zaun *delála.*

Hedyotis Schimperi *eguadi,
oguayo.*

Heer *énda, éṇḍáwa.*

Hefe, die *hamír.*

Heft, griff *'ábka, dábi;* heft,
buch *déftar.*

Heften *hayid.*

Heftig, ungestüm *ákri,* —
sein *akir.*

Heftigkeit *akerír.*

Heide, der *kéferi, bā-amānáy.*

Heide, die *malál, kadán, káda,
báraka.*

Heil, salvus *deháni,* — sein
dehān.

Heil, das *medhán, halás, kēr;*
heil! *éhama!*

Heilen *se-dhān, se-n'ir, emhēl,
afí-s.*

Heiliger *šēk, fayih.*

Heilmittel *mehēl, emhēl.*

Heilung *sedhánoy, sén'ira.*

Heimat *eṇḍáwá-y-t būr.*

Heimfüren *šum-š, s-'agir.*

Heimgehen *šum, agir, tegāy,
bi'.*

Heimker, -gang *šūm, médgay,
bū'.*

Heimsuchen *dūr,* — lassen
dūr-s.

Heimsuchung *dúrti.*

Heirat *de'ár, dóbti;* eine —
stiften *se-d'ir, dōb-s.*

Heiraten der mann *de'ir, dōb;*
— die frau *te-d'ār, dōb-am.*

Heiratsangabe, nackenpreis
mōk, máye.

Heiratsfähiger jüngling oder
jungfrau *díngal.*

Heiratsgut, mitgift *talán, metláwi.*

Heiratsvermittler *sisedá'ri.*

Heiß *néb'a,* — sein *neba',* —
machen *se-nba'.*

dāb, — machen *kŭan-am-s,*
se-gadāb.

Grob, roh, ungeschlacht *ákra,*
— sein *akir.*

Grobheit *akerír.*

Groschen *girš.*

Groß *win, wun;* — sein *win,*
wun, — werden *ār, beḍāg,*
hamăy; großziehen *sō-wun,*
se-hām.

Größe *mehamáy.*

Groß-, hochgewachsen *beḍagá-*
na, beḍagála, — sein *beḍāg.*

Großjärig *keláfama,* — werden
kelaf-am.

Großjärigkeit *keláf.*

Großmutter, mutter der mutter
dĕti tŭ-nde, mutter des vaters *bábi tŭnde.* großmutter
von mütterlicher oder väterlicher seite *hŏt.*

Großvater von mütterlicher oder
väterlicher seite *hŏb.*

Grotte *amér, híd'a.*

Grube *dĕla, dĕra.*

Grün *sótay, sóday, ákdar,*
yaḍá'; — werden *akdar-am.*

Grünen *yeḍa'.*

Grunzen *ikuw, ankuw, tiw.*

Gruß, der *kŭárám, salám;*
gruß! *éhama!*

Grüßen *kŭáram, salam, salám*
di.

Grütze *asida, tām.*

Gucken *šebib,* — laßen *si-šabib.*

Guineawurm, filaria Medinensis *fríngi.*

Gummi *mulúg, semúk, sumúk.*

Gurgel *sébala.*

Gürtel aus leder, lendengürtel
bál'a, bála.

Gut, adj. *enday, day, endáŭre,*
dáŭre, adíl, šebób. gut!
recht so! *kéra, šō.*

Gut, besitztum *réŭ.*

Güte *ayáy, šebób.*

Gütig *ayáy,* — sein *ayáy,*
šebób.

Gutstehen für jemanden, s.
bürgen.

Gymnanthelia lanigera *máhare.*

Gypogeranus serpentarius *ták-*
te'i.

H.

Haar *hámo,* kopfhaar *ō-girmáy*
hámo. der Tituskopf der Beduan, die herabhängenden
und geflochtenen haare der
männer *hánkŭli;* die gissa
oder die auf dem mannes-
scheitel aufwärts gekämmten
haare *súli.* einfetten die
haare *la'-s;* flechten die
haare, s. frisiren.

Haarnadel der männer *helál.*

Haarpomade, -salbe *lā'*, *lá'say*.

Haarschopf der knaben *śít'i*.

Habe, die *réû*.

Haben *bari*, nicht — *kā-bari*, *naû*.

Habicht *éke*.

Habsucht *temá'*.

Habsüchtig *tám'i*, — sein *tāma'*.

Hacke, beil *fās*, *gaddúm*.

Hader, rixa *amódhoy*, *féna*; hader, fetzen *śeltút*, *śírma*.

Hadern, zanken *mō-dah*.

Hafen, portus *mérsa*; hafen, topf *ebrik*, *enkalíû*, *wë'a*.

Hafendamm, molo *fúrda*.

Hafner *dō'àna*.

Hafnerei *do'a*, — betreiben *dö'*.

Haften für etwas, s. bürgen.

Haften, kleben *lāseg*, — machen *se-lāseg*.

Hafule, mimosa Nilotica *díwa*.

Hag, der *delála*, *kaléb*, *kalíb*.

Hagel *mē*, *mī*.

Hager *ayày*, *nākúa*, — sein *ayāy*, *nākú*.

Hagerkeit *ayáy*, *nākúe*, *erhása*.

Halb *teráb*.

Halbbruder, -schwester *bábi'ōr*.

Halbiren *teríb*.

Hälfte *teráb*.

Halle, große, an den seiten offene, mit einem strohdach versehen, für festgelage u. dgl. *awút*.

Halm *ága*, *ágga*, *būs*.

Halmknoten *nal*.

Hals *ê*, *ála*, *mōk*, *máge*.

Halsbandsittich *seráy*.

Halsentzündung, -geschwulst *śáka*.

Halsknorpel, -zäpfchen der männer, der Adamsapfel *enséba*, *gírgúma*.

Halsstarrig, eigensinnig *niyíta*, — sein *niyī-t*.

Halten, festhalten *'abik*.

Hamadryasaffe *lalúnkūe*.

Hammer *kúálani*.

Hämmerer *kúáli*, *kúálána*.

Hämmern *kúl*, — lassen *sū-kúl*.

Hamtebaum, ficus sycomorus *ham*.

Han, gockel *dik*, *jik*.

Hand *ay*, *kákúi*, *káyki*; die flache — *gín'a*, die rechte — *wū-ay u-máykúa*, die linke — *wū-ay ū-tálha*.

Handel *dílbe*; — treiben *dalíb*, *tājir*.

Handelsplatz, marktflecken *bándar*.

Handfläche *gín'a*.

Handgelenk *śebík*.

Gewand, s. kleid.

Gewant, anstellig *šéra*.

Gewären *iš*.

Gewebe *gās*.

Geweih *ḍa'*, *da'*.

Gewer, das *bundukiye*.

Gewerbe *hasír*.

Gewerbsmann *hasírkena*; ein
— werden *hasirkena-m*.

Gewicht *wésna*.

Gewichtig, schwer *déga*, —
sein *deg*.

Gewinn, profit *ráyyi*; gewinn
eines processes, einer wette
gírba, *mégreb*.

Gewinnen, profitiren *rayyi-m*;
gewinnen den proceß *gerib*.

Gewinner im proceß *gárbi*.

Gewißer, un tel *máma*.

Gewönen *se-lamid*, — sich *le-
mid*.

Gewonheit *lémda, límda, sálif*.

Gewont *lemáda*, — sein *lemād*.

Gibel *ríša*.

Gier *temá'*.

Gierig *tám'i*, — sein *tāma'*.

Gießbach *kñān*.

Gießen *kñbbi, kib, gabōy*.

Gift *sēm*.

Giftig *sémi*.

Gipfel eines berges *ríša*.

Girafe, camelopardalis *deráf,
seráf*.

Gitterfenster in den harems
šebbák.

Glanz *yū'*.

Glänzen, leuchten *yi'*; gläuzend
machen ein metall durch
reiben *rehab*.

Glasflasche *buwál*.

Glaskoralle *suksúk*.

Glasperle *ála*.

Glasscheibe, spigel *meránа*.

Glatt, nicht rauh die haut u.
dgl. *límsa*.

Glätten, reiben *rehab*, — laßen
se-rhab.

Glatze am vorderhaupt *gžál'a*.

Glatzköpfig *leháy*, — sein *leh*.

Glatzköpfigkeit *melháy*.

Glaube, der *amán, dína, dān*.

Glauben *aman, din*; — machen
aman-s, sō-din; — finden
aman-am, tō-dān.

Glaubensbekenntniß *mílla*.

Gläubig *amanána*, ungläubig
bā-amanáy.

Gleich, änlich *gába, te'itína*;
— sein *gab, te'i, te'i-t*.

Gleichgewicht *am-talg-öy*.

Gleichgiltig, unbekümmert *sá-
gži*, — sein *segž*.

Gleichgiltigkeit *súgža*.

Gleichheit *gāb*.

Gleichniß *masál*.

Gleichwie *másali, -it*.

Gleiten, rutschen *šehǎt*.

Glid, membrum *arág, bī;* glid, knoten im gras-, strohhalm *nal;* das männliche glid *mid*.

Glitschen, rutschen *šehǎt*.

Glitschige stelle *šelhútani*.

Glitzern *yi'*.

Glocke *kalá'*.

Glossonema boveanum *hambukani*.

Glück *kĕr*.

Glücklich *kŭáti*.

Glutkole *díhe, dehalǎy*.

Gockelhan *dɩk, jik*.

Gold *dum'ára*.

Goldstaub *tebír*.

Gonorrhoea *bejál, begál*.

Gosse *hódhōd*.

Gossypium vitifolium *kutún, tēb, túte*.

Gott *álla, alláh, ankŭána;* mit gott! *allǎy amáni geb!* gottlob! *alláh nehamíd!*

Gottesanbeterin, insekt (mantis religiosa) *allǎy kǎm*.

Gottesgelerter *fagíh, fagíri*.

Gouverneur *ága*.

Grab, das *mimǎs, nimés, nibéš*.

Graben ein grab, einen brunnen, ein loch in der erde *ferik*, — laßen *se-farik*.

Gräber, ein *fárki*.

Grabscheit *fárik*.

Gram *hásne, hásyay;* in gram stürzen *se-has*.

Grämen sich *hasǎy*.

Grämlich *hasyǎna*.

Granit *delh' áwe*, verwitterter *gagerhúš, garhúš*.

Gras *siyǎm, bǎgúl;* dürres —, heu *siyǎm bálama, aḍ, éla*. eine lauge grasart *ašratta* (Mu.). eragrostis multiflora, raigrassorte *halágoy, halilágoy*.

Grasbarre im Nil *assédde*.

Grasreich *bǎgǎlin*.

Grauhaarig *egrǔm, egrím;* — werden *egrim-am*.

Grausen-, grauenhaft *serǎkŭa;* grausen erregen *se-rauk*.

Greifen *tah, teh, abik, amit*.

Greis, greisin *hád'a, šĕ'a, ši'áno;* ein greis werden *hadǎ', šē'*.

Greisenalter *ši'ítyo*.

Grenze *ešér, gil, had*.

Grewia erythraea *almaǔd* (Schw.).

Grewia populifolia *muǎt*(Schw.).

Griff, heft *'ábka;* — des schildes, handhabe *'ádala,* — der lanze *dábi, kéndabi*.

Grimm *kŭān, mégdab*.

Grimmig *kŭǎna, gadǎba;* — sein, werden *kŭǎna-m, ga-*

Heißen,befehlen *mityay;* heißen,
benennen *sum, sim, sum di.*

Heiter, fröhlich *férha, maḍád;*
heiter, klar der himmel *kéta;*
heiter sein *aferh, amferh;*
ket.

Heiterkeit *amfírh; kétti.*

Heizen *se-nba', balōl-s.*

Held *eráb, fáda, fáris, hátri.*

Helfen *awáy, nasir, anser,*
sánad; — laßen *s-aw, an-*
ser-s.

Helfer *awáyána, awáyála.*

Heliophytum Steudneri *kṻeréra.*

Heliotropium bicolor *kur.*

Hell *éra, éla, kéta;* — sein
era-m, ket, yi'.

Helle, die *yū', kétti.*

Helmvogel, buceros abessinicus *beháre;* buceros coronatus *kalijanŏ.*

Hemd *gamis.*

Hemmen *habi, tuwi;* — laßen
se-hab, se-taû.

Hemmniß *hábi, táwi.*

Hengst *hatáy.*

Henker *sákti, sálwi, šá'egi,*
šángi.

Henna, lawsonia alba *aláme.*

Henne, die *endírho, éndhiro,*
jeddád.

Her, vom orte weg *-ka.*

Herab *enki-ka.*

Herabbeugen, s. biegen.

Herabfallen *dib, ḍib, tắkü,*
tắk.

Herabfüren *se-gedáh, se-gedha.*

Herabgehen, -steigen *gedáh.*

Herabspringen *dib, ḍib, tắkü,*
tắk.

Herabwerfen *gid,* — laßen *sō-*
gid.

Herankommen *ketim.*

Heranreifen *suw.*

Heranwachsen *ār, hamáy, win,*
wun.

Herauffüren *reñ-s.*

Heraufgehen, -steigen *rew,*
ruw.

Heraus *arüh, háta, hatá-y.*

Herausfüren *se-farắ'.*

Herausgehen *farắ'.*

Heraustragen *fera'.*

Herausziehen *fera', le'ab, me-*
hal, mehaḍ.

Herbe *hámi,* — sein *hami.*

Herbheit *hamyáy, hámyay.*

Herbeifüren *se-katim.*

Herbeirufen *wu'.*

Herbeischaffen *ha'.*

Herberge *kṻäka,* die — beziehen *kṻäk.*

Herbst, frühherbst *senáy,* spätherbst *éma, ima.*

Herd *dagĕna.*

Herde, die *derím.*

Herr *ankŭána, kína, -kena;*
belŭwi (adeliger).

Herren-, herrscherstamm *ha-*
d'énda, had'énd̦ŭwa.

Herrgott *ankŭána, kŭasána.*

Herrschen *hokum.*

Herrscher *hákim.*

Herrscheramt *hokúm.*

Herum *kŭlél-na.*

Herumgehen, -schweifen *dinŏy,*
— laßen *dinŏ-s.*

Herumlungerer *dinŏyána.*

Herumwerfen *gid.*

Hervorbringen *fera'.*

Hervorgehen *farā'.*

Herz *gínha, gín'a, lĕb.*

Heu *ad̦, éla, siyám bálama.*

Heulen *kaf, ŭaû, ŭay di.*

Heuschrecke *yáŭe.*

Heute *tŏ-yin, tŏ-yintib;* heute
abend *ámse, ámse tŏ-yin.*

Hexe, hexenmeister *harišanŏy,*
seharána.

Hexerei *hariš, sehár.*

Hibiscus esculentus *bámiye.*

Hibiscus vitifolius *hambŭikŭa.*

Hieb *ŭúke.*

Hieher, hier *entón, éntŏni, en-*
tŏy, énto, entáy, en-ó-mhĭn,
en-ó-mhĭni.

Hierauf *málya, malyáb, har',*
hár'i.

Higligbaum (balanites) *tešo.*

Hilfe *'aûya, halŭš, nasír, án-*
ser; hilfe bekommen *at-'a-*
ŭāy, halaš, hilfe senden *es-*
'aŭ, hals-iš.

Hilfreich *aŭāy-ána, -ála.*

Himmel *bíre, bíle;* düsterer,
umwölkter — *alák.*

Hin, zu -y, -t, *dehá, dehá-y.*

Hinab *ŭuhá-y.*

Hinabfallen *dib, d̦ib, tŭkŭ,*
tŭk.

Hinabfüren *se-gedäh.*

Hinabgehen, -steigen *gedäh.*

Hinabspringen, s. hinabfallen.

Hinabwerfen *gid.*

Hinauf *enki.*

Hinauffüren *reû-s.*

Hinaufgehen, -steigen *rew,*
ruŭ; — laßen *reû-s, rŭ-s.*

Hinaufschauen *šenin.* — laßen
ši-šanin.

Hinaus *arŭh, háta, hatá-y.*

Hinausfüren *se-farā',* — laßen
si-s-farā'.

Hinausgehen *farā'.*

Hinbreiten *berir,* — laßen *se-*
barir.

Hindern *habi, tuŭi;* — laßen
se-hab, se-taû.

Hinderniß *hábi, tŭŭi.*

Hineinfüren *šum-š,* — laßen
šum-š-iš.

Hineingehen *šum.*

Kenntniß, *jeráb, kanán.*

Kerbesen *memhág, makáša, sísi.*

Keren, fegen *mehag, sehag;* — laßen *se-mhag, si-shag.*

Kerker *hábse, habís.*

Kette *jinsir, sílsil.*

Kichererbsen *hammús.*

Kiefer, -backen *genún.*

Kind *'ōr,* eheliges — *haláli 'ōr,* uneheliges — *harámi 'ōr.*

Kindbetterin *ámna.*

Kinn und -bart *dáha, šanák.*

Kinnbacken, -lade *genún.*

Kißen, das *mehádda, muhádda.*

Kiste *sandúk.*

Kitzel, kitzlichkeit *kílkil.*

Kitzeln *kilkil-s.*

Kitzlein *ab, na'it 'ōr.*

Kitzler, s. klitoris.

Klagen, gerichtlich belangen *aški;* klagen, jammern *ikuw, ankuw, kaf, waú.*

Klar *kéta,* — sein *ket.*

Klarheit *kétti.*

Klatschen, patschen *bag di.*

Klaue *íša, ne'áf.*

Kleben v. n. *lāseg,* — machen *se-lāseg.*

Kleid *halák, mákūi, má'wad;* zerrißenes, abgenütztes kleid *darík,* kleid aus baumwolle *gḗda, hām.*

Kleiden *kūy, setauk;* — sich *kūāy.*

Kleiderstoff aus baumwolle *hām, náša.*

Klein *aḍámi, di', dis, dábalo, dábaro, dábano, dáha, nekás;* klein sein *aḍām, dāh, nekās.*

Kleinheit *dise, nekása, ménkes.*

Klammer *gūrha.*

Klippe im meere *ó-bhar áwe.*

Klippschliefer, hyrax *gehḗ.*

Klippspringer, antilope saltatrix *ḗwu, ḗú.*

Klitoris *wō-'ádi gírma, 'awíl.*

Klopfen *kaḍaw,* — laßen *kaḍaú-š.*

Klug *áfhama, gín'i;* — sein *afham.*

Klugheit *áfham.*

Knabe *'ōr.*

Knecht *hámaḍa, dúngùi.*

Kneifen, kneipen *tuwa', tū'.*

Kneten den teig *haḍig;* kueten im bade *ṭaṭu'.*

Knetung *hádga.*

Knie *gúmba, gúnba, gundúf.*

Knien, sich auf die knie niderlaßen *genáf,* zum knien bringen (das kamel) *genif.*

Knöchel *kelíb.*

Knochen *mita.*

Knochenmark *tō-mitáti hūm.*

Knospe *fār.*

Knospen, wachsen *firi.*

Knoten, glid im stroh-, grashalm *nāl.*

Knuffen *gu',* — laßen *sō-gu'.*

Knüpfen *asir, hakŭr;* — laßen *s-asir, se-hakŭr.*

Knüppel *kŭ̆lăy, lăkŭăy.*

Kobold *jínni, gínni.*

Koch, der *šišbākŭăna, gŭári, táụki.*

Kochen v. n. *bešāụk, gaš;* v. a. *ši-šbāụk, gŭr, kilōy, gaš-iš, tekŭi.*

Kochtopf *wĕ'a.*

Koder des han's, stier's *šanák.*

Koffer *sandăk.*

Kokett *šekŭăn.*

Kole, glühende *díhe, dehalăy;* tote kole *fahám, fām.*

Kolibri *rīš.*

Kolik *ō-fĭ'it ya'.*

Koloquinte, die bittere *hamisina.*

Komm`! *má'a!*

Kommen *yi', i';* anlangen *beḍah, ketim.*

König *nugŭs.*

Können *agder, adger.*

Kopf *gírma, gúrma.*

Kopfbund, turban *emáma.*

Kopffrisur (der männer) *fĕta.*

Kopfhaar *ō-girmăy hámo.*

Kopfkißen der frauen *mehádda, muhádda.*

Kopfstütze, die hölzerne — der männer wärend des schlafens *metár'as.*

Kopftuch der männer *kofíya,* — der frauen *melkáy.*

Koralle *murján;* edle — *sídgi murján,* falsche — *gúsra murján;* glaskoralle *suksúk.*

Koran *kitáb.*

Korb *aláfi, sámbil, tabág;* wasserdicht geflochtener korb *kal.*

Korn *hárro, guled.*

Körnchen *hábba.*

Körper *'áda, arág, bī.*

Kost, narung *tām, tíyu.*

Kosten, verkosten *tam;* zu kosten geben *tam-s.*

Kostspilig, teuer *álya,* — sein *ali.*

Kot, excremente *ámba, būs, findo, sáfare.*

Krächzen *kūk.*

Kraft *akerír, ádreg, še'ár, áš'ar.*

Kräftig *ákri, áglera, ádgera;* — sein *akír, agder, adger, aš'ar.*

Kräftigen *s-akir,* — laßen *si-s-akir.*

Kraftlos *góya, gerára.*

J.

Ja *áwă;* ja wol, recht so *kéra,* *šö.*

Jagd *šö'a.*

Jagen *šö'.*

Jäger *šö'ána.*

Jähzornig *gadbána.*

Jammern *ikuw, ankuw, waû.*

Jar *hawíl, máse;* ein halbes jar *háuli teráb.* jareszeiten: die regenzeit *éma, íma, da-rák, húbi, keríute, wíya;* frühling *sugúm,* die heiße, trockene zeit *hagáy,* der frühherbst *senáy.*

Jatropha lobata *lámbere.*

Ibis *abu-aglěn.*

Ibisch *bámiye,* getrockneter — *ěka.*

Ich *aní, ani, áne.*

Idiot *gulŭli.*

Jeder *-ka, gálŭs-ka, engár-ka.*

Jederzeit *dima, yóyti.*

Jemals *úmero, mási.*

Jemand *máma.*

Jener *běn* f. *bět* pl. *balín* f. *balít.*

Jenseits, das *akér.*

Jetzt *aflán, afláy, dá'a, halán;* von jetzt an *halán-ne.*

Igel *kúnfed, gínfed.*

Immer *dima, yóyti.*

Impotent *gedŭdi.*

In *-b, -s, -t.*

Indier, indischer kaufmann *bánya.*

Indigofera argentea *mây,* — leptocarpa *ber,* — Schimperi *sárra,* — semitruga *dámra,* — spinosa *sángŭa.*

Inneres *ésse, fi', hōy, kálawa.*

Insekt *tawigáy.*

Insel *jasíre.*

Joch *siltakáni;* die seitenspangen am ochsenjoch *hašík.*

Ipomoea obscura *hántu.*

Ir, vos *barákna, barák* f. *ba-tákna, baták;* ir, ejus *-ŭs, -ŭh;* ir, eorum *-ŭsna, -áhna.*

Irreführen *kūš-š.*

Irregehen *kūḍ.*

Irrsinn *mehalíy, mehaníy, ha-láy.*

Irrsinnig *haláy, jínni.*

Jucken *hăgŭn, šakŭin.*

Jude *yahúdi.*

Jung *aḍámi,* — sein *aḍām.*

Junges von tieren *'ōr;* — vom kamel *hŭc, hiŭ;* — von der zige ab, vom schaf *árgin.*

Jungfrau *'ōr,* — nahe der reife *dingal.*

Jüngling *'ōr,* kräftiger — *eráb,* nahe der reife *dingal;* mannbar gewordener — *beḍāg-ána, -ála.*

Juniperus procera *tetáf.*

Justitia ecbolium *kúrma.*

K.

Kacken *endūf, dūf.*

Kafé *káhŭa.*

Kafébone *būn.*

Kafétasse *finján.*

Käfer *kónžib,* mistkäfer *ámba kónžib,* Marienkäferchen *bi-rĕ-y-t 'ōr.*

Käfig *kafás.*

Kairo *Mássir.*

Kal *leháy,* — sein *leh;* kal am vorderkopf *gŭāl'a.*

Kalb *lága,* weibliches - *da;* kalbin noch nicht besprungen *yúwe.*

Kalheit *melháy.*

Kalebasse *dána.*

Kalk *jir, nóra.*

Kalkstein *ēr' áwe.*

Kalt *lá'a,* — sein *la'.*

Kälte *lā', le'ánay, mǎkŭára;* kälte leiden *mǎkŭarǎb bari.*

Kamel *kām.*

Kamelfolen *hūe, hiū.*

Kamellaus *karese.*

Kamerad *kŭáya, rāŭ.*

Kamm *mášti.*

Kämmen *fetit, hadųg;* — laßen *se-fatit, se-hadųg.*

Kampf *álga, fĕua;* sich ein-

laßen in einen kampf *hādir, ö-fna hādir.*

Kämpfen *alig.*

Kämpfer *álgi, algána.*

Kanone *mádfa.*

Kappe, rote *tarbŭš,* die weiße kappe die unter dem tarbusch getragen wird *tagíya.*

Karg *šallik,* — sein *šelik.*

Karst *fárik.*

Karte *wúraga.*

Käse *gíbne, jíbne.*

Kasten *sandŭk.*

Katarrh *kŭlĕla.*

Katze *bíssa, bĕsa, jímo, káfa, lolíš, nolíš;* moschuskatze *díbeda, sebáda,* wildkatze *mingáyt bíssa.*

Kauen *ayųk.*

Kauern, hocken *kemis, hakāb.*

Kauf *dílba.*

Kaufen *delib,* — laßen *se-dalib.*

Käufer *delbána.*

Kaufmann *dálbi, tájri;* — sein *dālib, tājir.*

Käuzchen, das *náwe.*

Kawaß *mándala.*

Kein — nicht ein.

Keineswegs, -falls *aftálla, á-bada, aselán.*

Kele, die *ĕ, ánkar, bála, ha-nák, sébala.*

Kennen *jerāb, kān.*

Hineinstecken *amis*, — laßen
s-amis.

Hinfällig *ayáy, dáha, gerára,
neháwa, nákŭa;* — sein *ayáy,
dah, gerār, nehaŭ, nōkŭ.*

Hinken *ankŭal, garabōy, em-
hakŭār.*

Hinkend *garabáy, gáraba, em-
hakŭára.*

Hinlänglich *mŭha*, — sein
mŭh.

Hinlänglichkeit *émhuti.*

Hinlegen *dā-s*, — laßen *dā-s-is.*

Hinschauen *erh, šebib;* — laßen
ehir-s, ši-šabib.

Hinten, hinter *ahár, har', ar',
hár'i, ár'i.*

Hinterbacke *kadám, kemŭs.*

Hinterer, podex *bŭs, hágge,
kadám, lūm.*

Hintergehen *gŭhar, hawál, sō-
gim.*

Hinterhaupt *kínkeli.*

Hinterlaßen *iš.*

Hinterlist *gŭhára, hariš, hawál, sógmoy.*

Hinterlistig *herišanóy, hawa-
lána.*

Hintermann *har'ina, wŭ-hár'i.*

Hinterteil *ahár, énga, sára.*

Hinüberschütten aus einem gefäß ins andere *bas.*

Hinuntergehen *gedāh.*

Hinzufügen *as, šāwi.*

Hippopotamus *isín.*

Hirn *hŭm.*

Hirnschale *hŭmínde.*

Hirse, milium *bíltu.*

Hirt *éga, dermána;* rinderhirt
ša'-éga, šéga, šékŭa, zigenhirt *eyatéga, yatéga;* hirt
sein *dirm.*

Hitze *néb'a, sâgŭd.*

Hitziges fieber *n'a.*

Hitzkopf, zornmütig *gadbána.*

Hoch *bírga, gŭmádi, tagéga;*
hochgewachsen *bedāgána, be-
dāgála.*

Hochmut *šénna, tŭwya.*

Hochmütig *šanín, tŭwi;* — sein
šenín, tuwi.

Hochzeit *de'ár, dóbti.*

Hocken, kauern *kemis.*

Höcker *ánkŭa.*

Hode *wéla, wŭla, úla, ō-mĭdit
'ōr.*

Hodensack *gálo.*

Hof, -raum *gŭra, gár'a, gára,
hōš, kaléb, kalíb, sām.*

Höhe *ásti, gŭmde, tagíg.*

Höle, grotte *amér, híd'a.*

Holen, herbeirufen *wu';* bringen
hā', setōb.

Holz *hínde, híndi,* brennholz
tō-ne'ét hínde.

Holzgerüst des zeltes *hummár.*

Holzkole *făm, dihe, dehaláy.*

Holzschuh *kerkáb.*

Honig *adár, aủ.*

Honigwaßer *tō-aủti yam.*

Honigwein *adárha.*

Hören *māsuw,* — laßen se-*māsuw.*

Hörer *máswi.*

Höriger, knecht *hámaḍa, kišya, kíša.*

Horn *ḍa', da', kōs;* horn, blas-instrument *ambilhóy, nafír, nakára;* das horn blasen *t-ambilhóy fūf.*

Hornrabe, buceros abessinicus *beháre, Hasán híškŭl.*

Hübsch, s. schön.

Huf *éša, sủkena.*

Hüfte *áɲḍare.*

Hügel *díbba, hárbo, kār, kon-búl, kọmbúl.*

Hülfe, s. hilfe.

Hülle *gúbi, sítra.*

Hun, das *endírho, éndhiro, jeddád;* wüstenhun, franko-lin *malālít endírho, hamám.*

Hund *yās.*

Hundert *šĕ.*

Hundertmal *šĕ dóra.*

Hundertster *šéya.*

Hundsaffe *abaláy, lehúmbo, giríd.*

Hunger *hárgŭe.*

Hungerjar, hungersnot *áûle.*

Hungerleider *hárgŭi, hargŭána.*

Hungern *harāug,* — laßen se-*harāug.*

Hungrig *haräug,* — werden et-*harāug.*

Hüpfen *far, fafar, arid.*

Hure *kehába.*

Huren *kehab.*

Hurer *harámi.*

Hurerei *harám, jína;* zur — verleiten *se-khab.*

Hurenson *harámi 'ōr.*

Husten *še'iš;* der husten *ší'iša, kŭléla.*

Hüten, s. bewachen; hüten das vih *ēg, dirm.*

Hüter des vihes, s. hirt.

Hyaena crocuta *karáy, keráy, mer'áfe, mer'afin, mer'afíl, merfa'in, merfa'íl.*

Hyaena striata *galáb, šulúl.*

Hyänenhund, canis Anthus *máno, máne.*

Hydromel *adár-ha.*

Hyphaene thebaica *áka, ángŭa, bīr, dōm;* frucht davon *áka.*

Hyrax abessinicus, der klipp-schliefer *gehé.*

Hystrix cristata, stachelschwein *abū-šōk, álem, hanhán.*

Krähen *kūk.*

Kralle *ne'áf.*

Krallen *ne'af.*

Kranich *külélmēk.*

Kranichgeier *tákte'i.*

Krank *léha,* — sein *leh.*

Krankheit *lehanáy;* venerische — *halíg.*

Krätze *hàgŭána, śímbo, śúmbo.*

Kratzen *hàgŭn, śakŭin, ne'af.*

Kraut *bằgŭl.*

Krebs *karkarnebbús.*

Kreis *hàśśa, külél.*

Kreisen *kil, luwuw;* — lassen *sō-kil, se lawuw.*

Kreisförmig *hàśśama.*

Kresse *súmfa.*

Krieg *féna, haríb.*

Krieger *eráb.*

Krokodil *léma, tímsa.*

Kröte *ge'óy.*

Krug *ebrik, bŭkla.*

Krumm *halàga, hanàga.*

Krümmen *genif, halig, hanig;* — sich *genāf, halāg, hanāg.*

Krummmeßer *hanjàr.*

Krummsäbel *gŭràdi.*

Krümmung *génfa, hálga, hánga.*

Küchlein *endhiró t. 'ōr, kaŭ-t 'ōr.*

Kudu, das; s. antilope *agazen.*

Kugel *kŭalàl;* schießkugel *arér, resás.* silberne kugel auf dem scheitel der frau als schmuck *hálga.*

Kugelrund *debála, kŭalàl.*

Kuh *śa';* trächtige kuh *śa' śŭya;* zum erstenmal trächtige kuh *alandóya;* junge kuh *yúwe.*

Kuhhaut *śa'it kùrbe.*

Kuhmilch *śa'it 'a.*

Kül *lá`a;* — sein *la'.*

Küle *là', le'ánay.*

Külen *le'-as.*

Kuhel, s. antimonium.

Kummer *hásne;* in — geraten *hasyāy.*

Kummervoll *hasáy.*

Kunde, die *iráy, iré.*

Kundgeben, s. bekannt machen.

Kundig *iráya, jeràba;* — sein *jerab, kān.*

Kundschafter *dằgŭi,* — sein *dằgŭ.*

Kupfer *bálo, níggara.*

Kuppe eines berges *riśa.*

Küraß *diré.*

Kürbis *gár'a,* flaschenkürbis *lálo.*

Kürbisschale zum trinken *gár'a.*

Kürschner *málti.*

Kurz *nekás,* — sein *nekās.*

Kürze *nekása, ménkes.*

Kürzen *se-nkās*, — laßen *si-se-nkās*.

Kürzung *senkásoy*.

Kuß *kŭḍrám, salám.*

Küßen *kŭḍram, salam;* — laßen *kŭḍram-s, salam-s.*

Küste, ufer *darág, gedím, jeríf;* steile küste *gēf.*

Kynokephalos babuin *giríd.*

L.

Lache, pfütze *de.*

Lächeln *ekūt.*

Lachen *fā'id, fāyd;* zum — bringen *se-fá'id.*

Lacher, der stets lacht *fá'di.*

Laden, brett *leh.*

Laden, beladen *rebi, telig;* einladen *wu'.*

Lage, zustand *gílla.*

Lagern sich *sā';* lagern laßen *sō-sā'.*

Lam sein, s. hinken.

Lamm *anó-t 'ōr, árgin, dírfin.*

Lampe *kandil.*

Land *būr, ard, aríd.*

Landstreicher *díf.*

Lang *gŭmádi, serára;* — sein *gŭmād, serār.*

Länge *gŭmde, mísrer.*

Langsam *delél, disét.*

Langweilig *beḍayána,* — sein *beḍāy.*

Lantana Kisi *nebabelam.*

Lanze *féna;* werfen die — *gŭša'.*

Lanzenschaft *kéndabi.*

Lanzenspitze *tō-fenáti yāf.*

Lanzenwerfer *gŭáš'i.*

Lappen *fárda, širma, šeltút.*

Lärm *hélle, hēl, wálik.*

Lärmen *hēl, hōl, wálik.*

Laßen *iš.*

Läßig *kesála,* — sein *kesál;* läßigen characters *kásli, keslána.*

Läßigkeit *kasál.*

Last *rábe,* kamellast *ó-kámi rábe;* auflegen die last *rebi.*

Lästern *nēw,* — laßen *nēú-s.*

Lästerer *newána.*

Lästerung *nēú.*

Laterne *fanús.*

Lathyrus sativus *hammús.*

Latte, brett *leh.*

Lauern *dáyŭ,* — laßen *se-dáyg.*

Lauf *dáb, day, hádla.*

Laufen *dáb, day, garwel, hadil;* — laßen *dáb-s, se-hadil.*

Läufer *hádli, hadlána.*

Laune *níye.*

Launenhaft sein *niyí-t.*

Laus *se, tát.*

Laute, die *masŭnkŭa, basŭnkŭa.*

Lauter *kéta,* — sein *ket.*

Lauterkeit *kétti*.

Lavandula coronopifolia *bálōli*.

Lawsonia alba *aláme*.

Leben, das *háya;* ein leichtsinniges leben füren *gebib*.

Leben, vivere *hāy, 'ār;* leben,
sich aufhalten *hān, seni*.

Lebendig *dehāni*.

Lebendig sein *hamšik, amšik;*
— werden *hāy-am*.

Lebenshauch *hamšūk, amšūk,*
šūk.

Lebensmittel *ēš*.

Lebensunterhalt *tíyu*.

Leber *sē*.

Lecken *lehas,* — laßen *se-*
lhas.

Leder *ándeh, ándeʼ*.

Ledersack, beutel *hiškūl*.

Lederschlauch für allerlei habseligkeiten *érgüa, haríb, mís-*
wa, sékūa.

Lederschurz der mädchen *bálʼa,*
bála; — der arbeiter *nátʼa*.

Leer *harára,* — sein *harār*.

Leere *harár*.

Leeren *se-harár*.

Legen *dā-s, keti, wudaʼ;* sich
legen *bíʼ, embíʼ*.

Leib *ʼáda, aráy, bī*.

Leibbinde, -tuch *hedám, ha-*
lák, máʼwad.

Leibesfrucht *bóykut*.

Leibeigener *kišya, kíša, kíšy*
ʼōr.

Leiche *ayáʼ, genáda, jenása*.

Leichenfeier *genáda, jenása*.

Leichenschmaus *ruguáš*.

Leichentuch *díbba, dúbba,*
médba.

Leicht *enšáf, enšóf, šáfli;* —
sein *enšáf*.

Leichtigkeit *šáfa, ménšef*.

Leichtsinn *gébba, gebáb*.

Leichtsinnig *gabib,* — sein *ge-*
bib, — machen *se-gabib*.

Leid *hásne, hasyáy*.

Leiden *hasāy, terām*.

Leidend *hasáy, tármi*.

Leidenschaftlich *gadbána,* —
sein *gedāb*.

Leier *masänküa, basänküa*.

Leihe, s. anleihe.

Leinwand *kittán*.

Leise *šóbšáy*.

Leiten *salōl, sitōb;* — laßen
salōl-s, si-stōb.

Lem *dōʼ, luk, tin, ṭin*.

Lenden *ánḍare*.

Lendenschurz der   mädchen
bálʼa, bála.

Lendenschurzderarbeiter *nátʼa*.

Leopard *ihám, léngig*.

Lepidium sativum *sámfa*.

Leptadenia pyrotechnica *ágne*.

Lepra, s. aussatz.

Lere *alám, lām, selámdoy.*

Leren *alam, lam, se-lamid;* — laßen *alam-s, si-slamid.*

Lerer *alamána, selámdi.*

Lernen *alam-am, lam-am, le-mid.*

Lesen *geriy, agriy.*

Leuchten *yi'; v. a. yi'-is.*

Leuchter *kandíl.*

Leumund, in — kommen *sim mehal,* in bösen — kommen *māg.*

Leute *endeháy, deháy, enda, da, ennás, úmma.*

Licht *nūr, yū';* licht machen *yi'-is.*

Licht, hell *kéta,* — sein *ket.*

Lieb *šekŭán.*

Liebe *aráy, arě, keháno;* — einflößen *arē-s, se-khan.*

Lieben *aray, kehan.*

Liebhaber *káheni.*

Liebschaft *kehána,* eine — stiften *se-khan.*

Lied *kŭáli, nīn.*

Ligen *bi', embi'.*

Limonie *lemún.*

Linaria macilenta *dáyha.*

Linke, die linke seite, — hand *tálha, tárha, támyya.*

Linse *adás.*

Lippe *ambalóy, ambaróy;* oberlippe *t-ambalóy tŭ-nki,* die

unterlippe *t-ambalóy tŭ-wŭhi;* schamlippe *wō-'adít ambalóy.*

Lispeln *muwáš.*

List, s. hinterlist.

Lob *hámda.*

Loben *hamid,* — laßen *se-hamid.*

Loch in der erde *déla, déra, támbu;* loch im kleide u. dgl. *til'a, tél'a.*

Locke der knaben *šit'i.*

Locomotiv *babúr.*

Löffel *málaga, mánka;* schöpflöffel *gŭráf, mygráf, me'óy.*

Lou für geleistete arbeit *keráy.*

Loranthus acaciae *adalyafi.*

Löschen ein licht, feuer *si-ya'.*

Lösen, losbinden *fedig,* — laßen *se-fadig.*

Lösung *fédga, fídga.*

Lotus *gába.*

Löwe *háddla, hála.*

Löwentatze *wō-háddi ay.*

Luchs *ō-mangáyt bíssa.*

Luft *wálwál;* luft, witterung welche das wild bekommt *barám.*

Lüge *gŭsír, harár;* zur — verleiten *s-ygsir.*

Lügen *gŭsir.*

Lugen *šebib,* — laßen *ši-šabib.*

Lügner *gŭásri.*

Lump *gabib.*

Lumpen, fetzen *darik, fárda, halák, šeltút.*

Lunge *fawâd.*

Lungenleiden *kŭléla.*

Lunte *fatil.*

Lupine *mika.*

Lust *níya.*

Lustbarkeit *bōl.*

Lüstern *káli,* — sein *keli,* — machen *se-kal.*

Lüsternheit *kelyáy.*

Lustig *férha,* — sein *afirh, amfirh;* — machen *amfhir-s.*

Lustseuche *halíg;* tripper *bejál, begál.*

Lycaon pictus *täkla.*

Lycium arabicum *sahanûn;* lycium spez. *singa, tatwin.*

M.

Machen *di', da', kŭši, wēr;* — laßen *se-di', se-kŭas, su-wēr.*

Macht *akerír, ágder, ádger, ádreg.*

Mächtig *ákri, eráb, hili;* — sein *akir,* — werden *erábam,* — machen *s-akir, erábam-s.*

Mädchen *'ōr, kŭa;* heiratsfähiges — *agír;* halbreifes — *bekír, dingal.*

Madenhacker, buphaga *kŭndá'.*

Maerua crassifolia *kámo.*

Magd *kéšya, kíša.*

Magen *fi', lēb.*

Magenleiden *ō-fi'it lehanáy.*

Mager *hámra, neháwa;* — sein *hamir, nehaŭ.*

Magerkeit *neháwa.*

Mais *irbŭn, ešírfi, ešérri.*

Mal, vices *dōr, hōb, ragád, wäkte,* einmal *éngal dōr,* — *hōb* u. s. w., zweimal *mallé dóra,* — *rágada,* dreimal *meháy dóra* u. s. w.

Mal, das; s. malzeit.

Malen, zerreiben das getreide *hŭg,* — laßen *hŭg-s;* arbeit des malens *húgti,* magd welche das getreide täglich zu reiben hat *hŭgána.*

Malstein, mehlreibstein der untere und größere, worauf das getreide zerrieben wird *ríha, ríya;* der kleine malstein, womit das getreide zerrieben wird *tō-riháyt (riyáyt) 'ōr; metúngŭli, entúngŭli, entéwala, entéwa.*

Malzeit *lām;* festliche — *adŭma.* morgenimbis *fítra, yáfiféto,* abendeßen, hauptmalzeit des tages *derár,* mittagseßen *mehás.*

Mäne, die *beráre.*

Mangel an etwas *manéû;* mangel haben *nâû,* — verursachen *sō-nâû.*

Mann *tak;* junger mann *díngal, fagár.*

Mannbar *beḍag-ána, -ála, keláfama;* — werden *beḍāg, kelaf-am.*

Mannbarkeit *keláf.*

Männchen von tieren *rába, dakár.*

Männer *énda.*

Männerversammlung *mehábre, emhábre.*

Mannhaft, s. mutig.

Männlich *rába;* männliches glid *mid.*

Mantel *halák.*

Mantelpavian *lalúnkŭe.*

Märe, gerücht *hadíd.*

Mark, das *hūm, míkŭ'ál, mík'ál, súkma.*

Mark, grenze *ešér, gil, had.*

Markt, -platz *sūg;* marktflecken *bándar.*

Marsch, der *herár.*

Marschiren *herēr,* — laßen *herēr-s.*

Marschland *dáya.*

Maß für getreide, scheffel *mūd,* kleineres *gedáh;* zwei *gedáh* machen ein *mūd;* schlechtes maß *šílka.*

Massaua am roten meer *Mesúwa.*

Maße *gŭd.*

Mastbaum *dágel;* querbalken auf dem mastbaum *tirmán.*

Matratze *fárša, maḍám.*

Matt *adábama, gerára, góya;* — sein *adāb,* — werden *adāb-am, gerār-am, góy.*

Matte, die *émbaḍ, émbaj, místa;* kleine fußmatte *atánay, atandy.* matte vor dem zelteingang *bal, hejáb.* matte als vorhang vor dem bette *gedáf.* matte zur bekleidung der zeltwände *kerári.* matte worauf beim melreiben das mel angesammelt wird *má'mer.*

Mattenzelt *bekkár.*

Mattigkeit *adába, góya.*

Mauer *hēt, sām.*

Maulesel, -tier *bagál.*

Maulwurf *káka, sákalo.*

Maus *gubb, gūb;* spitzmaus *káka.*

Mäusedreck *gūbáy ámba.*

Mausloch *gúbi déla.*

Meckern die zige *waû.*

Medizin *mehél, emhél.*

Meer *behár, behér, hámi bhar;* das indische—*behárSúgūtra,* das atlantische *behárdáluma.*

Meeresgestade *ó-bhari derág.*

Meeresklippe *ó-bhar' áwe.*

Meerkatze, s. cercopithecus.

Meiden *iś.*

Mein *ani; -yū, -ū* fem. *-tū.*

Meinen *din, hasib, kūsi.*

Meinung *dān, hásba.*

Meister *ankňána, kína, ala-mána.*

Mekka, die stadt *Mákka.*

Mel, das *bi';* mel reiben, s. malen.

Melgrütze *asida, tām.*

Melken *ne'āy, nāy.*

Melktopf aus palmblättern waßerdicht geflochten *téfa.*

Melone, waßermelone *batih.*

Menge, die fülle *díbla, gūd;* menge, volk *úmma.*

Mengen, mischen *śāwi,* — laßen *śi-śāū.*

Mensch *ádame, ínsi, ha.*

Menschen, leute *endeháy, de-háy, da, énda, úmma.*

Menschheit *ú-dhāy, kastús t-úmma.*

Menstruation *fenáha, har.*

Menstruirend *fénhi.*

Mer *ása,* mer geben *śāwi.*

Meren sich *gūd.*

Merkatze, s. cercopithecus.

Meßen *degúi,* — mit der elle *gúlhan.*

Meßer *kósa, kása, hūs;* kleines, federmeßer *śagál.*

Meßerschneide *kósi yāf.*

Met, der *adárha.*

Metzgen *harid;* das — *hárda.*

Metzger *hárdi.*

Meuchlings überfallen *kerir.*

Miauen *ikuw, ankuw, tiw, waw.*

Mich *anéb, -he, -hēb.*

Miete *kíri.*

Mieten *keri,* — laßen *se-kar.*

Mieter *keryána.*

Mietlon *keráy.*

Milch *'a,* frische — *l'at 'a,* süße — *nafír-t 'a,* saure — *hamí-t 'a, dáhūa, dáyha, mása.* milch trinken *śefi.*

Milchtopf *téfa.*

Milchtrinker *śáfi.*

Milde, sanft *ayáy.*

Milium, hirse *bíltu.*

Million *alíf álfa, tamún-s-álfa;* zwei millionen *mall'alif álfa, mallé tamún-s-álfa.*

Milvus parasiticus und regalis *hambilúlina, hambilúlay, lále.*

Mimosa Nilotica *díwa.*

Minaret *mádna.*

Mir *anéb, -he, -hēb.*

Mischen *śāwi, wula', ula';* — laßen *śi-śāū, su-wala'.*

Mischung *sáwyoy, sáwoy, wúl'a.*

Mißachten *tuwi.*

Mißachtet *tuwáya,* — werden *et-tawāy.*

Mißachtung *túwya,* in — bringen *se-taw.*

Mißcredit, in — befindlich *sáfli.*

Mißgeschick *áka.*

Mist *ámba, fíndo, fiṇḍo, sa-farĕ.*

Mistkäfer *ámba kónsib, findód 'áni.*

Mit, in gesellschaft *geb, gébi, gŭad, gŭádi, -na;* mittelst -*i, -t, -ka.*

Mitgefül *hássi,* — haben *hassi,* — einflößen *hass-is.*

Mitgift *talắû, metláwi.*

Mitleiden, gleiches leid tragen *am-terām.*

Mitleidend *amteramána.*

Mitleidig *hasyána.*

Mittag *dehúr, duhúr, néb'i hŏb.*

Mittagsmal *mehás;* das — zu sich nemen *mehas,* das — zubereiten *mehas-is.*

Mitte *énga, betik, bítka, málho.*

Mittelfinger *t-engát tibaláy, tū-tibaláy t-ūstána.*

Mittelst -*i, -t, -ka.*

Mitten *betik, málho.*

Mitternacht *amasíñga, wŏ-háwadi teráb.*

Mittwoch *árb'a, árba.*

Möbel *ḍíma.*

Möbliren *ḍim,* — laßen *sŏ-ḍim.*

Mögen, s. können, lieben.

Möglich sein *agder, adger.*

Mohammedaner, s. muslim.

Molch *dábdab.*

Mollugo Cerosana *adal-deléy.*

Molo, ankerplatz *fúrda, fúḍa.*

Monat *teríg.*

Mond *teríg,* vollmond *badír,* neumond *teríg háyama.*

Mondlicht *tŏ-teríkti nūr.*

Montag *eletnĕn, letnín, etnín.*

Mord *madér;* einen mord begehen *dir.*

Mörder *dári, derána;* ein — sein *dūr.*

Morgen, cras *leháyt, leháy,* übermorgen *leháyt bitkáyt, leháyt bākáy.*

Morgen, der *ána, fajír, léha, mah, sebúh;* am morgen *wŏ-áni, fájiri, leháy, leháyt.* morgen werden, den morgen zubringen *mah.* guten morgen! *sŏ mha! sebŏb ámha!*

Morgengrauen, das erste *kerúm;* grauen der morgen *kerim.*

Morgenimbis *fétra, yáfi-féto;* den — einnemen *fetir.*

Morgenröte *áwi, ŏ-sụ̈bhi merèr.*

Moringa arabica *māy, reba-hándi.*

Moschee *mésgid.*

Moschus und -katze *díbeda, se-báda.*

Mücke *jájo, tawigáy.*

Müde *adábama, gerára, gōy;* — sein *adāb, deyir, gōy;* — werden *adāb-am, gerār-am, gōy-am.*

Müdigkeit *góya.*

Mühe *šáka.*

Mühen sich *šak-am.*

Muhen das rind *ikuw, ankuw, tiw, wārēr, waw.*

Mukullu, ort bei Massana *Me-kíllo.*

Müle, die; s. malstein.

Mume, die *dúra;* der mutter schwester *déti tú-kŭa,* des vaters schwester *bábi túkŭa.*

Mund *yāf.*

Mundart *yāf, behál.*

Mündig *kelàfama,* — werden *kelāf-am.*

Mündigkeit *keláf.*

Mundschenk *gŭ'asána.*

Muslim *múslem, emsilmíya, amanána;* nicht muslim *kéferi.*

Mustela furo *hundulemún.*

Mutig *fáda, gin'i, hátra;* — sein *hāter.*

Mutter *énda, énde.*

Mutterbrust *nūg, núgŭe, tegát.*

Mutterleib *fi'.*

Mutterstamm, mütterliche familie *endéti éṇḍăwa.*

N.

Nabak, rhamnus spina Christi *gába.*

Nabel *téfa.*

Nach, hin, zu -y, -t, *dehá, de-háy;* nach, hinter *har', ar', hár'i, ár'i.*

Nachbar *šáwya, šáwa.*

Nachdem *-ēk, hōb.*

Nachdenken *hasib.*

Nachen *áro, áre, nagár.*

Nachfolge *marám.*

Nachfolgen *rām.*

Nachfolger *amōrám.*

Nachforschen *hasis,* — laßen *se-hasis.*

Nachforschung *mehássi.*

Nachfrage *dūranáy.*

Nachfragen *dūr,* — laßen *dūr-s.*

Nachgeben, zugestehen *iš;* mer geben *šáwi.*

Nachgeburt *mihe.*

Nachgehen, s. nachfolgen.

Nachkommen, die *'ar.*

Nachläßig *kesála, kásli, keslá-na;* — sein *kesál.*

Nachläßigkeit *kasál.*

Nachmittag *asir, húmnay;* am
— verreisen *humnay.*

Nachricht *habír, ársel;* — geben *sōy, irē-s.*

Nacht *amás, hawád, títa;* die vergangene nacht *áfa.* die nacht zubringen *hawid, nay.* mitternacht *amas-i-ìnya, wōháwadi teráb.*

Nachtwache *háìdu.*

Nacken *ála, kalíf, kinkeli, kesíya, máge, mōk, miśken, sánkŭa.*

Nackenpreis *máge, mōk.*

Nackenstütze der männer beim schlafen *metár'as.*

Nackt *rebóba.*

Nadel zum nähen *ibra, kansúbe, konsúbe.*

Nadelör *ebrát gŭad.*

Nadelspitze *ebrát yáf.*

Nagel, clavus *mesmár;* unguis *éśa, ne'áf.*

Nahe *dawúl.*

Nahe bei *dehá, dha, deháy.*

Nähe, die *áráwa, dehá.*

Nahen sich *dang.*

Nähen *hayid,* — laßen *se-hayid.*

Näherin *háydi, haydána.*

Nähnadel, s. nadel.

Naht, die *háyda.*

Name *sim, sum;* einen namen geben *sim di.*

Narbe *fáde.*

Nären *s-'ār, sō-'ar;* sich nären *'ār.*

Nargile, die waßerpfeife *gúrgŭr.*

Narr *haláy, jínni.*

Narrheit *haláy, mehalíy, mehaníg.*

Närrisch *halága, hanága;* — werden *jinnī-m, haláy, halē.*

Narung *m'áre, ēś, tām, tíyu;* narung reichen *tam-s.*

Närvater *as'árána.*

Nase *genúf.*

Nasenloch *ó-gŭūfi túmba.*

Nasenring *ó-gŭūfi fáy.*

Nasenschmutz *afúd.*

Nashorn *haris, śē.*

Naß *líla, mí'a, yaḍá';* naß sein *lil, mi', yeḍa';* naß machen *lil-s, mi'-s, śi-yaḍa';* naß werden *lil-am, mi'-am, yeḍa'.*

Näße *lílti, mŭ', yiḍ'a.*

Nation *énḍáwa, énda.*

Natron *atrún.*

Natter, s. schlange.

Nebel *eréj, gīm.*

Nebelwolke *ba'elúk, sa'.*

Neben *aráwáy, geb, gébi, gŭad, gŭádi, gedím, gédmi, mári.*

Nebenbuler *hággo.*

Neffe *dáni 'ōr, kŭáti 'ōr.*

Neger *śángala.*

Negerkorn *m'ára, hárro;* gekochte körner von — *dífv.*

Neid *temá'.*

Neidisch *tám'i,* — sein *tāma'.*

Nein *á'a, a'áû, aftálla, gíje, láma, láû;* nein sagen *jûjû di, láû di.*

Nemen *'abík, ahay, meri, nās.*

Nennen *sim, sum, sim di;* — laßen *sō-sim.*

Netz *sággi, šebbák;* fischnetz *híllel,* hängenetz *miš'eg,* wurfnetz *šáya.*

Neu *gáyi, gāy;* neu sein *gāy;* neu machen *se-gāy.*

Neuigkeit *habír.*

Neumond *teríg háyama.*

Neun *aššaḍíg.*

Neunmal *aššaḍíg dóra,* — rágada.

Neunter *aššáḍiga.*

Neunzehn *támna-aš-šaḍíg.*

Neunzehnter *támna-aššáḍiga.*

Neunzig *aššaḍíg tamûn.*

Neunzigster *aššaḍíg támna.*

Nicht *bā-, ka-* vor dem verb, *ka-* negirt die tempora, *bā-* die modi.

Nichte *dānít 'ōr, kûatít 'ōr.*

Nichtswürdig *afráy, amág;* — — sein *afrāy, māg.*

Nichtswürdigkeit *máge, mamég.*

Nider *wuháy.*

Niderbeugen sich *nu'.*

Niderfallen *dib, ḍib;* — vor jemandem *genāf.*

Nidergeschlagen *hasáy,* — sein *hasāy.*

Nidergeschlagenheit *hásne, hásyay.*

Niderhocken, -kauern sich *hakāb, kemis.*

Niderknien *genāf;* zum — bringen das kamel *genif.*

Niderlaßen sich *sā'.*

Niderlegen *keti,* — laßen *sekat.*

Niderreißen *hadam,* — laßen *hadam-s.*

Niderschlagen *dir,* — laßen *sōdir.*

Niderstechen *gûša'.*

Nidersteigen *gedah.*

Nidertreten *'at,* — laßen *sō-'at.*

Niderung *kār, wúha.*

Niderwerfen *gid,* — laßen *sōgid.*

Nidrig *nabáu.*

Nie, niemals *ábada, aftálla, aselán, gíje; úmero, mási* mit negativem verb.

Niere *ánkuél'a.*

Niesen *afiḍ.*

Nil, der fluß *behár, náfir behár.*

Nilpferd *asín.*

Noch, nochmals *bā'.*

Nord *ḍúme, gíbla, sáfit.*

Not *gúrha;* in not geraten *un-gŭarāh,* in not bringen *s-un-gŭarāh.*

Notwendigkeit *abík.*

Nuß *dába.*

Nutzen *ánfe', ámfe'.*

Nützlich *ánf'a, ámf'a;* — sein *anf', amf'.*

Nützlicher *hayis,* — sein *hayis.*

O.

O! -*ay!* -*ē!* -*ĭ!*

Ob *ákŭ*ḍ.

Oben, oberhalb *enki, kĭ, áste.*

Oberarm *hárka.*

Oberhaupt, schêch *háḍ'a.*

Oberlippe *t-ambalóy t-enki.*

Oberster *ankŭána.*

Obgleich -*ēk.*

Obst *hamág.*

Ocean *behár, behér.*

Ochradenus baccatus *wáda.*

Ocimum menthifolium *hambŭ-kŭa, yádami.*

Oder *han,* entweder — oder *táru* — *táru.*

Odina fruticosa *haut.*

Offen *fedíg, fetáh, negál;* — sein *fedág, fetāh, negāl.*

Offenbar *etókna,* — sein, werden *tō-, etō-kān, netā';* — machen *sō-kān, negil, mehal, se-ntā'.*

Offenherzig *sitki, sídgi,* — sein *sedig.*

Offenherzigkeit *sidíg.*

Öffnen *fedig, fetah, negil;* öffnen die infibulirte jungfrau *fekik;* öffnen laßen *se-fadig, se-fatih, se-nagil, se-fakik.*

Öffnung *fédga, fétha, túmba, yāf.*

Oft *gúda dóra.*

Oheim *dúra.*

Öl, sesamöl *sále.*

Öllampe *kandil.*

Olnea europaca *dáda.*

One *nūn, nu, anŭ, ánu, bā-kảy.*

Onkel, s. oheim.

Or, das *angŭil, ảngŭil.*

Orange *orén.*

Orfeige *bag;* eine — geben *bag,* eine — bekommen *bag-am.*

Orhöle *angŭili túmba.*

Orkan *ilogáni, aūlảy.*

Ormuschel *kawáni.*

Ornithorrhynchus *gŭbár.*

Orring *lémne.*

Ort *mehin, emhin, tōn, tō;* ma-hátta station.

Ortschaft *dŭwa, ḍŭwa, hélla, hilla.*

Ortsvorsteher, -amtmann *há-ḍ'a.*

Orygia decumbens *merkíse.*

Ost, osten *tō-yint mefré', má-ha, šarik.*

Otostegia integrifolia *gana-handi.*

P.

Paar, das *málho.*

Packen, anfaßen *'abik, 'amit;* packen, beladen *rebi, šan, telig;* — laßen *s-'abik, s-'a-mit, sō-rab, šan-š, se-talig.*

Palast *rošán.*

Palme *yuwín.* dattelpalme *tē-blúkti hindi,* nehál, frucht davon *belúk, melúk;* dum-palme *ángŭa, ănga, áka, dōm,* frucht davon *áka.* der dscherid der dumpalme zum flechten *bir.*

Palmenbier, -wein *merisa.*

Palmblatt *ángŭa.*

Palmenmatte *émbad, émbaj.*

Palmzweig *bīr, lad.*

Pancratium tortuosum *abedku-lay, onkulay.*

Panicum spez. *éla.*

Panicum ternatum *sárde, sérde.*

Panicum turgidum *šūš.*

Panicum viride *táda.*

Panter, leopard *ihám, léngig.*

Pantoffel *gúd'a.*

Pantoffelsole *dámba.*

Panzer *derě'.*

Papagei *hárhara, seráy, šim-búkŭle.*

Papalia lappacea *halakómbi.*

Papier *wáraga.*

Paradies *dínne.*

Pascha, der *báša.*

Pauke *kabúr, nakkára;* die — schlagen *kabúr ţa'.*

Paukenschläger *kabúr ţá'i.*

Pavian *girίd, lalúnkŭe.*

Pech, fließiges *balánda, ketrάn.*

Pelz *ándeh, ánde'.*

Pein, qual *hasír.*

Peitsche *kawíd;* peitsche aus rhinozeroshaut *kŭrbáj.*

Peitschen *kadaw.*

Pelekan *sámbor.*

Pennisetum spectabile *homare.*

Pennisetum spez. *karáy.*

Pentatropis cynauchoides *ha-dúfile.*

Pentatropis spiralis *ilahίnde.*

Perdix Erkelii *kaû, ō-malálit kaû.*

Perdix meleagris *ō-rbáyt kaû.*

Periode, monatliche reinigung der frauen *fenάha, har;* frau in der periode *fénhi.*

Perle *la', jóhar;* glasperle *ála.*

Perlenmuschel *feltíla,* die schwarze — *sadíf.*

Perlhun, s. perdix.

Perser *fίris.*

Person *ádame.*

Pfad *deráb, derib, lági.*

Pfanne *enkalíû, gedír.*

Pfau *jínna.*

Pfauchen *hamšik, amšik.*

Pfeffer *fimfil.*

Pfefferkorn *fimfelit hábba.*

Pfeife, tabakspfeife *dáwa, kat;*
die waßerpfeife, nargile *gúr-gūr.*

Pfeifen *wešik, wušik.*

Pferd *hatáy;* junges pferd *mehúr, mehír;* pferd aus Dongola *dungūláy.*

Pferdbesitzer *wō-hatáyi kína.*

Pflanze *bágŭl.*

Pflanzen, plantare *'adi,* — laßen *se-'ad.*

Pflastern *hab,* — laßen *hab-š.*

Pflege die man einem kranken leistet *mehĕl, mehélti;* geleistete, erwisene pflege *mehelámti.*

Pflegen einen kranken *mehĕl, emhĕl;* — laßen *emhĕl-š.*

Pfleger *emhelána.*

Pflug *angáš.*

Pflügen *'adi,* — laßen *se-'ad.*

Pflugschar *dúgre, lúše, míšha;* schuh der pflugschar aus elefantenhaut *karfáš.*

Pflugsterze *niû.*

Pflugstier *be'ĕra, be'eráy.*

Pforte *bāb, défa, défa.*

Pfote *ay.*

Pfund *ratíl, rátle.*

Pfütze *dĕyo.*

Phlegma *ságŭ'a.*

Phlegmatisch *ságŭ'i,* — sein *segŭa'.*

Phoenix dactilifera *tē-blúkti hindi, nehál;* frucht davon *belúk, melúk.*

Phylanthus maderaspatensis *adal-delég.*

Piaster *girš.*

Picken mit dem schnabel der vogel *kŭl.*

Pisse, die *úšay, úša, óša.*

Pissen *ōš.*

Pistole *tabánja, tabánya, tabáyna.*

Plappern *lablab.*

Plapperer *lablabána.*

Platz *mehín, emhín.*

Plaudern *hadıd.*

Plejaden, sternbild der — *hĕma.*

Plündern *selib,* — laßen *sisalib.*

Plünderer *sálbi.*

Plünderung *sélba, sílba.*

Pochen, klopfen *kadaw,* — laßen *kadaû-š.*

Pocken, die variolae *gedír, wárre.*

Poesie, rapsodie *kŭáli, nīn.*

Poet, rapsode *kŭalitána, ní-náná*.

Polenta *asída, tām*.

Poliren *rehab,* — laßen *se-rhab;* das poliren *rehúb*.

Polirer *ráhebi*.

Polirt *rehába,* — werden *et-rehāb*.

Politur *etrahebóy*.

Polster, kopf- *meḥádda, mu-hádda*.

Pomade, haar- *lā', lá'say, míš-mat*.

Pomadisiren *la'-s, šemit;* — laßen *la'-s-is, si-šamit*.

Pomadisirt *lá'sama, šemáta;* — werden *la's-am, eštamāt*.

Portulaca oleracea *hamém*.

Preis, wert *temín;* preis, lob *hámda*.

Premna resinosa *talwín*.

Preßen *demim, temuk;* — laßen *se-demim, se-tamuk*.

Profession, geschäft *hasír*.

Professionist *hasírkena,* ein — werden *hasir-kena-m*.

Prozeß *áški,* einen — anstrengen *aški,* einen — gewinnen *gerib,* einen — verlieren *ge-räb*.

Prozeßirer *aškyána*.

Prüfen *degŭ, dug;* — laßen *sö-dug*.

Prüfer *dágŭi, dáugi*.

Prüfung *dúgŭa*.

Prügel *kŭáláy, lákŭáy*.

Prügelei *ṭíbe*.

Prügeln *ṭāb, ōl;* — laßen *sö-ṭab*.

Ptilonorrhynchus albirostris *tŭkláy tŭ-sótay, sótayt keláy*.

Pulver *barúd*.

Pulverisiren *hŭg,* — laßen *hŭg-s*.

Pulverisirt *hŭgama,* — werden *hŭg-am*.

Pupille, augenstern *tō-liliti 'ōr*.

Pustel *gedír*.

Putzen *hasi,* — laßen *se-has*.

Putzerei *hási*.

Q.

Quacken *kŭk*.

Qual *hesír, hasyáy, mítrem*.

Quälen *se-has,* — laßen *si-s-has*.

Qualm *éga*.

Qualmen *egā-t*.

Quarzit *sikŭ, sikŭ aŭne*.

Quecksilber *díbak*.

Quelle *gŭad, gŭaj*.

Quellen *ferá'*.

Querstange auf dem mastbaum *tirmŭin*.

Quetschen *demim, temuk;* — laßen *se-demim, se-tamuk*.

Quetschung *démma, témkŭa*.

Quirl *émxe*.

Quálla, tiefebene *kār*.

Quote *teráb*.

R.

Rabe *kŭikŭáy*.

Rache *mírmed;* blutrache *mírba*, die — nemen *mirbát nas*.

Rachen, der *ánkar, bála, gírgŭma*.

Rächen, rache üben *remid*, rächen sich *remād*.

Rächer *mirmedána*.

Rachsüchtig *rámdi, remdána*.

Raia aquila *ihám, yihám*.

Raigrassorten: eragrostis multiflora *halágoy, halilágoy;* panicum ternatum oder cynodon dactylon *sárde, sérde;* panicum turpidum *šŭš;* panicum viride *táda;* panicum spez. *éla*.

Rain, der *ešěr, had*.

Ram, flos lactis 'ā-t *támi*.

Rand *daráy, gedím, güad*.

Ränzel, das *jĕb, gĕb*.

Rapsode *kŭalitána, nĭnána*.

Rapsodie *kŭáli, nĭn*.

Rapsodiren *kŭali-t, nĭn*.

Rasiren *medid, min;* — laßen *se-madid, sō-min*.

Rasirgeschäft *medíd, médda, minauíy*.

Rasirmeßer *manán, mamán*.

Rasirt *medáda, etómna;* — werden *et-madād, tō-, atō-mān*.

Rast *fin*, rast machen, rasten *fin*, rasten laßen *fin-s*.

Rat *mékra, mekír;* rat geben *mekir*, rat einholen *mekār*, rat bekommen *et-makār*.

Ratgeber *mákri, mekrána*.

Ratplatz der gemeinde *díbba*.

Ratsversammlung der gemeinde *mehábre, emhábre*.

Ratte *gŭbb, gŭb*.

Raub *lémi, maráy, sílba*.

Rauben *lemi, maray, selib;* — laßen *lemī-s, marē-s, si-salib*.

Räuber *harámi, hára, kŭára, lemyána, marayána, sálbi*.

Räuberhandwerk *sílbe*.

Räuberlager *híd'a, héd'a*.

Raubgut, geraubtes *meráya, memeráy*.

Raubzug *haríb*.

Rauch *érda, éḍa, éya*.

Rauchbad der frauen *de;* das — nemen *daf*.

Rauchen *egā-t*, rauchen tabak *gŭ'*.

Räuchern *egā-s*.

Räucherung *egásti*.

Raude *hŭngŭni*.

Raufbold *álgi*.

Raufen, ringen *alíg*.

Rauferei *álga;* eine — anstiften *s-alig.*

Raunen in die oren *muwāš.*

Raupe *lūm·hanyid.*

Rausch, s. trunkenheit.

Räuspern sich *hak di.*

Rechnen *degŭi, hasib;* — laßen *se-daṇg, se-hasib.*

Rechner *hásbi.*

Rechnung *dágŭty, dǎgŭi, hásba.*

Recht so! brav! *kéra, šō.*

Recht, rechte seite *máyṇkŭa, máyṇka, máykŭa.*

Rechtspflege *hokúm.*

Recken, strecken *fenin, reyig;* — sich *fenān, regāg;* recken laßen *se-fanin, se-ragig.*

Reckung *fénna, régga.*

Rede, die *adúm, behál, hadíd, kalám.*

Reden *adum, behāli, hadīd.*

Redner *adúmkena, hadídána.*

Regen, der *bíre, bíle;* feiner regen *jeméd.*

Regenbach *kŭān.*

Regenbogen *ṭelúy.*

Regentropfen *mínda.*

Regenwolke *mágŭa, gēm-beri-s.*

Regenzeit *éma, íma, darák, húbi, kúlinfe, kerínte, wíya.*

Regieren *hokum.*

Regierer, regent *hákim.*

Regierung *dóla, dīwán, hokúm mudiríye, umdiríye.*

Regierungsgebäude *dīwán.*

Regnen *bire, bre.*

Reiben, frottiren *hasi, šemit;* — laßen *se-has, ši-šamit.* reiben das getreide *hūg.*

Reibstein, s. malstein.

Reich, wolhabend *gába, gánama;* — sein *gab, gan-am,* — machen *gab-s, gan-am-s.*

Reichen, darreichen *nūn.*

Reichtum *gába, gána.*

Reif, gar *bešákŭa,* unreif *asúw;* reif sein *bešāṇk.*

Reifen, im reifwerden begriffen, noch nicht ganz reif sein *asuw.*

Reiher, ardea *kūršin.*

Rein, sauber *kéta, nadíf, nehás, neháf;* rein sein *ket, nehas, nehaf.*

Reinigen *nadíf-s, se-nhas.*

Reinigung, monatliche der frau *fenáhu, har.*

Reinlich, s. rein.

Reis, der *rid.*

Reise, die *ibáb.*

Reisen *ibáb,* — laßen *ibab-s;* reisen unter sicherer escorte *estaráh.*

Reisender *ibábāna, ibábkena; estárhi.*

Reißen, an sich — *taf.*

Reiten *ām*, — laßen *sō-'ām.*

Reiter zu pferd *wō-hatáyi kína,*
— zu kamel *ó-kāmi kína,*
— zu esel *ó-mēki kína.*

Reizbar *gadbána.*

Reizen, erzürnen *se-haṣ.*

Religion *mílla, dín.*

Rennen *dāb, day.*

Renner, pferd das gut lauft *gerwelána.*

Rest *míhe.*

Restiren *mehi.*

Retten *se-dhān, še-ḍhān, halas.*

Retter *se-dáhni, halsána.*

Rettung *sedhána, halás.*

Reue *tūba,* reue empfinden *tūb.*

Revolver *tabánja, tabánya, tabáyna.*

Rhamnus nebeka oder rh. spina Christi *gába;* die frucht davon *gába.*

Rhinozeros *harís, šē.*

Rhus abessinica *sámu.*

Rhynchosia memnonia *hayín.*

Richten *hokum,* — laßen *hokum-s.*

Richter *gádi, hákim.*

Richteramt *hókma.*

Richterspruch *hokám.*

Ricinus communis *bellás.*

Ricinusstaude *kajúj.*

Riechen etwas *bar-am, fin;* riechen, geruch verbreiten *fi';* zu riechen geben *fi'-s;* übel riechen *ḍemi.*

Riemen *bīyáy, danán.*

Rigel, fenster-, türrigel *dábba, kūfíl, ṭábla.*

Rind: kuh *ša',* stier *yō,* ackerstier *be'ráy,* büffelochs *ágaba,* wildbüffel *jamūs, gamūs,* das männchen *dakár.* rind von rötlicher farbe *hámeš.*

Rinde, die *aḍíf, éngili, šíḍḍa;* rinde schälen und sammeln *šeḍiḍ.*

Rindensammler *šaḍíḍ.*

Rinderhirt *ša'-éga, šéga, šékūa.*

Rindermist *fíndo, fiṇḍo, safarē.*

Ring *ášta, ášte, fāy, habbás;* fingerring, glatt one stein *mángo, mírwa,* sigelring *hátum,* vorsteckring *ma'afáy;* armring, -spange *wō-áyi fāy,* fußring *ō-rágadi fāy;* orring *wō-angūáli fāy,* naseuring *ō-gnūfi fāy.*

Ringeln sich, die schlange *debāl.*

Ringen *alig.*

Ringer *álgi.*

Ringkampf *álga.*

Rinne, rinnsal um das zelt oder haus zur ableitung des waßers *hódhūd.*

Rippe *bíye.*

Risenschlange *abdergága, ab-dregága, sála.*

Riß *šérma,* einen riß haben *še-rām.*

Rist *sára,* hand- *wō-ayit sára,* fußrist *ō-ragadit sára.*

Ritzen *hăgŭn, ne'af.*

Rivale *hággo, hăggo, hăyo.*

Roh, ungekocht *asŭw;* roh, ungeschlacht, grob *ákra, ăkri;* roh sein *suw, akir.*

Rolle *kíssa.*

Rollen die matte u. dgl. *kesis;* sich rollen die schlange *de-bāl.*

Ror, schilf *ágga, ága, būs;* schreibror *galám;* ror worin der zucker versendet wird *en-kŭlŭb.*

Rose *bárbara.*

Rosine *debib.*

Rost *sebáb.*

Rosten *sābeb.*

Rösten *gŭr, kilōy, ya'.*

Rot *ádaro, ádalo;* rot werden *adarō-m;* rote farberde *dá-lawa.*

Röte am himmel *merér;* s. abend-, morgenröte.

Röten *adarō-s.*

Rötlich, rind von rötlicher farbe *hámeš.*

Rotz, nasenschmutz *afŭḍ.*

Rücken, bewegen *kŭš, wās;* — laßen *šō-kŭš, wās-is.*

Rücken, der *éŭga, sáŭkŭa, sára.*

Rückgabe *tégya,* — leisten *tegi;* — leisten laßen *se-tag.*

Rückgrat *eŭgit mita.*

Rückker *magér,* die — antreten *agir.*

Rückseite *ahár.*

Ruder *sŭb, sib, suķŭăm.*

Ruf, rum, glänzender name *nejím;* ruf, zuruf *wŭ'a, wŭlik.*

Rufen, anrufen *ne'al, wu', wŭlik;* — laßen *se-n'al, wŭ'ā-s, wŭlik-s.*

Rufer *nă'eli, wŭ'ána, wŭlikăna.*

Rüge *hamág, háne, ăs'al.*

Rügen *hamag, as'al, sebib;* — laßen *hamay-s, as'al-s, si-sabib.*

Ruhe, die *ād, āš, bū', hadŭw.*

Ruhen, sich ruhig verhalten *ad, iš;* ausruhen *bi', duw, fın, nay;* beruhigt, nicht aufgeregt sein *haduw.*

Ruhig *áda, hádwa.*

Rülpsen *gā',* — machen *gā'-s;* das rülpsen *gā'.*

Rülpser, der zu rülpsen pflegt *ga'ána.*

Rum, gloria *nejím.*

Rümen *hamid.*

Rumex vesicarius *ak.*

Rumvoll, berünnt *énjema.*

Rund *debála, háššama, kŭalál.*

Runden *hašš-iš.*

Rundung *hášša.*

Rupfen *melit,* —laßen *se-malit.*

Rüren *kŭš, wās;* — laßen *šŏ-kŭš, wās-iš.*

Rürstock zum umrüren *kŭšin, émse.*

Rüßel *ay,* — des elefanten *ō-kŭrbi ay;* rüßel des schweines *wō-hansíri genúf.*

Rüstig *eráb.*

Rutschen *šehāt.*

Rutschige stelle *šelhútani.*

S.

Saal, sal, salon *awút.*

Saat, sat *sér'a.*

Sabat *sabb, sāb.*

Säbel *embád,* krummsäbel *gŭrádi.*

Säbelscheide *ó-mbáḍi gañ, míšmam, méšmam.*

Sache *da, na.*

Sachte *delél, disét.*

Sachwalter *wákil.*

Sack *jēb, gēb, kisa;* geflochtener sack für getreide *gúffa;* ledersack für allerlei habseligkeiten *érgña, haríb, míswa, sékŭa;* kleiner ledersack, beutel für geld, tabak u. dgl. *híškŭl.*

Sack-, schweißtuch *mandil.*

Säemann *sár'i.*

Säen *sera',* — laßen *si-sera'.*

Sage, die *hadid.*

Säge *mánša', minšár.*

Sägen *meša',* — laßen *še-mša'.*

Sagen *an, di, yad.*

Saite *lūl, bíya.*

Salbe *lā'.*

Salben *la'-s,* — laßen *la's-is.*

Salbung *lá'sti.*

Salvadora persica *hib.*

Salz *milák, mōs.*

Salzen *milák hŏy di'* (salz dazu tun).

Salzig *mósi.*

Salz-, meerwaßer *hámi behár.*

Same, sat *'ára, derá', sér'a;* semen virile *ó-mīdi yam.*

Samhar, das *kār.*

Sammeln *debil, lekit;* — laßen *se-dabil, se-lakit;* rinde sammeln *šeḍiḍ;* — laßen *ši-šaḍiḍ.*

Sammler *dábli, lákti, šaḍiḍ.*

Sammlung *díbla.*

Sammt, mit; s. mit.

Sämmtlich *-ka, káris, kass.*

Samstag *sabb, sāb.*

Sand *híssay, híssa, íssa, ísse, hāš, dába.*

Sandale *giḍ'a.*

Sandaleumacher *giḍ'át tánkū-iuk, giḍ'át tánkūi.*

Sandalensole *dámba.*

Sandstein *garhúš áce, gagerhúš.*

Sauft adj. *šóbša,* adv. *šóbšáy.*

Sang, der *kňáli, nīn.*

Sänger *kňalĭtána, nīnána.*

Satan *sĭtán, šĭṭán.*

Satt *gába,* satt sein *gab.*

Sattel, der *kōr.*

Sattheit *gab.*

Sättigen *gab-s.*

Sättigung *gabĭsti.*

Sauber, s. rein.

Säubern vom staub *mehag, se-hag;* — laßen *se-mhag, si-shag.*

Sauer *hámi, hamíd, hámra;* — sein *hami, hamír.*

Säuern *se-ham, se-hamír.*

Sauerteig *hamír.*

Säuerung *sehámyoy, sehámroy.*

Saufen *gŭ'agŭ'.*

Säufer *gŭ'agŭ'ána.*

Saugen *dūg, kaḍ, šefi.*

Säugamme *ámna, dūgsána, si-šáfi.*

Säugen *dūg-s, kaḍ-š, si-šaf.*

Säugling *šáfi.*

Säure *hámyay, hamír.*

Saure milch *dáhŭa, dáuha, ha-mi-t 'a, mása.*

Scarabaeus sacer *ámba kónšib, findód 'áni.*

Schachtel *élba, húgga, ákūa.*

Schädel *girma.*

Schaden, unglück *šar, áka;* — zufügen *sō-mig.*

Schaf *áno, ergáne, árgin, nā';* weibliches schaf bald zucht-fähig *rangáne;* junges schaf, lamm *anót 'ōr, ergáne, ár-gin, dĭrfin.*

Schafbock *ergáne, árgin, nā'* (masc. gen.).

Schaffell *hérsa, anót 'áda.*

Schafmutter *áno, nā'*(fem. gen.).

Schafwolle *anót hámo.*

Schaffen *kalag, halag, aklig, kūsi, mine.*

Schaft *dábi,* lanzeuschaft *kén-dabi.*

Schakal *ba'ášo, báyho.*

Schäckern, s. scherzen.

Schale, s. trinkschale.

Scham, die weibliche *'ad;* die klitoris *wó-'adi gírma, 'awíl;* schamlippe *wō-'adit amba-róy.*

Schamglid, das männliche *mĭd;* glans penis *ó-mĭdi gírma;* scrotum *gálo,* testiculus *wēla, wúla, úla, ū-mĭdit 'ōr.*

Schamgürtel der mädchen *bál'a, bála.*

Schamhaare des mannes *ó-mīdi hámo*, — des weibes *wó-'adi hámo*.

Schamhaft *hamöyseha*, — sein *hamöyseh*.

Schande *gehárti*, der — preisgeben, beschämen *gehar*.

Schänden ein mädchen *fela'*.

Schänder *fál'i*.

Schändung *fél'a*.

Schändlich *amág, afräy*; — sein *mäg, afräy*.

Schändlichkeit *mäge*.

Scharf *hási*, — sein *hasi*.

Schärfe des schwertes u. dgl. *yāf*.

Schärfen *se-has, sehal*; — laßen *si-s-has, si-sehal*.

Schärfung *sehasóy, síhela*.

Schatten *ándala, lénda*.

Schätzen, ab-, den wert bestimmen *hasib*; — laßen *se-hasib*; schätzen, achten *kehan*.

Schätzer *hásbi; káheni*.

Schätzung *hásba; keháno*.

Schauen *šebib*, — laßen *ši-šabib*. aufwärts schauen *šenin*.

Schaum *hebib*.

Schéch, stammhäuptling *hád'a*.

Scheffel, getreidemaß *mūd*.

Scheide für schwert, dolch *míšmam, gaû*.

Scheiden, trennen *adid, betik,* *feḍig, feḍi, fartak*; — laßen *s-adid, se-batik, še-faḍig, še-faḍ, fartak-s*.

Scheidung *ádda, bétka, féḍga, fúḍi, fartákti*, scheidung von der frau *fúḍge, dérti*; der frau die scheidung geben *dēr, fáḍig*.

Schein, s. licht.

Scheißen *endöf, döf*.

Scheitel des kopfes *hūmínde, mat*; — des berges *riša*.

Schelle *kalá'*.

Schelten *gehar*, — laßen *gehar-s*.

Schenkel *áṇḍare, dámba*.

Schenken *hi*, — laßen *se-hay*.

Schere, die *makás*.

Scheren die haare, den bart *medid*; — laßen *se-madid*.

Scherer *madid*.

Scherz *hawás, wās*; gegenstand von scherzen sein *hawás-am*.

Scherzen *hawás, wās*; das — *hawásti*.

Scherzer *hawásána*.

Scheu, s. furcht.

Schicken, s. senden.

Schießgewer, flinte *bundukiye*, pistole *tabánja, tabánya, tabáyna*, kanone *mádfa*.

Schießkugel *arēr, resás*.

Schießpulver *barūd*.

Schiferstein *sótay áwe.*

Schiff, kleines kauffarteischiff *áro, áre;* kleines segelbot *nagár,* großes schiff *mérkab, mirkab.*

Schild *gábe,* handhabe des schildes *ádala.*

Schildkröte *dérkŭa, sekŭr.*

Schilf *bŭs,* — der durra *ágga, ága.*

Schimpf *gehár, nĕŭ.*

Schimpfen *gehar, nĕw;* — laßen *gehar-s, nĕŭ-s.*

Schimpfer *geharána, nĕwána.*

Schimpferei *gehárti, nĕŭti.*

Schinbein *áli, dámba, diŭdiŭ.*

Schlacht *harib.*

Schlachten *harid,* — laßen *se-harid.*

Schlächter *hárdi.*

Schlachtung *hárda,* — zu eren eines verstorbenen *rugŭŭš.*

Schlaf *bŭ', embi', dáti;* leichter, erster schlaf *han'ár, nár'i.*

Schläfe, die *mišákŭi, mišakŭáni, šemakŭáni.*

Schlafen *bi', embi', dŭw;* leise schlafen *han'ar.*

Schläfer *duwána.*

Schlaff sein *beḍáy.*

Schläfrig *áda, nar'it;* — sein *ad, nar'i-t.*

Schläfrigkeit *ád, nár'i.*

Schlafstätte, s. bett.

Schlag, der *kaḍáw, ṭi'a, ṭiba', úlwi.*

Schlagen *kaḍaw, ṭa', ṭib, wuli, uli;* — laßen *kaḍaŭ-š, šŏ-ṭa', šŏ-ṭib, su-wul.*

Schläger *kaḍawána, ṭá'i, ṭábi.*

Schlamm *híssay, híssa.*

Schlange *kŭŭrkŭŭr, kákŭŭr;* kleine schlange in mauern sich aufhaltend *gádda',* die Aesculapnatter *mãy,* ringelnatter *gati',* waßerschlange *kye, jye, je;* viper *abanáfa, emjafár, ǵédi;* die risenschlange boa *abdergáya, abdregáya, sála.*

Schlarfen mit den füßen *lik.*

Schlau, s. klug.

Schlauch zur aufbewarung von allerlei habseligkeiten *érgŭa, hawa, míswa;* — für waßer. *gŭandy, harib, sar, sékŭa;* — für butter *hálbati;* kleiner schlauch für tabak, geld *hiškŭl.*

Schlecht *afráy, amãg;* — sein *afrãy, mãy;* schlechtes zufügen *sŏ-mig.*

Schlechtigkeit *mãye, mamég.*

Schleier *kŭbla, kŭábla, kŭáble;* einen schleier anlegen *kŭbil,* — sich *kŭbál.*

Schleifen, schärfen *sehal*, — laßen *si-shal*.

Schleifer *sáheli*.

Schleim *sil*.

Schleimfluß der harnröre *bejál*, *begál*.

Schleppen *kŭš*; sich mühsam fortschleppen *kŭãš*.

Schleuder, die *kawíḍ*.

Schlicht *hamóyseha*, — sein *hamŏyseh*.

Schließen, binden *asir*, — einen brief, ein gepäck *atim*, — die türe *ṭabbal*; schließen laßen *s-asir*, *s-atim*, *ṭabbal-š*.

Schloß, verschluß *kŭfil*, *ṭábla*; burg *gál'a*, *rošân*.

Schlucht *kãr*.

Schlucken, singultus *šákua*.

Schlucken, glutire *kuta'*.

Schlummer *ãd*, *han'ár*, *nár'i*.

Schlummern *ad*, *han'ar*, *na-r'ĩ-t*.

Schlund *ánkar*, *bála*, *girgŭma*.

Schlüpfriger boden *šelhátani*.

Schlüßel *méftah*.

Schmächtig *aḍámi*, *neháwa*; — sein *aḍãm*, *nehaw*.

Schmächtigkeit *erhása*.

Schmackhaft *támi*, *náfir*.

Schmähen *gehar*, *nẽw*, *rejim*; — laßen *gehar-s*, *nẽû-s*, *se-rajim*.

Schmäher *geharána*, *nẽwána*, *rájmi*.

Schmähung *gehár*, *gehárti*, *nẽûti*, *réjma*.

Schmal, s. enge.

Schmalz *lã'*, *la'ámsa*, *símma*.

Schmalzen *la'-s*, *semim*; — laßen *la'-s-is*, *si-samim*.

Schmarotzen *remig*.

Schmarotzer *rámgi*.

Schmarotzerei *rémga*, *rímga*.

Schmecken, s. schmackhaft.

Schmelzen, zergehen, flüßig werden *lil-am*, *mi'-am*.

Schmerz *lehanáy*, großer — *ya*; schmerz empfinden *leh*, *yã'i*; schmerz bereiten *lehã-s*.

Schmetterling *bilekanáy*, *babalána*.

Schmid *haddád*, *kütána*, *ráhebi*, *šabána*.

Schmiden *rehab*, *šab*; — laßen *se-rhab*, *šab-š*.

Schmidehandwerk *ríheba*.

Schmire *mišmat*.

Schmiren *šemit*, — laßen *ši-samit*.

Schmirer *šámti*.

Schmuck *lakáy*, *melkáy*.

Schmücken *leki*, — laßen *se-lak*; schmücken sich *lakáy*.

Schmutz *bũs*, *dámra*, *yuwás*.

Schmutzig *dámra*, *yúwaši*; —

sein *dāmer, yuwaš,* — machen *se-dāmer, yuwaš-iš;* —
werden *yuwaš-am.*

Schnabel *genūf, hatūm.*

Schnabeltier *gŭbár.*

Schnalzen mit der zunge als
ausdruck der verneinung *jūjū
di.*

Schnarchen *kanter, šehūar;* das
schnarchen *kantūr, šehūára.*

Schnarcher *kantrána, šáyheri.*

Schnauben, schnaufen *fūf,
hamšik.*

Schnecke *ē, eh* (?).

Schnee *bayŭk.*

Schneide bei instrumenten,
schärfe *yāf.*

Schneiden *betik, kŭbib, wik,
wuk;* — laßen *se-batik, s-ŭk-
bib, sō-wik, -wuk.*

Schneider, -in *hŭydi, halák tău-
kūi,* — *tankūŭk.*

Schnell, adj. *willa, wálla, wŭl-
ya;* adv. *willa, wálla, wil-
láy, wulláy, wulyáy.* schnell
sein *wuly. willa di, wálla
di, al, ašig.*

Schnelligkeit *willa, wálla, wŭl-
ya, ašig, day, hádla.*

Schneuzen sich *fid, fid-am.*

Schnitt *bítka, kŭbba, wika.*

Schnüffeln *fin.*

Schnupfen, der *kŭléla.*

Schnupftabak *našŭk.*

Schnuppern *fin.*

Schnur *eṅgŭl, fatil, lūl, yāy.*

Schnurbart *gŭlŭm, šenáb, šawárib, ó-yāfi hámo.*

Schon *mási.*

Schön *adíl, endáwire, endáû-
re, dáûre, dáûri, nawádire,
endáy, dāy, šōb;* schön sein
šōb, šebōb; bildschön *masálama,* die frau ist bildschön
tū-takát masalamátu.

Schöner *hayís,* — sein *hayís.*

Schönheit == schön.

Schopf, haarschopf der knaben
šit'i; schopflappen des hanes,
hanenkamm *šabíl.*

Schöpfeimer *dŭgūra.*

Schöpfen *gedah,* — laßen *se-
gadah.*

Schöpfer, creator *kŭasána, akligána.*

Schöpflöffel *gŭráf, mŭgráf;*
großer — *me'óy.*

Schöpfung, die *kelág, haláy,
mine.*

Schoß, sinus *arór.*

Schößling *le'id, lingo.*

Schottenfrucht, s. bone, linse.

Schreck *mắha,* — verursachen
sō-māh, von schrecken er-
griffen werden *māh, etō-māh.*

Schrecklich *sōmáha.*

Schrei, der *walik*, von tieren *ikúw*, *ánkuw*, *warēr*, *waū*.

Schreiben *ketib*, — laßen *se-katib*.

Schreiber *kátbi*.

Schreibfeder, -ror *galám*.

Schreibmappe *mafáda*.

Schreibtafel *leh*.

Schreien *walik*, *waū*, von tieren *ikuw*, *ankuw*, *dah*, *tiw*, *warēr*, *wāw*; schreien der esel *han*, das kamel *aḍ*.

Schreier *walikána*, *wawána*.

Schrift *ketáb*.

Schriftgelerter *fagih*.

Schritt *mat*.

Schröpfen *beḍih*, — laßen *be-ḍih-s*.

Schröpfer *beḍhána*.

Schröpfhorn *béḍhani*.

Schröpfung *béḍhati*.

Schüchtern *hamöyseha*, — sein *hamöyseh*.

Schuh *merúk*, holzschuh der frauen *kerkáb*; schuh der pflugschar aus elefantenhaut *karfáš*; sandale *gúḍ'a*.

Schuhsole *dámba*, *fedíg*.

Schuld, unrecht *harám*, *sámbe*, *jámbe*, *gámbe*; schuld, debitum *yāf*, eine — bezalen *yāf kūsi*.

Schule *kor'án*.

Schüler *lámdi*, *lemdána*.

Schulmeister *selámdi*.

Schulter *hárka*, *hérka*, *sánkūa*, *sínkūa*, *súnka*.

Schulterbein *nákašu*.

Schulterblatt *anbúr*.

Schulze, dorfamtmann *háḍ'a*.

Schuppen *šakír*.

Schürze, lederne der mädchen *háḍ'a*, *bála*; — der arbeiter *nát'a*.

Schüßel aus thon oder holz *gadáh*, *sān*; große flache schüßel *ēs*, kleine schüßel *kóba*, schüßel aus palmblättern waßerdicht geflochten *amúr*, *tabáy*.

Schuster *merkūáb*, *táṇkūi*, *giḍ'át táṇkūi*, — *tankūiṇk*.

Schwach *ayáy*, *dáha*, *gerára*, *gó-ya*, *neháwa*, *nákūa*; schwach sein *ayáy*, *dāh*, *gōy*, *nehāū*, *nākū*; schwach werden *a-yāy-m*, *gerār-am*.

Schwäche = schwach.

Schwächen *ayāy-s*, *se-nhāū*, *se-nāṇk*.

Schwager *me'áli*, *mã'eli*.

Schwägerin *me'áli*, *mã'eli*.

Schwalbe *géḍlo*.

Schwan *bāl*.

Schwanger *nākūa*, *nákūaláy*, *šáya*; — werden *nekūi*.

Schwängern *se-nauk*.

Schwängerer *senákŭi*.

Schwangerschaft *nákŭe*.

Schwanz, schlepp bei tieren *nĭwa*.

Schwarz *hadăl*, — sein *hadāl*.

Schwärze *hadăl*.

Schwärzen *se-hadāl*, — laßen *si-s-hadāl*.

Schwatzen *hadĭd*.

Schwätzer *hadĭdáni, harári*.

Schwefel *kúbre*.

Schweif, s. schwanz.

Schweigen *semāk, hiss keti, tim, tim di*; zum schweigen bringen *si-smāk*; das schweigen *mísmek*.

Schweigsam *semáka*.

Schwein *hansír*; wildschwein *hallúf, halúf, haráwya, yāk*.

Schweiß *dūf*.

Schweißtuch *mandil*.

Schwellen *'ām*, das — *'áme*; schwellen machen *se-'ām*.

Schwenken *wula'*, das — *wúl'a*; schwenken laßen *su-wala'*.

Schwer *déga*, — sein *dey*, — werden *deg-am*, schwer machen *deg-s, dek-s*.

Schwere, die *madéy*.

Schwert *embăd, gŭrádi*.

Schwertscheide *ó-mbăḍi gaû, mísmam*.

Schwertspitze, -schneide *ó-mbādi yāf*.

Schwester *kŭa*; leibliche — *dětit 'ōr*, halbschwester *băbit 'ōr*.

Schwigermutter *hámo*.

Schwigersohn *'óti híyo*.

Schwigertochter *'órit híyo*.

Schwigervater *hámo*.

Schwimmen *ōm, beḍif*; — laßen *ōm-s, beḍif-š*; das schwimmen *ōm, ómti, beḍíf, beḍífti*.

Schwimmer *ōmána, beḍfána*.

Schwinden *nehăd*.

Schwindsucht *kŭléla*.

Schwinge, s. sib.

Schwitzbad der frau *de*, das — nemen *daf*.

Schwitzen *dúf*.

Schwören *gelid*, — laßen *segalid*.

Schwörer *gáldi*.

Schwund *ménhad*.

Schwur *gílda*.

Scrotum *gálo*.

Sechs *asăgúr*.

Sechsmal *asăgúr dóra*.

Sechster *asăgúra*.

Sechzehn *támn-asăgúr*.

Sechzehnter *támn-asăgúra*.

Sechzig *asăgúr tamún*.

Sechzigster *asăgúr-támna*.

Seddera latifolia *hammēs-hombāk.*

See *bírka;* meer *behár, behĕr.*

Seele *šūk, hamšúk, amšúk.*

Seevogel *ó-bhari keláy.*

Segel *bal, širá'.*

Segen *barák, médhar, dẹhára.*

Segnen *barak, dehar;* — laßen *barak-s, se-dhar.*

Segner *dáheri.*

Sehen *erh, šebib;* — laßen *erh-is, ehir-s, ši-šabib.*

Seide *harír.*

Seife *sabún.*

Seil *lūl, yāy, nawár.*

Sein, esse -*n* fem. *-tu, hān, ān, au, hāy, fāy.*

Sein, pron. poss. *baryús, baryúh, -yūs, -yūh, -ūs, -ūh.*

Seit, seitdem *-i, -ka, -k, -ne.*

Seite, nähe *árḍwa, gab, geb, gúad, gedím, léwu, mar;* seite des menschl. körpers *bíye.*

Selbst, ich selbst *abiy-é, šŭk-ū,* du selbst *abiy-ék, šūk-úk* u. s. w., §. 176.

Selten *šallik.*

Sena Mekka *merára.*

Sendbote, s. bote.

Senden *sō-bāy, digōg, lengŭ-m, rasil, arsel;* — laßen *si-sō-bāy, digōg-s, lengŭ-m-s, arsel-s.*

Sender *sōbáya, digōga, raslána.*

Sendung *léngŭa, rasílti.*

Senken *nu'.*

Ser, gar ser *gúda.*

Sesam *símsum.*

Sesamöl *sále.*

Seßel *kánkar, kúrsi.*

Seßhaft *áskena, hedári, hákbi;* — werden *asken-am,* — machen *asken-am-s.*

Setzen *dā-s, dadā-s, wuda', keti;* — sich *hakūb, kemās, sā'.*

Setzlinge stecken, pflanzen *'adi.*

Sib, das cribrum *entár, kŭáyāni, māy.*

Sieben, siebten *kŭay, may;* — laßen *kŭay-s, may-s.*

Sieben, septem *asaráma.*

Siebengestirn, das *ne'ál.*

Siebenmal *asaráma dóra.*

Siebenter *asaráma.*

Siebzehn *támna asaráma.*

Siebzig *asaráma tamún.*

Siebzigster *asaráma támna.*

Sichtbar *láwa,* — werden *law.*

Sichten, s. sieben.

Sie, ea *batús, batúh;* illi *barás, baráh* fem. *batús, batúh.*

Sieden v. n. *gaš,* v. a. *gaš-iš.*

Sig, der *gírba, mégreb, nẹsír, ánser.*

Sigel *'átma.*

Sigeln *atim,* — laßen *s-'atim.*

Sigelring *hátam.*

Sigen *gerib, nasir, anser.*

Siger *gárbi, anserána, ansrá-na.*

Silber *ášta, ášte.*

Silberschmid *aštát kútána.*

Silbertaler *riyál.*

Singen *kŭalĭ-t, lil, nīn;* singen in der trauer die frau *kaf.*

Sinken *gedāh,* — laßen *se-ge-dāh, se-gedha.*

Sinn *hásba.*

Sinnen *hasib.*

Sippe *iyál.*

Sitte *limda, sálif;* feine sitte *'áda.*

Sitz *misá',* einen — anweisen *se-hakib, sō-sā'.*

Sitzen *sā', hakib, kemis.*

Sitzstube im hause, wo alle leute zutritt haben *éfo.*

Sitzung der gemeinde zur beratung *mehábre, emhábre.*

Sklave *kíšya, kíša;* entlaufener sklave *kanjár.*

Sklavenkleid *nát'i.*

Sklavenstamm *kišéndáwa.*

Sklavin *kíšya, kiša.*

Skorbut *sūs·*

Skorpion *tel'äna, tél'ana, tén-'alo.*

So, auf diese art *bákŭ, bak.*

Sodada decidua *sáro.*

Sogar *han.*

Sogleich *wulyáy, wulláy, wil-láy.*

Solanum albicaule *keruwakru-wati.*

Solanum campylacanthum *he-lil.*

Solanum Schimperi *gūm.*

Solanum sanctum *mányo.*

Sold *keráy.*

Soldat *ásker.*

Sole *dámba, gíd'a.*

Sommer *hagáy,* den — zubringen *hagáy,* den sommer über jemanden behalten *hagáy-s;* aufenthalt, leben wärend des sommers *mehagáy.*

Son, der *'ōr,* der erstgeborne son *wū-'ór ū-súri, wū-'ór ū-súrkena.*

Sonchus Hochstetteri *šeygúm.*

Sondern, aber *lakín.*

Sondern, s. scheiden.

Sonnabend *sabb, sāb.*

Sonne *yīn, in.*

Sonnenaufgang *tō-yint mefré', šarik.*

Sonnenuntergang *tō-yin dib.*

Sonntag *had, had yīn, had embí'.*

Sontbaum, acacia spirocarpa *sángane, tawáy.*

Sorge *hásne, hasír,* in sorge geraten *hasāy, hasirkena-m.*

Sorgenvoll *hasáy, hasirkena.*

Sorghum vulgare *m'áre, hárro.*

Sorglos *gabib, ságŭ'i;* — sein gebib, *seguă'.*

Sorglosigkeit *gébba, gebáb, sŭgŭ'a.*

Sorte *gins.*

Spähen *hasis, degŭ;* — laßen *se-hasis, sō-dug.*

Späher *mehássi, dágŭi.*

Spähung *hássa, dúgŭa.*

Spalt *adád, bílsa, fúlga, més'a.*

Spalten *adid, belis, feḍig, meša';* — laßen *s-adid, se-balis, se-faḍig, še-mša'.*

Spange *fāy,* armspange *wō-áyi fāy,* fußspange *ō-rágadi fāy.*

Spärlich *šallik,* — geben *šelik.*

Spaß *hawás, wás,* spaß machen *hawás,* zu späßen anlaß geben *hawás-is,* gegenstand von späßen sein *hawás-am.*

Spaßmacher *hawásána.*

Spätabend *amás, áša, íša, hawád.*

Spätherbst *ëma, íma.*

Spazieren *dinōy,* — füren *dinō-s.*

Spaziergang *dinóy.*

Spaziergänger *dinōyána.*

Specht *kofiyāytëya, sumán.*

Speichel *sil, šákka.*

Speien, sich erbrechen *hit-am;* das speien *hūt,* zum speien reizen *hit-s;* ausspeien *tuff, tūf, tifföy.*

Speise *tām, ḍah, ëš, m'áre.*

Speisen, essen *tam;* zu essen geben *tam-s.*

Spende *miyáŭ.*

Spenden *hi.*

Sperber *ëke, buw, bū, belúl'ay.*

Sperren, verschließen *ṭabbal.*

Spicken *tib-s.*

Spieß, lanze *fëna.*

Spießglanz, antimonium *henín, enín;* mit — die augen färben *ōn.*

Spigel *mindara, mer'ána, merána, šuwále, šuwáne.*

Spil *árda, bóla, hawáy.*

Spilen *arid, bōl, hawáy;* — laßen *arid-s, bōl-s, hawē-s.*

Spiler *ardána, hawáyána.*

Spinne, die *hireráni, tánkaro.*

Spinnen *gedil, terir;* — laßen *se-gadil, se-tarir.*

Spinner, -in *gádli, tarír.*

Spion, s. späher, spähen.

Spirzen *tuff, tūf, tifföy.*

Spiß, der; s. spieß.

Spitze, die *hási;* schärfe, schneide *yáf,* lanzenspitze *fenáti yáf,* spitze des berges *riša.*

Spitzen, schärfen *sehal*, — laßen
si-shal.

Spitzig *hási*, — sein *hasi*, —
machen *se-has*.

Spitzmaus *káka*.

Spott *fi'ád, fiyád;* dem spotte
preisgeben *se-fá'id, se-fáyd.*

Spotten *fá'id, fáyd.*

Spötter *fá'idi, fáydi.*

Sprache *adúm, behál, yáf;* die
Bedschasprache *tū-Beḏáñye,*
die arabische sprache *tū-Be-
láñye* (»das arabische«).

Sprechen *adum, behāli, hadíd;*
— laßen *adum-s, behālí-s,*
hadíd-s; leise sprechen *šöb-
šáy adum,* laut sprechen *gú-
dāti adum.*

Sprecher *behālyána, hadīdána.*

Spreiten, spreizen *berár, fenin,*
regig; — laßen *se-barir, se-
fanin, se-ragig.*

Sprichwort *masál.*

Springen, hüpfen *arid, far, fafar;* springen, bersten *belás;*
von der höhe herabspringen
dib, ḍib.

Springer *ardána, fafarána.*

Sproß, trib *le'íd, lingo.*

Sproßen *'ár.*

Sprößling, kind *'ör.*

Spruch *míyado;* richterlicher
spruch *hokúm.*

Sprung *árda, fár, fafár;*
sprung, geborstene stelle *ed-
bálsoy.*

Spucken *tuff, tūf, tiffóy.*

Spur *ma'át, me'át, mat;* der
spur nachgehen *ö-m'ati bāy,*
ū-m'atidha bāy.

Sputen sich *ašig, wuli, willa*
di, wúlla di.

Spützen *tuff, tūf, tiffóy.*

Stab *sir.*

Stachel *din.*

Stachelschwein *abu-šök, álem,*
hanhän.

Stadt *bélled, belád, bándar.*

Stadtamtmann *hád'a.*

Stamm, tribus *énda, éṇḍàwa,*
duwèr, gabila; der herren-
stamm *haḏ'éṇḍàwa, haḏ'énda,* sklaven-, knechtstamm
kišéṇḍàwa, heloten *abábda.*

Stammfürst *hád'a,* — werden
hadā'; zum stammfürst machen, erwälen *se-hadā'.*

Stammeln *gag.*

Stammsitz *misnay.*

Stammvater *báb.*

Stampfen mit den füßen *'at,* mit
einem werkzeug *küt;* den fußboden stampfen, ebnen *hāb.*

Stand halten, stehen bleiben
negād; im stande sein *agder,*
adger.

Stange *sir*.

Stapelia ango *sáwók*.

Stapelia macrocarpa *felángedi*.

Stapfe *ma'át, me'át, mat*.

Stark *ákri, eráb, délha, áš'a-ra, hili;* — sein *akir, aš'ar,* — werden *eráb-am*.

Stärke *akerír, áš'ar, ádreg*.

Stärken *s-akir,* — laßen *si-s-akir*.

Starrsinn *níye*.

Starrsinnig sein *niyī-t*.

Statice axillaris *hib*.

Station *mahátta*.

Stätte *mehín, emhín*.

Statthalter *ága*.

Staub *hāš*.

Stechen mit einem instrument *'adi,* — laßen *se-'ad;* stechen (die fliege, schlange) *tam*.

Stecken setzlinge, pflanzen *'adi*.

Stecken, der *sir*.

Stehen *engād, negād,* das stehen *ménged;* stehen laßen *se-ngād*.

Steigbügel *rikáb*.

Steigen, hinauf- *rew, ruw,* hinab- *gedáh;* — laßen *reú-s, se-gedāh, se-gedha*.

Stein *áwe;* granit *delh' áwe,* verwitterter granit *garhúš, gagerhúš;* kalkstein *ēr' áwe;* schifer, thonschifer *sótay* *áwe;* quarzit *síkū, síkū átne*.

Steinbock *éwu, éū,* das weibchen *ō-malalít nāy*.

Steinig *áweye;* der weg ist steinig *ū-daríb aweyébu*.

Steiß *būs, hágge, kadám, lūm*.

Stelen, entwenden *gūhar,* das — *gūhár;* stelen laßen *soghar, sọ-gūhar*.

Stelle *mehín, emhín*.

Stellen *dā-s, dadā-s, keti, wuda';* — laßen *dā-s-is, se-kat*.

Stellvertreter *wákil*.

Steppe *kadán, káda, melál, mánga, mínga*.

Sterben *yā'i*.

Sterculia tomentosa *baragŭi*.

Steril, mensch *gedúdi,* boden, feld *bálama*.

Stern *hayúk*.

Sternschnuppe *hayúki misterír;* es fiel eine sternschnuppe *hayúk exrár*.

Stets *dima, yóyti*.

Steuer, tribut *ašúr, fír'a, tílba;* steuer zalen *fera',* steuer eintreiben *se-fara'*.

Steuerbeamter *sefär'i*.

Steuerruder *sēb, sib, sụkūám*.

Stich, der *'adúy*.

Stichwunde *'ádiye*.

Stiefmutter *babi takát*.

Stiefson *hiyóy 'ōr.*

Stieftochter *hiyóyt 'ōr.*

Stiefvater *endéti híyo,* — *tak.*

Stiege *salálem.*

Stier, zuchtstier *yō,* ackerstier *be'ráy.*

Stil, handhabe *'ábka, dábi,* lanzenstil *kén-dabi,* handhabe des schildes *ádala.*

Stille sein *semāk, tim di;* die stille *tim.*

Stimme *his.*

Stinken *ḍemi,* — machen *šeḍam.*

Stinkend *ḍémya, ḍímya.*

Stirn *bíte, tára.*

Stock *kŭ̆áláy, lăkŭ̆áy;* kleiner stock zum umrüren der polenta *émse, kŭ̆šin.*

Stoff für kleidung *gumáš, hām, nása.*

Stolpern *gif,* — machen *sō-gif.*

Stolz, der *šénna;* adj. *šanín,* — sein *šenin.*

Stopfen *tib-s,* — laßen *tib-s-is.*

Stoß, der *gŭ'a, kŭta.*

Stößel *kŭtána.*

Stoßen *gŭa', kŭt;* sich stoßen *gif.*

Stotterer *gága.*

Strafe *sébba, sebáb.*

Strafen *sebib,* — laßen *si-sa-bib.*

Strafer *sabib.*

Strand *darág, gedím, jeríf.*

Strang *lūl, yāy.*

Straße *daríb.*

Straucheln *gif, šehāt.*

Straußvogel *kŭire.*

Streben nach etwas *haruw.*

Strecken *beḍif, fenin, regíg;* sich strecken *fenān, regāg.*

Streicheln *selih,* — laßen *si-salih.*

Streichen fett *la'-s, šemit;* — laßen *la'-s-is, ši-šamit.*

Streit *amódhoy, féna.*

Streiten *amō-dah.*

Streiter *amódha.*

Strepsiceros kudu *tétel,* das männchen *gáruwa, kóte,* das weibchen *gŭláh* oder *ō-kŭtit kŭa.*

Strich, linie auf dem papier, im sande *šelítani.*

Strick *lūl, yāy.*

Striga orobanchoides *haḍay-mi.*

Strix aluco *náwe.*

Stroh *ágga, ága.*

Strohmatte *émbaḍ, émbaj.*

Strolch, vagabund *rámgi.*

Strom *behár, behér.*

Stück *teráb.*

Stufe *solám.*

Stul *kánkar, kúrsi.*

Stumm *dúndur, dúnduri, gel-lási, legúmi.*

Stumpf *redád,* — sein *redid,* — machen *se-radid.*

Stumpfsinnig, s. dumm.

Stunde *sá'a.*

Sturmlauf *yéska,* in sturmlauf angreifen den feind, stürmen *yesák.*

Sturmwind *ilogáni, aúláy.*

Sturz *dib, ḍib.*

Stürzen v. n. *dib, ḍib, serār;* v. a. *dib-s, ḍib-š.*

Stute, die pferd- *tū-hatáy,* die kamelstute *tū-kám,* die esels-stute *tū-mék.*

Stutzen die haare, den bart *hakik,* — laßen *se-hakik.*

Suakin, die stadt *Sōk,* stets mit dem objectsartikel *ō-Sōk.*

Suche, die *hárwa.*

Suchen *haruw,* — laßen *se-haruw.*

Sucher *hárwi.*

Süd, der *sīd, mehákŭel, emhákŭel.*

Sudan *Sodán.*

Suez *Suwés.*

Sultan *sultán.*

Sumpf *déyo.*

Sünde *harám, sámbe, jámbe, gámbe.*

Sünder *harámi.*

Suppe *fúti, sit.*

Süß *náfir,* — sein *nefir,* — machen *se-nafir.*

Süßigkeit *néfra.*

Sykomore *ham, kúnte;* frucht davon *kúnte.*

Syphilis *halíg.*

T.

Tabak *duhán, tumbák;* tabak rauchen *duhán gū', tumbák gū';* schnupftabak *našúk.*

Tabakbüchse worin der tabak verwart wird *ákŭa, húgga.*

Tabakpfeife *dáwa, kat;* die waßerpfeife, nargile *gúrgŭr.*

Tabakrauchen, das *tumbák gū-'áti.*

Tabakraucher *tumbák gū'ána.*

Tadel, der *hamág, háne, sa'ál, ás'al.*

Tadeln *hamag, as'al, sebib;* — laßen *hamag-s, as'al-s, si-sabib.*

Tadler *as'alána, sabíb.*

Tafel zum schreiben *leh.*

Tag *émbe', yīn, máha.* anbrechen der tag *kerim, mah.* bei tagesanbruch an die arbeit gehen *se-karim.* zubringen den tag *yāym, āyim.*

Tagesanbruch *kerúm.*

Tageszeiten, der morgen *ána,*

fajír, léha, mah; das erste morgengrauen *kerúm.* zeit des ersten gebetes *sebúh.* mittag *néb'i hōb,* zeit des zweiten gebetes *dehúr, duhúr.* zeit des dritten gebetes *asír, húmnay.* zeit des vierten gebetes *garíb, mágreb, engeráb.* zeit des fünften gebetes *áša, íša.*

Tahteibaum, juniperus procera *tetáf.*

Tal, das *kār.*

Taler, der *riyál.*

Tamarinde *aradë,* die frucht davon *wō-aradéyt lúmi.*

Tamariske *áma.*

Tambour *kabúr ṭá'i.*

Tamburin *kabúr,* schlagen das — *kabúr ṭa'.*

Tante, die *dúra; bábi tú-kŭa* vaters schwester, *déti tú-kŭa* der mutter schwester.

Tanz *árda, hawáy.*

Tanzen *arid, hawáy;* — laßen *arid-s, haway-s.*

Tänzer *ardána, hawáyána.*

Tapfer *fáda, hátra;* — sein *hāter.*

Tasche *jēb, gēb, kísa, mafáda.*

Taschenmeßer *šagál.*

Taschentuch *mandíl.*

Tasse *finján, fingán.*

Tasten *tahtah.*

Tat *'áda, 'adá', wára.*

Tätig sein *ankit.*

Tätigkeit *ámila, ma'amílye, ankít, nekít.*

Tatze, die *ay.*

Tau, das *lūl, nawár, yāy.*

Tau, der *jeméd, náda, sa.*

Taub *angŭláy, úṅgewa, úṅewa, nuwéû;* — sein *úṅgŭw, úṅuw, nuwēw.*

Taube *hamám, kúbhar, kŭbhéri;* wilde taube *bélbel.*

Taubstumm *dúndur, dúnduri, gellŭsi.*

Taugen *anf', amf'.*

Tauglich *ánf'a, ámf'a.*

Tauglichkeit *ánf'e, ámf'e.*

Tausch *bédla, bídla, dílba.*

Tauschen *bedil, delib;* — laßen *se-badil, se-dalib.*

Täuschen *sō-gim, hawál;* — laßen *si-sō-gim, hawál-s.*

Täuschung *sógmoy, hawál, haríš.*

Tausend *alíf, lif;* zweitausend *máll' álfa.*

Tausendmal *lif dóra.*

Tausendster *wū-álfa, ū-lífa.*

Tausendfuß *lolis.*

Teer *balánda, ketrán.*

Teich *bírka, déyo.*

Teig *aḍin, ajin.*

Teil *teráb.*

Teilen *terib,* — laßen *se-tarib.*

Teiler *tárbi.*

Teilung *térba, tirba.*

Teller *sãn;* großer aus palmenblättern geflochtener teller
entár, ēs, tabág; kleiner geflochtener teller *kóba.*

Tempel *mésgid.*

Tempelturm *mádna.*

Teppich *émbaḍ, émbaj, mista.*

Termin *elét.*

Termite *émbira.*

Terrain, schlüpfriges *šelhútani.*

Testament *sént'a.*

Testator *sentá'a.*

Testiren *se-ntā'.*

Tetel, das; s. antilope.

Teuer, kostspilig *álya,* — sein
ali.

Teufel *blis, sitán, šiṭán.*

Thon, lem *dō', luk, tin, ṭin.*

Thonflasche als trinkgefäß *gúlla.*

Thonplatte zum brodbacken
ḍékŭa, tanyin.

Thonschiefer *sótay dŭe.*

Thonvase, große für aufbewarung von waßer *awéy da.*

Tiefe, die *wúha.*

Tiefebene *kār.*

Tier, haustiere, vih *réŭ,* wild-

tiere *deháni,* gefärliches wild
tíyu.

Tigrémann *hássa.*

Tigrésprache, die *tū-hássa.*

Tinte *habír.*

Tintenfaß *dáwa.*

Tisch *mēs.*

Tochter *'ōr.*

Tochterkind *'óti 'ōr* fem. *'ōtit
'ōr.*

Tochtermann *'óti híyo.*

Tod, der *ya', ya.*

Toll *jínni, ginni, haláy.*

Tollsinn *mehalig, mehanig.*

Tölpel *gulúli.*

Tölpelhaft *abédla,* — sich an-
schicken *abdel.*

Topf *ebrik, enkaliû, we'a,
w'a;* melktopf aus palmblättern waßerdicht geflochten
téfa.

Töpfer *dō'ána.*

Töpferei treiben *dō'.*

Tor, das *báb, děfa, ḍéfa.*

Tora, s. antilope tetel.

Töricht, s. dumm.

Torrent *ába, kŭān.*

Tot *ayá', áya.*

Töten *dir,* — laßen *sō-dir.*

Totenbare *genáda, jenása.*

Totenklage *káfa, wāû;* die —
anstimmen *kaf, waw.*

Totenkleid *díbba, dúbba.*

Totenmal, leichenschmaus *ry-gŭáš.*

Totentanz *meleg.*

Töter *deråna.*

Totschlag *déra, madér.*

Traben *fafar,* — laßen *fa-far-s.*

Trächtig, ein muttertier *šáya.*

Träge *kesála,* — sein *kesål.*

Tragen *feyāk,* — laßen *se-fa-yik.*

Träger, der *fáyki, feyakána.*

Trägheit *kasál.*

Trampeln *'at.*

Träne *melo.*

Trank *gŭ'a.*

Tränke, die für das vih *derŭk, mágŭel, súra.*

Tränken *gŭ'ā-s,* — laßen *gŭ'a-s-is.*

Tränkplatz *gŭad, gŭaj.*

Trauen, glauben *aman.*

Trauer *hásne, hasyáy, kŭān.*

Trauergesang *káfa,* den — an-stimmen *kaf.*

Trauern *hasāy, kŭān;* — um einen verstorbenen verwan-ten *hamṓyseh.*

Träufeln *tåkŭ, tåk.*

Traum *embelál, háŭso.*

Träumen *embelal, haŭsåw.*

Träumer *embelalána, haŭså-wána.*

Träumerei, phantasie *embelálti, haŭsóti.*

Traurig *hasóy, kŭāna.*

Traurigkeit, s. trauer.

Treffen, begegnen *ašiš.*

Treiben vih *galal,* — laßen *ga-lal-s.*

Treiber *galalána.*

Trennen *adid, betik, fedig, fe-di, fetah, fartak;* — laßen *s-adid, se-batik, še-fadig, še-fad, se-ftah, fartak-s.*

Trennung *'ádda, bétka, fédga, fidi, fétha, fartákti.*

Treppe *solám.*

Treten *'at,* — laßen *sō-'at;* das treten *'åt.*

Treu *amán-kena,* — sein *amān-ken-am.*

Treue, die *amán.*

Treulos *hadál,* — sein *ha-dāl.*

Treulosigkeit *hadlál,* zur — verleiten *se-hadál.*

Trianthema pentandra *rába.*

Trianthema sedifolia *kŭlha-mém.*

Trib, schoß, schößling *le'íd, lingo.*

Tribulus alatus *šíkšik.*

Tribus *énda, éndåwa, dŭwér, gabíla.*

Tribut, s. steuer.

Trichodesma africanum *hamáš-gŭăd*.

Trichodesma Ehrenbergii *táda*.

Tricholaena Teneriffae *'eráb*.

Trinkbecher *kŭbáya*, — aus dem flaschenkürbis verfertigt *šíkena*.

Trinken *gŭ'*, milch trinken *šefi*; trinken der hund *lik, lak*; trinken laßen, zu trinken geben *gŭ'ā-s, ši-šaf, lak-s*.

Trinker *gŭ'ána, šáfi*.

Trinkflasche aus thon in form unserer glasflaschen *gúlla*.

Trinkschale aus thon, glas oder aus dem flaschenkürbis verfertigt *gŭráf, mŭgráf, kédala, káleda; —* aus dem flaschenkürbis *dána, gár'a*.

Tripper, gonorrhoea *bejál, begál*.

Tristachya barbata *tábbeš*.

Tristachya spez. *máša*.

Tritt, der *ma'át, me'át, mat*; tritte machen *'at*.

Trocken *bálama*, — sein, werden *bal-am*.

Trockenheit *băl*.

Trocknen v. a. *bal-am-s*, — laßen *bal-am-s-is*.

Trödel *gumáš*.

Trog zur vihtränke *derŭk, súra*.

Trommel *kabŭr, wălla, álla*; schlagen die — *kabŭr ṭa'*.

Trommelschläger *kabŭr —, wăllát —, allăt ṭá'i*.

Trompete *ambilhóy, amblihóy, nafír, nakăra*; blasen die trompete *t-ambilhóy —, ō-nafír —, tō-nakăra fŭf*.

Trompetenbläser *ambilhóy fŭfána*.

Tropfen, tröpfeln *tăkŭ, tăk*.

Tropfen, der *mínda*.

Trösten *s-akir*, — laßen *si-s-akir*.

Tröster *sákri*.

Tröstung *sakiróy*.

Trotz *níya*.

Trotzen *niyī-t*.

Trotzig *niyíta*.

Trübe sein das waßer *alak*.

Truhe *sandúk*.

Trunken, betrunken *sekírama, síkra, šíkra; —* sein *sekir, šekir, asker, ašker; —* werden *sekir-am, šekir-am, asker-am, ašker-am*; trunken machen *sekir-am-s* u. s. w.

Trunkenbold *sekrána, šekrána*.

Trunkenheit *sekír, šekír, ásker, ăšker*.

Truppe *énda*.

Tuch *gumáš, halák, hām, náša*.

Tücke, s. hinterlist.

Tümpel *de*.

Tun, machen *di', da', wēr*.

Turban *emáma*.

Türe, als öffnung und verschluß *bāb*, türe als öffnung *yāf*, türe als verschluß *défa*, *défa*.

Türangel *bekír*.

Turm der moschee *mádna*.

Türriegel, -schloß *ṭábla*.

Turteltaube *kŭbhar, kŭbhére, kŭbhéri*.

Türvorhang *bal, hejáb*.

U.

Uebel, unheil *šar*.

Uebeltäter *amág, afráy*.

Ueber *enki, kī*.

Ueberall *emhini-ka*.

Ueberbleibsel *míhe*.

Ueberbreiten, -decken *hami;* — laßen *se-ham*.

Ueberbreitet *ethámya*, — werden *et-hamāy*.

Ueberdruß *deyér, deyír*.

Ueberdrüßig sein *deyir*, — machen *deyir-s*.

Ueberfall *kerír, rímda*.

Ueberfallen *kerir, remid;* — laßen *se-karir, se-ramid;* überfallen werden *et-kerār*.

Ueberfluß, fülle *díbla, gūd*.

Ueberlaßen *iš*.

Ueberlegen *fakkar*, — laßen *fakkar-s*.

Ueberlegend *fákkara*.

Ueberlegt, bedacht *fakkárama*, — werden *fakkar-am*.

Ueberlegung *fakkár*.

Ueberlisten *sō-gim*, — laßen *si-sō-gim*.

Ueberlistung *sógmoy*.

Uebermorgen *lehit bākáy*, — *báka*.

Uebermütig *šanin*, — sein *šenin*, — machen *ši-šanin*.

Uebernachten *nay*, — laßen *nay-s, nā-s*.

Ueberreden *ne'al*, — laßen *se-n'al*.

Ueberredung *ne'ála*.

Ueberschauen jemanden aus stolz oder ärger, nicht sehen wollen *šenin*.

Uebersetzen den fluß *dif*, — laßen *sō-dif*.

Uebersetzungsstelle, -ort, furt *mendáfi*.

Ueberwältigen, s. besigen.

Uebrigbleiben *mehi*.

Uebriglaßen *se-mah*.

Ufer *darág, gedím, jerif;* steiles ufer *gēf*.

Uhu *gūg*.

Umarmen *hakif*, — laßen *se-hakif*.

Umarmt *et-hákfa, hakáfa;* — werden *et-hakáf.*

Umarmung *hakíf.*

Umbinden, -wickeln *šemim,* — laßen *ši-šamim.*

Umbindung *míšmam.*

Umgeben, -ringen *kirif,* — laßen *kirif-s.*

Umhängen *alag,* — laßen *a-lak-s.*

Umhegen, -zäunen *kelib,* — laßen *se-kalib.*

Umhegung *kalíb.*

Umker *magér, médgay.*

Umkeren *agir, tegáy;* — laßen *s-agir, se-tag.*

Umkommen *yā'i.*

Umkreis *kŭlél.*

Umringen, s. umgeben.

Umrüren *feḍig, feḍi, wula';* — laßen *se-faḍig, še-faḍ, su-wala'.*

Umsonst *sákit.*

Umstand *ákŭa, ákŭă, akó.*

Umtausch, s. tausch.

Umwallung *delála, kaléb, ka-líb.*

Umwerfen *gid,* — laßen *sō-gid.*

Umwickeln, s. umbinden.

Umwölkt *hadáddebin;* der him-mel ist — *tŭ-bre hadáddebintu; tŭ-bre balátu.*

Umzäunen, s. umhegen.

Unbeachtet laßen *báḍen.*

Unbedeutend *núwa,* — sein *nuw.*

Unbekannt *tógma,* — sein *tō-gām.*

Unbeliebt *atórba,* — sein *atō-ráb,* — machen *sō-rib.*

Unbeständig *bádli,* — sein *bá-del.*

Unbeständigkeit *bádle.*

Und *wá, -t.*

Uneheliges kind *harámi 'ŏr.*

Unentschloßen, s. unbestän-dig.

Unfruchtbar, impotent *gedŭdi,* unfruchtbar, steril ein feld *bálama.*

Ungegerbt *asŭw.*

Ungeschicklichkeit *abdélti.*

Ungeschickt *bedlána, abédla;* — sein *abdel.*

Ungezämt, ein tier *birma.*

Ungläubiger *bā-amanáy, ké-feri.*

Unglück *áka, šar.*

Unlauter *nigis, nijis.*

Unmut *kŭān.*

Unmutig, unwillig *kŭăna,* — sein *kŭăn,* — machen *kŭăn-s,* — werden *kŭăn-am.*

Unnütz, vergeblich *sákit.*

Unrat, s. mist.

Unrecht, s. sünde.

Unreif *asúw, yaḍá*; — sein *suw, yeḍa'*.

Unrein *nigis, nijis*.

Uns *hanéb*.

Unser *-ūn*.

Unten *nú'te*.

Unter, unterhalb *wuháy, wúhi, úhi*; unter, zwischen *betík*.

Unterarm, s. arm.

Unterdrücken *gerib*, — laßen *se-garib*.

Unterdrücker *gárbi*.

Unterdrückt *edgárba, gerába*; — werden *ed-garáb*.

Unterdrückung *mégreb*.

Untergang (von der sonne u. dgl.) *dib, ḍib*.

Untergehen *dib, ḍib*; — im waßer *gerák*.

Unterhalb, s. unter.

Unterhalt *ēš, tíyu*.

Unterhalten sich durch reden *adum-s-am*; s. a. spilen.

Unterhaltung *adúm*; s. a. spil.

Unterjochen *gŭša'*, — laßen *š-ugša'*.

Unterjocht *gŭšá'a*, — werden *ed-gŭašá'*.

Unterjochung *gŭšá'*.

Unterlaßen *iš*.

Unterlaßung *āš*.

Unterligen im kampf *ed-garáb*.

Unterlippe, s. lippe.

Unternemen *tebik*, — laßen *se-tabik*.

Unternemer *tábki*.

Unternemung *tébka, tíbka*.

Unterreden sich *adum-s-am*.

Unterredung *adumsámti*.

Unterricht *alámsti*.

Unterrichten *alam-s, irē-s, sō-kān*; — laßen *alam-s-is, irē-s-is, si-sō-kān*.

Untersinken im waßer *gerák*, — laßen *se-grák*.

Unterstützen, s. helfen.

Untersuchen *degŭ, dug*;—laßen *sō-dug*.

Untersucher *dágŭi, dáugi*.

Untersuchung *dúgŭa*.

Untertänig, s. demütig.

Unterweisen, s. unterrichten.

Unterwelt *akér*.

Unterwerfen, s. unterjochen.

Untreu *hadál*, — sein *hadāl*.

Untreue *hadlúl*, zur — verleiten *se-hadal*.

Unverheiratet *níkra*.

Unverschämt *náfki*.

Unversert *deháni*, — sein *dehān*.

Unversertheit *medhán*.

Unvollständig *nekás*, — sein *nekás*.

Unvollständigkeit *ménkes*.

Unwille, s. unmut.

Unwißend *agím*, — sein *gām*.

Unwißenheit *gamám*.

Unzucht *harám, jína*; zur — verleiten *se-khab*.

Unzüchtig sein *kehab*.

Üppig *rakók;* üppig, geil *kélya*.

Urin *úšay, úša, óša*.

Uriniren *óš*.

Urostigma abutifolium *til*.

Urostigma glumosum *kúnte*.

Ursache *jílla, gílla*.

Urteil, richterliches *hokúm*.

Usnea spez. *bŏk-šenák*.

V.

Variolae *gedír*.

Vase, große aus thon zur aufbewarung von waßer *awè-y da, we'a, búrma*.

Vater *bába*.

Vaterland *bábi eṇḍdwáy tūbúr;* das — verlaßen *bábi eṇḍdwáy tō-bút iš*.

Venerische krankheit *halíg;* tripper *bejál, begál*.

Verabscheuen *hamāg, anfìr*.

Verabscheut *hamágama, anfìrama;* — werden *hamāg-am, anfìr-am*.

Verachten *abáb, ankir*.

Verächter *abābána*.

Verachtet *abábama*, — werden *abāb-am*.

Verächtlich machen *abāb-s*.

Verachtung *abáb, ánkir;* der — preisgeben *abāb-am-s*.

Veränderlich *bádli*, — sein *bádel*.

Veränderlichkeit *bádla, bádle*.

Verändern *bedil*, — laßen *sebadil*.

Verändert *edbádla, bedála;* — werden *ed-badāl*.

Veränderung *bédla, bídla*.

Veranlaßung *jílla, gílla*.

Verarmen *debār*, — laßen *sedbār*.

Verarmt *debára, hamóyseha;* — sein *hamóyseh*.

Verarmung *médber*.

Verband, der *hákra*.

Verbergen *setir, astir, talág;* — laßen *astir-s, talág-s;* sich verbergen *talagú-am*, — laßen *talagú-am-s*.

Verbeßern *ši-šbóh*.

Verbeßerung *šišbóboy*.

Verbinden *hákŭr*, — laßen *sehákŭr*.

Verbittern, s. erzürnen.

Verborgen *astírama, talágŭama;* — werden *astir-am, talagú-am*.

Verborgenheit *astírti, talágti*.

Verbotenes *harám*.

Verbrannt *etólwa, tabá';* — werden *tō-, etō-lāû.*

Verbrechen *harám.*

Verbrecher *harámi 'ör.*

Verbreiten ein gerücht *mehal,* — laßen *mehal-s.*

Verbreiter *mehalána.*

Verbreitern *se-māre',* — laßen *si-s-māre'.*

Verbreiterung *semár'oy.*

Verbreitet *mehálama,* — werden *mehal-am.*

Verbreitung *mehálti.*

Verbrennen, v. act. *luw,* — laßen *sō-luw;* verbrennen, v. n. *lāû.*

Verbünden sich *em-galád.*

Verbündet *emgálda.*

Verbündung *emgáldoy.*

Verdecken, s. verbergen.

Verderben, das *áka.*

Verderben, verkommen; s. verarmen.

Verderben, abnützen *redid,* — laßen *se-radid.*

Verdienst, lon *kiráy.*

Verdorren *bal-am,* — laßen *bal-am-s.*

Verdorrt *bálama.*

Verdrießlich *móya,* — sein *moyáy, kŭán.*

Verdruß *kŭán.*

Verdunkeln *se-hadāl.*

Vereinigen *galal,* — sich *galal-am.*

Vereinigt *galálama.*

Vereinigung *galál.*

Vereint, gemeinschaftlich, adv. *hīdáb, hīdedáb.*

Verenden *yā'i.*

Verendet, ein tier *ayá'.*

Verengen *sō-dāh, s-uṅ-gŭárāh.*

Verfall *méfres.*

Verfallen ein bau *ferās,* — laßen *se-ferās.*

Verfeinden *sō-rib,* — laßen *si-sō-rib.*

Verfeindet *riba,* — sein *rib.*

Verfeindung *sórboy.*

Verfertigen *tukuk, temmī-s;* — laßen *se-tákuk.*

Verfertiger *táṅküi, tanküiuk.*

Verfertigt *ettăkŭa, takŭákŭa;* — werden *et-takŭáuk.*

Verfertigung *tukkŭa, tukŭa.*

Verfluchen *ad, ne'al, an'al;* — laßen *sō-'ad, se-n'al, an'al-s.*

Verflucher *an'alána.*

Verflucht *atō'áda, an'álama;* — werden *atō-'ad, an'al-am.*

Verfluchung *'áda, an'álti.*

Verfolgen *šō',* — laßen *ši-šō'.*

Verfolger *šō'ána.*

Verfolgung *šō'a.*

Verfüren *se-gabib.*

Verfürer *segabib.*

Verfürung *segábboy.*

Vergangenheit. *máse.*

Vergebens, vergeblich *láma.*

Vergehen, zu ende gehen *ne-hâd.*

Vergelten *tegi,* — laßen *se-tag.*

Vergeltung *tégya,* zur — *tegiti.*

Vergeßen *bâḍen,* — laßen *še-bâḍen,* — werden *eḍ-baḍân.*

Vergeßenheit *búḍne, beḍnán.*

Vergeßlich *báḍni.*

Vergeuden *se-nhâd,* — laßen *si-se-nhâd.*

Vergeudung *senhádoy.*

Vergießen *fif, kŭbbi, kib, gabŏy;* — laßen *sŏ-fif, sŏ-kib, kŭbbĭ-s, gabŏ-s;* vergießen, das *fâf, kâb, kŭbbiti, gabóti, gabóyti.*

Vergnügen an etwas finden *ne-fir;* vergnügen zu etwas beibringen *se-nafir;* s. a. freude, unterhaltung.

Vergolten werden *atŏ-dgāy.*

Vergoßen *atóffa, atókba, kŭbbima;* — werden *atŏ-fâf, atŏ-kâb, kŭbbĭ-m.*

Vergraben, s. begraben.

Vergrößern *se-ham, sŏ-wun;* — laßen *si-s-ham, si-sŏ-wun.*

Vergrößerung *sehamóy, sównoy.*

Vergüten, s. vergelten.

Verhärten *s-akir,* — laßen *si-s-akir.*

Verhärtung *sákroy.*

Verhaßt *etórba,* — sein *etŏráb,* — machen *sŏ-rib.*

Verheimlichen *astir, talâg,* — laßen *astir-s, talâg-s.*

Verheimlichung *astírti, talâgti.*

Verheiraten *se-d'ir, dŏb-s;* — laßen *si-se-d'ir, dŏb-s-is;* verheiraten sich der mann *de'ir, dŏb,* — die frau *te-d'âr, dŏbam.*

Verheiratet der mann *de'ira, dóba;* — die frau *ted'ára, dŏbama.*

Verheiratung *sed'iróy, dŏbísti.*

Verhelen, s. verheimlichen.

Verheren *maray,* — laßen *marē-s.*

Verhert *maráma,* — werden *marâ-m.*

Verherung *maréti.*

Verhetzen *se-mŏ-dâh,* — laßen *si-s-mŏ-dâh.*

Verhetzung *semódhoy.*

Verhexen, s. verzaubern.

Verhindern *habi,* — laßen *se-hab.*

Verhinderer *habyána.*

Verhindert *ethábya,* — werden *et-habây.*

Verhinderung *hábe, hábi.*

Verhönen *fā'id, fáyd;* — laßen
se-fā'id, -fáyd.

Verhöut *fe'áda,* — werden et-
fe'ād.

Verhönung *fe'ád, fi'ád.*

Verhüllen *hami,* — laßen se-
ham.

Verhüllt *ethámya,* — werden
et-hamāy.

Verhüllung *hámyay.*

Verhungern *hárgüi yā'i.*

Verirren sich *kūḍ.*

Verirrt *kúḍa.*

Verirrung *kúṭṭi, kúṭi (kūḍti).*

Verjagen *regig,* — laßen se-
ragig.

Verjagt *regága,* — werden et-
ragāg.

Verkauf, der *delíb, délba.*

Verkaufen *delib,* — laßen se-
dalib.

Verkäufer *dálbi, delbána.*

Verkauft *delába,* — werden ed-
dalāb.

Verklagen *aški,* — laßen aš-
kī-š.

Verkleinern *š-aḍām, sō-dāh;* —
laßen *ši-š-aḍām, si-sō-dāh.*

Verkleinerung *šáḍmoy, sódhoy.*

Verkommen physisch oder moralisch *debār,* — laßen se-
dbār.

Verkommen, adj. *debára.*

Verkommenheit *médber.*

Verköstigen *tam-s,* — laßen
tam-si-s.

Verköstigung *tamísti, támsti.*

Verkünden *gehar, sō-kān, se-
māsuw, negil, se-ntā';* —
laßen *gehar-s, si-sō-kān, si-
s-māsuw, se-nagil, si-s-netā'.*

Verkündiger *semáswi, nágli.*

Verkündigung *gehár, sóknoy,
semáswoy, nígla, sént'oy.*

Verlachen, s. verhönen.

Verladen, s. beladen.

Verlangen etwas *haruw,* —
laßen *se-haruw.*

Verlangen, das *hárwa.*

Verlangt *ethárwa,* — werden
et-harāw.

Verlängern *s-ugmād,* — laßen
si-s-ugmād.

Verlängerung *sügmádoy.*

Verlaßen *iš,* — laßen *šō-'iš;*
das verlaßen *āš.*

Verlaßen, adj. *atō'áša,* — werden *atō-āš.*

Verlautbaren, s. verkünden.

Verlegenheit, s. bedrängniß.

Verletzen *jerh,* — laßen *jerh-
iš, jehir-s.*

Verletzt *jérhama,* — werden
jerh-am.

Verletzung *jehírti.*

Verleumden *hakus.*

Verlieren *lekik*, einen prozeß verlieren *ad-garāb*.

Verloben sich *dōb*, — das mädchen *dōb-am*.

Verlobt *dōb*.

Verlobung *dóbti*.

Verloren *etlákka*, *lekáka*; — werden *et-lakāk*; verloren gehen, sich verlaufen *kūḍ*.

Verlöschen *yā'i*.

Verlumpen, -ludern sich *debār*.

Verlumpt *debára*.

Verlust *lekik*.

Vermächtniß, s. testament.

Vermeiden *iš*, das — *āš*.

Vermeren *gūd-s*, *gūs-s*, *šāwi*; — laßen *gūd-si-s*, *ši-šāū*.

Vermerung *gūdésti*, *šáwyoy*.

Vermindern *ši-šalik*, — sich *šelik*.

Verminderung *šišálkoy*.

Vermischen, s. mischen.

Vermißen *nāū*, — laßen *sō-nāū*.

Vermißt *etónwa*, — werden *etō-nāū*.

Vermöge *-ka*, *jilláy dha*.

Vermögen, besitz *rēū*; kraft *ágder*, *ádger*, *ádreg*.

Vermögen, können *agder*, *adger*.

Vermuten *din*, das — *dān*.

Vernachläßigen *iš*, *báḍen*; — laßen *sō-'iš*, *še-bāḍen*.

Verneinen *jújū di*, *lāū di*.

Vernemen *māsuw*, — laßen *se-māsuw*.

Vernichten *se-nhād*, — laßen *si-se-nhād*.

Vernichtet *enháda*, *neháda*, — werden *nehād*, *enhād*.

Vernichtung *senhádoy*.

Vernommen *etmáswa*, — werden *et-masāū*.

Vernunft *fáhim*, *áfham*.

Vernünftig *áfhama*, — sein *afham*, — werden *afham-am*.

Verpflegen, s. verköstigen, pflegen.

Verrat *hadlúl*, — üben *hadāl*.

Verrecken ein tier *yā'i*.

Verreisen *ibáb*, nachmittags verreisen *humnay*.

Verrichten *temmī-s*, — laßen *temmī-s-is*.

Verrichtet *temímama*, — werden *temīm-am*, *temmī-m*.

Verrichtung *temmísti*.

Verriegeln *ṭabbal*, — laßen *ṭabbal-š*.

Verriegelt *ṭabbálama*, — werden *ṭabbal-am*.

Verringern *sō-nuw*, — laßen *si-sō-nuw*.

Verringert *tónwa*, — werden *tō-nāū*.

Verringeruug *sónwoy.*

Verrückt *jínni, halága, hanà-ga, halóy; —* werden *jin-nĭ-m, et-haläg, et-hanäg, halē, haläy.*

Verrücktheit *mehalíg, mehaníg.*

Verruf, in — kommen *mäg.*

Verrufen *amóg.*

Versammeln *galal,* — laßen *galal-s.*

Versammlung *galál,* — der gemeinde zu einer beratung *mehábre, emhábre.*

Verscharren, s. begraben.

Verscheuchen *regig,* — laßeu *se-ragig.*

Verscheucht *regága,* — werden *et-ragäg.*

Verschiden, ungleich *wári, wēr.*

Verschlechtern *sō-mäg,* — laßen *si-sō-mäg.*

Verschlechteruug *sómgoy, sóg-moy.*

Verschleiern *kŭbil,* — laßen *s-ŭkbil;* verschleiern sich *kŭ-bäl.*

Verschleiert *etkúbla, kŭbála;* — werden *et-kŭbäl.*

Verschleierung *kŭbíl.*

Verschließen, s. verrigeln.

Verschlingen, -schlucken *kŭta',* — laßen *se-kŭata', s-ŭkta'.*

Verschlungen *etkŭát'a,* — werden *et-kŭatä'.*

Verschluß *hăkra, ţábla.*

Verschmähen *ankir, hamag;* — laßen *ankir-s, hamag-s.*

Verschmäht *ankírama, hamágama;* — werden *ankir-am, hamag-am.*

Verschmitzt, s. hinterlistig.

Verschnaufeu *fūf,* — laßen *fūf-s.*

Verschollen, abhanden gekommen eine person oder ein haustier *kūḍána;* verschollen sein *kūḍ, šehăk.*

Verschönern *nawädrī-s.*

Verschönerung *nawädristi.*

Verschütten, s. vergießen.

Verschwenden *se-nhäd,* —laßen *si-se-nhäd.*

Verschwender *yabíb.*

Versenken *se-gerák.*

Versigeln *atim,* — laßen *s-atim.*

Versigelt *etátma, atáma;* — werden *et-atäm.*

Versiglung *atím.*

Versinken *gerák,* — laßen *se-gerák.*

Versönen *ayäy-s,* — laßen *ayäy-s-is.*

Versperren *hakŭr, ţabbal;* — laßen *se-hăkŭr, ţabbal-š.*

Versperrt *ethăkra, hakŭára, ṭabbálama;* — werden *et-hakŭār, ṭabbal-am.*

Verspotten, s. verhönen.

Versprechen, das *wája.*

Verstand, s. vernunft.

Versteck, das *héd'a, híd'a.*

Verstecken *talăg,* — laßen *talăg-s.*

Versteckt *talágŭama,* — werden *talagŭ-am.*

Verstehen *afham, iray.*

Verstoßen die frau *dĕr, fádig;* — laßen *dĕr-s, se-fádig.*

Verstoßen adj. *dĕrama, etfádga, fedága;* — werden *dĕr-am, et-fadāg.*

Verstoßung *dérti, fídge.*

Verstreuen *wās.*

Verstricken *hakŭr, hankŭl;* — laßen *se-hăkŭr, hankŭl-s.*

Verstrickt *hakŭára, ethăkra, hankŭlama;* — werden *et-hakŭār, hankŭl-am.*

Versuch *jeráb.*

Versuchen *jerab,* — laßen *jerab-s.*

Versucht *jerábama,* — werden *jerab-am.*

Versüßen *se-náfir,* — laßen *si-se-náfir.*

Versüßung *senáfroy.*

Vertauschen, s. tauschen.

Verteidigen *habi,* — laßen *se-hab.*

Verteidiger *habyána.*

Verteidigt *ethábya, habáya;* — werden *et-habāy.*

Verteidigung *hábi.*

Verteilen *adid,* — laßen *s-adid.*

Verteilt *etádda, adáda;* — werden *et-adād.*

Verteilung *ádda.*

Verteuern *ali-s.*

Vertilgen *se-nhād,* — laßen *si-se-nhād.*

Vertilgung *senhádoy.*

Vertrauen jemandem *aman,* — einflößen *aman-s.*

Vertrauen, das *amán.*

Vertreiben *regig,* — laßen *se-ragig.*

Vertreiber *seragig.*

Vertreibung *regág, regíg.*

Vertriben *regága,* — werden *et-ragāg.*

Vertrocknen, s. verdorren.

Vervilfältigen, s. vermeren.

Verwaist *nadáy.*

Verwalter *wákil.*

Verwanter *réro.*

Verwantschaft *réro, iyál, duwér.*

Verwechseln *hawăl,* — laßen *hawăl-s.*

Verwechselt *hawǎlama,* — werden *hawǎl-am.*

Verwechselung *hawǎl.*

Verweichlichen, s. verzärteln.

Verweigern *habi, rib, jūjū di;*
— laßen *se-hab, sō-rib.*

Verweigert *ethábya, habáya,*
etǒrba; — werden *et-habāy,*
etō-rāb.

Verweigerung *hábi, ríba.*

Verweilen, s. bleiben.

Verweis, s. tadel.

Verweser *wǎkǐl.*

Verwickeln, s. verstricken.

Verwunden *'adi, jerh;* — laßen
se-'ad, jehir-s.

Verwundet *et'ádya, jérhama;*
— werden *et-'adāy, jerh-*
am.

Verwundung *'ádi, jehírti.*

Verwünschen *abāb, rejim;* —
laßen *abāb-s, se-rajim.*

Verwünschung *abáb, réjma,*
ríjma.

Verwüsten *maray,* — laßen
marē-s.

Verwüstet *maráma, maráma-*
ma; — werden *marā-m, ma-*
rā-m-am.

Verzärteln *se-nǎụk,* — laßen
si-se-nǎụk.

Verzärtelt *nǎkǔa.*

Verzärtelung *senǎkǔoy.*

Verzaubern *sehar,* — laßen *se-*
har-s.

Verzaubert *sehárama,* — werden *sehar-am.*

Verzauberung *sehárti.*

Verzeihen *afuw.*

Verzeihung *afúw,* — erwirken
afū-s.

Verzicht *āš.*

Verzichten *iš,* — laßen *šō-'iš.*

Vesperbrod *derár,* das — zu
sich nemen *derār,* das —
geben *se-derār.*

Vetter *dǔri 'ōr.*

Vier *faḍig.*

Viermal *faḍíg dǒra,* — rágada.

Viertel *fáḍiga teráb.*

Vierter *fáḍiga.*

Vierzehn *támna faḍíg.*

Vierzig *faḍíg tamún.*

Vierzigster *faḍíg támna.*

Vih *derím, šá'a, réǔ;* hüten
das vih *dirm, ša' ēg.*

Vihhirt *dermána, ša'-éga, šéga,*
šěkǔa; hirt von kleinvih *eyá-t*
éga.

Vihtränke *mágǔel, gǔad, gǔaj.*

Vihtrog *derụk, súra.*

Vil *gúda,* vil sein *gūd.*

Vilfraß *tamána.*

Villeicht *allá-y āši dha; ne'-*
álla.

Violine *masǎnkǔa.*

Viper *abnáfa, emjafár, gédi.*

Viverra civetta *díbeda, sebáda.*

Vogel *keláy, sarir;* seevogel
ó-bhari keláy.

Vogelfeder *keláy hámo.*

Vogelnest *keláy gaú.*

Volk *úmma, énda, éŋḍḍwa.*

Volksversammlung *mehábre,
emhábre.*

Voll *atáb,* — sein *táb,* — machen *tib,* — machen laßen
só-tib.

Vollbringen *temmu-s,* — laßen
temím-s-is.

Volljärig *keláfama,* — werden
kelaf-am.

Volljärigkeit *keláf.*

Vollständig *temim,* — sein te-
mím.

Von *-i, -ka, -s, -t.*

Vor, coram *dābáy,* ante *sūr,
súri.*

Voran *dābáy, súri*

Voraugehen *súri bāy.*

Vorbeifüren *had-s, has-s.*

Vorbeigehen *had.*

Vorderseite *dába.*

Vorenthalten *habi,* — laßen se-
hab.

Vorgehen, geschehen *kāy.*

Vorgestern *éru bākáy.*

Vorhanden sein, s. existiren.

Vorhang für die türe *gedáf,*

hejáb, segáf;* vorhang vor
dem bett *sítra.*

Vorhaus *éfo.*

Vorher *dābáy, súri.*

Vorliebe haben für *nafír.*

Vorrang *sūr,* den vorrang ein-
nemend *súr-kena.*

Vorschein, zum — kommen
law, laú.

Vorsetzen jemandem etwas
dā-s, dadā-s.

Vorsteckring *ma'afáy.*

Vorstellungen machen *mekir.*

Vorteil, s. nutzen.

Vortrefflich *enday, day.*

Vorüberfüren *had-s, has-s.*

Vorübergehen *had.*

Vorwärts *dābáy, súri.*

Vorwurf, s. tadel.

Vorzeit *máse.*

Vorziehen *aray.*

Vorzug *aráy, aré.*

Vorzüglicher *hayis,* — sein ha-
yis.

W.

Wach, wachend *be'ára,* wach
sein *be'ār,* wach werden ba-
'ār.

Wache, die *gù'áda.*

Wachen *be'ār,* das wachen me-
b'ár.

Wachs *šamá'.*

Wachsam *bá'ri, dágŭi; —* sein
be'*ār, dāgŭ.*

Wachsamkeit *meb'är, díghu.*

Wachsen *'ār.*

Wachstum *'ára.*

Wächter *dágŭi, gŭá'di.*

Wacker *eráb, fáda, fáris, hátri.*

Wade *áli, dámba.*

Wage, die *midán, misán, wésna.*

Wägen *din, —* laßen *sō-din,*
das wägen *dān.*

Waise *nadáy.*

Wal, die *aráy, aré, háydu.*

Wald *balák, ḍaŭ.*

Waldesel *ō-maláli mēk.*

Wälen *aray, arē, hayid; —*
laßen *arē-s, se-hayid.*

Wallen das siedende waßer *gaš,*
das wallen *gášti.*

Wallung *gaš.*

Wälzen *kesis.*

Wampe, bauch *fi'.*

Wand *sām.*

Wandeln *dinōy.*

Wandern *ibāb,* das — *ibábti.*

Wanderer *ibābána.*

Wanderung *ibáb.*

Wandschrank, -gestell *más'ali.*

Wange *báḍ'a, daráy.*

Wankelmut *bádla.*

Wankelmütig *bádli, —* werden
bādel, — machen *se-bādel.*

Wann? *nā-dór, nā-hób, ná-mha.*

Wansinn, s. irrsin.

Wanze *kŭtán, kŭtám.*

War, aufrichtig *sídgi, sítki.*

Wärend *-ēk, -hōb.*

Warheit *asídne, sidíg.*

Warm *néb'a, —* sein *neba'.*

Wärme *néb'a.*

Wärmen *se-naba', se-nba', se-
mba'; —* laßen *si-semba'.*

Warsagen *serid, —* laßen *si-
sarid.*

Warsager *sárdi, serdána.*

Warsagerei *sérda, sírda.*

Warten *seni, asber; —* laßen
si-san, asber-s.

Wartung, s. pflege.

Warum? *nána? nān?*

Was? *nána? nān?*

Waschen eine person *s-iham,
—* sich *ihām;* waschen kleider *sugŭd; —* laßen *si-ša-
gŭd.*

Wäscher *sugdi.*

Waschstein worauf die wäsche
gereinigt wird *ó-sgŭdi áwe.*

Waschung *sugŭda;* die religiöse
waschung *wäd'a, wäda;* die
— vornemen, ausfüren vor
dem gebete *wäd'-am, wäd-
am.*

Waschwaßer *ó-sgŭdi yam.*

Waßer *yam.* süßwaßer *náfir*

behár, salz-, meerwaßer *hámi behár.* waßer mit honig
vermischt als getränke *aûti
yam.*

Waßeransammlung in der cisterne *re.*

Waßereimer, großer für aufbewarung von trinkwaßer im
hause, aus stein verfertigt
awéy da, — aus thon *karór,
wé'a.*

Waßergetränktes land *bür mérwi.*

Waßergraben um das haus *hód-
höd.*

Waßerkrug *gálla.*

Waßermelone *batıh.*

Waßerplatz *gñad, gñaj.*

Waßerpfeife, nargile *gürgür.*

Waßerreich *mérwi.*

Waßerschlauch *gü'anáy, harib,
sar, sékña.*

Waßertopf *duwán.*

Waßertrog für das vih *derük,
süra.*

Waßertümpel, pfütze *deyo.*

Waßervogel *yamé kiláy,* — des
meeres *ó-bhari kiláy.*

Weben *da', gas,* — laßen *su-
da', gas-is.*

Weber *gasána, dá'i, da'ána.*

Weberei, das weben *gásti,* gewebe *gás.*

Wechsel *bédla, bídla.*

Wechselfieber *kánkani.*

Wechseln *bedil,* — laßen *se-
badil.*

Wechsler, geld- *sarráf, saráf.*

Wecken *se-b'ar,* — laßen *si-
se-b'ar;* das wecken *seb'aróy.*

Weg, der *deráb, deréb, derib,
lági, sálla, sála;* fußweg
durch die wüste *gerábi.* abschneiden den weg *kirif,*
den weg weisen, füren *melah, salôl.*

Wegweiser, fürer *málhi, salô-
lána.*

Wegbringen *kăš.*

Wegen *jilla, gilla, jilláy dha,
gilláy dha.*

Weggang *gıg, sak.*

Weggehen *gıg, sak;* — laßen
gıg-s, sak-s; das weggehen
gıgti, sákti.

Wegjagen *regig,* — laßen *se-
ragig.*

Weglaufen der sklave *kanjar,*
— laßen *kanjar-s.*

Wegnemen, s. rauben.

Wegputzen *sehay, selit;* — laßen
si-sehay, si-shay, si-salit.

Wegreißen *taf,* — laßen *taf-s.*

Wegschicken *gig-s, sak-s.*

Wegtragen *feyák, yak-s;* —
laßen *se-feyák, yak-s-is.*

Wegwischen *mehag*, — laßen
se-mhag.

Wegwerfen *gid*, — laßen *sō-gid*.

Wegziehen, entziehen *fetik*, —
laßen *se-fatik*.

Wehe! *way!*

Wehklagen *way di*, *waû*.

Wehmutter *ámna*.

Weib *takát* pl. *ma'*; gattin *híyo*,
takát.

Weibchen bei tieren *kůa*.

Weiblich *kůa*.

Weich *límsa*, *nákůa*; — werden *nākŭ*.

Weichen, s. fliehen.

Weichheit *nákŭe*.

Weigern sich *rib*.

Weigerung *rāb*.

Weihe, der, falco milvus *èke*.

Weihrauch *libán*.

Weil *ákůa*, *ákůŭ*, *-ēk*, *tó-nāti*
jilláy dha, — *gilláy dha*.

Weilen, s. bleiben.

Wein *ha*, *nabíd*; honigwein
adár-ha.

Weinbere getrocknete *debib*.

Weinen *waû*, — machen *waû-s*,
das weinen *wáûti*, geheul
waû.

Weinstock *wáyni*.

Weise, die; s. art.

Weise, klug *áfhama*, *gín'i*; —
sein *áfham*.

Weisheit *áfham*.

Weisen den weg *melah*.

Weiß *èra*, *èla*; weiße farbe *èra*,
èla. weiß werden *erā-m*,
elă-m.

Weißen *erā-s*, *elā-s*; — laßen
erā-s-is.

Weißhaarig *egrim*, *egrŭm*; —
werden *egrim-am*, — ma-
chen *egrim-s*.

Weit, geräumig *mār'alóy*, —
sein *māra'*; weit, entfernt
sági, — sein *segi*.

Weite, die *mér'oy*, *mésgay*, *mesgáy*.

Weizen *gám'a*, *serám*, *šinráy*.

Welcher? *nā?*

Welle *háymo*.

Welt *dínya*; welt, die menschheit *úmma*, *kastŭs t-úmma*,
endehóy.

Wenden *be'as*, — laßen *se-b'as*;
sich wenden *be'ās*.

Wendung *be'ása*.

Wenig *núwa*, *šallík*, — sein
nuw, *šelik*.

Weniger *nekás*, — werden *nekás*, — geben *se-nkás*.

Wenn *-ēk*.

Wer? *aû?*

Werden *kāy*.

Werfähig *keláfama*, — werden
kelaf-am.

Werfähigkeit *kelafámti*, das
werfähige alter *keláf*.

Werfen *gid*, — laßen *sō-gid;*
werfen die lanze *gŭša'*, —
laßen *š-ugša'*.

Werk *adá'*.

Werktagskleid *halúk, má'wŭd*.

Werkzeug *níwa*.

Wert, preis *temín*.

Wertlos *enšáf, enšóf, šáfli;* —
sein *enšáf*.

Wertlosigkeit *ménšef*.

Wertvoll *álya*, — sein *ali*.

Wesen *ha, hāyána*.

Wespe *dína*.

Wespennest *dináy gaû*.

Weßen? *ay?*

Weßhalb? *nána? nān?*

West *garíb, mágreb, eügeráb*.

Wetter *wälwŭl*.

Wetterleuchten *talaw*, das —
talaûti.

Wetzen ein schneidewerkzeug
sehal, — laßen *si-shal*.

Wickeln *debil, terir;* — laßen
se-dabil, se-tarir.

Wider, gegen *deháy*.

Wider, widerum, abermals *bū'*.

Widerfaren, geschehen *kāy*.

Widergabe, s. vergeltung.

Widersacher, feind *ášo*.

Widerstand *rāb*, — leisten *rib*,
— leisten laßen *sō-rib*.

Widerum *bū'*.

Widerwärtigkeit *áka, šar;* mit
— zu kämpfen haben *šar
bari*.

Widerwille *ánfir, rāb*.

Widerwillig *ánfira, ríba;* —
sein *anfir, rib;* — machen
anfir-s, sō-rib.

Widmen sich einem geschäft
tebāk.

Wie, gleichwie *máxali, -it*.

Wie? *kákū? kāk?*

Wie oft? wie vil? *ná-ka, ná-
hat, ná-hati, kāk hadĕ?*

Wihern *ankuw, ikuw, ham, hamam*.

Wild, ungezämt *bírma*.

Wild, das wildtier *deháni,
tíyo*.

Wildbüffel *dakár, jamŭs, gamŭs*.

Wildente *háde, yamgŭ'áni*.

Wildesel *ō-maláli mēk*.

Wildhun *ō-malālit endírho, ō-
malālit kaû*.

Wildkatze *mingáyt bíssa*.

Wildniß *balák*.

Wildschwein *hallúf, halúf, haráwya, yāk*.

Wildzige *ō-malôli genáy, ō-
malālit nāy*.

Wille *harúw, harŭ*.

Wimmern *waû*.

Wind *barám, wălwăl;* sturmwind *ilogáni, aŭláy.*

Wiuk *tŭ'a.*

Winken *tuwa', tŭ'.*

Winseln *waŭ,* — machen *waŭ-s.*

Winter *darák, kerínte, wíya.*

Wipfel eiues baumes *gírma,*
wŏ-híndi gírma.

Wir *hanán, hanín, henín.*

Wirt *hadárima.*

Wisch, kerwisch *memhág.*

Wischen *mehay, sehay;* — laßen
se-mhag, si-shag.

Wispern *muwăš.*

Wißen *kān, iráy;* — laßen *sō-*
kān, irē-s.

Wißenschaft *kanán, iráy, irḗ.*

Wittern, riechen, witterung bekommen das wild *bar-am,*
fin.

Witterung *barám, fin;* wetter
wălwăl.

Witwe *'ádaba, năkri.*

Wo sein *kē;* wo ist Bilal? *Bilál*
kéya? wo ist die schwester?
tŭ-kŭa kéta?

Wo? woher? wohin? *ná-mhīn,*
ná-mhīni? nán-tŏn, nán-tŏni,.
nán-to, nán-tŏy, nán-ta, nán-
tāy, nán-tē? ná-yso, ná-yho,
ného, énho? nă-t!

Woche, die *asaráma, gím'a.*

Wochentage: sonntag *had, had*

yīn; montag *eletnĕn, letnin,*
etnin; dienstag *taláta;* mittwoch *árb'a;* donnerstag *ha-*
mis; freitag *jim'a, júm'a,*
gím'a, gúm'a; samstag *sabb,*
sāb.

Wöchneriu *ámna.*

Wodurch? *nā-t?*

Woge, die *háymo.*

Woher? wohin? s. wo?

Wol, das *medhán, halás.*

Wolbefinden, das *afíya,* med-
hán, ni'ere.

Wölbung *awăt.*

Wolf *dib, tăkla.*

Wolfart *kéra.*

Wolfeil *rakis.*

Wolfshund *máno.*

Wolgeruch *ni'era, ni'ere;* —
verbreiten, räuchern *se-n'ir,*
wolriechende harze anzün-
den laßen *si-se-n'ir.*

Wolgeschmack *néfra.*

Wolhabend *gába, gánama;* —
sein *gab, gan-am.*

Wolke *áfra, alák, ba'elúk, băl,*
gēm, gēm-beri-s, léso, mágŭa,
saháb, sãy.

Wolkenlos, der himmel ist — *tŏ-*
bretib băl kĭháy; der himmel
ist umwölkt *tŭ-bre balátu;*
der himmel ist schwarz umwölkt *tŭ-bre hadáddebintu.*

Wolle, die *hámo*, schafwolle
t-anóti hámo.

Wollenhaar der neger *hámo*.

Wollen *haruw*, *aray*; nicht
wollen *kā-haruw*, *kūray*, *rib*.

Wollust *kelyáy*.

Wollüstig *káli*, — sein *kel*, —
machen *se-kal*.

Wolriechend *ní'era*, — sein
ne'ir, — machen *se-n'ir*.

Wolschmeckend *náfir*, — sein
nefir, — machen *se-nafir*.

Wolstand *gába*, *gína*; in —
leben *gab*, *gan-am*. wolstand
erzilen *gab-s*, *gan-am-s*.

Wolwollen jemandem *kehan*;
das wolwollen *keháno*.

Wonen *sā'*, *asken-am*; — laßen
sō-sā', *asken-am-s*.

Wonhaft *áskena*, *'ábka*.

Wonsitz *mísnay*, *mehín*, em-
hín.

Wort *adŭm*, *behàl*, *kalàm*,
kílma.

Wortbruch *hadlúl*.

Wortbrüchig *hadál*, — sein
hadál, — machen *se-hadál*.

Wozu? *nána*, *nān?*

Wucher *dábloy*.

Wucherer *dábli*.

Wuchern *dábel*.

Wunde *'ádye*, *asŭl*, *jérha*,
wíka.

Wunsch *harŭ*, *aré*.

Wünschen *haruw*, *aray*; sich
etwas wünschen *menī-m*.

Würde *kébra*, *kibra*; — genießen *kebár*.

Würdevoll *egrim*, *egrúm*.

Wurf *gād*, *gida*.

Wurfnetz *šáya*.

Würgen, s. erwürgen.

Wurm *d'a*, *dó'o*, *d'o*; hautwurm, filaria Medinensis
fríngi.

Wurzel *ádala*, *aràg*, *gadám*.

Wüste, die *atmúr*, *bāl*, *berér*,
kadán, *káda*, *malàl*, *mánga*, *mínga*.

Wüstenbewoner, beduine *be-
dáůye*, *bejáůye*, *bálami*, ma-
lál abkába.

Wüstentier *deháni*, *ō-maláli
deháni*, *tíyo*.

Wüstenweg *gerábi*.

Wüstling *gabíb*, *káli*.

Wut *mégdab*, *kŭăn*.

Wütend *gadába*, *kŭăna*; —
sein *gadāb*, *kŭăn-am*, —
machen *se-gadāb*, *kŭăn-am-s*.

Wüterich *seb'áni*.

Z.

Zagen *be'ăn*, *rekŭi*; das —
méb'en, *rekŭy*.

Zaghaft *be'ănalóy*, *merkŭalóy*,

merkŭála; — machen *se-b'ān, se-rauk.*

Zaghaftigkeit *be'ána, merkŭáy.*

Zal, die *dăgŭíy.*

Zälen *degŭi, hasib;* — laßen *se-daug, se-hasib.*

Zalen *kŭsi,* — laßen *se-kŭas, s-ukas.*

Zalreich *gúda,* — sein *gūd.*

Zalung *kúsi.*

Zämen ein tier *se-lamid,* — laßen *si-se-lamid.*

Zämung *selámdoy.*

Zan, der *kŭre, kŭle, kūs, nad.*

Zanfleisch *t-ukrĕt šа'.*

Zange *ábka.*

Zank *amódhoy.*

Zanken *amō-dāh.*

Zänker *amódha.*

Zäpfchen im hals, der Adams-apfel *ensĕba, gírgŭma.*

Zart *aḍámi, ayáy, dábalo, dábaro, dábano, dáha, límsa, nákŭa;* zart sein *aḍām, ayāy, dāh, nākŭ.*

Zartheit *nákŭe.*

Zauber, zauberei *harís, sehár.*

Zauberer *harišanóy, seharána.*

Zaubern *sehar,* das — *sehárti.*

Zaum *lejám.*

Zäumen *lejam,* das — *lejámti;* zäumen laßen *lejam-s.*

Zaun *delála,* umzäunter platz *kalĕb, kalíb.*

Zea mais *irbán, ešĕrfi, ešérri.*

Zebra, das *humár.*

Zecke *berám, sē.*

Zehe *rágadi tibaláy,* — *tíbala,* — *gíbala,* — *gíba* d. i. fuß-finger, s. finger.

Zehent, der *ašúr.*

Zehn *tamún, tamín.*

Zehnmal *tamún dóra,* — *hóba,* — *rágada.*

Zehntel *támna teráb.*

Zehnter *támna.*

Zeichen, striche im sand zum aviso für nachkommende *selítani;* zeichen machen in den sand *šelit.*

Zeigefinger *mantúlana, šehadána.*

Zeigen *erh-iš, ehir-s, ši-šabib;* den weg zeigen *melah.*

Zeit *dōr, demán, hōb, midád, sá'a, wäkte;* vergangene zeit *máse;* vor zeiten *úmero, gabál, mási.* die zeit zubringen *seni, yáym, āyim.* die tages-zeiten, s. tag.

Zelt *bekkár, hĕma, hummár, mašík.*

Zeltpflock *gásane.*

Zeltstange *dákya,* die große inmitten des zeltes *fu,* die

gekrümmte zeltstange *mí-kŭa*, lange — *helál*.

Zentner *gintár*.

Zerbrechen etwas *belis, keta';* — laßen *se-balis, se-kata', se-kta';* v. n. *belās*.

Zerbrochen *belása, ketá`a;* — werden *ed-balās, et-katā'*.

Zerfall *mefrés*.

Zerfallen ein haus u. dgl. *fe-rās*, — laßen *se-ferās*.

Zerfetzen. s. zerzausen.

Zerreiben zu pulver *hūg*, — laßen *hūg-s*.

Zerreibung *hŭgti*.

Zerriben *hŭgama*, — werden *hūg-am*.

Zerreißen *šerim*, — laßen *ši-šarim*.

Zerrißen *eštárma, šeráma;* — werden *eštarām;* zerrißenes kleid *šeltŭt*.

Zerschneiden *wik*, — laßen *sŏ-wik*.

Zerschnitten *atŏŭka,* — werden *atŏ-wāk*.

Zerspalten *mešá', šetit;* —laßen *še-mša', ši-šatit*.

Zerspalten, adj. *etmáš'a, eštát-ta, šetáta;* — werden *et-ma-šā', eštatāt*.

Zerstören *dib-s, ḍib-s, se-ferās, hadim;* — laßen *dib-s-is,*

ḍib-š-iš, si-se-frās, hadim-s und *se-hadim*.

Zerstörer *dibsána, sefársi, had-mána, hádmi*.

Zerstört *díbama, ethádma, ha-dáma;* — werden *dib-am, et-hadūm*.

Zerstörung *debísti, ḍebísti, se-frásoy, hádma*.

Zerstreuen *fartak*, — laßen *fartak-s;* das zerstreuen *far-tákti*.

Zerstreut *fartákama*, — werden *fartak-am*.

Zerstreuung *farták*.

Zerstückeln in kleine teile *re-fit*, — laßen *se-rafit*.

Zerstückelt *etráfta, refáta,* — werden *et-rafāt*.

Zerstückelung *réfta, rífta*.

Zerstückler *ráfti*.

Zerteilen *betik*, — laßen *se-batik*.

Zerteiler *bátki*.

Zerteilt *edbátka, betáka,* — werden *ed-batāk*.

Zerteilung *bétka, bítka*.

Zerzausen *šebbak*, — laßen *šeb-bak-s*.

Zeug *gŭmáš,* zeug aus baumwolle *hām*, grobes schwarzes zeug von zigenhaar zur bekleidung der zeltwände *kerári*.

Zeuge *bádhi, šáhedi, šehadá-na.*

Zeugen, gignere *firi.*

Zeugenschaft *bédha, šíheda;* — geben *bedah, šehad,* — verlangen *se-bdah, ši-šhad.*

Zeugungsglied *mĭd.*

Zeugungsunfähig *gedŭdi.*

Zibetkatze *díbeda, sebáda.*

Zicklein *ab, íhe, dírfin, nă'it 'ŏr.*

Ziegelstein *túba;* ziegel, collect. *tŭb.*

Ziehen *sekŭ, suk;* — laßen *sō-suk;* das ziehen *sáuk.* ziehen das schwert *le'ab.*

Zige *ay, ey, nă'i, nāy;* junge zige, s. zicklein.

Zigenbock *bōk.*

Zigenfell *na'ytit kŭrbe, na'yt 'áda.*

Zigenhirt *eyát éga.*

Zigenschlauch *haríb.*

Zil *gil, ans* — gelangen *beḍah, ans* — gelangen laßen *še-bdah.*

Zimmer *gaû.*

Zimmern *de'ir,* — laßen *se-d'ir.*

Zimmermann *nejár, gaû-táukŭi, gaû tankŭiuk.*

Zinn *gestir.*

Zipfel *fárda.*

Zirkelrund *háššama.*

Zischeln *muwāš.*

Zischen *wešik, wušik.*

Zittern *uḍ, bāl, balbāl, embalbāloy;* — machen *uḍ-š, uš-š, sō-bāl, embalbālō-s.*

Zitze *nŭg, núgŭe.*

Zizyphus spina Christi *gába,* die frucht davon *gába.*

Zoll *fír'a,* zoll zalen *fera',* zoll verlangen *se-fara'.*

Zöllner *sefár'i.*

Zorn *mégdab, hásne, hásyay, kŭän.*

Zornig *gadába, hasáy, kŭǎna, móya;* — werden *gadāb, hasāy, kŭǎn-am, moyāy;* — machen *se-gadāb, se-has, kŭǎn-s.*

Zornmütig *gadbána, kŭǎnána.*

Zu, hin *dehá, deháy.*

Zubereiten *hādir.*

Zubinden *as, asir, hăkŭr, ṭabbal;* — laßen *as-is, s-asir, se-hăkŭr, ṭabbal-š.*

Zubringen den frühen morgen *se-karim,* — die zweite hälfte des morgens *mah,* — den tag *yāym, āyim,* — den abend *hawid,* — die nacht *nay,* zubringen die zeit *seni;* zubringen laßen — *si-se-karim, mah-is, s-āyim, se-hawid, nay-s, si-san.*

Züchtigen *sebib*, — laßen *si-sabib*.

Züchtiger *sabib*.

Züchtigung *sibba, sebáb*.

Zuchtlos *gabib, kali;* — sein *gebib, keli*.

Zuchtlosigkeit *kelyáy*.

Zuchtstier *yō*.

Zucker *sукuár*.

Zuckerror, ror für versendung von zucker *enkиláb*.

Zudecken *gйbi*, — laßen *so-gùab, s-иgab*.

Zueignen sich etwas *abik, ahay, meri, näs*.

Zuerst *súri*.

Zufriden *ráyhama*, — sein *rayh-am;* zufriden stellen *rayh-am-s*.

Zufridenheit *ráyha*.

Zug, der *súkйa*.

Zugabe *sáwi, sáwyoy*.

Zugang *bāb*.

Zugeben, -setzen *sáwi*, — laßen *si-sáû;* zugeben, gestatten *is*, — laßen *sō-'is*.

Zugegen *sénya*, — sein *seni, hāy, fāy*.

Zügel, s. zaum.

Zügellos, s. zuchtlos.

Zugetan *kehána*, — sein *ke-han*, — machen *se-khan*.

Zugnetz *híllel*.

Zug-, ackerstier *be'ráy*.

Zuhören *māsuw*, — laßen *se-māsuw*.

Zuhörer *máswi*.

Zulage, s. zugabe.

Zulaßen, erlauben *is*.

Zulegen, s. zugeben.

Zuletzt *áhari*.

Zumachen *ṭabbal*, — laßen *ṭabbal-s*.

Zumeßen *degñi*, — laßen *se-daug*.

Zünden, s. leuchten.

Zündhölzchen, schwefelholz *kibre*.

Zündschwamm, zunder *sufán*.

Zuneigung *aráy, arĕ, keháno*.

Zunge *mídala, mída, málhas*.

Zupfen *tuwa', tü'*.

Zureden *ne'al*, — laßen *se-n'al;* freundlich, begütigend zureden *ayāy-s, mekir;* — laßen *ayāy-s-is, se-makir*.

Zureder *ná'eli; ayaysána, mákri*.

Zureichend *mйha*, — sein *muh*.

Zurück *bū'*.

Zurückbleiben *mehi*, — laßen *se-mah*.

Zurückfüren *s-agir*, — laßen *si-s-agir*.

Zurückfürung *sagiróy, ságroy*.

Zurückgeben *tegi*, — laßen *se-tag*.

Zurückkeren *agir*, — laßen *s-agir*.

Zurücklaßen *iš, se-mah*.

Zurücklaßung *āš, semahóy*.

Zurückweisen *habi, rib;* — laßen *se-hab, sō-rib*.

Zurückweisung *hábi, rāb*.

Zuruf *ne'ála, wú'a*.

Zurufen *ne'al, wu';* — laßen *se-n'al, wu'ā-s*.

Zurufer *ná'eli, wu'ána*.

Zusammen, vereint *hīdáb, hī-dedáb*.

Zusammenbleiben *hīdáb seni*.

Zusammenbrechen, -stürzen ein bau *ferās*, — laßen *se-ferās*.

Zusammendrehen *luwi, terir;* — laßen *se-laū, se-tarir*.

Zusammendrehung *lúwi, térra, terír*.

Zusammenfallen, s. -brechen.

Zusammenflechten, s. flechten.

Zusammenkommen *galal-am*, — laßen *galal-am-s*.

Zusammenlegen *debil*, — laßen *se-dabil*.

Zusammenmischen, s. mischen.

Zusammenpreßen, -quetschen *demim, temuk;* — laßen *se-damin, se-tamuk*.

Zusammenraffen *debil*, — laßen *se-dabil*.

Zusammenrollen *kesis*, — laßen *se-kasis*.

Zusammentreffen *ašiš*.

Zusammentreiben *galal*, — laßen *galal-s*.

Zusammenwickeln, s. -drehen.

Zuschauen *šebib*, — laßen *ši-šabib*.

Zuschauer *šišabib*.

Zuschließen *as, ṭabbal;* — laßen *as-is, ṭabbal-š*.

Zusetzen, mer geben *šāwi*, — laßen *ši-šāū*.

Zustand *ákūa, ákūā, akó*.

Zustimmen, erlauben *iš*.

Zustimmung *āš*.

Zustoßen, geschehen einem etwas *kāy*.

Zuteilen *adid*, — laßen *s-adid*.

Zuteiler *adid*.

Zuteilung *ádda, adád*.

Zutrauen, das *amān;* — haben *aman;* — einflößen *aman-s*.

Zutritt *šūm*.

Zuvorkommen *kirif*.

Zuwarten *seni*, — laßen *si-san*.

Zuwinken *tuwa', tū';* das — *túw'a, tū'a*.

Zuzischeln *muwāš*.

Zwanzig *tágū, tăgū, dágū, dä-gū, tagúg, tăgúg, tʌgúg, dʌgúg*.

Zwanzigmal *tágŭ —, tagŭg dóra, — rágada.*

Zwanzigstel *tágŭga teráb.*

Zwanzigster *tágŭga.*

Zwar *han.*

Zwei *mállo, málo.*

Zweifel *šékki.*

Zweifeln *šekki.*

Zweig *le'íd, lingo.*

Zweiheit *málho.*

Zweihundert *mallé šē.*

Zweimal *mallé dóra, — hóba, — rágada.*

Zweiter *málya, kŭáya, réke- na, wŭri, wēr.*

Zweitausend *mallé lífa, mall' álfa.*

Zwerg *tak dábalo.*

Zwergböckchen, Beni Israel, antilope Saltiana *báha.*

Zwibel *basál.*

Zwicken *tuwa', tu'; zwicken laßen so-tū'.*

Zwietracht *amódhoy.*

Zwieträchtig *amódha, — sein amō-dāh.*

Zwilling *títa.*

Zwinkern mit den augen *tuwa', tū'; das — tŭ'a.*

Zwinkerer *táŭ'i.*

Zwirn *eñgŭl.*

Zwischen *betík, málho.*

Zwitschern *wešik, wušik.*

Zwölf *támna mállo.*

Zwölfmal *támna mallé dóra.*

Zwölftel *támna málya teráb.*

Zwölfter *támna málya.*

Zygophyllum decumbens *al- karbán.*

Zygophyllum simplex *ankaláy.*